印度史存稿

MANUSCRIPT OF
INDIAN HISTORY

彭树智 著

中国社会科学出版社

图书在版编目(CIP)数据

印度史存稿/彭树智著.—北京：中国社会科学出版社，2024.5
ISBN 978-7-5227-3028-8

Ⅰ.①印… Ⅱ.①彭… Ⅲ.①印度—历史 Ⅳ.①K351

中国国家版本馆 CIP 数据核字(2024)第 037126 号

出 版 人	赵剑英
责任编辑	耿晓明
责任校对	杨　林
责任印制	李寡寡

出　　版	中国社会科学出版社
社　　址	北京鼓楼西大街甲 158 号
邮　　编	100720
网　　址	http://www.csspw.cn
发 行 部	010-84083685
门 市 部	010-84029450
经　　销	新华书店及其他书店

印　　刷	北京明恒达印务有限公司
装　　订	廊坊市广阳区广增装订厂
版　　次	2024 年 5 月第 1 版
印　　次	2024 年 5 月第 1 次印刷

开　　本	710×1000　1/16
印　　张	24.25
字　　数	380 千字
定　　价	139.00 元

凡购买中国社会科学出版社图书，如有质量问题请与本社营销中心联系调换
电话：010-84083683
版权所有　侵权必究

图1　作者近照（2022年8月12日，北京松榆斋）

图 2　作者北京大学研究生照片（1955 年 10 月 18 日，十九斋）

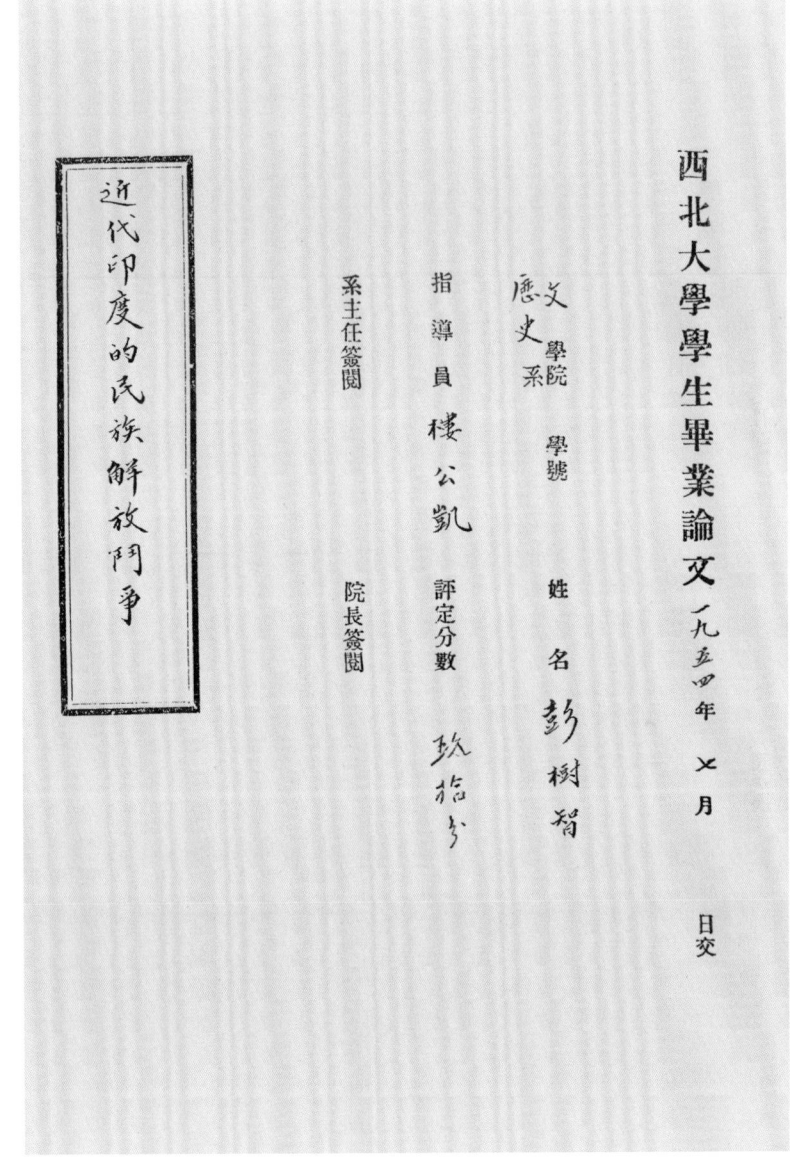

西北大學學生畢業論文 一九五四年七月 日交

文學院 學號 姓名 彭樹智
歷史系
指導員 樓公凱 評定分數 玖拾҂
系主任簽閱 院長簽閱

近代印度的民族解放鬥爭

图3 西北大学学生毕业论文封面（1954年7月）

近代印度的民族解放鬥爭目錄

寫在前面的話

第一編　英國對印度的侵略 ………… 1—30頁

（一）近代印度的社會經濟情況

英國在印度統治的三個階段；馬克思論印度；被英國破壞下的印度農業經濟；英國侵入印度的作用和實質，外國資本主義的侵入而印度的社會和民族。（第一—二二頁）

（二）英國東印度公司在印度

初期到印度貿易的幾個國家；十七世紀到十八世紀中公司的活動；英法在印度的角逐，東印度

图4　西北大学学生毕业论文目录（第1页）

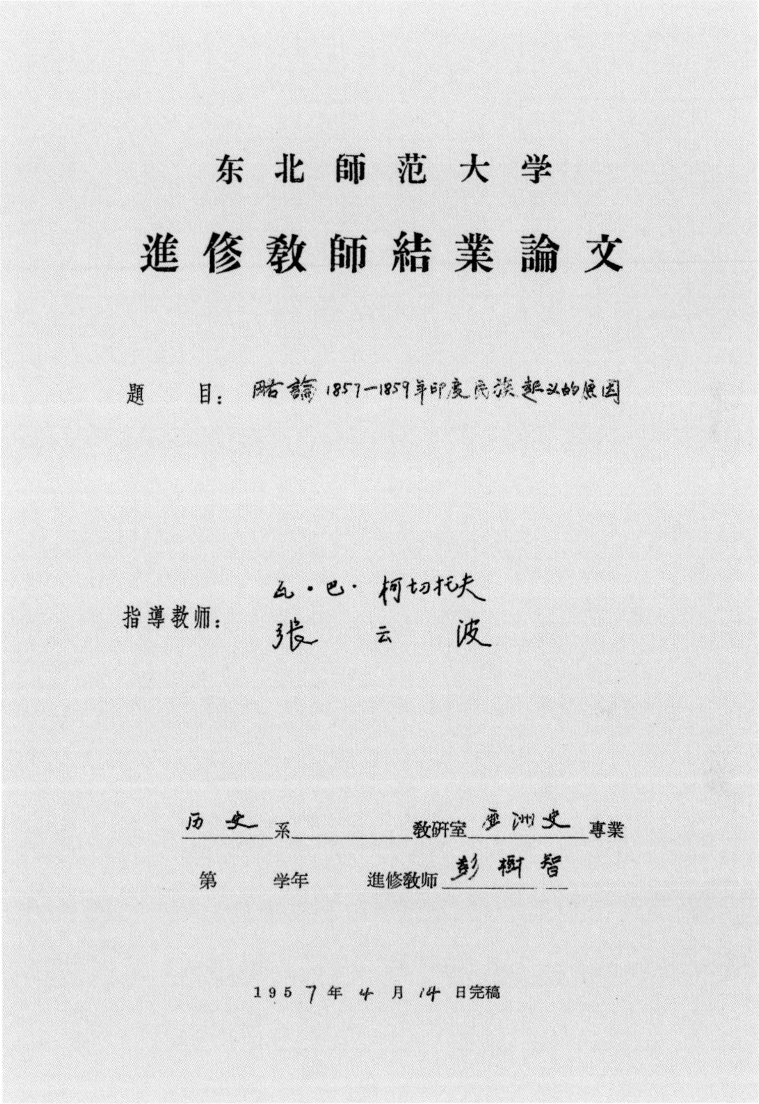

东 北 师 范 大 学
進 修 教 師 結 業 論 文

题　目：略论1857—1859年印度民族起义的原因

指導教师：瓦·巴·柯切托夫
　　　　　张　云　波

历史系　　　教研室　亚洲史专业
第　学年　進修教师　彭树智

1957年 4 月 14 日完稿

图5　东北师范大学进修教师结业论文封面（1957年4月14日）

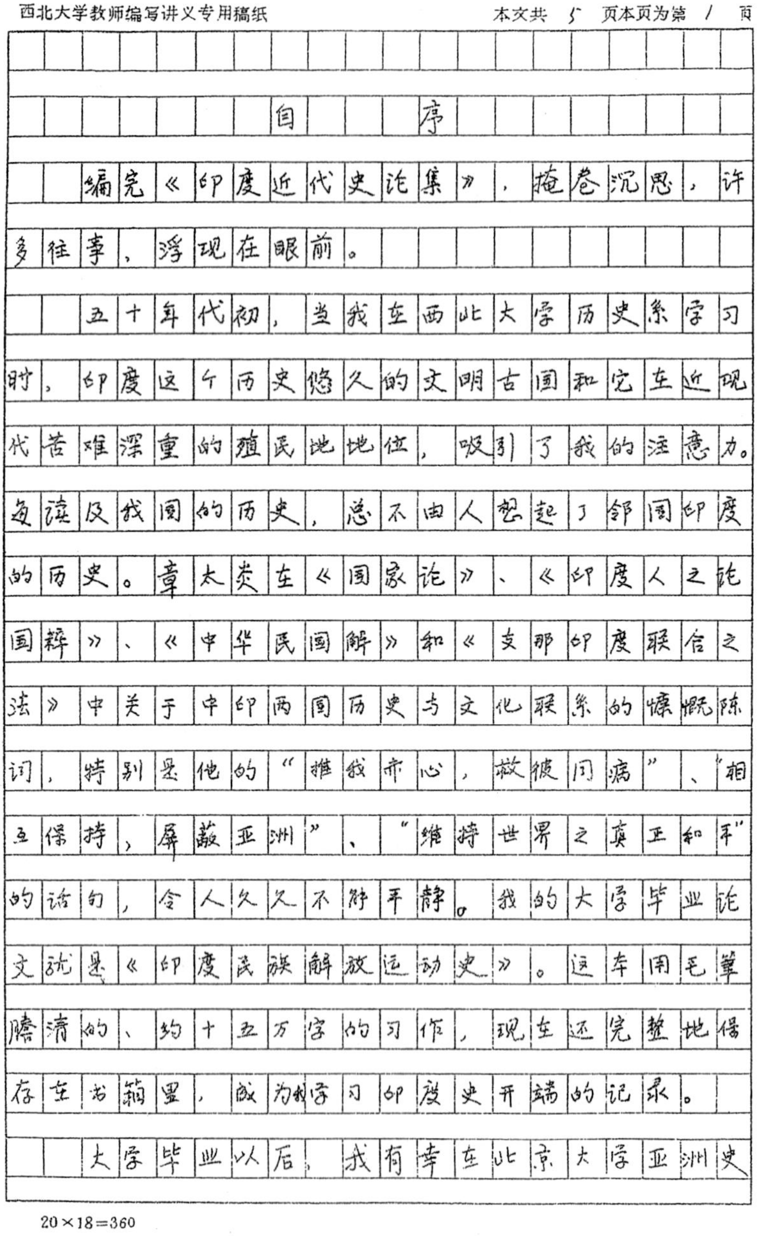
西北大学教师编写讲义专用稿纸　本文共 5 页本页为第 1 页

自序

编完《印度近代史论集》，掩卷沉思，许多往事，浮现在眼前。

五十年代初，当我在西北大学历史系学习时，印度这个历史悠久的文明古国和它在近现代苦难深重的殖民地地位，吸引了我的注意力。每读及我国的历史，总不由人想起了邻国印度的历史。章太炎在《国家论》、《印度人之论国粹》、《中华民国解》和《支那印度联合之法》中关于中印两国历史与文化联系的慷慨陈词，特别是他的“推我赤心，救彼同病”、“相互保持，屏蔽亚洲”、“维持世界之真正和平”的话句，令人久久不能平静。我的大学毕业论文就是《印度民族解放运动史》。这本用毛笔誊清的、约十五万字的习作，现在还完整地保存在书箱里，成为我学习印度史开端的记录。

大学毕业以后，我有幸在北京大学亚洲史

20×18=360

图6　《印度近代史论集·自序》第1页（1982年1月10日）

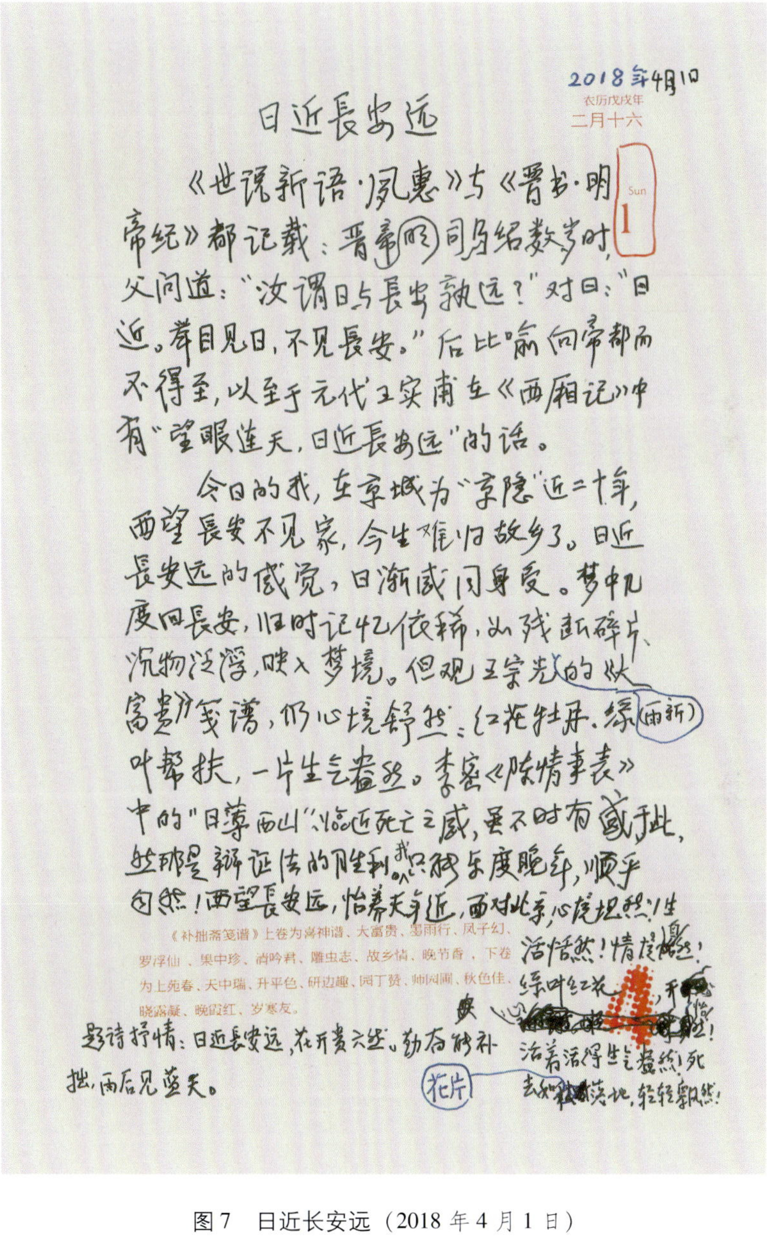

2018年4月1日

农历戊戌年
二月十六

Sun
1

日近長安远

《世说新语·夙惠》与《晋书·明帝纪》都记载：晋明帝数岁时，父问道："汝谓日与長安孰远？"对曰："日近。举目见日，不见長安。"后比喻向往帝都而不得至，以至于元代王实甫在《西厢记》中有"望眼连天，日近長安远"的话。

今日的我，在京城为"京隐"近二十年，西望長安不见家，今生难归故乡了。日近長安远的感觉，日渐感同身受。梦中几度回長安，旧时记忆依稀，如残断碎片、沉物泛浮，映入梦境。但观王雪涛先生的《大富贵》笺谱，仍心境舒然：红花牡丹、绿叶帮扶，一片生气盎然。李密《陈情表》中的"日薄西山"、临近死亡之感，虽不时有感于此，然亦是辩证法的胜利，我只能乐度晚年，顺乎自然！西望長安远，怡养天年近，面对北京，心境坦然！生活恬然！情怀[illegible]！绿叶红花，[illegible]！[illegible]！活着活得生气盎然！死去如花片落地，轻轻飘然！

《补拙斋笺谱》上卷为离神谱、大富贵、墨雨行、凤子幻、罗浮仙、果中珍、消吟君、雕虫志、故乡情、晚节香，下卷为上苑春、天中瑞、升平色、研边趣、园丁赞、帅闲闹、秋色佳、晓露凝、晚霞红、岁寒友。

题诗抒情：日近長安远，花开贵六然。勤奋能补拙，雨后见蓝天。

图7 日近长安远（2018年4月1日）

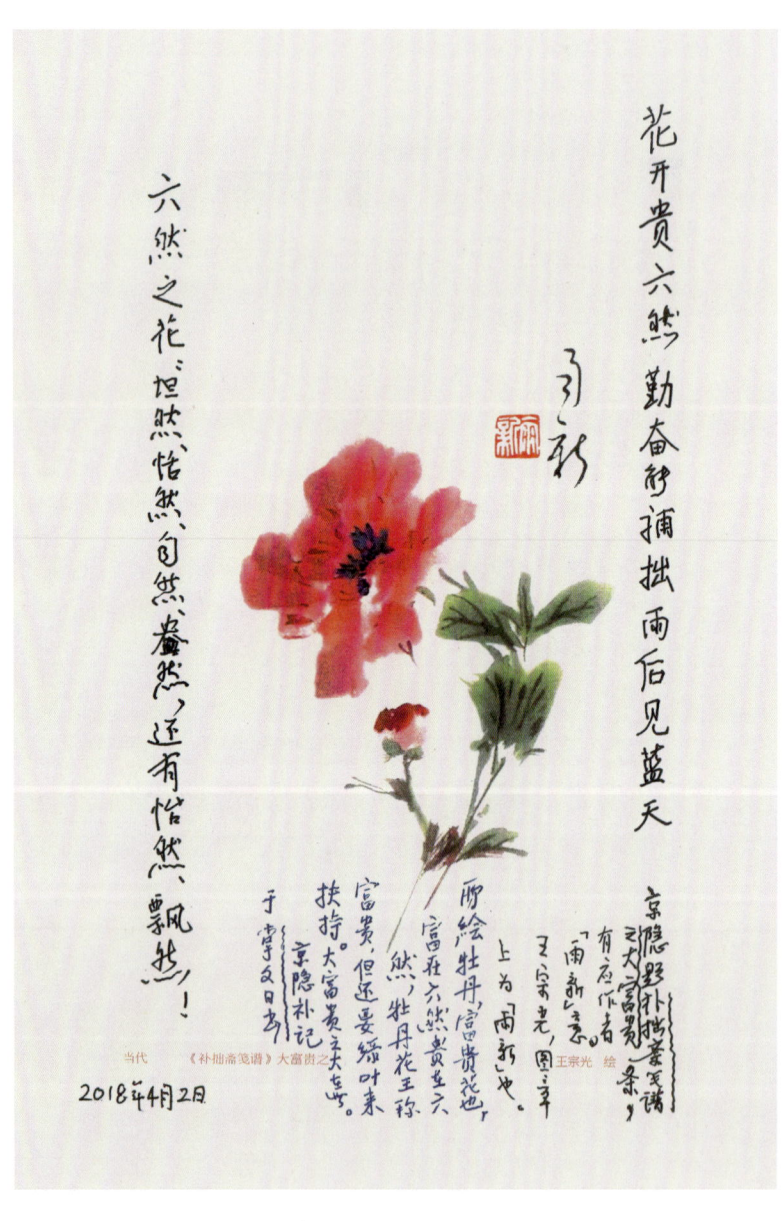

图8 花开贵"六然"（2018年4月2日）

《存稿》书前题辞

没有不存在的存在,也没有存在的不存在,那些洞悉真谛的人,早已察觉到二者的根源。

——[古印度]毗耶娑:《薄伽梵歌》

"成性存存,道义之门。"疏:"此明易道既在天地之中,能成其为万物之性,使物不失其性,存其万物之存,使其存成也。性,谓禀其始也;存,谓保其终也。"

——《易·系辞上》

目　　录

前言：《印度史存稿》的往事与回忆 …………………………（1）

学步文稿（上）

印度近代史研究·序 ……………………………………………（3）
百年前印度人民起义的历史意义 ………………………………（6）
1857—1859年印度的反英大起义略论 …………………………（13）
1857年印度反英大起义前夜的社会经济和阶级关系 …………（40）
米勒特的起义
　　——1857年印度反英大起义片段之一 ……………………（82）
印度古都德里的起义
　　——1857年印度反英大起义片段之二 ……………………（97）
德里、勒克瑙和章西的保卫战
　　——1857—1859年印度反英大起义片断之三 ……………（113）
论游击战争在印度民族大起义中的地位 ………………………（140）
驳"西帕依残暴论" ………………………………………………（149）

学步文稿（下）

1905—1908年印度的独立运动 …………………………………（165）
《民报》与印度的独立运动 ………………………………………（188）
1908年印度孟买大罢工概述 ……………………………………（204）

近代印度大资产阶级的形成及其特点 …………………………… (211)
第三次帕尼帕特之战及其在印度近代史上的作用 ……………… (224)
论甘地的非暴力抵抗运动
　　——为纪念《历史教学》创刊三十五周年而作 ………… (234)
《尼赫鲁与甘地的历史交往》序 ………………………………… (246)
1983—2009年斯里兰卡内战 ……………………………………… (252)
吴象《中国农村改革实录》与印度结缘 ………………………… (258)

学步书稿

印度革命活动家提拉克 …………………………………………… (263)
阿富汗三次抗英战争 ……………………………………………… (291)

学步手稿

略论1857—1859年印度民族大起义的原因 …………………… (329)

附　录

来自波罗的海滨里加城的书信（片段）………………………… (371)

前言：《印度史存稿》的往事与回忆

2021年7月中旬，是一个往事与回忆的时刻。当时，我从西北大学中东研究所所长韩志斌的电话里，听到两个消息：一是从网上购得我在1982年编写的《印度近代史研究》手稿一部二册；二是西北大学南亚研究所正式成立。

第一个消息使我颇感意外。当时我怎么也想不起有这部手稿，及至看到所里寄来此稿的复印件之后，一桩桩旧事才逐渐如剥茧抽丝般地浮现在眼前：原来在20世纪80年代初，我的科研生长点由南亚转移到中东以后，为了总结印度史研究成果而编了这部文集。书稿送到出版社，被推说书稿找不着了，拖了很长一段时间不给回音。后来提出出版我另一部书稿《现代民族主义运动史》[①]，并答应继续寻找失落的书稿。当时我的行政工作，以及教育科研事务繁忙，无暇追索原稿，时间一长，便淡忘了。时隔近四十年之久，加上我已年过九秩，对此事真是失忆了。现在重新目睹它残破的旧貌，第二册缺最后几页，第三册荡然无存，心中不禁悲怆。幸好第一册原来目录尚在，终于恢复了原貌。通览全稿，感慨万千，久久不能平静。昔日笔耕学步劳作，失而复得，成为个人学术史上一段逸事。《老子》第三十八章有"上德不（德），是以有德；下德不失德，是以无德"的名句。按杨公骥先生的解读，把"不德"释为"不得"，认为上等的德、最高尚的德不认为自己有得，因此是真正的

[①] 《现代民族主义运动史》，1987年西北大学出版社出版后，将摘要作为《世界史·现代卷》第七章。该书为齐世荣教授主编的"普通高等教育十五国家级规划教材"，高等教育出版社2000年版。

"有德"；而下等的德唯恐失去德，因此无德。得与失的这种辩证解读，确有点哲理了。这真使人想起"塞翁失马，焉知非福"这句老话；也令人感慨于"失之东隅，收之桑榆"这个初有失而终有所得的典故；更使人有悟道于本"书稿题辞"中，关于"存在"与"成性存存"的禀始存终的人类文明交往历史观念。我在敝帚自珍的同时，心中充满了对中东所为此事而辛劳的诸位同志的感谢之情。

第二个消息令我兴奋不已。看到那批复成立西北大学南亚研究所的"红头文件"复印件，真有一种"踏花归来马蹄香""一日看尽长安花"那样诗意惬心的感觉。回忆自己的学术生涯，正是从世界史、亚洲史、南亚史，而后进入中东史的路径行走过来的。我对《印度近代史研究》书稿自序中下述话感到特别亲切："当我在西北大学历史系学习时，印度这个历史悠久的文明古国和它在近现代苦难深重的殖民地附属地位，吸引了我的注意力。"东西方文明交往的历史观念，开始在我的思考中萌生。当时，倡导马克思主义中国化的侯外庐校长，用他从事中国思想史的体验告诉大学生说：有志于从事学术研究的青年，从进入大学校门起，就要有意识地选定和不断培育自己的科研生长点，以便在实践中根深叶茂、开花结果。这些话伴我终生，无论是逆境顺境，无论遭遇多大变化，无论社会大环境如何变动，我都会记住"培育科研生长点"这个理念，以科研为志业，坚定、坚持、坚守历史本位，矢志不渝。从1950年进入大学到1986年国务院学位办批准"世界地区国别史·南亚中东史"博士点，从历史系、文博学院和中东研究所，我都一直努力把南亚、中东和中亚地区联结成一个研究整体。今日以中东研究为主体、以南亚和中亚为两翼研究格局已经应运而生，昔日梦想的世界地区型研究体系已经变为现实。回首往事，展望未来，真的令我这个已跨过了九十岁门槛的老学人兴奋不已。

两个消息，双喜临门。这既是印度史稿的回归，又是对南亚研究所成立的一份献礼。我思考用《印度史存稿》为书名，以表示它的历史档案性价值。为了使它有完整性和系统性，我又省视书箧、翻阅归存，竟然又有新的收获。我发现了另外两件印度史方面的写作手稿，可作为《印度史存稿》的组成部分，使其内容更丰满，时间顺序上也有上下线索可循。

首先，这就是《略论1857—1859年印度反英大起义的原因》手稿。它是我的研究生毕业论文的组成部分，是1957年4月14日我在东北师范大学教师进修班写的"结业论文"初稿。其缘由是这样的：新中国成立伊始，首先要处理好与所在的亚洲地区各国关系。1954年，北京大学招收亚洲史研究生，我因有《近代印度的民族解放斗争》毕业论文，被推荐保送入学，师从周一良、季羡林二位导师。后来，教育部在东北师范大学举办"远东和东南亚近现代史教师进修班"，由苏联专家瓦·巴·柯切托夫主讲。北京大学把我们四个研究生派到该班学习。这样，我在西北大学、北京大学之后，进入东北师范大学。我的研究生论文由柯切托夫和张云波教授（北京师范大学图书馆馆长，调来辅助专家工作）为指导教师，采用教师进修班"结业论文"的形式。柯切托夫老师对我说，中国没有实行研究生学位制，但你是北大的亚洲史研究生，我就按苏联的副博士要求，指导你写作和论文答辩。保存到现在的《印度民族大起义原因》的手稿评分上，两位导师都给了"伍分"[①]的满分。此稿被译成俄文，是亚洲史教师进修班唯一进行答辩的结业论文。柯切托夫老师在答辩会上，亲切地用俄罗斯民谚"奶酪味美，再烤一下味更佳"来鼓励我进行再修改工作。后来，经过全面修改的《1857—1859年印度反英大起义前夜的社会经济和阶级关系》，发表在《西北大学学报》1957年第3期上，其中也转述了结业论文中的一些论点。同样，《1857—1859年印度反英大起义略论》也发表在《北京大学学报》1957年第4期上。这些文章有些地方看似重复，其实因时间不同，论述重点不同，作为学术史的档案性资料，有必要把它作为往事与回忆的手稿以及研究路径的寻根溯源方向，加以保留。其次，是《近代印度民族解放斗争》手稿，是大学时代的稚嫩之作，让它只在本存稿中保存其封面和部分目录，作为纪念。手稿已捐赠西北大学图书馆，作为馆藏保存。

此外，《印度史存稿》中保留了《印度革命活动家提拉克》和《阿

[①] 当时是学习苏联的五级评分制：三分及格，四分良好，五分优秀。这里的"伍分"，比楼公凯教授给我大学毕业论文《近代印度的民族解放斗争》的"玖拾分"还要高，真令我兴奋不已。

富汗三次抗英战争》这两篇文章。提拉克是继印度大起义和启蒙运动之后民族新觉醒时期的代表人物，1958年我在《历史教学》杂志上发表了《提拉克——印度民族解放运动的伟大先驱》一文。后来被《外国历史小丛书》主编陈翰笙先生注意到，因此约我写了《印度革命活动家提拉克》。陈先生是位有世界史眼光的学者，他也关注培养人才。他和季羡林先生都是我学习印度史的业师。在20世纪40年代，他在印度工作过，用英文出版过有关印度社会经济方面的著作，被列入美国Who's Who名人录中。他还有《印度和巴基斯坦经济区域》一书，其中在地区国别史中自然条件与合理制度之间关系问题上，提出了"制度是关键因素"观点，至今不失为真知灼见。他是中国社会科学院世界史研究所名誉所长，关心科研队伍建设，致力于提高青年学者英语工作水平。他在《百科知识》杂志上，看到我写的《1841年阿富汗人民反对英国侵略者的斗争》一文后，便约我为《外国历史小丛书》写一本《阿富汗三次抗英战争》。他在来信中讲了三件事：第一是《外国历史小丛书》重在普及，但不忽视以马克思主义为指导的中国气派世界史体系的建设方向，无论历史事件、历史人物、历史制度方面的选题，都要围绕这一思路进行；第二要重视大众化普及世界史知识、提高世界史意识工作，培养青年历史学者既可以"专深"，又能"浅出"的面向广大群众的能力；第三是把印度和阿富汗综合研究引向深入，因为印度是英帝国侵略扩张的大本营，阿富汗是印度、中国、中亚、中东地区性的"十字路口""兵家必争之地"。这封信写于苏军入侵阿富汗，而我国学界正处于"西线无战事"沉默状态。正是在陈老师的启发下，我把学术生长点由南亚转向了中东。为反映这一段学术史缘由，我特意把《印度革命活动家提拉克》和《阿富汗三次拉英战争》作为"学步书稿"，编为一集，列在"学步文稿"之后。

回忆是人类大脑思维活动，也是一种历史性的存在。大脑的记忆，如何产生，如何重现问题，成为2021年世界十大科学前沿问题之一。在写这篇前言时，我想起了美国学者J. W. 汤普森在《历史著作史》中的一段话："历史和自然科学之间的关系，比通常设想得更为密切。因为一切历史和一切科学归根结底都是思想。"正是这个"一切历史"和"一切科学"的思想，是存在的根源真谛和把回忆的东西内化为"思想"，使内在事物在可能性中相遇与回归。这就是黑格尔"巨大历史感"所归纳的"回归历史，获得自觉"，也正是马克思和恩格斯用唯物史观这一科学思想把历史归结为自然史和人类史统一互动交往的、人类解放的"历史科学"。

唯物史观是科学思想中的最大成果，是用历史原则，提升哲学本体论而对存在论的创造。它是从现实的人及其历史发展，按照"实事求是"的科学精神来确证存在的。正因为如此，也使我在《印度史存稿》原稿最后两集中收录了有关甘地在民族主义思想的回忆笔记和资料。甘地民族主义思想是一个值得研究的历史问题。我从学术学步之日起，就注意到了这个问题，一直到20世纪80年代，才把研究较成熟的思想，集中写入《东方民族主义思潮》一书中。当时研究的重点，是把甘地民族主义思想放在亚洲非洲，特别是在南亚中东地区的中观研究视野，比原来国家微观研究要广深一些。① 由于这个原因，我删去了原稿中这两集，仅保留了《论甘地的非暴力抵抗运动》一文，并将它列入"学步文稿（下）"之中。现在看来，应当从"历史转变为世界史"的人类文明史发展新时期思考，更应当从人类文明交往的历史观念贯穿其中为"通观"思考。这使我想到印度学者D. P. 辛加尔在《印度与世界文明》一书中的话："在今日印度，印度教徒从那些与其祖先最初提出的相差无几的概念中寻求灵感。在社会制度和社会关系、语言与文学方面，远比甚至希腊和意大利这一切更有连续性。"也正如印度哲学家拉达克里希南所说："对印度教徒来说，宗教是心灵的体验或心志。它不是一种想象，而是一种力量；不是一种理论命题，而是一种生活的信念；宗教是对基本现实的感知，而不是一种关于神的理论。"②

最后，对往事与回忆，要作具体问题具体分析，一切都随着时间、空

---

① 在《东方民族主义思潮》的"南亚的民族主义与政治文化"一编中，较系统地探研了甘地民族主义的政治文化特征，对甘地的政治、经济、社会观，对其宗教道德型民族主义思潮体系进行了分析，可同本书的论述对照参考。参见西北大学出版社1992年版，人民出版社2013年第二版，第87—155页。

② 印度教是印度文化之根。西北大学中东南亚史博士梅晓云有《文化无根——以V. S. 奈保尔为个案的移民文化研究》（陕西人民出版社2003年版）著作，其中论"奈保尔三角"（特立尼达—英国—印度）论点，值得文明交往研究者深入思考。

间、人间这"三间"关系的变化而变化。回忆是从微观细节开始的，它往往会给人以具体难忘的初始印象。我个人的体会，有一个日子记得特别深刻，那就是1957年5月10日。这一天，《人民日报》第二版发表了我写的《百年前印度人民起义的历史意义》。这对我当时作为一名只有26岁的研究生而言非常难忘。尤其令人难忘的是，在该报还发表了北京大学历史系世界史教研室主任杨人楩老师呼吁重视世界史的文章，他提出"如果排队，不妨把世界史排在末尾"，但"不要把它抛在外边"。此二文见报后，北大世界史研究生齐文颖师姐后来告诉我说，当天北大十九斋（研究生楼）"像过节日一般欢腾起来"，同学们似乎"听到了世界史学科发出的未来希望的最强音"。当时，北京大学的四位亚洲史研究生，被周一良老师派往东北师范大学，随苏联专家柯切托夫主讲的"远东和东南亚近现代史教师进修班"学习。柯切托夫老师在第一时间把《人民日报》5月10日发表《百年前印度人民起义的历史意义》的事情告诉我，祝贺之外还说《人民日报》如同苏联《真理报》一样，许多学者一生都难得在其上发表一篇文章。我把它列为本书"学步文稿（上）"的首篇，是因为它是我终生难忘的学步第一个路标。说也凑巧，直到半个多世纪之后，即2015年6月10日《人民日报》发表我的《人类文明交往的历史观念》一文时，又引起了我对1957年5月10日这一天的回忆。

《印度史存稿》有说不完的往事与回忆。整理这部文稿工作把我的思绪带回到大学时代。那时我对学历史不大感兴趣，记得在大学入学考试的国文试题《我的志愿》中，我倾诉了自己对文学的爱好。然而，正像一句外国成语所讲，历史最喜欢同人开玩笑，你本想走进这间房子，它却把你引进另一间屋里。我因为历史考的成绩优秀而被历史系录取。失望之时，中学语文老师潘子实先生用"文史不分家"来鼓励我学习历史。这时，一个儿时的问题又浮现脑际：为何一个勤劳智慧的文明古国，而且地大物博的中国却在近代以来老受别国欺侮？我学世界四大文明古国历史，尤其是邻邦印度的历史，和中国都是相同的命运。这个不解之谜使我想从世界近代以来的历史中找答案。有一次我读《民报》这个革命民主派刊物时，发现中国和印度两国革命志士同病相怜、志同道合的交往情形，令人感动。正在此时，侯外庐先生被任命为西北大学校长。他在西北大学关注马克思主义中国化问题，也关心青年史学人才的培养。他有一句话使我受用终身："一个有志于史学的大学历史系青年，一入学就要确立学习的大方向和找好学术的生长点，然后在这里努力学习，生根、开花、结果。"正是在这种条件下，我选定了世界史的"大方向"和印度史的"生长点"，后来又转移到中东地区国别史方向，形成了人类文明交往历史观念，结果在历史专业上，使之成为我终生的"志业"。

在编校这部书稿时，我又一次领悟到存在、人生、生命和人类文明交往自觉历史观念的意义，也进一步领悟到人文精神的真谛。在编校本书稿的过程中，我也在思考《京隐述作集·哲以论道》和《掌文日书》的修改工作，并且为王泰写了《以信代序：人类文明交往中的历史自觉》的万言长序。那是王泰以他《近代以来埃及宗教与政治关系的历史考察》这五十多万字著作成书后，在祝贺我九十岁生日时提出的一个请求。我做到了写序和编校两不误，而且谈论的是同一话题。

我喜欢黑格尔的"回归历史，获得自觉"的哲学命题，更喜欢恩格斯的"历史就是我们的一切"的历史自觉意识。的确，正如恩格斯所说："我们比其他任何一个先前的哲学派别，甚至比黑格尔，都更加重视历史。"我在《京隐述作集·史以明道》卷首叙诗中有"万物皆有史，物始物终史伴随"之句，的确，"历史自觉"是人类最根本的自觉。我由一个爱好文学的青年而在大学时代走进了历史学这个人类文明交往的科学大厦，应当为此而庆幸没有辜负此生。这个历史的偶然性促成了我的人生成为以历史科学为"志业"的劳动者的一生。我获得过许多教学和科研奖，但最看中的还是1986年9月教师节被授予的"全国教育系统劳动模范"称号和"人民教师"奖章。我总是忘记自己的生日，但忘不了每年众多学生在教师节对我的问候。教师节成为我劳动栖息于大地上最快乐的节日。在"前言"的结语处，我谨奉献上自己初始学步的《印度史存稿》练笔之作，并且以九十一岁老学人夕阳般微弱的光和热，与西北大学中东、南亚、中亚科研群体一道，为中国、世界、人类文明交往事业，努力做出自己应有的贡献。人为何物？人是制造工具并使用工具进行劳动来创造文明的高等动物。写好一撇一捺的"人"字，是人之为人的根本人格。这也是劳动者思维的价值观和团结协作的关键思维属性。人类文明交往的历史观念，其人文精神就在协作劳动、团结奋斗的真谛之中。我深深感受到，把人生的劳动贡献，定位于人类文明史上，而不是名呀、利呀、位呀那些都应当淡然处之的东西。

谈到人生，我觉得理应坚持诚实劳动创造世界的人文精神，坚守勤奋、严谨、求实、创新、协作的科学态度。对于我自己，最重要的是，顺乎自然，乐度晚年的心理状态。在正在修改的《掌文日书》中，我把"顺乎自然"具体化为人生盛开的诗意栖息"六然之花"：

> 西望长安远，面对京华，心境坦然，生活恬然，开心怡然。活好每一天，生机盎然、自然。死亡来临时，如花片落地，轻盈飘然！

同样，在正修改的《掌文日书》中，我把"六然之花"植根于"开劳动花、结文明果"的"六有之果"当中：

> 有理论的学术，有方法的探研，有创新的继承，有接力的群体，有结果的开花，有诗意的人生。

勤劳的小蜜蜂，尚且以本能采百花汁，以酿自己的蜜。落花生花落之后，根下犹结成串果实。贵为文明创造者的人类，更应发挥主动性、积极性和自觉性的人文精神，以"人文而明之""人文而化之"的文明文化劳动，为新的文明形态添砖加瓦。在这里，我用《老学日记·题史》以结束本前言：

> 爱自然，为人类。自然育人，人化自然。自然史，人类史，历史科学双轮互动，弘扬人文精神，在文明交往大道上，共同追求真善美。

彭树智

2021年10月28日初稿，2022年12月29日定稿于北京松榆斋

学步文稿（上）

印度近代史研究·序

编完《印度近代史研究》，掩卷沉思，许多往事，浮现在眼前。

20世纪50年代初，当我在西北大学历史系学习时，印度这个历史悠久的文明古国和它在近现代苦难深重的殖民地地位，吸引了我的注意力。每读及我国的历史，总不由得想起了邻国印度的历史。章太炎在《国家论》《印度人之论国粹》《〈中华民国〉解》和《支那印度联合之法》等《民报》上发表的文章中，关于中印两国历史与文化联系的慷慨陈词，特别是他的"推我赤心，救彼同病""相互保持，屏蔽亚洲""维持世界之真正和平"的话语，令人久久不能平静。我的大学毕业论文就是《近代印度的民族解放斗争》。论文是用毛笔誊清的，约15万字，现在还完整地保存在书箱里，成为我学习印度史开端的记录。

大学毕业以后，我有幸在北京大学亚洲史研究生班学习了三年。那浓郁的学习研究气氛，优越的图书资料条件，良师益友的指导切磋，加上史学界筹备1857年印度大起义一百周年纪念的学术活动，使我的兴趣几乎完全倾注在印度近代史方面。

我的第一位导师周一良先生把我及北京大学其他三位研究生一起派往东北师范大学，在教育部主办、苏联亚洲史专家瓦·巴·柯切托夫主讲的"远东和东南亚近现代史教师进修班"学习。柯切托夫老师在指导我写的《略论1857—1859年印度民族起义的原因》（结业论文）时的修改意见，使我终生难忘。这篇论文成为我研究生毕业论文的第一个手稿本，列入本书"学步手稿"。

季羡林老师是我在印度史学习方面第一位启蒙老师。我到北大读研究生时，周一良先生就引我去见季先生，并把我大学毕业论文的书稿给他看。在他的耳提面命的教诲下，我的第一篇印度史方面的习作《百年前印度人民起义的历史意义》，于1957年5月10日在《人民日报》上发表了。在此后关于印度近代史其他方面的文章，无不得到季老师的鼓励。进入20世纪70年代之后，季老师老当益壮的言传身教，使我更加有信心在印度近现代史领域中继续前进。《〈民报〉与印度的独立运动》，就是季老师1980年西安之行时审读的，这对大病方愈的我是有力的鼓励，是我重振探索精神的记录。

在我学习印度史的历程中，陈翰笙老师的教诲与帮助也是使人难以忘怀的。在20世纪60年代初，他在审阅我的书稿《提拉克》和《印度独立运动》时，给我提出过许多切中要害的批评，同时也给予我热情的鼓励。他在北京国际俱乐部的便宴上对我说，要勇于做拓荒者，要勤于做园丁，要甘于坐冷板凳。这一席话使我难以忘怀。后来这部书以《印度革命活动家提拉克》为名由商务印书馆出版。经陈老师审阅过的《印度古都德里的起义》的底稿片段和《德里和勒克瑙和章西的保卫战》幸而保存下来，收入本文集中。这也是陈老师对我辛勤培养的一个纪念。

1979年，我原想把自己1957年以来写的几十篇文章和译稿汇集成册，以纪念大起义结束一百周年。这个计划当时未能实现。三年以后，我的研究领域从印度向西亚的阿富汗和土耳其方面延伸，并且在国际共产主义运动方面开拓了新的领域。虽然还在研究亚洲、非洲和拉丁美洲民族解放运动史方面的问题，但重点已不在印度了。在这种情况下，我感到有必要把有关印度近代史方面的文章结集成册，作为对印度近代史研究工作的一个阶段的小结。因此，汇集了这本《印度近代史研究》。

我自知水平不高，收入本文集的论文存在不少缺陷；我也自知这些论文渗透着许多师友的心血，并非我自己一人的劳动成果。有的老师，如张云波老师曾评阅过我的《1857—1859年印度反英大起义略论》一文，他已不在人世了。有许多同窗益友，如周清澍、吴乾兑、赵克毅，曾经同我合作过，现在也都改行了。管敬绪是近几年的合作者，他最近也搞法国史了。但是师友们的指教和支持，是我永志不忘的。此外，为了誊抄文稿，许多老师、研究生和大学生花去了不少时间和精力，在此一并向他们致谢。

本文集中的文章基本上按发表时间先后排列。在同一时间内，则按问题归类。文章保持原来面目，誊抄时只在译名、马列主义著作引语方面做了少许修改，对文后赘语做了删除。读者只要从历史观点去看这些文章，就不会对前后出现的重复、矛盾以及其中偏颇之处感到奇怪了。

本书稿承季羡林老师过目正谬，谨致谢意。

彭树智

1982 年 1 月 10 日于西安

百年前印度人民起义的历史意义

1857—1859年印度人民反对英国殖民统治的大起义，到今天整整一百年了。

这次大起义开始于1857年5月10日，结束于1859年4月。印度人民在这次起义中表现出反抗殖民主义的英勇斗争精神。这次起义无论在印度独立运动史上，还是在亚洲各国争取独立、反对殖民主义的斗争史上，都占有重要的地位。

从19世纪50年代开始，印度人民反对英国殖民统治的斗争便迅速增长起来。到了1857年，在印度全国各地都可以感到对于英国殖民主义者的仇恨情绪。秘密组织在各地进行宣传。1857年年初，在较有组织和配备了武器的印籍士兵中，已经爆发了好几次起义。1857年5月10日，米勒特（德里附近）的印籍士兵爆发了反对英国殖民统治的武装起义。在市民和郊区农民的支持下，起义者迅速向德里进军。5月11日，起义军解放了德里，几天后便建立了德里的起义政权。起义的浪潮很快扩展到恒河流域及其他地区。被起义吓得手忙脚乱的英国殖民统治者，急忙把当时派往中国的侵略军队，从中途调回来对付印度的起义者。在伊朗进行侵略战争的英国殖民统治者，也匆匆地签定了和约，转过手来镇压印度的起义。在印度，他们又从马德拉斯、孟买和旁遮普抽调了优势的兵力，由各方面向起义者实行包围。

起义的中心是德里和勒克瑙。在这两个名城进行的保卫战中，起义者留下了许多可歌可泣的英勇事迹。旁遮普是英国殖民主义者镇压起义的重要基地之一，他们从这里派出了大批军队围攻德里。从1857年6月开始，德里的起义者进行了三个多月的保卫战之后，到9月，终因力量悬殊，不得不放弃德里。德里的陷落，给起义者一个沉重的打击，但同英国殖民军队的正面战斗，仍在激烈进行。勒克瑙成为激战的中心。英国集中了最精锐的部队来进攻这个英雄城市。战斗持续了半年时间。由于勒克瑙封建主的叛变，限制了起义军作战的积极性，压制了毛拉维·阿赫马德·沙的指挥才能，使英军得以在1858年3月攻占了这座城市。

但是，勒克瑙的陷落，并不意味着起义的结束。印度中部反对殖民统治的战争并未平息。章西土邦成为起义的第三个中心。章西女王拉克什米·芭伊和游击英雄坦提亚·托比仍在进行着顽强的斗争。以章西为中心的战斗一直进行到1858年6月。拉克什米·芭伊在战场上英勇牺牲。她的英名可与法国女杰贞德相媲美，为印度妇女反抗殖民统治树立了光辉的楷模。

直到这时，英国殖民主义者只是夺取了大城市。在广大的农村、市镇和重要交通线上，活跃着许多游击抗英武装。起义的军队还有十二万人。勇敢多谋的毛拉维·阿赫马德·沙和坦提亚·托比领导的游击队，转战在中印度一带。坦提亚·托比具有杰出的军事才能，在中印度辽阔的地区展开了长期的游击战争。起义的主要弱点在于它没有把这一运动发展为反封建的斗争，没有建立游击战争的根据地。由于没有把反殖民主义斗争同反封建斗争相结合，必然要被殖民主义与封建主义的反动联盟所绞杀。坦提亚·托比继毛拉维·阿赫马德·沙之后，也被封建主出卖，于1859年4月英勇就义。他的就义标志着起义的结束。同时，他不屈不挠、视死如归的英雄气概，鼓舞着印度人民为争取独立英勇斗争。

在印度近代史上，曾经出现过许多次抗击殖民侵略者的历史事件。其中如蒂普苏丹领导的迈索尔人民反抗英国殖民侵略战争，马拉塔人特别是旁遮普的锡克人反抗英国殖民侵略者的战争，曾经给蚕食印度的侵略者以沉重的打击。1855—1856年，居住在孟加拉和比哈尔达曼-埃-科赫山区的桑塔尔族起义，也使英国殖民统治者大为震惊。然而，从1757年普拉西战役以来，印度逐渐沦为殖民地，所有的反抗斗争从来没有形成像1857—1859年起义这样大的规模。史学家把它称为"大起义"是有道理的。

这次起义的目的是推翻英国殖民统治，争取印度的独立。参加起义的不仅有封建主、地主和商人，而且有农民、手工业者和城市居民；不仅有高级种姓的婆罗门，也有低级种姓的首陀罗。印度教徒和伊斯兰教徒也忘记了往日的嫌隙，起来反对共同的敌人。印度的妇女和男人一样，投身到反对殖民统治的斗争行列中来。有这样广泛的社会阶层参加的反对殖民统治的战争，在印度近代史上还是第一次。从这一点，我们就可以看出它具有何等重要的历史意义。

起义严重地打击了英国在印度殖民政权的主要工具——英印军队，从而有力地破坏了英国在印度的统治基础。在镇压起义的时候，英国殖民主义者不得不依靠锡克人、廓尔喀人和忠于英国王公的军队，以及印度境外的军队。起义者给予英国殖民统治的沉重打击的程度，从以下的数字可以看出：在德里保卫战中，起义者同英军的大小战斗共三十多次，英国动用兵力达一万一千人之多；在勒克瑙保卫战中，英军动员的兵力达七万人之多。我们知道，在历史上有名的塞瓦斯托波里战役中，英国才动用了两万六千人，还不及勒克瑙战役的一半。马克思在评述德里起义时指出："起义者无可争辩地占有印度帝国的传统中心达一个月之久这一事实，可能起到最强烈的煽动作用，使孟加拉军全部瓦解，使哗变和逃亡现象从加尔各答向北扩展到旁遮普，向西扩展到拉杰普塔纳，使英国在印度全境的统治发生动摇。"①

1857—1859年的大起义，给英国殖民主义者留下了可怕的记忆。这种记忆像噩梦一样，长期缠绕着他们，使他们不得安宁，稍有动静便风声鹤唳，草木皆兵。5月10日，常常是打扰他们的"不祥日子"。例如，1907年5月旁遮普的农民和工人联合举行起义时，吓坏了英印军队总司令。他担心这会成为1857年5月米勒特起义的重演。在现代史上，尼赫鲁家族选择在5月10日举行婚礼，也使忧心忡忡的殖民统治者惶恐不安。这些事情虽小，却反映了大起义带给英国殖民统治者深远的心理方面的影响。

同时，大起义也给印度人民带来了强烈的政治影响。关于1857—1859年大起义的光辉战役、关于起义领袖和战士们的英雄事迹，在人民中间一代一代流传下来。印度革命活动家、杰出的民族主义者和民主主义者提拉

---

① 《马克思恩格斯全集》第12卷，人民出版社2007年版，第186页。

克，在童年时代就听到父辈们讲述大起义的故事。① 这在他幼小的心灵中，留下了难忘的印象。俄国旅行家巴希诺和米纳耶夫于1874年和1880年在印度旅行时，也听到印度人民讲过许多关于大起义的传说。起义的故事在印度成为谈话的主题，在人民的记忆中留下了深刻的印象。在民歌中，也有大量以歌颂大起义为主题的诗篇，其中有历次战役，有关昆瓦尔·辛格、拉克什米·芭伊等英雄人物的颂歌。大起义的光荣传统更是鼓舞着印度人民的反殖独立斗争。这里举一个例子就可以说明问题。1891年曼尼坡起义中有一个领袖叫摩军詹。他是1857年大起义的第三十四团起义军的战士。在1891年起义中，这位大起义的老战士，成为新的反抗斗争的组织者和鼓舞者。难怪《印度时报》1891年5月9日的一篇文章惊讶地写道："在1857年的这些值得记忆的杀害、造反和阴谋行为，又出现了！"

英国殖民统治者害怕大起义的影响，也表现在他们害怕人们撰写关于大起义的真实历史上。在1857—1859年印度大起义的史学史上，英国殖民主义史学家的著作垄断过一段相当长的时间。这些著作的作者，有不少是当时参加镇压大起义的军官。1909年，印度的民族主义者萨瓦卡尔（V. D. Savarkar，1883—1966）写了《1857年印度的独立战争》。这是1857—1859年大起义的史学史上出现的第一部印度人写的进步的大起义史。作者以高昂的爱国激情，撰写了大起义的历史。但是，这本书刚一出版，立即被殖民当局禁止发行，作者也被捕入狱。无产阶级革命作家高尔基曾就此事向英国殖民当局提出抗议。他写道："印度政府对民族主义者萨瓦卡尔的迫害，证明这是怎样一种制度。如所周知，对他的审判是秘密进行的，禁止发表关于审判的消息，他被判处48年徒刑，而且一直到1960年，每年只准写一封信给妻子。"② 萨瓦卡尔的著作，直到1947年，即这本书问世38年之后，才得以和印度广大读者公开见面。

在谈到大起义的历史意义时，我们不能不估计到它在亚洲和世界近代历史上的重要地位。在19世纪中期的世界历史上，资产阶级革命、工人运动和民族解放运动此起彼伏，形成了一个波澜壮阔的革命时代。和

---

① 见本书的《印度革命活动家提拉克》一文。
② 《高尔基政论集》，孟昌译，时代出版社1951年版，第239页。

欧洲1848年革命、19世纪五六十年代民族统一运动同时发生的最重大的历史事件，就是亚洲各国人民的反封建反殖民主义斗争高潮。而印度的大起义和中国的太平天国运动、伊朗的巴布教徒起义在亚洲这次斗争高潮中，又是代表性的历史事件。印度的大起义，正如马克思在《印度军队的起义》（这是马克思关于大起义一系列文章的第一篇）中所指出的："英印军队中的起义与亚洲各大国对英国统治的普遍不满同时发生，孟加拉军队中的起义无疑与对波斯战争和对华战争有密切的联系。"[①] 印度大起义以反对殖民主义为其特点而出现在亚洲和世界近代史的政治舞台上；它又以自己广泛的群众性、较大的规模和较长的时间而置身于亚洲和世界近代人民运动的行列。

大起义对亚洲人民反封建反殖民主义的斗争有直接的影响。亚洲人民走过共同的历史道路，遭受过共同的苦难。在鸦片战争中，当英国侵略军把炮口朝向中国古老的城墙时，英国侵略军同时向印度西北部边缘地区扩张侵犯。为了争取民族独立和反对殖民奴役，亚洲人民也经过共同的长期而艰巨的斗争。继中国太平天国革命运动蓬勃展开之后，印度人民也举起了反对英国殖民统治的大旗。由于大起义的爆发，打乱了英国殖民主义者向其他亚洲国家（首先是中国和伊朗）的侵略计划，打乱了英国殖民主义者的战略部署，从而在客观上支援了其他亚洲国家的反封建反殖民主义的斗争。

情况是这样的：英国殖民主义者当时想利用中国的太平天国运动兴起的机会，发动新的对华侵略战争。英国的舰队曾向广州人民进行了疯狂的扫射。在英国国内，巴麦尊（Palmerston）政府解散了不赞成对华作战的国会。在狂热的沙文主义情绪下进行了新的选举，拥护英国政府侵华政策的势力占了上风。发动新的侵华战争的计划已经决定了，英国政府向中国派出了侵略军队。同时，英国利用伊朗同阿富汗战争的机会，在阿富汗和伊朗同沙皇俄国展开了新的一轮角逐，并发动了侵略伊朗的战争。1857年初，英国进入伊朗附近地区。得意忘形的英国侵略者满以为他们在中亚和

---

① 《马克思恩格斯全集》第16卷，人民出版社2007年版，第165页。

东亚的掠夺计划就要实现了。但是,米勒特和德里的枪声,遍及北印度和中印度的起义烈火,惊醒了他们的甜蜜美梦。他们发现自己打错了算盘。失掉了印度,这意味着什么?对这个问题他们是十分清楚的。于是英国殖民主义者不得不收起他们狂妄的侵略计划,慌忙调回驻在伊朗和开往中国的军队,用来镇压印度的起义。结果,侵略中国的计划拖延了将近一年,而侵略伊朗的计划则完全破产。为了巩固在亚洲的基地——印度,英国殖民主义者也放弃了对阿富汗的侵略计划。总之,大起义对伊朗、中国和阿富汗的人民运动是一种支援;反过来说,这些国家人民的反封建反殖民主义斗争也支援了印度大起义。

由于历史条件的限制,亚洲各国人民的这种相互支援是仅就客观效果而言的,并不是指主观上历史自觉的行动。但是这种在斗争中的相互联系,却反映了亚洲历史发展的必然趋势。同样,殖民地半殖民地民族解放运动和资本主义国家无产阶级革命运动的联合,也在印度大起义中反映出它的历史必然性。马克思根据资本主义历史发展的规律,敏锐地发现了这个问题。在太平天国运动爆发之后的1853年5月20日,马克思就做过这样的科学预言,"中国革命将把火星抛到现今工业体系这个火药装得足而又足的地雷上,把酝酿已久的普遍危机引爆,这个普遍危机一扩展到国外,紧接而来的将是欧洲大陆的政治革命"①。马克思就是这样来看待中国革命和世界革命的关系的。在印度大起义爆发后的1858年1月4日,马克思以同样的观点给恩格斯写了一封信,他指出:"印度使英国不断消耗人力和财力,现在是我们最好的同盟军。"②马克思这个重要思想,是马克思列宁主义关于殖民地半殖民地革命理论的出发点。世界上两大革命潮流——国际无产阶级革命和民族解放运动的汇合,从19世纪中期中国和印度的反封建反殖民主义斗争中,已经呈现出一些端倪了。

现在,历史已经翻开了新的一页。反帝反殖民主义斗争的浪潮不仅席卷亚洲大陆,而且已经深入到非洲和拉丁美洲的一切被压迫民族中间。这

---

① 《马克思恩格斯选集》第1卷,人民出版社2012年版,第783页。
② 《马克思恩格斯全集》第29卷,人民出版社1972年版,第250页。

种斗争得到了国际无产阶级的支持,受到世界人民的同情。这是一百年来艰苦斗争换来的胜利成果。中国人民和印度人民一样,都有同样的感情。我们缅怀百年前印度大起义的英烈,高度评价这次事件的历史意义,决心为维护中印人民的友好和团结而斗争。

(原载《人民日报》1957年5月10日,本文系原稿,见报时做了压缩。本书收录时恢复了原文,并核对了引文)

1857—1859年印度的反英大起义略论

> 太阳依然永远照耀着英帝国，鲜血便永远不会干的。
> ——琼斯（Ernest Charles Jones, 1819—1869）
> 《印度斯坦造反》再版序言

一

印度是世界文明古国之一，它不仅用自己优秀的文化丰富了人类文明的宝库，而且印度人民反侵略的英勇斗争，也几乎充满了整个印度历史的篇章。如果说印度的历史是"一次又一次被征服的历史"①，那么，印度的历史同时也是一部不断反抗侵略的历史。印度人民并没有甘愿做异族侵略者的牺牲品。1857—1859年的反英大起义，就是这种反侵略光荣传统的又一次表现。

1857—1859年的大起义，在印度近代史上占据特别重要的地位。但是，这次起义的历史在过去漫长的岁月中，遭到了最不幸的命运。一些镇压起义的英国刽子手、英国资产阶级的御用学者，关于这次起义写了不少虚伪的历史②。这些著作，基本上都是宣扬殖民主义者"威德"的东西，对起义者大肆污蔑，而且也表现了反动学者伪造历史所惯用的手段。他们企图扼杀人民群众对自己力量的信心，消磨他们反抗殖民主义者的斗争意志，防止人民从中吸取教训和受到这种英勇传统的鼓舞。最明显的事实就是他们过去和现在都把这次起义称作"兵变"或"士兵叛变"。他们异口

---

① 《马克思恩格斯选集》第1卷，第856页。
② 这类著作至少不下数十种，加上起义时期的回忆录、日记等，那就更多了。

同声地这样坚持着这一论调绝不是偶然的。

由于起义的历史长期受到歪曲和伪造，因而对它的研究就更为迫切。但这个任务存在着许多困难：问题多，材料少，甚至我们不得不主要依靠上述的一些别有用心的著作。在本文中，作者只想就某些问题发表一些自己的浅见。

二

从1757年普拉西战役到1857年大起义的一百年间，印度的社会经济发生了深刻的变化。英国殖民统治者俨然以印度"主人"的身份，运用其直接的政治和经济权力，彻底地破坏了印度旧的社会经济基础，从而使其沦为英国的殖民地。

在1757—1857年这一百年中，英国正是资本主义生产蓬勃发展的时代，而印度则是旧社会经济基础遭到破坏的时代。由于英国殖民主义者人为的破坏，使印度各民族正在开始形成的统一进程停滞不前。英国殖民者在印度的统治致使印度经济遭到破坏，使文化处于衰落状态。虽然在破坏封建制度（这种制度在印度占统治地位）方面，还有它客观上的进步作用，但在旧生产关系的破坏和新生产关系形成的过程中，因为一系列殖民政策的实施，印度付出的代价太大了，损失太严重了，可以说印度所遭受破坏的严重程度，是其他国家所没有遇到的，以至于到了19世纪中叶，很少有什么相应的新生产关系的产生。

起义前夕，印度在经济上和政治上都表现出了显著的特点。在经济上，旧的封建经济结构被破坏了，但是，相应的新经济结构还未产生。在政治上，英国殖民者开始建立一个统一的印度，自己"高高在上，整个印度都伏在它的脚下"[1]，经济上新旧不接的矛盾和政治上英国殖民者与全印度各社会阶层的矛盾互为影响、互相作用的结果，不仅使当时印度的处境带有"特殊的悲惨色彩"[2]，而且，在英国殖民主义者完全占领印度的同

---

[1] 《马克思恩格斯全集》第6卷，第64页。
[2] 《马克思恩格斯全集》第12卷，人民出版社1998年版，第139页。

时，也就形成了印度各地区、各社会阶层反对英国殖民统治的共同政治基础。19世纪50年代，印度到处可以感受到对英国殖民主义者极端仇恨的情绪。严重的政治危机在殖民统治"隆盛"的虚伪外衣下出现了。

起义前的印度社会阶级的状况，充分表明了全印度各社会阶层和英国殖民统治的矛盾已上升为主要矛盾。

印度居民这种"特别悲惨"的社会处境，首先表现在手工业者和农民中间。英国片面的"自由贸易政策"，严重地打击了印度的手工业者。他们悲惨的命运不仅使他们未来的生产遭到可怕的破坏，而且更为悲惨的是他们在失业后找不到相应的工作。他们世传的优秀手艺，现在完全无用了。因为英国殖民统治者不可能用机器工业来代替印度的手工业，他们只是以廉价的机器制造品来充塞印度的市场，因此，破产的手工业者又不得不流落农村而依赖土地。但是这并不能使他们悲惨的处境有所改变，因为在农村中英国殖民者的土地政策和耕作的原始方法，早已把农民的处境弄得剥肤及髓了。这样，大批的相对过剩人口在印度就出现了。

印度农民受着三重压迫：英国殖民者、依附英国殖民者的印度地主柴明达尔和高利贷商人。英国殖民者实行一系列土地政策（固定的和不固定的柴明达尔制、莱特瓦尔制）的目的达到了。在东印度公司的总收入中，有2/3是从田赋中掠夺来的。在柴明达尔制地区，殖民者利用其帮凶柴明达尔共同剥削农民，在莱特瓦尔制地区，殖民者直接掠夺农民。马克思指出："无论是在孟加拉的柴明达尔制度下，或者是在马德拉斯和孟买的莱特瓦尔制度下，占印度人口11/12的莱特都沦于可怕的贫困境地。"[①] 农民不仅丧失了许多土地，而且英国殖民统治者对灌溉工程的忽视，又使大批良田变为荒地，于是饥荒就经常化起来。高利贷商人的猖獗活动，使得本来已经痛苦的广大"莱特"更为悲惨。[②]

手工业者和农民是受殖民压迫最甚的阶级，同时他们也是历来反对殖民主义者最坚决的部分。在19世纪30年代，手工业者就踊跃地参加了伊斯兰教瓦哈比派所领导的反英斗争。农民的起义更多，1857年孟加拉山区

---

① 《马克思恩格斯全集》第12卷，第242—243页。
② "莱特"，印地语：农夫，农民。

的桑答尔部族起义就是明显的例证之一。他们的处境和斗争，就决定了他们是这次大起义的动力。

印度这种"特别悲惨"的状况也反映在世代封建主阶级和僧侣（印度教和伊斯兰教）封建神权阶级中。英印总督大贺胥为了英国工业资产阶级利益，在起义前不久，完成了最后占领印度的计划。1848年吞并旁遮普和萨塔拉，1853年吞并了比拉尔和章西，1856年大贺胥又把军队集中在坎普尔，下令占领了相当于爱尔兰面积的奥德王国。大贺胥处处触犯封建主的利益，他取消了许多王公的恤养金，拒绝承认他们的立嗣权，并且没收了许多中、小封建主的地产。此外，英国殖民者又侮辱印度教徒和伊斯兰教徒的宗教感情和风俗习惯，因而上层的侣僧也和人民一样仇恨英国的殖民统治。

在起义前夕，一部分封建主走上了反对英国殖民统治的道路。当时印度的社会经济情况决定了他们成为这次起义的领导者。封建主参加起义并成为起义的领导者这一事实也表明：全印度各社会阶层与英国殖民统治的矛盾已上升为主要矛盾。在这个主要矛盾支配下，国内的阶级矛盾就降到次要地位。当时是印度生死存亡的关头，这就使得封建主有可能暂时和人民联合到一起，反对共同的敌人；这也使得伊斯兰教徒和印度教徒，"忘却了他们相互间的仇隙，而联合起来反对他们的共同的统治者"①。

西帕依②在起义中所表现的显著作用，更清楚地证明了这种矛盾的转化情况。历史的辩证法告诉我们：对立面的矛盾在一定条件下可以互相转移，西帕依在起义中所表现的事实又一次证明了这个原理的正确性。西帕依一直是英国殖民者进行侵略战争的工具。英国资产阶级打着东印度公司的招牌对印度进行了侵略和掠夺，而东印度公司又利用西帕依的刺刀征服了印度。那么，为什么"英国当局建立土著军队，同时也就组织起了印度人民过去从未有过的第一支核心的反抗力量"③ 呢？为什么"印度起义不是由受尽英国人的折磨与屈辱并被掠夺得精光的莱特发动的，而是由那些

---

① 《马克思恩格斯全集》第12卷，人民出版社1962年版，第252页。
② 我国对"西帕依"译法不一致。按原文来自波斯文，义为"士兵"。英国和法国殖民主义者入侵印度后，雇用印度人当兵，借用波斯文音称这些士兵为"西帕依"，以与欧洲兵（古拉）相区别。本文采用《马克思恩格斯全集》中译本的音译"西帕依"。
③ 《马克思恩格斯全集》第12卷，第251页。

靠英国人供给吃穿、被英国人一手培育、受到英国人宠幸的西帕依发动的"① 呢？这是因为：

第一，在英国印军队中本来就存在着种族和民族压迫。西帕依都是来自倾家荡产的农民和手工业者，他们为生活所迫不得不在这条可怕的道路上谋求一线生机。西帕依尽管享受着许多"优待"（如薪饷较高、在法庭上有特权、对他们的家庭课税轻等），尽管他们被迫为了英国殖民者的利益而南征北战，但并不能掩饰住他们和英国官兵之间的裂痕。许多人是为了薪金而"加入军队"②。殖民者对西帕依很不信任。大多数西帕依很长时间都难以上升到大尉的职位，他们不但受到英国军官的监视，而且也受其轻视。他们的宗教信仰遭到粗暴的破坏，殖民者用威吓、利诱的方法强迫他们信仰基督教。殖民者也经常侮辱他们的习惯。第二，在英国殖民者全面占领印度后，上述矛盾加剧了。过去欺骗性的优待全部被取消。甚至威廉·本廷克在1856年公然宣布：西帕依是"世界上最无用和浪费的东西了"。殖民者也更加粗暴地侮辱他们的习惯，破坏雇佣条约，强迫孟加拉军团的西帕依出国作战。因这支军队大多数是从奥德招募来的，因而吞并奥德也使他们的家庭受到威胁。西帕依是披着军装的农民，他们的不满也反映了农民的不满情绪。西帕依中的印度人军官与奥德封建贵族有密切联系，他们的不满也反映了这部分封建贵族的不满。第三，西帕依在英印军队中比例的增长，也使他们察觉了自己的力量。1857年英印军队共有28万人，而其中西帕依就占23.5万人。英国殖民者忙于侵略亚洲其他国家，渐渐也使印度国内的兵力空虚起来，1857年从巴拉克普尔到阿格拉长达750英里的交通线上，只有一个英国兵组成的团队驻在巴特那附近的第那普尔。第四，西帕依并没有和人民隔绝，他们和人民共同进行着一个反英斗争的酝酿过程。秘密组织是他们之间的桥梁。两件神秘的政治交往物在印度大地上出现：当"卡巴齐"（意为小饼）在人民中间传递得活跃的时候，红莲花也在西帕依中间迅速传递着。西帕依团队之间也进行着联系工作，他们经常召开各种秘密会议，策划着起义。因此，在这种情况下，握

---

① 《马克思恩格斯全集》第12卷，第308—309页。
② P. E. Roberts, *Forty-one Years in India*, London, 1914, p. 240.

有武器和较有组织的西帕依就有可能把枪口掉转过来反对英国殖民者，成为1857年起义的先锋并"在惊涛骇浪中起着最决定性的作用"①。

综上所述，我们可以看出起义前的印度社会的主要矛盾，决定了起义中的基本力量：印度手工业者和农民是起义中的主要动力，反英的封建主是起义的领导者，西帕依是起义的突击力量、核心和起义的率先发动者。②

当然，起义前印度社会阶级是相当复杂的，③ 在上述阶级和社会集团中也不是清一色的，在酝酿起义的过程中，它们不是都参加进去；在以后的起义过程中，它们也不是全部起来反对英国殖民统治者。不仅如此，它们之中有的从开始就站在英国殖民统治者一方（如旁遮普的封建主）。在反动阵营一方，除了英国殖民主义者、大封建主外，这里还应该指出高利贷者和商人的情况。高利贷远在封建社会开始就存在着。英国殖民政府土地政策的实行，沉重地打击了印度农村公社，使孟加拉、孟买和马德斯大批农民破产，这就巩固了高利贷者和商人的地位。1813年，东印度公司的垄断贸易取消了，英国工业资本开始剥削印度，英国资本家、印度的高利贷者和商人的联系更加密切。印度的高利贷者和商人与英国殖民统治者的利益是息息相关的。同时我们也要注意到买办贸易和高利贷活动是印度工业资产积累的主要源泉，这个积累过程在起义前已经开始了。

起义前印度社会关系中值得注意的另一个问题是新兴知识分子的情况。印度新兴知识分子阶层正在形成，这不仅与英国殖民统治有密切联系，而且与印度本身社会文化传承的发展有关。英国殖民主义者为了培养殖民地下级官员促进了这个阶层的形成，其中心是孟加拉。正当在孟加拉以印度教徒为主的新兴知识分子受着英国思想和文学的影响，并且为了宪法改革而仰望英国的时候，起义的情绪正在其他的地区沸腾着。随着19世纪初印度资本主义新因素的增长，受资产阶级思想影响的印度知识分子开

---

① ［印］萨德亭拉·辛格：《1857年的伟大的印度民族起义》，载印度《新世纪周刊》（*New Age Weekly*）1955年5月8日，第2卷第32期。本文用郭威白先生的译文。见中山大学历史系编《印度民族起义论文集》，油印本。

② 关于起义的原因，我想在另文中作较详细分析，其中包括社会经济和各阶级力量配备情况（即本文集中《1857年印度反英大起义前夜的社会经济和阶级关系》一文）。

③ 关于起义的主要问题，即印度国内的主要矛盾、阶级状况的分析，可参看季羡林《试论1857—1859年印度大起义的起因、性质和影响》，《历史研究》1957年第5期。

始成长起来。例如，1828年拉姆·莫罕·罗伊在加尔各答组织了"最高精神信徒协会"。罗伊及其同道都不是印度封建制度自觉的反对者，他本人还是一个大土地占有者。但他反对种姓制度，反对印度教旧的习俗和偏见，这种思想就成了反封建的思想。他也不是英国殖民统治的自觉反对者，但他主张发扬民族文化，使之适于印度资本主义发展的需要，这是一种爱国主义思想，所以就成为反殖民主义斗争的武器。因而尽管这个阶层是仰望英国的，但他们中间也产生了反封建和反殖民主义的思想。在当时的条件下，是有进步性的。但是早期资产阶级启蒙的改良运动，离人民的反封建反殖民主义斗争极为遥远。

1857—1859年的反英大起义是19世纪上半期人民运动的继续。印度人民具有反侵略的光荣传统，他们曾不断地起而抗击英国殖民者。在19世纪最初的25年中，印度北部和中部（巴雷利、德里、莫拉达巴德、米勒特等地）发生了多次起义。从下面几个重大的起义中就可以看出这一情况：1793—1812年，马拉巴海岸北部的起义；1808—1809年，特拉凡哥尔的起义；1816年，德里东部的农民起义；1826—1827年，浦那的拉摩西族的起义；1831年，加尔各答附近伊斯兰教瓦哈比派所领导的起义；1831—1832年，孟加拉农民起义；1836年，孟加拉的瓦哈比派再度起义；1848年，旁遮普锡克教派的起义；1849年，浦那的拉摩西族再次起义；1851—1852年、1855年，拉摩西族曾不断起义；1855年，孟加拉达曼-埃-科特山区的桑塔尔族的起义[①]。这些频繁发生的武装斗争表明：印度各地区都在酝酿着一个走向全印度各社会阶层反英殖民统治的趋向，统一反抗的条件在英国殖民者全面占领印度后开始形成了。

1857—1859年的反英大起义也是亚洲各国反殖民主义斗争的共同反映。我们知道，19世纪上半期，正是英国殖民者在亚洲横行霸道的时代，这时英国殖民者气焰万丈，不可一世，其殖民威力远远超过了当时在亚洲殖民的其他国家。英国殖民者这时已成为亚洲各国的主要敌人。

---

① 参看刘芬《印度》，"十九世纪的民族斗争"一节，世界知识出版社1956年版，第10—13页。L. Natarajan, *Peasant Uprisings in India* (1850–1900)，孟买人民出版社1953年版，第17—32、66—71页，以及附录（《1830—1831年迈索尔农民起义》）。

马克思和恩格斯在1854年就已预言："在最近的将来，汉人与满人之间可以发生大规模的宗教战争，这种宗教战争也将蔓延到印度。"[①] 而在1857年，"对波斯的战争几乎把孟加拉管区内的欧洲兵全部抽光了的时候，这些起义就立刻爆发了"。非常明显，这次起义"与亚洲各大国对英国统治的普遍不满同时发生"，"与波斯战争和中国战争有密切的联系"[②]。起义的全部进程表明：在这次亚洲各国人民反对殖民主义的浪潮中，印度的反英大起义占据特别重要的地位，它站在这一时期亚洲各国人民反对殖民侵略斗争的最前列。印度是英国在亚洲发动殖民战争的基地，也是不列颠帝国的"枢纽"和"王冠上的钻石"[③]，在这里发生了大规模的反英起义，无疑有力地打击了英国殖民者侵略亚洲的计划。

三

上面我们已经分析了起义发生的内外因素，现在值得探讨的是起义发展过程各个阶段的情况。

1857—1859年印度的反英大起义和所有其他伟大的历史事件一样，也有其发生、发展和终结的历史过程。"如果人们不注意事物发展过程中的阶段性，人们就不能适当地处理事物的矛盾。"[④] 这些阶段的划分，对于了解起义本身发展过程有很大的帮助。在英国资产阶级学者们关于起义史的著作中，都把注意力集中在殖民者如何镇压起义的一面，而忽视了起义者的一面。他们把起义描写成单纯的军事行动，而看不见人民群众的活动；他们在描述起义时，只关注英国殖民者如何按照计划镇压起义、起义军队如何在他们的镇压之下遭到失败等。这些著作给人们一种这样的印象：好像这次起义只是"西帕依的起义"，是孤立无援的，既看不到人民对军队

[①] 马克思、恩格斯：《亚洲与俄国》，1854年3月3日，载《马克思恩格斯论中国》，人民出版社1953年版，第215页。

[②] 《马克思恩格斯全集》第12卷，第252页。

[③] 寇松语，见［英］杜德《今日印度》上册，黄季方译，世界知识出版社1953年版，第10页。

[④] 《毛泽东选集》第1卷，人民出版社1991年版，第314页。

的支持，又看不到广大人民群众参加这一起义。这是资产阶级偏见支配下的必然结果。这种歪曲起义本身历史的影响，在许多流行的《印度史》中都表现出来。①

英国统治印度的历史，长期遭到最粗暴的歪曲，关于本次起义的历史尤其如此。一个英国人自己承认："我们对于印度历史的写法也许比我们曾经历过的任何其他事情更令人气愤了。"的确，关于这次起义和它遭受镇压的情形曾经有人写过许多虚伪而歪曲的历史。一部真正的起义史需要重新写起。

1857—1859年的反英大起义经历了四个不同的阶段②。

第一阶段：酝酿的成熟和开始

这一阶段包括从1857年年初到5月中旬起义者占领德里这一段时间。酝酿的过程并不是开始于1857年。早在1856年夏天，在农村和城市，在反英的封建主中，已开始酝酿。但是到1857年，这个酝酿的过程在印度各阶层中，特别是在印度籍军队中已经成熟起来。一些反对英国殖民统治的封建主、印度教徒和伊斯兰教徒在居民和军队中积极地活动，他们常常是秘密组织的领袖。

酝酿时期发生了许多事件。神秘的信号在人民和军队中流传着。镇压起义的刽子手罗兹在其回忆录中写道："1857年初就出现了早期扰乱的威胁。当2月、3月和4月的时候，我们在白沙瓦听到了关于秘密的卡巴齐的谣言，这种卡巴齐在这个国家流传着，它意味着土人准备着即将发生的许多事情。"③这种在现在有些人看来变幻莫测的卡巴齐，乃是印度很久以来的传统。这种行动预示着暴风雨事件的酝酿，的确，在当时有着暴风雨前雷鸣隆隆的含义，④此外，红莲花在军队中也迅速地传递着。涂抹了猪油和牛油子弹的使用，加速了起义在军队中的反英酝酿过程。2月，在巴

---

① 例如：N. K. Sinha, A. C. Banerjee, *History of India*, Calcutta, 1955, pp. 594–600。R. C. Majumdar 等的 *An Advanced History of India* 一书中也有这种影响。

② 关于起义全过程，除一些英文书籍外，可参阅[印]孙德拉尔《1857年印度民族起义简史》，文仲叔、张广学译，生活·读书·新知三联书店1957年版。

③ P. E. Roberts, *Forty-one Years in India*, p. 34.

④ Surendra Nath Sen, *Eighteen Fifty-seven*, Delhi, 1957.

林普尔；3月，在巴拉克普尔、厄姆巴勒和米勒特；4月，在勒克瑙的西帕依中都发生了反对英国军官的骚动，一些封建主也进行策划利用这些"骚动"。

1857年5月10日，在德里附近的米勒特开始了西帕依、农民和市民反英起义。起义者立即向印度古都德里挺进，并于11日和德里的起义者会合。德里的战斗和恢复工作进行了六天。莫卧儿王朝的后裔巴哈杜尔·沙（Bahadur Shah Ⅱ）在犹豫再三之后，被扶上王位。起义者（西帕依、手工业者、城市贫民、农民）没有意识到要和封建上层分裂，对封建皇帝抱有深厚幻想。但是，恢复莫卧儿王朝的统治，也反映了人民驱逐英国殖民者和复兴独立印度的决心。因为在人民的记忆里，印度先前的独立是和莫卧儿帝国的强盛联系在一起的。但，如前所说，这个老朽的皇帝并无实权。德里的政权掌握在十人组成（军人六人，文官四人）的行政会议手中。巴哈杜尔·沙只是在号召印度教徒和穆斯林团结起来共同反英的文告上盖章，在废除柴明达尔制度，对地主、大商人、高利贷者征税和对贫民免税的命令上签字。

起义者占领德里和德里政权的建立，不仅在军事上，而且在政治上具有重要的意义。德里是印度历来的政治中心，占领德里对起义进一步开展行动有重要的作用。正是在德里被起义者占领后，起义才开始形成空前巨大的规模。[①]

第二阶段：起义的高潮

该阶段涵盖从1857年5月中旬起义军占领德里到德里的保卫战（1857年9月中旬）的时间段。这一时期主要的特点是起义沿着上升线发展，使英国殖民者恐慌万分。

在这一阶段中，起义像熊熊的大火一样燃烧起来，从加尔各答到白沙瓦，到处都掀起了西帕依、农民和市民的武装起义。在阿拉哈巴德，印度教徒和伊斯兰教徒因"吃着一个母亲的奶，所以起而共同推翻英国人的统治"[②]。在坎普尔，那那·萨希布（Nana Sanib）重建了马拉塔人的国家，

[①] 参阅彭树智《德里的起义》，《历史教学问题》1957年第3期。
[②] V. D. Savarkar, *The Indian War of Independence 1857*, Bombay, 1947, p. 197.

自己宣布为王,起义者从坎普尔送给那那数百种贺礼,奥德成了起义的中心。"在整个省内,柴明达尔、札吉达尔、拉加尔,在不列颠人管辖下几千名步兵、骑兵和炮兵的西帕依,所有行政部门的雇员们,农民、穷人和学生,一句话,无论是印度教徒和伊斯兰教徒,为了他们祖国的自由像一个人一样地行动起来"①。伊斯兰教瓦哈比派在巴特纳、婆罗门教在贝拿拉斯有很大影响,这些城市"狂热得可怕"。在罗希尔坎德,不只是军队发生起义,而且整个地区都在行动起来②。在章西,拉克什米·芭伊(Lakshmi Bai)领导了西帕依和居民的起义。

起义不仅传遍了北部和中部印度的广大区域,而且也波及印度其他地区。孟买和浦那都曾酝酿起义,因被发现而遭到破坏。③ 在那格浦尔和哲具普尔的西帕依也举行了起义。海得拉巴的首都也发生了起义。④

这一阶段的第二特点是起义军队和英国的讨伐军正面交锋。战局一开始,起义军便处于不利地位,英国军队利用了起义者在各地区分散战斗的弱点。这一时期,在坎普尔、阿拉哈巴德等地都发生正规军的战斗,但最有决定意义的是德里的保卫战。这一阶段是起义的高潮时期,英国殖民者开始从惊慌中镇定下来,调动其在印度和亚洲的军队,从四面来包围起义者。侵略中国和伊朗的军队被调回印度,从孟买、马德拉斯、加尔各答和旁遮普开始向起义地区进攻。旁遮普是镇压德里起义的主要基地。从1857年6月开始了德里保卫战。最后一次战斗是从9月14日开始,英国殖民统治者以8000人的军队和150门大炮昼夜不停地向城市进攻,起义者进行了英勇的战斗。殖民统治者付出了重大伤亡的代价(四个司令官有两个被击毙,5000名侵略军被打死)之后,英军于9月20日完全占领德里。

这一阶段的第三个特点是封建主在起义中起了显著的反动作用。尼泊尔和锡克的封建主都派出军队帮助英国殖民者镇压起义。巴哈杜尔·沙也曾屡次释放英国间谍并与英军联系,他一开始就不相信起义能胜利。英军进入德里后他和皇室贵族集团无耻地向侵略者屈膝投降。但是,许多参加

---

① V. D. Savarkar, *The Indian War of Independence 1857*, pp. 256-257.
② T. R. Holmes, *The History of the Indian Mutiny*, pp. 137, 183, 209.
③ 但季白:《印度名人信道记》,上海广学会1913年版。
④ V. D. Savarkar, *The Indian War of Independence 1857*, pp. 201, 506.

起义的封建主仍在战斗,而尼泊尔封建主却镇压起义。①

德里的不幸陷落,使起义的力量遭到了沉重的打击,从此,起义便开始沿着下降线发展。②

第三阶段：分裂和衰落

这一阶段从德里的陷落（1857年9月20日）到勒克瑙的保卫战（1858年3月21日）。德里陷落后，奥德的首都勒克瑙成为起义的中心。殖民者集中了大批兵力向勒克瑙进攻，但开始时对他们并不十分有利，奥德乡村中的农民游击队，到处袭击殖民军队，阻止其向前推进的过程。坦提亚·托比的游击队积极进攻战略，也颇使殖民者大伤脑筋。

这一阶段的事件表明了许多新的特点，第一，起义具有更广泛的人民性。几乎在奥德的每一个村庄都进行过战斗，勒克瑙保卫战中那些英勇的事迹，他们寸土必争的英勇奋战，是永远值得人们记忆的。第二，封建主和起义的进步力量发生了分裂。毛拉维·阿赫马德·沙（Mawlawi Ahmad Shah）要求撤回无能的军官和继续追击坎贝尔的军队，而被封建主关进了监狱。后来在围城危急之际才被放出来，但已经无力挽救危局了。这是德里事件的继续和重演。海得拉巴的王公和宰相萨拉尔·詹，帮助殖民者镇压了起义。第三，起义的范围继续向南发展，1857年12月间，在印度西南部的科尔哈普尔、贝干木、达瓦尔以及南部的海得拉巴、阿萨姆、信德等地区，新的起义逐渐燃起③。第四，英国殖民军队在起义中所表现的惨无人道的行为，在这一时期仍然继续着。伦敦时报的特派记者鲁赛尔在日记中，并不避讳这点④。恩格斯在《攻占勒克瑙的详情》一文中愤恨地写道："事实是，无论在欧洲或者在美洲都没有像英国军队这样残暴的军队。抢劫、暴行、屠杀——这在任何别国军队里都是已经严格禁止

---

① 泰戈尔（Rabindranath Tagore）在其小说《在加尔各答路上》中，曾用其女主人公的口吻说："印度斯坦被血染红，又被炮火熏黑了。"其中提到巴哈杜尔在1857年6月率领尼泊尔军队4000人镇压印度斯坦的起义的事件。参见［印］泰戈尔等《印度短篇小说集》，伍蠡甫选译，商务印书馆1936年版，第69页。

② 苏联作家维果德斯卡亚的遗作《危险的逃亡者》（林祥译，中国青年出版社1957年版），可作为德里保卫战和起义的"辅助"参考书。

③ V. D. Savarkar, *The Indian War of Independence 1857*, pp. 298 – 501.

④ Howard Russell, *My Diary in India, in the Year 1858 – 1859*, pp. 302, 384.

和完全排除了的行为，——是英国士兵由来已久的特权，是他们的合法权利。""在十二个昼夜内，在勒克瑙的不是英国军队，而是一群无法无天、酗酒肇事、粗暴无礼的乌合之众，分散为一帮帮的强盗。""1858年勒克瑙的洗劫是英国军队永远洗不掉的耻辱。"①

1858年3月21日，英军与尼泊尔军队东西两面集中20000兵力和180门大炮才攻下勒克瑙，殖民主义者使该城损失了价值500万—600万英镑的财产。勒克瑙的陷落，使起义力量又一次遭受沉重打击；勒克瑙的陷落，标志着起义进一步向下降线发展。但斗争仍在继续，起义的新阶段开始了。

第四阶段：游击战争

本阶段是包括勒克瑙陷落（1858年3月15日）到起义结束（以1859年4月18日坦提亚·托比英勇就义为标志）。

把起义游击战争阶段当作"余波"来叙述显然是不恰当的。事实上，游击战争几乎进行了一年多的时间，其中充满了各方面英勇和惨痛的事件，而且也经历了许多重大的变化。关于起义的游击战争阶段的提法，是恩格斯在有关一系列著名的论文中确定下来的②，文中所述的原理在今天看来，依然是符合当时的实际情况的。

当然，在本阶段开始时，仍有一次正规的战斗，这就是章西女王拉克什米·芭伊领导的起义者在章西保卫战中的英雄事件。章西的保卫战，也表现了充分的人民性。之后，坦提亚·托比又与拉克什米·芭伊联合进攻瓜廖尔，赶走英国殖民者的帮凶、瓜廖尔王公信地亚。在6月18日瓜廖尔的战斗中，拉克什米·芭伊英勇地坚持到最后而光荣地牺牲。

游击区域有以下地区：罗希尔坎德、戈勒克布尔、班德尔坎德、佳格普尔森林区和中印度西部许多地区。起义中涌现许多有名的领袖，如米尔扎·菲鲁兹·沙、毛拉维·阿赫马德·沙、那那·萨希布和奥德王后都聚集起来，继续坚持战斗。游击队有名的领袖库马尔·辛格领导由

---

① 《马克思恩格斯全集》第12卷，第499页。
② 恩格斯关于起义的进程写了许多论文，从德里战役开始，直到起义结束。关于游击战争的论文有（一）《勒克瑙的攻占》、（二）《攻占勒克瑙的详情》、（三）《印度的起义》、（四）《英国军队在印度》、（五）《印度军队》。

军队和农民组成的游击队,到处袭击英国军队。他原来是比哈尔起义的领袖,后来到奥德的西南部佳格普尔森林区展开了8个月之久的游击战斗。他阵亡后,其弟阿马尔·辛格继续领导起义。恩格斯称阿马尔·辛格"对游击战显得相当积极而有经验;总之,他不消极等待,一有可能就袭击英军"①。坦提亚·托比是勇敢而有天才的游击队领袖,在起义完全转入低潮的日子里,他还转战在中印度的广大区域从那格浦尔到巴罗达,到处袭击英军,焚烧军火库,夺取火炮,使得追击他的英国军队疲于奔命,他高举着起义的旗帜达一年之久。② 他原想重新唤起马拉塔人反抗英国殖民者的斗争,但却被叛徒、封建主曼·辛格出卖而从容就义。奥德起义的领导者阿穆德·沙于1858年6月也因封建主的叛卖而遇害。

在当时,进行游击战争有许多有利的条件。例如起义者适应气候和水土,而英国军队大多数都是来印度不到一年,酷热而多雨的季节使他们感到战斗困难;起义者与村民友好,粮食供应方便,地理熟悉;起义者还有雄厚的力量,当时配备有武器的起义者不下15万人;"没有武器的居民则既不帮助英军,也不给英军送消息"③;起义者移动速度极快,英国军队一天移动的距离不到20英里,而起义军队一天能移动40英里,加一把劲,一天可以达到60英里。最后,根据恩格斯当时的分析,在阿富汗边境,德利·伊斯马伊尔·汗的锡克军团也发生了反英事件,帮助英国殖民者镇压起义的锡克军队这种不满情绪的产生,对英军来说,是危险的征兆。"从这种信念到公开的敌对行动,对于东方民族说来只有一步之隔:星星之火,可以燃成熊熊之焰。"④

---

① 《马克思恩格斯全集》第12卷,第612页。
② 坦提亚·托比的游击战争在印度人民中间留下了深远的影响,在一些日后的文学作品中也有所反映,例如拉赛·泰戈尔前引小说中,就描述了一个起义者凯仙夫·赖儿参加坦提亚·托比游击队的战斗情况:"他加入了反抗政府的坦提亚·托比的队伍,会像晴天霹雳一样时而出现在东方,时而出现在西方,接着他往往又突然不知去向了。"([印]泰戈尔等:《印度短篇小说集》,第80页)
③ 《马克思恩格斯全集》第12卷,第525页。
④ 《马克思恩格斯全集》第12卷,第500页。

长期的游击战争使英国军队疲于奔命。英国军队一方面要以很大兵力保住大城市和交通线，另一方面又要派流动的军队去一个个地击溃游击队的堡垒。当英国军队调往北部去镇压罗希尔坎德的起义者时，另一支起义者又越过恒河转入杜阿布，切断他们和加尔各答的联系。英国殖民者越来越感到人手的缺乏，他们不得不从印度这一端到另一端来追索起义者。但是，起义者没有完全充分利用这个有利的时机，他们没有趁炎热季节英国军队休整的时候，组织积极游击行动，不去切断城市与城市间的交通，没有伺机袭击敌人的小部队，不去打扰粮秣的征发和打断粮食的供应，而只限于征收捐税和休整。他们也未利用这些时间重整力量，却开始了内部的争吵。这些游击队虽有许多人民参加，但起义者没有很好地发动农民，没有满足他们对土地的要求，没有把起义变成一个反殖民统治和反封建相结合的斗争，这就使他们和群众分裂而不得不向封建主求援，而终于被封建主出卖而失败。

在这一阶段中，印度社会的主要矛盾（全印度各社会阶层和英国殖民统治的矛盾）又发生了某些转化情况。1858年11月1日，坎宁在阿拉哈巴德宣布了维多利亚女王假仁假义的诏令，而且答应不侵犯大小封建主的利益和特权。许多王公和地主早就"有足够的能力注意到一个奴隶反抗的战争，一个更低阶级反对更高阶级的叛乱并不是他们所要求的目的"。在殖民者许下了诺言后，大批的封建主就向英国殖民主义者投降并积极帮助他们镇压起义。恩格斯在1858年10月写道："一旦大多数地主与英国人达成协议，起义者的队伍将立即瓦解。"[①] 封建主和英国殖民者的反动联盟在这一阶段内形成了。封建主的叛变行为最后断送了起义。

起义的四个阶段，更清楚地表明了起义的性质和它的各个发展阶段的特点。起义的内容是丰富多彩的，它需要我们进一步研究。起义的资料还有待世界史学家们，特别是印度和英国的史学家们的努力。

1857—1859年印度的反英大起义的基本弱点是没有把反对殖民统治和

---

① 《马克思恩格斯全集》第12卷，第612页。

反封建斗争结合起来，但这个结合的趋向在各阶段，尤其是后一阶段也出现了。当然它只是作为一个微弱的趋向出现。这次起义不仅反映了封建主和人民的矛盾，而且也反映了人民和高利贷者的斗争。荷姆斯在《印度兵变史》中，曾记载了起义者强迫大商人捐献出他们所需要的金钱和物资，起义者也把大米和面粉由食品商店中搬运出来的事实①。印度的大商人和高利贷者在起义中也起了特别反动的作用，在一本描写联合省某区情况的小册子中，简直充满了当地高利贷商人上层分子的背叛行为的事例。"许多商人和高利贷者因在起义期间'供应金钱'，供给间谍的情报，组织反对起义者的匪帮而被赏赐称号和头衔。阿比尔坎德·达卡就是受奖者之一，他是现代印度垄断资本家达卡的祖先。"

由此可见，起义也反映了印度各阶级间的斗争状况，在后期这种倾向逐渐明显起来。从内外反动派联盟形成的时候起，印度的人民运动就开始具有反对殖民侵略和反封建斗争相结合的倾向，人民斗争的锋芒日益集中向这个新的反动联盟。但是，不能因此说1857—1859年的起义就是"农民战争"的性质，不能说这次起义就是"现代印度战争中第一场阶级战争"。更不能把"反对本国土地特权主和外国资本主义"②两个特点作为起义的性质而相提并论。尽管这次起义反映了印度内部阶段斗争的状况，但这是次要的，起义主要方面是反英的斗争。反对英国殖民统治乃是这次起义的基本特征。关于起义的性质将在下一部分讨论。

四

英国资产阶级史学家历来将这次起义视为"兵变"③，但起义事实的本

---

① T. R. Holmes, *The History of the Indian Mutiny*, pp. 242, 352.
② 参见［印］萨德亭拉·辛格《印度的暴动》《印度暴动者的政治组织》，《今日印度》1952年第10期。
③ 只要翻开关于起义的一些专著，看看这些书如何称呼这次起义就够了：如 Forrest, *History of the Indian Mutiny*; T. R. Holmes, *The History of the Indian Mutiny*; Kaye and Mallesen, *History of the Indian Mutiny of 1857 - 8*; Charles Ball, *The History of Mutiny*; Kaye, John William, *A History of the Sepoy of War in India* 等，他们异口同声地把这次起义称为"兵变"或"西帕依战争"。

身却有力地反驳了这一点。另有一些资产阶级学者和甚至相当进步的学者，又把这次起义称为封建主为了恢复自己旧日统治的"叛乱"①。这也是错误的另一个方面。

这两个方面的错误尽管有许多不同，但都忽视了起义过程的基本事实，而不适当地甚至是故意地强调了某一方面的特点。这两种错误的提法，都忽视了人民群众在起义中的作用。他们也忽视了起义的全民性和起义的主要锋芒所向。这就歪曲了起义的基本性质。

诚然，西帕依首先发动了起义，而且成为和英国讨伐军正面交锋的主要力量。对于起义军队的作用是不容忽视的。西帕依参加起义并成为起义的主要力量，这也是这次起义的重要特点之一。印籍军队"转向"起义者，这是一种优秀的传统，在以后的印度民族独立运动中，曾屡次表现出来。

但是，不能忽视列宁所说的"转向起义者"这个关键点，从而因此就得出结论说，这次起义是"西帕依的叛乱"或"兵变"。西帕依有力地推动了起义的进展，但起义的进一步发展却远远地超出西帕依起义的范围。1857—1859年起义具有许多重要的特点，其中最主要的可以归纳如下：首先，这次起义是英国殖民者侵占印度一百年来第一次规模巨大的民族起义。从加尔各答到白沙瓦的广大区域都发生了起义，起义"像炽热的火种一样，燃遍了西北诸省、奥德和下孟加拉"，在这些地区中，"监狱被打开了，国库被抢劫了，更多的叛乱者在暴动中集中起来，现在开始进行着一次民族的战争"。起义不只遍及中印度和北印度，而且在南印的浦那、考拉普尔、答瓦以及海得拉巴的首都都发生了起义。在孟买，因起义事先被发现而遭到镇压。因此，起义的确"使英国的统治从印度的一端到另一端

---

① 例如 A. L. Morton 在《英国人民史》（*A People's History of England*, London, 1951）中说："突然爆发的兵变，既不是民族起义，也不是与土地有关的暴动，而是在旧日封建统治者领导下职业军队的叛乱，这些封建统治者的权力受到欧洲人改革和吞并的威胁。"（第 467 页）又见 R. Palme Dutt, *India Today and Tomorrow* 中说："1857 年的起义包含着双重性质。一方面，它是显露了潜伏群众的动乱的深度和帝国主义不稳固的统治基础。另一方面，在本质上和占优势的领导上，它是旧日的保守与封建势力及被废黜的统治者为保持他们那明知在毁灭中的利益和特权而引起的叛乱。"（Delhi, 1955, pp. 10 – 111）在 R. C. Majumdar, etc., *An Advanced History of India*, London, 1953, pp. 780 – 783，也反映出这样的观点。

发生动摇"①。印度总督坎宁就因为感到加尔各答也有危险，便怀着恐惧的心情，在1857年6月的一个夜晚，只穿着一条短裤仓皇地溜到军舰上去了。其次，起义者反抗英国殖民者的斗争，一直持续了两年的时间。从时间上说，起义也比以前的反英斗争要长得多。英国殖民者不仅调来大批可靠的军队，而且还有大多数封建王公的帮助，但他们在两年内仍不能完全镇压起义。最后，是起义的参加者包括了"印度人民中间的一切阶级"，"其中有地主和农民、商人和手工业者、士兵和工人、婆罗门和首陀罗、印度教徒和伊斯兰教徒、男人和女人"②。

这些特点说明了把起义说成"兵变"是完全错误的。当时许多人已看出这次起义的特点，例如1857年《加尔各答评论》写道："全印度的军队都有兵变，而且全印度同样都在叛变，或者印度人民和军队一起反对不列颠的权力。"③ 1857年迪斯雷利在英国下院声称："现在印度的混乱，并不是简单的武装叛变，而是民族起义，西帕依在这里只不过起一种工具作用。"④ 在以后的作者中，不仅许多进步人士看到了起义的性质，而且在一些反动的学者中，也看到了起义的特点，例如捷斯汀·穆斯卡苏就说："这种事实遍及印度半岛西北部和北部绝大部分地区，在这里是一种土著民族反对英国权力的叛乱。它不单单是士兵发起的叛乱，不单是军事性的叛乱。它是反对英国占领印度的军事压迫民族的憎恶和宗教狂热的结合体。"⑤

这些不同的观点也驳斥了"兵变"论者。印度《新纪元》周刊的文章说得好："英国统治阶级为什么坚持把起义称为'兵变'而不称为民族起义是可以理解的。因为对于'兵变'他们极容易对付，而对于一种民族解放战争却完全是另一回事，这威胁到他们的实际存在。""只是就局部和最狭义方面说，士兵不服从他们的军官和反抗政府这点可以说这次起义是一种军事的叛变。军事的叛变一般都有一个被限定的目标，而不威胁到制

---

① 《马克思恩格斯全集》第12卷，人民出版社1962年版，第260页。
② 《1857年伟大的印度民族起义》，郭威白译，中山大学油印资料。
③ 转引自 B. D. Basu, *Indian Under the British Crown*, Calcutta, 1933, p. 57。
④ [苏] 斯捷比利格：《英国侵略中东史》，林源译，五十年代出版社1954年版，第129页。
⑤ 转引自 V. D. Savarkar, *The Indian War of Independence 1857*, pp. 11–12。

度。但是，当士兵为着共同的目的同人民联合在一起，如1857年西帕依所做的那样，这就是起义；当他们同人民合作要把外国敌人驱逐出他们的国家，如1857年西帕依所做的那样，这就是一种解放战争。"①

可见，大规模的起义目的是反对英国的殖民统治，在这个共同的目的下，一切可能联合的人都联合在一起，进行着共同的斗争。这种大联合从英国侵占印度以来也是空前的。规模大、时间长和群众广泛地参加斗争这三大特点的结合，也更是前所未有的。但是，这次起义也存在着严重的弱点。首先，这次起义完全保留了中世纪农民自发、盲动的特点：无组织、缺乏明确的纲领、分散性以及群众对皇帝的幻想等。较有组织和训练的军队，又没有统一的指挥部，各地区的斗争没有完全联合起来进行共同的计划。其次，起义没有形成一个坚强的领导，主要的领导权落在封建主的手中，他们不能也不想坚决、彻底地为了胜利而斗争，很少愿意互相联合、互相援助，而在各地区进行着分散的战斗。当时还没有一支能够保证胜利的力量。来自人民中间的个别领导者，尽管他们坚决地战斗着，但终究不能改变已经形成的局势。由于上述弱点，使这次反殖民主义的斗争没有和反封建的斗争结合起来，这样，便不能动员更多的群众来参加斗争。这些弱点在起义一开始便暴露出来，随着起义的进展，就越来越显著了。英国殖民者在镇压起义的过程中广泛地利用了这些弱点。

但是，也不能就此得出结论说，这次起义"在本质上"是封建主为了恢复旧日统治的叛乱，更不能由此得出起义是"反动性"的结论。

认为该起义是"反动性的"那些人片面地夸大了起义的弱点，他们看到封建主领导了起义，之后又看到许多封建主背叛了起义，于是就认为这次起义"在本质上"是封建主为其私利的叛乱。这种片面性地评价起义显然是错误的，而且把人民的不满放在次要地位，却把封建主的目的放在"本质"的主要地位，这当然也把起义的性质本末倒置了。因为，第一，当时反对英国殖民统治是全印度共同的要求，而不光是封建主的目的；封建主参加起义的目的当然是恢复自己昔日的地位、财产和

---

① 《1857年伟大的印度民族起义》，郭威白译，中山大学油印资料。

特权，但为了恢复这些，他们首先必须进行反英斗争，这一行动和当时印度广大阶层的利益是一致的。这是由当时印度社会的主要矛盾所决定的。斯大林曾说过，"民族问题"在不同时期服务于各种不同的利益，"并具有不同的色彩，这要看它是由哪一个阶级提出和什么时候提出而定"①。1857—1859年印度的起义是"旧式的"起义，它带有"旧式起义一切落后的色彩，但是这次反英大起义发生在19世纪中叶的印度，在印度已沦为殖民地的情况下，要取得独立，就首先要推翻殖民统治，这是印度广大阶层的共同要求，因此，它与19世纪上半期发生在中亚细亚那些封建君主所领导的反动的民族主义运动完全是两回事。"② 第二，不能因为封建主是起义的领导者，就说起义是为封建主目的而服务的。1857—1859年印度的起义是全民的起义，起义的"所有领袖的确来自大的被剥夺权力的阶层（指封建主——引者）之中，但这些人都有一个共同的目的：驱逐英国人和恢复民族独立"③。包尔在《印度兵变史》中也承认起义的全民性质，他说："最后，在印度国土上达到饱和状态，爆发的山洪淹没所有堤坝。人们渴望着这个消灭欧洲人的浪潮……现在这个运动处于非常重要的地位。它变成了一个全体人民的暴动。"④ 第三，这次起义又是一个具有广泛人民性的运动，人民群众在起义的酝酿和全部过程中，都起了极为重要的作用。起义者对封建主的控制在某些地方仍然是很严格的。例如德里莫卧儿王朝后裔巴哈杜尔·沙没有实权是人所共知的，起义的军队组成实际上掌握在"行政委员会"手中。而在另一些书中，也记载了那那·萨希布是起义士兵手中的囚徒，只是由于士兵的强迫才同英国殖民者进行战斗⑤。所有这些，都充分说明了起义是一次进步的反英大起义，尽管它带有许多中世纪起义的致命弱点，但它"在本质上"是反对殖民压迫、奴役和争取摆脱殖民统治的正义斗争。

---

① 《斯大林全集》第1卷，人民出版社1953年版，第27—28页。

② 邵英巴耶夫等：《为正确阐明苏联中亚细亚各民族底历史问题而斗争》，萧扬、罗焚辑译，人民出版社1954年版。

③ K. M. Panikar, *A Survey of India History*, Calcutta, 1958.

④ Charles Ball, *Indian Mutiny*, p. 644.

⑤ Forrest, *History of the Indian Mutiny*, p. 420. 许多著作的注解中都提到坦提亚·托比在法庭上说，那那·萨希布的行动是出自被迫。

至于说到起义是由封建主领导下印籍军队的叛乱也是不正确的。这个提法只是把上述两种错误片面的东西相加起来，但上述两个片面性之和也没能全面地表达起义的性质，这个提法仍片面地歪曲了起义的性质，把起义仍然局限在封建主和起义军队之间，而没有表达出起义的全民性和正义性，也没有表明人民群众在起义中作为动力的巨大作用。

在目前的苏联及我国的著作中，一般地都把这次起义称为民族起义，也有人最近又把它称为"人民起义""伟大的民族起义"。对于这些命名我认为可以再研究、再考虑。当然，起义的目的是推翻英国殖民统治，争取印度国家的独立，这是毫无疑问的，而且它的人民性也是无可怀疑的，但作为一个更确切地说明这次起义的特点来说，这是不够的。

1857—1859年印度的起义是一次"旧式的"（也就是中世纪式的）起义，起义的主要动力是农民和手工业者，起义的军队是其中的突击力量。起义具有全民族性质。但是，这次起义发生在19世纪中叶的印度，必然由印度的条件所决定，因而，"旧式的"起义是印度社会经济条件下合乎规律的产物。宗教色彩深厚、封建主掌握领导权、起义依然是各地区分散性的战斗、没有任何民族纲领等具有"旧式起义"所固有的特点，就说明它不能"提高到真正民族革命运动的水平"[①]。如果用"民族起义"来表示起义的全民性，似有容易混淆不清之处。起义的另一目的——争取独立——无疑是正确的，从广义上说，它是民族起义固然未尝不可。但用"民族"等概念来表示这一目的也不完全适合，因为印度各民族的形成过程在此时提出尚为时过早，而部族争取独立的斗争在此时也颇难区分。"在完满的文字意义上来说，它不是一次民族的斗争，只是它的壮丽的序幕而已。"我以为在"民族"概念上区分起义的性质，这种纠缠对于了解基本性质的帮助可能是不大的。不仅如此，有时会产生混淆起义性质的副作用。至于把它称为"伟大民族解放起义"更是一种超时代的不切实际的过高提法，实质上已经混淆了起义的性质。

那么，为什么马克思在评论起义的文章中曾不止一次地指出起义是

[①] ［苏］斯捷比利格：《英国侵略中东史》，第129页。

"民族起义"①呢？就广义范围来讲，马克思这里所指出的"民族起义"并非全无根据。马克思这里所说的"民族起义"无非是说明起义的全民性和目的是推翻英国殖民统治。但是我们不必拘泥于马克思的提法而把起义"现代化"起来，只是在实质上表明了起义的特点就可以了。在有些关于起义的著作中，把起义称为"独立战争"②，用独立战争来命名这次起义，也有"现代化"的倾向。《民族问题与英帝国主义在印度》一书的作者第雅可夫正确地指出了起义的基本特点："在英国人的著作中称为西帕依暴动的事件是一次真正的全民运动。这次起义席卷了恒河平原和印度中部，在这里印度教徒和伊斯兰教徒都参加了……封建分子起了领导作用，他们的口号是恢复莫卧儿帝国。但是，虽然如此，起义却带有一系列的新特点。1857年的运动首次带有全印度性的反对英国殖民统治的特点。"

无论是反封建的起义还是反殖民统治的起义，都具有人民性，都是人民的起义。但这两个类型的人民起义显然是有区别的。反封建的人民起义中，人民（主要是农民）不可能和封建地主阶级联合起来反对封建压迫，只有在反对共同敌人的斗争中，为了当前最迫切的共同利益，人民大众才可能和封建地主阶级暂时团结在一起，反对共同的敌人。19世纪中叶亚洲各国的人民运动中这两个类型都有，而印度的起义正属于反殖民统治这一类型。不区别这种特殊性，而用人民起义这种共同性来命名所有的起义是不够恰当的。

基于上述理由，我建议把这次起义称为"反英大起义"。"反英"表示起义的锋芒所向，起义是英国资本主义侵入印度的必然结果，起义的目的就是反对英国殖民统治，争取建立印度人民自己的国家。"大"则表示了起义的全民性和它的规模，而不是一般地称它为"伟大的民族解放起义"。因此，"反英大起义"表明反对英国殖民统治的立场，既表示了起义的基本特征，又可避免某些容易混淆的现象。这个命名至少比"民族起义"和"人民起义"要更为适合一些。

---

① 见《马克思恩格斯全集》第11卷，第225、228页。
② V. D. Savarkar, *The Indian War of Independence 1857*.

在这里需要略加申明的是有些资产阶级学者曾念念不忘地用攻击"民族起义"来歪曲起义的性质。例如1957年10月英国皇家亚洲学会的杂志上，有位作者在介绍《印度兵变》和《我在印度的日记》两书时，屡次不忘反驳"民族起义"这一说法，如说："兵变不是一次民族的起义""没有民族起义的含义"等。这一介绍充分暴露了英国资产阶级学者传统的反动偏见，他们的论调，是不值一驳的。他们从两个完全不同的立场出发，目的在于使起义局限于"兵变"的范围，从而否认起义的人民性和全民性。显然，我们是从正确的方面来批评这个概念的，他们则是从反动的方面来攻击这个概念的。这中间有本质的区别。

五

恩格斯在总结起义时说："目前英国人毕竟又重新征服了印度。由孟加拉军哗变掀起的伟大起义，看来真正的平息下去了。但是，这再次的征服并没有加强英国对印度民心的控制……相反地，他们自己都承认，无论在印度教徒或伊斯兰教徒中间，对基督徒入侵者的宿仇旧怨现在比任何时候都更深了。"[1]

1857—1859年印度的反英大起义是以失败而告终的。像所有国家早期的人民运动一样，一开始总是免不了失败的。人民群众争取自由和独立的规律就是这样：人民群众斗争、失败，再斗争、再失败，总结长时期的经验和教训，最后走向胜利。相反，殖民主义者却经历着另一条不同的规律，从早期殖民侵略开始，就是侵略、失败，再侵略、再失败，在人民自觉的革命斗争浪潮里，最后走向灭亡。尽管这一过程是复杂而曲折的，尤其在早期，胜利者常常是殖民主义者，但是，从总体发展趋向上看，殖民地人民在争取解放和独立的斗争实践，已经雄辩地证实了这两条不同的规律，而且现实生活也向我们表明，它正在继续被证实着。

英国殖民主义者在印度曾经遇到了多次的反抗。1857—1859年的反英大起义就是其中最大的一次。英国殖民主义者对这个伟大事件是念念不忘

---

[1] 《马克思恩格斯全集》第12卷，第614—615页。

的。一个英国殖民主义政治家心有余悸地告诉他的后代说:"我希望英国年青一代应通过阅读、记住并把印度兵变的历史加以消化,这里面充满着告诫和教训。"①

在度过了起义的恐怖以后,殖民者的恐惧心情并未从他们的记忆中消失。英国资产阶级学者库普兰(R. Coupland)就十分忧虑地写道:"印度叛军虽然在范围上有限,时间也短暂,但仍不失为一个可怕的悲剧。印度的新旧两种势力之免于冲突,也许有超出常人的智慧与能力才能使之避免。但这种事件的本身加深了印度和外国统治者间的裂痕。让英国人和印度人更明白了一方是统治民族,一方是被压迫民族,是一件不幸的事。让英国人忘记叛军所为暴行需要长久时期。让印度人忘记叛军胜利者如何加于他们的惩处,在叛变区不分皂白地绞杀与焚烧,更需要长久的时间。"②

1857—1859年印度反英大起义不仅在印度历史上和政治上有巨大的意义,而且在印度经济上也具有重大的意义。我们知道,英国殖民主义者侵占印度以后,打断了这个国家经济的正常发展,但是,英国殖民主义者占领印度不可能阻止,也没有阻止印度封建社会的继续发展。当然这种发展在英国殖民者侵入后具有新的特点,这种发展基本上是畸形的,资本主义的因素是在外力压制下缓慢产生的。然而,到了19世纪最初的20年间,印度的封建社会已基本上进入了最后阶段。尽管他们还竭力保持封建势力作为自己殖民统治的支柱,但他们在破坏了实物地租形式以后,货币地租开始大量采用,商业货币关系日益发展起来了。所有这些,都在强有力地冲击着风雨飘摇的封建社会基础。苏联学者列夫柯夫斯基指出:"起义重要的经济后果是,它给封建关系及其'最高'保护者——英国殖民统治者以严重打击。1857—1859年人民运动标志了印度封建社会史的分界线;人民起义以后封建关系被破坏了,而逐渐变成封建残余统治农村的政治经济状态。"

还有一个历史交往之道要特别提出,这就是19世纪中叶亚洲各国的人

---

① R. C. Majumdar, etc., *An Advanced History of India*, p. 781.
② [英]库普兰:《英国与印度》,戴尔卿译,时与潮社1942年版,第29—30页。

民运动在客观上起相互支援的作用。这点在许多文章中都讲到了①。亚洲人民在斗争中这种互相支援的情况，是殖民主义者最害怕的，因而他们除了分化这种合作之外，尽量把自己的反动伙伴拉在一起，来反对亚洲人民的反帝斗争。例如英国殖民主义者特别赞扬屠杀中国人民的刽子手戈登，在他的墓碑上刻着"拯救不列颠帝国的戈登"。殖民主义者知道，中国的太平天国运动发展下去对他们将是什么结果。1858年，当起义烽火继续在印度燃烧的时候，英国的一些殖民主义者和印度出版的英国报纸都要求英国以坚决的行动支持清朝政府，镇压太平天国运动②。这种内外反动联盟，就是在19世纪中叶亚洲人民运动第一次高涨后形成和加强的。

此外，这次起义给英国殖民统治以沉重的打击。全印国民大会在一个国情调查报告中，曾用数字说明殖民政权所受的损失③：

第一次阿富汗战争用费	1500万英镑
两次缅甸战争用费	1400万英镑
对波斯及中国及其他国家的侵略战争用费	600万英镑
镇压1857年起义用费	4000万英镑

镇压起义的费用超过了屡次侵略战争费用的总和，这说明了起义的规模和意义。但是殖民主义者不但把侵略亚洲其他国家的费用加在印度人民肩上，而且用来镇压印度起义的费用也落在印度人民的肩上。但是起义毕竟使东印度公司关门大吉，使英国殖民统治的财政受到打击，镇压起义的军费1856—1857年是11491905英镑，1857—1858年增至15659925英镑，

---

① 除了前引季羡林先生的文章外，还见于《人民日报》1957年5月10日的《百年前印度人民起义的历史意义》（彭树智），5月11日的《一百年前中印两国民族解放运动的联系——纪念1857年印度人民起义百周年》（余绳武、张振鹍），以及《教学与研究》第5期陈正容的有关起义文章。

② ［苏］巴拉夫斯基：《美英资本家是太平天国起义的绞杀者》，黎子耀译，《历史教学》1952年第9期。

③ The Congress Select Commitiee, *Report on the Financial Obligation between Great British and India*, Vol.1, Bombay, 1931.

到1858—1859年则增至21080948英镑，也就是说两年内增加了一倍。在起义以前，殖民政府的收支还是平衡的，而在起义发生后就发生了显著的变化，J. P. 尼奥新在研究了许多材料之后，不得不承认"起义虽被成功地镇压下去，但其结果是显然的，印度政府财政收支遭到破产"①。为了改变这种情况，用更巧妙的方法剥削印度人民，英国政府不得不派像詹姆士·威尔逊这类经济专业型人物来印度重整印度财政。起义以后，英国殖民主义者还被迫实行了行政的、军事的和土地的改革，以弥合被大起义动摇了的统治基础。

可见，英国殖民主义者对起义影响的焦虑和疑惧态度绝不是偶然的。起义打击了英国殖民主义者在亚洲其他国家发财和继续扩张的迷梦，转而全力巩固自己在印度的殖民统治。

印度这次起义被世界近代史学界列为19世纪中叶亚洲三大人民运动之一。② 在这三大人民运动中，中国的太平天国运动、伊朗的巴布农民起义是反封建人民运动类型的代表，而印度1857—1859年反英大起义则是反殖民主义的人民运动的代表。大起义和亚洲其他国家的运动相互联系、影响和支持。中国和伊朗的反英斗争，为印度起义的爆发提供了有利的客观条件，而大起义的展开又便利了中国人民的斗争。大起义消耗了英国殖民主义者在亚洲的地位，特别是它使得英国对阿富汗、伊朗等亚洲国家的侵略计划，推迟了几年，乃至几十年。

1858—1859年的反英大起义在印度人民中间留下了深远的影响，起义中所表现的英勇反对殖民统治的光荣传统，鼓舞了印度人民日后的解放斗争。正是在这次起义之后，经过了一次又一次的斗争，使得印度的独立运动不断向前发展，才在1947年取得独立。可以说，1858—1859年的反英大起义，第一次正式揭开了印度人民反对英国殖民统治斗争史的新篇章。

---

① 1872年印度事务大臣在一封信中说："1857—1858年大叛乱期间，军事当局所采取的态度是很不适宜的……但我们应该记住，如英国以外的其他领土发生同样危险，而采取军事行动的费用，应由帝国负担大部分。但印度的叛乱又当别论，其镇压军费虽不能由英国负担，而应由印度纳税者负担。我们正在按照这种方针处理它。"（[印]波士：《革命之印度》，中兴学会译，民智书局1933年版，第53—54页）这样，这些费用又以各种方式转嫁到印度人民身上了。

② 参见丁则良《近代亚洲民族解放斗争的三次高涨与中国》，《历史研究》1955年第4期。

1857—1859年印度的反英大起义标志着印度独立运动中"旧式的"反抗斗争形式的基本结束；起义以后的时期中，印度资产阶级和无产阶级逐步登上了历史舞台。印度的民族独立运动进入了一个新阶段。

1957年3月写起，1957年8月修改

（本文承蒙周一良老师大斧正，又经季羡林老师的指导和帮助，特向他们致谢。）

1857年印度反英大起义前夜的社会经济和阶级关系

一

1857—1859年印度反英大起义不仅在印度近代史上占据很重要的地位，而且在亚洲各国人民的反殖民主义斗争史上也具有巨大的意义。

这次起义虽然只有两年的时间，但这两年炽热的斗争，却充分暴露了英国殖民主义者侵占印度一百年来（1757—1857）社会经济各方面的矛盾，尤其表现了一百年来在印度社会中的主要矛盾。这次起义也反映了亚洲各国人民对英国殖民主义者的"普遍不满"[①]。

从大起义被镇压后的一百年以来，描写起义的书籍真是汗牛充栋。但是这些著作中，特别是英国资产阶级学者的著作中，充满了殖民主义者顽固的偏见，他们对于起义的原因和性质，都极尽歪曲和污蔑的能事。这些书籍的反动论点大致可以归纳如下：这次起义是一次单纯的"军事叛乱"，只是因为殖民政府的无能才引起了这个"叛乱"；这次起义是一次不满英国殖民政策的封建主的叛乱，只是因为英国殖民主义者侵犯了封建主的利益才引起这一叛乱；这次起义是封建主所领导的军事叛乱，是封建势力企图复辟的反动斗争，是落后的封建社会的代表反对"进步"社会结构的反动斗争。在论述起义发生的原因时，在英国殖民主义者内部也发生了喋喋不休的争吵，这就反映在当时英国首相迪斯雷利的言论和所谓"兵变史权

[①] 《马克思恩格斯全集》第12卷，第252页。

威"凯伊和马里森等人的著作中,其目的是寻求19世纪中叶前殖民政策的错误和以后如何奴役印度的方式方法。

为了说明问题,我们举几个例子。

屈勒味林在其所著《英国史》中写道:"兵变,正像其名称所包含的那样,是不列颠军队中几团士兵的叛乱,而且其中大部分是炮兵。平民与其说参加者,毋宁说是旁观者。叛乱发生的原因,则是管理得不妥或处理得不好,例如不小心地发给他们以神牛及恶猪的脂油所涂过的子弹等。"①

显然,殖民主义者为了掩盖其侵略意图,就把起义的原因归结到一些偶然的事件上。和屈勒味林这种目的相同的荒谬论调是很多的,例如穆因就说过:"这个偶然的悲剧是建立在误解和无根据的恐惧基础之上。"② 此外,如 G. M. 杜凯及凯洛尔的著作中,也都顽固地坚持着这种反动目的极为显明的论点③。不仅是在英国,而且在印度的反动学者中间,也在起义的原因上大肆污蔑说:"无知的人民简单地在涂有猪油和牛油的子弹的谣言面前行动起来了。谁也不问问这个谣言是否真实?一个人讲而另一个人就相信;因为后者已经变得不满起来,而第三个就联合了它,因此这些盲目的人群便列队游行,一群毫无远见的无知之徒起来了。于是叛乱就爆发了。"④

因此,英国和印度的反动学者的目的不仅是掩饰其殖民侵略和罪恶,而且在于把起义的群众说成是"轻信谣言的无知之徒"和"乌合之众",从而就抹杀了这次起义的正义性。

另一种滥调是把起义说成是封建主为了恢复其旧日权力的"叛变"。镇压起义的刽子手之一的罗伯茨将军,在其回忆录中说:"为什么发生兵变?……这对我是一个难题……已故的乔治·坎贝尔爵士(Sir George

---

① [英]屈勒味林:《英国史》,钱端升译,商务印书馆1933年版,第881页。
② Ramsay Muir, *The Making of British India*, 1756 – 1858, London, 1923, p. 17.
③ 例如 G. M. 杜凯说:"起义是因为涂油子弹事件而发作的。"再如凯洛尔所说:"1857年之大暴动,实系泄怨愤之大反动,不列颠遂失其镇压之效,此举虽因以油擦弹筒之误会,引起印度教徒与伊斯兰教徒的激情,然其背后并无深刻之宗教运动。"
④ V. D. Savarkar, *The Indian War of Independence 1857*, p. 9.

Campbell）在其回忆录中认为：'兵变是一次西帕依的叛乱。'我们不完全同意他的看法，因为，这次虽不是一次乡野人民的发动，在我看来，这次叛乱未尝不是发生一种感觉到不满和不安的意识，这个意识主要是由我们的西帕依带到印度斯坦各地去，同时也未尝不是某些有势力的人民（显然是指封建上层——引者）完全不满于我们政府的制度。"[①] 巴桑也有类似的论调："东印度公司的商业政治家的军事政策，要对西帕依中的不满情绪负责，这是不能否认的。"他又补充说，"大贺胥吞并土邦政策"也是起义的原因之一。[②]

很清楚，英国资产阶级学者在论及起义原因的混乱状态不是偶然的。他们不能也不敢触及起义最本质的原因。他们都在枉费心机地掩饰起义的真正原因，竭力证明在起义后英国议会调查团所"调查"出的结论（这个调查团硬说起义的唯一原因是所谓偶然的"涂油子弹事件"）。直到他们不能自圆其说时，又说起义是由不满于英国殖民政府的封建主所发动的，最后又说是封建主和军队叛变的结合，而由封建主所领导的运动。直到1957年英国资产阶级学者还在皇家中央亚洲学会的杂志上大放厥词，硬说"涂油子弹事件"是起义的重要原因，并用它来歪曲起义的性质。

聪明的英国殖民主义者及其御用学者懂得：如果揭露出起义的真正原因，将会给他们带来多么可怕的后果。为了掩盖英国殖民制度在印度一手造成的贫困、饥荒和人民群众颠沛流离的处境，他们宁肯不顾历史事实，硬把这个全民酝酿和参加的反英斗争说成只是封建主的不满和西帕依不平的结果。

在一些印度学者的著作中，对起义发生的原因也作了很片面的叙述，把这次起义看作"反动斗争"的错误论调，以这种或那种形式渗入印度的进步学者的著作中，他们都很少谈起义的真正原因。也有作者企图从劳动人民的社会经济地位中寻求答案，"但是这些著作以这种或那种形式对起义作了相反的评价，认为是为了恢复旧的封建秩序发动

---

① P. E. Roberts, *Forty-one Years in India*, London, 1914, p. 231.
② B. D. Basu, *India under the British Crown*, Calcutta, pp. 1–4.

的起义，因而客观上、历史地、不可避免地走向失败"。这样的结论显然是错误的，因为这个结论认为：英国的殖民统治给印度带来了新的进步的秩序，封建主因为本身反动才反对这种秩序，人民群众由于无知才反对它，而印度的商人和高利贷者以及知识分子卖身投靠英国殖民主义者似乎是对的。附带说明一下，英国研究印度的学者帕姆·杜德也在其有名的著作《今日印度》和缩改本《印度的今天和明天》中，传播这样错误的观点。

1947年，印度学者V. D. 萨瓦卡尔出版了《1857年印度的独立战争》，曾经使殖民主义者大为恐慌，他们禁止其发行并把作者逮捕入狱，就是因为作者在许多方面正确地揭示了起义的原因。例如该书第一章的标题就是"火山"①，在这个标题下叙述了起义的酝酿过程。他以印度人民所固有的对独立的热望和对殖民主义者憎恶的心情，描写了起义前夜各阶层人民的愤懑状况。虽然作者并没有更多地叙述人民群众的状况和当时社会经济的主要情况，但"独立"和"火山"显然对印度殖民主义者来说是一个爆炸性的题目。这件事情也是1857年印度反英大起义史学史上的一件大事。此外，印度和平战士、中国人民的朋友孙德拉尔先生的《英国在印度的统治》一书中给这次起义的篇幅也是很多的，而且也用民族主义的观点论述了起义的正义性。这本书中有关起义的部分已有中译本问世②。

在马克思列宁主义的历史学者们的著作中，已经接触到起义原因的本质问题。诚然，目前还没有成册的关于起义的著作，但是在接触到起义的有关著作中，都正确地阐明了起义的原因和性质。例如见于中译本的苏联学者们的集体著作《殖民地保护国的新历史》《东方各国近代史》和《英国侵略中东史》中，关于起义原因方面都提出了许多宝贵的意见。再如印度学者的论文中③也说明了用马克思列宁主义来分析这次起义

---

① V. D. Savarkar, *The Indian War of Independence 1857*, pp. 1–71.
② [印] 孙德拉尔：《1857年印度民族起义简史》，第210页。
③ [印] 萨德亭拉·辛格：《印度的暴动》，郭威白译，见中山大学历史系编《印度民族起义论文集》，第19—22页。1957年《新纪元》(*New Age*) 8月号有四篇专门论述起义的文章，也值得参考。

的方向是完全正确的。在纪念起义百周年时，我国各报刊中也出现了许多有关论文，季羡林先生的《试论1857—1859年印度大起义的起因、性质和影响》①一文，就是例子之一。

但是，所有这些著作都由于不是专门著作或篇幅关系，因而在一系列问题上都过于简略，在起义原因这个问题上，也没能作进一步分析。我们知道，马克思和恩格斯都十分注意这次起义，特别是马克思在1857年7月15日所发表的《印度的起义》和以前的《不列颠在印度的统治》《不列颠在印度统治的未来结果》②等文中，都对起义前印度的社会经济方面做了极精辟的阐述。列宁在谈起这次起义时，曾一针见血地指出了它发生的原因："资产阶级政府为了区区少数资本家的赚钱，曾进行无穷的战争，消灭成团的士兵于有害健康的赤道国家，抛掷从人民身上搜刮来的成百万金钱，竟致使居民拼命起义和饥饿而死。"③马克思列宁主义经典作家关于起义的这些意见，乃是我们研究起义原因的理论基础。笔者试图根据这个理论基础和接触到的一些材料，对这次起义的原因作一个分析，重点关注印度反英大起义前夜的社会经济和阶级关系方面。

二

探讨这次起义发生的原因，首先应该在当时的社会经济中寻求解答。在英国统治印度最初的一百年中，印度的社会经济发生了深刻的变化。起义前一个最基本的事实是印度已经彻底沦为英国的殖民地，这就决定了印度社会经济和政治诸方面一系列的新特点。这是我们考虑当时印度各种问题的一个基本出发点。从这个基本事实出发，我们就可以注意到起义前印度的社会经济的基本特点：英国殖民统治者俨然以印度"主人"的身份，运用其直接的政治和经济权力，使印度开始沦为英国的原料供应地和产品销售市场。旧的封建经济体系被破坏了，但是新的相应的经济却远未产

---

① 季羡林：《试论1857—1859年印度大起义的起因、性质和影响》，《历史研究》1957年第5期。
② 《马克思恩格斯全集》第12卷。
③ 《列宁选集》第1卷，人民出版社1972年版，第214页。

生。印度的经济处于空前衰落状态。

1757—1857年这一百年间，英国殖民主义者剥削印度的方式经历了两个不同阶段，早期资本主义的原始积累阶段和工业资本主义阶段。在此期间，英国殖民主义者侵占印度和剥削印度两个过程是相辅进行的。从社会经济发展的意义上讲，主要是"破坏"的过程，所谓"再建"的过程也只是刚刚开始。

在第一阶段中，通过英国的东印度公司强取豪夺。当时主要是取得印度商品和物产的垄断贸易，把印度这些商品转运到欧洲以高价出卖，从而获得巨额的利润。当然，英国东印度公司的收入不只是掠夺式的商业贸易，他们也利用和扩大对印度农民的封建剥削来充实自己的腰包。这种公开劫掠财富的剥削方式，给印度人民带来了无穷的苦难，单一化种植使得印度人民更加无法抵抗天然的灾害，饥馑经常发生，例如1770年的大饥馑中，孟加拉饿死的人占全区人口的1/3。但这种剥削结果却对英国非常有利，正如马克思所说的："'垄断公司'（路德语）是资本积聚的强有力的手段。殖民地为迅速产生的工场手工业保证了销售市场以及由市场垄断所引起的成倍积累。在欧洲以外直接靠掠夺、奴役和杀人越货而夺得的财宝，源源流入宗主国，在这里转化为资本。"① 根据已经大为削减的数字，英国在侵占印度最初的一百年中，便榨取了120亿卢比的财富（相当于5亿英镑）。这些财富的用途和作用，我们可以借用德芒戎的话来说明。他说："英国自从榨取热带以来，黄金像洪水一样流入英国，尤其由印度来的最多。例如伦敦商人的骤然致富，马可黎所谓'东印度公司史无前例的繁荣'，都是印度之所赐。当时英国正在工业革命之初期，正需要大量资金，印度王公、印度人民的财富，东印度公司所得的赢利，以及工艺品输入的代价，都用来购买新机器于英国。因此，英国的煤矿、冶铁工厂、制铁工厂、棉毛工厂的建设，一跃而为世界优等的工业国，这都是印度富源所出的结果。"②

---

① 《马克思恩格斯全集》第44卷，人民出版社2001年版，第864页。
② 转引自［印］波士《革命之印度》，第19—20页。另见 Barln Ray, *Economic Transformation and the Revolt*。

印度是一个经常遭受外国侵略的国家。但是，英国侵略者与以前的侵略者不同。经过了早期资本主义原始积累剥削印度的阶段后，印度的社会经济进入了一个转变时期。这个转变时期主要由以下几个条件所决定。首先，由于工业革命的完成，大量的工业产品就要求更广阔的市场，新兴的英国工业资本主义更加不满东印度公司的垄断贸易。东印度公司的活动促进英国资本主义的发展，其结果却摧毁了自身存在的基础。因为东印度公司对印度贸易的垄断，使许多日益强大起来的企业主和商人不能参与，因而矛盾已尖锐化了。其次，国际因素也促使了这种矛盾的尖锐化。因为19世纪在欧洲开始的战争和拿破仑的大陆封锁政策，使英国的工业品在欧洲市场上没有销路，所以使新兴的工业资产阶级更坚决和更积极地寻找新的市场，他们对印度的垄断贸易状况已经不能再容忍下去了。最后，东印度公司在印度无情的剥削，使这个国家的经济遭到空前的破坏和衰落，甚至有不能再继续剥削的危险。就是在这种条件下，展开了越来越激烈的争取废除东印度公司贸易垄断权的斗争。在1813年东印度公司的贸易垄断权被废除，允许在印度进行自由贸易。于是垄断贸易结束，自由贸易开始；早期资本主义原始积累剥削印度的阶段结束，英国工业资本剥削的阶段开始。

印度沦为英国的殖民地，这就意味着印度的农村公社遭到彻底的破坏。因为农村公社是印度封建经济的枢纽，只有破坏了这种长期在印度存在的旧的结构，才能建立起英国殖民主义者所需要的那种关系。在这一破坏过程中，起决定性作用的是印度丧失了独立地位而沦为依附于英国的殖民地。没有这个条件是不可能在很短时间内彻底破坏这个结构的。我们知道，以土地共有为基础和家庭手工业与农业相结合的农村公社形态，具有自给自足和闭关自守的性质，它在亚洲许多国家中都存在过，并曾经在相当时间内阻碍了外国商品的输入。只是因为英国殖民主义者以印度统治者的身份出现，并在工业优势和政治权力双管齐下的条件下，才能够较为迅速地破坏印度农村公社这个牢固的社会形态。

马克思曾经一再指出："在印度，英国人曾经作为统治者和地租所得者，同时使用他们的直接的政治权力和经济权力，以图摧毁这种小规模的经济公社……在中国，那就更缓慢了，因为在这里没有直接政治权力的帮助。"① 在另一个地方他又说："在中国，英国人现在还没有这种势力，而将来也未必能够做到这一点。"②

在印度，英国殖民主义者在土地措施和所谓"自由贸易"方面具体体现了作为印度统治者的直接权力，也正是通过这两方面，破坏了印度的农村公社。下面分别就这两方面做一些简要的考察。

英国殖民主义者在印度实行的土地措施最主要的有两种，这就是1793年和1822年分别实行的地主土地所有制（在孟加拉一带是固定的地主土地所有制，即所谓柴明达尔制，在奥德的是不固定的地主土地所有制，即所谓不固定的柴明达尔制），19世纪20年代在南印度实行的是农民租佃制（即所谓莱特瓦尔制）。

在孟加拉实行固定的柴明达尔制的目的是建立殖民统治，从而扩大税收，更好地通过税收来供应侵占印度战争的需要。颁布这项措施的康沃利斯在1789年8月2日给东印度公司董事部的报告中说："为了在这个国家内保持秩序，支持一个正规的等级层次，是再需要不过的事了，这对于促进东印度公司的稳固利益，是极为重要的。"③ 过去的收税人（柴明达尔）被英国殖民政权认为是土地所有者，英国殖民政权不承认直接生产者和小封建地主的继承权。柴明达尔必须把地租的10/11上交给殖民政权，否则就要收回他们的土地。柴明达尔为了扩大剥削收入，经常对农民加征苛捐杂税，并经常把英国殖民政权所保留的旧封建地主赶走。因此，1793年实行的固定的柴明达尔制，在本质上是对农民（公社社员）一次大规模的掠夺，按照马克思的提法，"这样一来，康华理和庇特便对孟加拉农民实行了人为的剥夺"④。

固定柴明达尔制的实施，使孟加拉、奥里萨及马德拉斯北部一带地区的

---

① 《马克思恩格斯全集》第46卷，人民出版社2003年版，第372页。
② 《马克思恩格斯全集》第13卷，人民出版社1962年版，第605页。
③ A. B. Keith, *Speeches and Documents on Indian Policy*, Vol. 1, New York：1922, p. 159.
④ 马克思：《印度史编年稿》，张之毅译，人民出版社1957年版，第116页。阿卜哈伊·恰兰·达斯（Abhay Charan Das）在《印度农民、土地税、永久租佃制和饥荒》一书中的话，指出：康沃利斯"大笔一挥，便把孟加拉、比哈尔和奥里萨的广大人民群众从自己土地所有者的地位降而为没有佃定条件的佃农；就这样，他成批地给他们送来了一些无恶不作的毁灭而又贪婪的柴明达尔；就这样，他树立了可怖的英国人的罪恶的纪念碑"（转引自［印］苏·捷·巴德尔《印度和巴基斯坦的农业工人》，麦浪译，世界知识出版社1957年版，第64—65页）。

土地关系发生了根本的变化。例如在实行这种制度的孟加拉等地，在1853年，农民私人的土地和财产，完全落入柴明达尔手中去了。①

这种土地制度，有力地打击了这些区域的农村公社，使这些区域的封建经济更进一步解体。苏联学者卡玛洛夫指出："剥夺孟加拉农民土地所有权，并未引起这个地区经济的独立发展"，"中世纪孟加拉的城市和部分农村手工业彻底遭到破坏，这个地方变为英国工业资本的原料产地和销售市场的过程开始了"。

1822年英国在瓜廖尔和奥德等地区实行了不固定的柴明达尔制，其税收不是固定的，而是定期重新评估的。不固定的柴明达尔制实际上是固定的柴明达尔制的变形。中小封建主在这里被认为是土地所有者。在这里也和孟加拉一样，农村公社也在迅速解体。例如在奥德，英国殖民政权实行了扩大税收的措施，公社农民不仅被迫缩减了粮食作物的种植，扩大了经济作物的生产（如棉花、甘蔗），而且为了缴纳赋税，他们不得不向高利贷者乞援借债。土地商品化的结果，以及地价的上涨，使土地转手的过程加快了，这就加速了农村公社的瓦解。拉杰普特人的公社在这里瓦解得很迅速。②

在南部印度实行的莱特瓦尔制实际上是一种变相的农奴制度③。英国殖民政权实行这个制度的目的是榨取农民更多的剩余价值。东印度公司一个经理承认："我想不用掩饰和否认这个事实，实行这个制度的目的是使得政府能够在地租形式上获得更多的收入。"毫无疑问，这种土地制度的实行也使南部印度的土地关系发生了变化。柯·阿·安东诺娃说得很好："属于农村公社的牧场和荒地为国家所剥夺。其法律根据是殖民地土地国有制。农民丧失了大批土地。""莱特瓦尔制的实行促进了财产的分化，这

---

① C. D. Fieed, *Landholding and the Relations of Landlord and Tenant in Various Countries*, London, 1985, p. 674.

② 参阅 A. M. 奥西波夫《论拉普坦农民在1857—1859年的印度民族起义中的作用问题》，《历史问题》1957年第6期。

③ 根据莱特瓦尔制，"政府并不和任何特定的农民——即财产所有者——打交道，而是和当时某个特定土地所有者达成协议……所以这种土地制度不应该叫作'农民租佃制'，而应该叫土地租佃制。根据这种制度，与其说农民掌握了土地，不如说土地掌握了农民"（[印]苏·捷·巴德尔：《印度和巴基斯坦的农业工人》，第69页）。由此我们可以说，在莱特瓦尔制下的农民实际上是被束缚在土地上的失去人身自由的农奴式农民。

种分化不只是单纯地在保留全部公社组织的情形下导致封建化的农村上层分子的出现，而且还在缓慢地、但是一贯地在整个农村阶级分化的基础上导致公社的逐渐瓦解。"

以上简略的分析中，我们已经看到了固定的和不固定的柴明达尔制、莱特瓦尔制的破坏作用，显然，由于这些制度实施的结果，在这些区域里的农村公社解体了。不仅是在上述这些区域里，甚至在旁遮普地区，也同样在经历着这一过程。英国殖民主义者慑于英勇善战的锡克人的反抗，因而在这里没有敢实行像孟加拉、中印度，以及马德拉斯和孟买那样的土地改革，而在名义上保留了这里的公社。但是，他们从来也没有放松对公社事务的干涉。一方面他们把公社变成殖民政权的纳税单位，通过它来向殖民政权缴税；但另一方面又规定个别土地所有者可以直接向政府缴税，不必通过公社，政府可以把公社中的失职人员的土地，拍卖给外来人。这样，实际上是破坏了公社内部的固有关系。当然，这里公社的破坏过程毕竟是比较缓慢的。

土地革命就是这样无情地在印度完成了。这一过程清楚地说明了英国殖民主义者所运用的直接政治权力和经济权力的破坏作用。马克思在讨论这些土地政策时，曾斥责它是"失败的和真正荒唐的（在实践上是无耻的）经济实验的历史"，并称这些土地制度只不过是三幅"讽刺画"而已[①]。因为殖民主义者只是关心自己的利益，他们不会把西方的（英国的和法国的）土地所有制移植到印度来，也不会保留东方原有的公社土地所有制。英国殖民主义者之所以拨弄这些五光十色的名目，只是为了把印度完全变成自己的殖民地，只是为了自己自私自利的目的，这些土地制度丝毫也不包括原来的内容。

这种土地制度的变化，在印度经济上发生了最深刻的影响。印度经济本身的独立发展过程被外来的暴力所打断。现在个人可以占有土地，土地可以抵押和出卖，以及地租必须用货币缴纳等方面的大变化，特别是"采用了与印度经济不合的英国资产阶级法律概念的整套工具，

[①] 《马克思恩格斯全集》第46卷，第372页。

由一身兼任立法、行政和司法的外国官僚来实施"，"英国征服者的国家机器实际上执行了土地的最终占有"，"从前自治的农村公社被让给个别地主了。这样一来，殖民制度特征的形成过程，事实上在印度无情地完成了"①。

当然，这些土地制度在破坏公社方面，在经济上是有其客观上的进步意义的。但是必须指出，固定的及不固定的柴明达尔制度和莱特瓦尔制度却意味着对印度农民历来土地权的剥夺，而且，最后的结果乃是实际上对农民群众的奴役。这两种土地制度的反动作用在于：它是损害农民利益的制度。在这两种制度实施之下，寄生式的半租地人的阶层形成了，丧失了使用土地权的各色各样的农民也出现了，这些半租地人阶层又给无权佃农身上多加了一层压迫，这两种制度的反动作用还在于：它分裂了农民群众，阻碍了他们为共同利益而进行统一的斗争。

英国殖民主义者所实施的土地政策是破坏印度农村公社的方法之一。由于破坏了农村公社在政治上和经济上的职能，殖民主义者就可以通过其走狗柴明达尔或直接在印度土地上为所欲为地剥削，尽量使印度为自己的工业输送原料。同时，另一方面，英国殖民主义者所谓的自由贸易政策，②更加速了农村公社的崩溃，从而把印度变为自己工业品的销售市场。

英国殖民主义者的自由贸易政策主要针对印度的棉纺业。印度织工所织出的棉织品，很早就驰名于全世界。印度城市手工业和农民家庭手工业所生产的产品很早在全亚洲、东非洲甚至巴西都大有销路。巴黎、伦敦和彼得堡的宫廷妇女都酷爱印度克什米尔的"纱丽黑"和达卡的"穆斯林布"。当时孟加拉是主要的生产和转运中心，除了上述有名的纺织品外，还从孟加拉输出丝织品、生丝、糖、茶、盐、黄麻和硝石。③ 印度棉织品和丝织品在以后的时期内一直保持着优势，甚至在 1813 年，英国和印度之

---

① R. Palme Dutt, *India Today and Tomorrow*, Deli, 1955, p. 80.
② 苏·捷·巴德尔在引用许多人的著作证明 19 世纪英国"自由竞争"的原则实际上是荒唐无稽的，而且指出这种政策对印度则是"继母式"的悲剧。见［印］苏·捷·巴德尔《印度和巴基斯坦的农业工人》，第 61 页。
③ J. C. Siha, *Economic Annals of Bengal*, Macmillam, 1921.

间的贸易还是如此。在1813年英国议会中关于取消东印度公司垄断权的质询记录说明了这个问题：

> 有人作证说，直到那时为止，印度的棉织品和丝织品还能以比英国制造品低5%—6%的售价在英国市场上赚钱。结果，对于他们所值课以70%—80%的税，或者以绝对禁止来保护英国的制造品就成为必要了。如果没有这些超高税率和法令，那么，派司莱（Paisley）和曼彻斯特的那些纺织公司在最初就得停工，而且不能再开动，即使蒸汽机也不行。他们是靠了牺牲印度的制造业而产生的。①

正像我们在前面说过的，由于英国工业革命的完成，就把改变印度贸易关系的问题提上了议事日程。英国工业资产阶级不仅依自己的工业优势来夺取印度市场，而且也依靠当时的政府，运用直接的政治和经济权力来夺取印度市场。这种片面的自由贸易政策对印度的步骤是：首先把印度的棉织品挤出英国和欧洲市场，然后再向印度输入棉纱，最后则以英国的棉织品来充塞印度市场。摧毁印度的手纺车和手织机，从而确立英国商品在印度市场上的统治地位。同时，英国殖民主义者也以关税政策和印度商品竞争。

早在1789年，英国这种政策就已经开始了。这一年英国对由印度输入棉织品的税率是：除了粗棉布和白洋布抽1.6%的税外，其他所有的棉织品都抽税5%，此后一直不断增加。到了1799年对某些棉织品抽到10%的税，1813年甚至增加到18%，而且在1819年对于另外许多印度输入商品抽到27.15%的税。这种情况并没有使英国资产阶级得到满足，以后便干脆禁止印度许多商品的输入，例如刺绣颈巾、手巾、天鹅绒、绢布、绉纱、白细布以及有白色细布等商品都在禁止之列。到1840年这种情况已很明显。在1840年英国议会质询的材料说明了这个问题（见表1）。

---

① H. H. Wilson, *History of British India*, Vol. 1, p. 385.

表1　　　　　　　　　英印相互进出口商品的税率

商品	英国输入印度的商品税率	印度输入英国的商品税率
棉织品	3.5%	10%
丝织品	3.5%	20%
毛织品	2.0%	30%

从1813年开始，由于东印度公司垄断贸易被废除，为英国商品向印度大量输出创造了有利条件。例如1818年和1836年，从英国输入印度的棉纱增加了5200倍；而在1824年英国输入印度的棉纱还不到100万码，到了1837年就增加到6400万码。相反，从印度输入英国的棉织品1814年是1266600匹，而到了1844年就降低到60300匹。除了棉织品大量向印度输出以外，英国的丝织品、铁器、毛织品、陶器、玻璃和纸张也充斥了印度市场。在这种情况下，印度商品不仅无力和英国商品在欧洲市场上竞争，而且也丧失了印度的市场。

在起义前夕，这种情况表现得更明显。例如1834—1835年英国在印度的进口贸易总值是430万英镑，而到1855—1856年就增至1350万英镑；1780年英国对印度的贸易只占全部对外贸易的1/32，而到了1850年单是棉织品一项，就有1/4输往印度。这种结果是相当悲惨的，千百万印度城市和农村手工业者在失去旧营生之后，找不到新的工作场所，因为在印度，随着旧的手工业的毁灭，并没有同时建立新的工业。马克思在1853年写道："这些细小刻板的社会机体大部分已被破坏，并且正在归于消失，这与其说是由于不列颠收税官和不列颠士兵的粗暴干涉，还不如说是由于英国蒸汽机和英国自由贸易的作用。"[①]

英国殖民主义者在破坏了印度的农村公社以后，就进一步加紧把印度变成自己的商品销售市场和原料供应地。在19世纪上半期，英国在印度的一系列政策说明了这一点。英国殖民主义者侵占比拉尔和那格浦尔两地，

---

① 《马克思恩格斯全集》第1卷，人民出版社2012年版，第853页。

就是因为这些地区盛产棉花。早在1836—1844年，在兰开夏企业主的要求下，废除了印度棉花输往英国的进口税，扩大了印度棉花的进口。1850年，美洲棉花歉收，由于过去英国的棉织工厂在很大程度上是依赖美洲棉花的，所以这次歉收打击了英国的企业主，他们就更加注意印度了。在此期间，英国殖民主义者也推广了经济作物（如黄麻、花生）的种植，1833年允许英国人在印度经营种植园以后，印度就先后出现了许多黄麻、咖啡和茶叶的种植园。

原料和粮食的大量输出，也表现了印度已沦为英国殖民地的特征。单以苏拉特（Surat）一个港口的棉花出口而论，1805年运往英国的有2000包，1810年79000包，到垄断贸易废除后，1818年就增加到248000包了。在起义前十年中表现得特别明显。R.杜德在《维多利亚朝代印度经济史》中，曾把这种输出总额汇总到一个图表，这对我们理解这个殖民地经济特征是有帮助的（见表2）。①

表2　　　　　　　　　1849—1858年印度的输出总值　　　　　　　（单位：英镑）

年份	原棉	木棉的商品棉线和棉纱	生丝	丝织品	未加工的羊毛	谷物	糖	鸦片	蓝靛	黄麻
1849	1775309	690504	713632	302322	55591	858691	1814404	5772526	2093474	68717
1850	2201178	742320	666094	441749	48925	757917	1925603	5973395	1838474	88989
1851	3474489	673594	619319	355223	68335	752295	1823289	5458135	1980896	198936
1852	3619989	819049	688640	260225	100612	869002	1801660	6515214	2025313	180976
1853	3629494	930877	667545	315305	172110	889160	1729762	7034075	1809685	112617
1854	2802150	769345	640451	326571	205601	1413654	948582	6437098	2067796	214768
1855	2428764	817103	500105	263483	267263	1742530	1135699	623127/8	1701625	229241
1856	3314951	779647	707706	341035	272942	2896262	1359104	6200811	2424332	329076
1857	1437949	882241	782140	281450	314216	2587456	1786077	7056630	1937407	274457
1858	4301768	809183	766673	158224	387104	3790374	1175771	9106835	1734339	303292

---

① R. Dutt, *The Economic History of India in the Victorian Age*, London: Kegan Paul Trench, 1904, p. 152.

在探讨起义前夜印度的社会经济时，还必须注意到资本主义关系的产生问题。印度资本主义的产业，是英国殖民统治的客观结果。英国殖民统治产生了许多恶果，但在客观上也起过某些积极作用。由于破坏了印度旧社会的经济基础，从而为社会的进一步发展创造了某些客观条件（当然，这个条件只是在印度人自己掌握政权后才能利用它）。一系列新的特征产生了。在城市中，由于英国廉价商品的竞争，出现了一大批流离失所的手工业者，这些破产的手工业者是作为"自由劳动力"而出现的，这是资本主义发展的必然条件。它不仅有利于英国殖民主义者加强剥削，而且也对印度民族资本的发展起了不小作用。

恩格斯曾经指出，工业革命对于"那些一向或多或少和历史发展不相称、工业尚停留在手工工场阶段的半野蛮国家，现在已经被迫脱离了它们的闭关自守状态。这些国家开始购买比较便宜的英国商品，把本国的手工工场工人置于死地。因此，那些几千年来没有进步的国家，例如印度，都已经进行了完全的改革"①。在这里，恩格斯把这种变化称为"真正的革命"，就是工业革命打破了闭关自守的、被迫开放而后产生的资本主义萌芽。

早在18世纪时，印度已出现了资本主义的萌芽，例如当时已出现了卡尔哈纳（Karhana）式的资本主义手工工厂。② 1854年，加尔各答附近一个黄麻工厂，开始建成并投入生产。同年，孟买也开办了第一个纺织厂。1820年，在孟加拉区也建成了第一个矿山。

交通网的修建，也是起义前夕的重要事件之一。1848年大贺胥任印度总督后就开始计划大规模修建铁路。③ 大贺胥的全部活动都是为了英国工业资产阶级的利益。他以极大兴趣注视和经营印度交通运输线的修建，其

---

① 《马克思恩格斯全集》第4卷，人民出版社1958年版，第361页。
② 卡尔哈纳是手工工厂所有者，这类形式的工厂是在企业主的管理下，把同一性质的手工业者联合起来。见［印］穆克吉《印度工人阶级》，王家骧、杨先焘译，世界知识出版社1955年版，第23、241页。
③ 早在1843年，麦克唐纳（MacDonald）就计划在印度修筑铁路，筹划建立东印度铁路公司，但当时没有成功。

目的是深入印度内地窃取原料、输入英国工业品。① 1849年东印度公司和大印度半岛铁路公司共同签订修建铁路的合同。从1853年开始，印度已经出现了早期的铁路，从孟买到塔纳（Thane）长约200英里的铁路；1854年，从加尔各答到拉尼甘杰（Raniganj）的铁路线也修成了；1856年，从马德拉斯到阿尔戈讷姆（Arkonam）的铁路也着手修建。② 起义前共修成铁路228英里。马克思当时注意到这个事实，他指出："铁路在印度将真正成为现代工业的先驱。"③

农业中资本主义关系的产生，我们也可以说是英国土地政策在客观上的结果。因为不管柴明达尔和莱特瓦尔制多么可恶，不管英国殖民主义者在主观目的上如何，这些土地制度还总是土地私有制的形式，和旧日农村公社所有制相对而言，总是一种新的东西，而它的出现也的确是一次社会革命的表现形式。在这些新的土地所有制下，新的土地所有者比较关心如何合理地使用土地，而且新的土地所有者甚至经营其他企业。例如在孟加拉，一些新地主在经营英国的蓝靛种植园以外，也开办了一些染坊和油坊。④ 高利贷者的活动在新条件下，也在集中货币方面起着作用。印度经济学家T. R. 沙玛曾指出，摩拉瓦高利贷集团的活动，在"不列颠政权建立后，他们肩负着转运几乎全印度商品，特别是像加尔各答这样的工业和商业中心利润的重任"⑤。一些高利贷者成了新型地主。

此外，英国殖民主义也不得不在印度设立学校，培养自己的下层干部。18世纪末到19世纪30年代，加尔各答、胡格利、贝拿勒斯、阿格拉都设有英国式的学校，在起义前，英国殖民政权在加尔各答、孟买、马德

---

① 阿诺特替大贺胥吹嘘说："铁路为印度开辟种种利益，创前代未闻之事。虽以阿克巴的才能，蒂普苏丹的强悍，可建一邦一国于印度，而不能建立这种伟大事业。因此大贺胥大兴铁路，其目的是发展各大商埠的商务，这尤其叫人称赞不已。"（[英]奥斯威尔：《印度政治家事略》，张铁民译，上海广学会1914年版，第23页。）

② Vera Anstey, *The Economic Develoment of India*, London, 1929, pp. 130–131.

③ 《马克思恩格斯全集》第9卷，第250页。

④ L. N. Ghose, *The Modern Hisotry of India Chiefs*, Rajas Zemindar etc., Calcutta, 1881, pp. 203，207.

⑤ T. R. Sharma, *Location of Industries in India*, Bombay, 1947, p. 279.

拉斯三地设有三所大学。由于工厂、铁路、矿山的设立，教育的施行，虽然只有一小部分人有机会享受这些条件，但这些也意味着印度开始有了资产阶级知识分子。

但是，必须指出，英国资本主义侵入印度，虽在客观上促进了印度资本主义的发展。但是在印度已沦为英国殖民地的条件下，它的发展只能是有限的和畸形的。因为进一步发展的因素当时并不存在。英国资产阶级的目的并不是发展印度的资本主义，相反是阻挠其发展。他们的目的是使印度保持殖民地的地位，从而为自己的工业资本服务。因此，英国资本主义的入侵，又成了印度资本主义进一步发展的严重障碍。

19世纪50年代是印度资本主义关系刚刚产生的时期，这些软弱得可怜的资本主义因素，并不能满足大批软弱得可怜的资本主义生产关系的增长，并不能满足大批失业手工业者和破产农民的需要，因而形成了当时印度社会上的矛盾紧张状态。

1857年印度反英大起义前夜印度的社会经济是极为复杂的，这种复杂的情况决定了当时政治和阶级的矛盾。那么，起义前夜印度社会经济的主要矛盾是什么呢？

由以上几方面的情况我们可以得出如下结论：19世纪50年代，当时英国殖民主义者破坏了旧的经济基础，资本主义因素刚刚产生，失去旧的经济基础而又找不到新的、相应的经济模式来接替，英国殖民主义者人为的破坏在这里起着决定性的作用。

英国殖民主义者的侵略和统治印度，是印度历史上最可怕的一次灾难。大概在以前印度历史上没有任何的事件能够与之相比。第一，印度是一个经常遭受侵略的国家。但是，英国侵略者和历来的侵略者有着根本的区别。以前的侵略者总是原封不动地保留了印度的经济基础，后来终于和原来的经济合流了；而英国侵略者摧毁了印度原有的经济基础，并且始终保持着自己作为外来势力的地位，以无限权力来攫取印度的贡赋。第二，英国资本主义在印度的胜利，也和资本主义在欧洲的胜利不同，在印度建立起来的是殖民地类型的经济，尤其是在19世纪中叶这一时期，在印度除了经历破坏过程以外，很少有新的相应的因素产生。

马克思在大起义前四年（1853年）就曾指出："不列颠人给印度斯

坦带来的苦难，与印度斯坦过去的灾难比较起来，毫无疑问在本质上属于另一种，在程度上不知要深重多少倍。""内战、外侮、政变、被征服、闹饥荒——所有这一切接连不断的灾难，不管它们对印度斯坦的影响虽显得多么复杂、猛烈和带有毁灭性，只不过触动它的表面，而英国则破坏了印度社会的整个结构，而且至今还没有表示出任何重新改造印度社会的意思。印度**失掉了他的旧世界而没有获得一个新世界，这就使它的居民现在所遭受的灾难具有特别悲惨的色彩**，并且使不列颠统治下的印度斯坦同自己全部古代传统，同自己的全部历史，断绝了关系。"（黑体系引者所加）[①]

印度同自己的全部古代传统、全部历史断绝关系，这是文明交往的悲剧。旧的破坏了，而新的还未产生，"失掉了他的旧世界而没有获得一个新世界"，这是英国殖民侵略造成的灾难，也是起义前夜印度社会经济中最基本的历史事实。这个基本事实在印度的上层建筑中，在各个政治集团和各阶级中都得到了较为普遍的反映。这种经济上的矛盾性质也决定了当时政治斗争的性质。1857—1859年印度反英起义就是在这个基础上展开的。

三

起义前印度已经彻底沦为英国的殖民地。

在上层建筑方面，印度各阶层人民与英国殖民主义者的矛盾是相当尖锐的，在宗教方面表现得最突出。同时，这些矛盾也表现在英国殖民主义者粗暴地破坏印度人民的文化传统和风俗习惯。印度是一个有着悠久历史的文明古国，印度人民从来都很重视自己的宗教生活。但英国殖民主义者为了从思想上奴役人民，却无理地干涉印度人民的生活，消灭他们的宗教，力图把印度变成一个基督教国家。英国殖民主义者一直把传播基督教看作自己殖民政策的一部分，对于信仰基督教的印度人则多方面予以优待。印度人民不能无视英国殖民主义者这种肆无忌惮的政策，无论是印度

[①] 《马克思恩格斯全集》第9卷，第144—145页。

教徒还是伊斯兰教徒，都表示了极端愤慨的情绪。例如成为起义导火索的涂有牛油和猪油的子弹等事件，就引起了印度广大阶层不满情绪的增长，这是很自然的。尼赫鲁说过："印度人民并不反对新的宗教，但他们对于用武力干涉并且推翻他们的生活方式的任何事物都有强烈的反抗。"① 还必须指出的是，这种表现在上层建筑方面的矛盾，在起义前夜已达到了非常尖锐的地步，许多反英秘密组织的酝酿工作，都是披着宗教的外衣进行的。神秘的"卡巴齐"（小面饼）和红莲花在居民和军队中默默而广泛地传递，都说明了社会意识形态方面的矛盾和当时印度经济方面的矛盾有密切联系，且是在它的基础上产生的。

从表面上看来，起义前夜英国的国际地位和殖民实力似乎达到了前所未有的稳固。《巴黎和约》的签订，削弱了俄国的力量，使英国在中东的势力加强了。英法联军在1850年侵略中国的战争中也取得了胜利。英国殖民主义者也巩固了自己在印度的统治地位。这时英国许多殖民主义者都情不自禁地产生了一些喜形于色的幻想。印度总督大贺胥在离开印度时（1856年2月）曾写了一篇叙述他统治印度十年经验的报告。在这个报告中他自吹自擂地说，他修建了铁路、运河和电报，给英国增加税收400万英镑（吞并奥德的数目尚不在内），驶进加尔各答的商船几乎增了一倍等。但实际上财政还有赤字，他说这是由于社会事业开支过大的缘故。在结语中他说："我临别的希望和我对印度的希冀是，未来数年中，我曾治理的区域，能逐渐造成和平繁荣与进步的愉快记录。"② 里尔也在《不列颠在印度的统治》一书中，也表达了妄想安然剥削印度的迷梦，但在接下来的叙述中，他也不得不为起义的浪潮而震惊。③ 正如马克思所说："对这吹嘘的

---

① ［印］尼赫鲁：《印度的发现》，齐文译，世界知识出版社1956年版，第300页。
② ［英］库普兰：《英国与印度》，第27页。
③ 例如，里尔忧心忡忡地写道："从1837年到1857年的二十年间，在和平转向战斗的空隙中，不列颠的版图由于成功地吞并而有了广大的区域。当1849年在两次艰苦的战争之后，镇压和征服了旁遮普。当大贺胥勋爵在1856年兼并了北部印度最大的和最后的奥德王国时，它可能预料到战争暴风雨的结束，以及整个的区域在我们的统治下安居乐业。但是，正当我们将打开这新的一页时，也许一个野蛮的国内战争会爆发，在万里无云的长空里，在安宁的幻想中，叛乱的雷雨降临。" Alfred Lyall, *British Dominion in India*, London, 1907, p. 369.

回答是雇佣兵革命（Sepoy Revolution）（1857—1858）。"①

事实上，严重的政治危机在这种"繁荣"和"平安"的外衣下逐渐成熟起来。大贺胥以后继任印度总督的坎宁勋爵已经感到不妙。他在伦敦其亲友的践行会上曾对印度的形势作了估计。他说："我希望在我任职期间平安无事。但是我们不能忘记印度的天空，它在表面上看来是万里晴朗，然而有不到手掌大的一小块云或者突然出现于天空，愈变愈大，立刻到处是倾盆大雨，而我们的利益也可能因此失掉。"② 坎宁当时这些话可能是出自对印度形势的夸张，因为这对他是有利的。但，在坎宁到任的第二年，印度人民便以起义的暴风雨来迎接这个新任的殖民统治者。

19世纪上半期是英国资本主义蓬勃发展的时期，但在英国殖民主义者统治下的印度，却经历着经济衰落和人民群众苦难深重的时期。19世纪上半期，也是全印度初次共同饱尝英国殖民统治苦味的时期。遭受英国殖民主义者的侵略和奴役的命运，这时已经不只是某个地区或几个地区，而是全印度各个地区了。

马克思指出："在征服信德和旁遮普以后，英印帝国不仅达到了它的自然界限，而且还抹去了印度各独立国家的最后痕迹。""它已不再借助印度一部分地区去进攻另一部分地区，而是自己高高在上，整个印度都伏在它的脚下。"③ 英国殖民主义者建立了一个统一的印度，其面积要比英伦诸岛大十五倍。英国殖民主义者几代祖宗剥削全印度的美梦实现了。但是，英国殖民主义者在建立了统一的印度之后，也就形成了印度各地区人民共同起来反对殖民统治的基础。

过去在反对英殖民侵略的战争中，印度的抵抗总是分散地进行着。例如迈索尔人、马拉塔人和旁遮普的锡克人，都曾经英勇地抗击过殖民侵略者。但是，他们绝大多数的情况下都在单打独斗，没有在共同的反英斗争中联系起来。无论是17世纪、18世纪，还是19世纪上半期，反对英国殖民侵略者的斗争，从来都没有波及全印度。只是从全印度沦为

---

① 马克思：《印度史编年稿》，第178页。
② Herbert H. Gowen, *Asia, A Short History*, p. 245.
③ 《马克思恩格斯全集》第12卷，第251页。

英国殖民地开始，才形成了共同反对英国殖民统治的条件。由于英国殖民主义者的掠夺、剥削和奴役，由于破坏了旧的经济结构而没有相应的新结构产生，因而人民群众的苦难加深，在各个社会阶层中都日益增长着不满情绪。

下面，首先我们分析一下印度各阶级的社会经济地位，其次再分析一下印度各阶级阶层和英国殖民统治的矛盾，最后对起义中所出现的阶级力量对比情况作一些合乎规律的解释。在分析印度各阶级关系时，我们也要接触到他们之间的矛盾和为什么印度斯坦地区会成为起义中心的问题。为了方便计，笔者分析的顺序基本上是以起义阵营和反动阵营的顺序排列的，即手工业者、农民、印籍士兵、封建主、地主、新兴知识分子和商人与高利贷者。

第一，印度的手工业者的社会经济地位是怎样的？印度的家庭手工业是印度农村公社的两大支柱之一，而印度的城市手工业也在印度社会经济生活中占据重要的位置。但是，由于英国殖民政策的实行，使手工业者的这两个组成部分都遭到最严重的打击。英国殖民主义者最先控制了印度沿海一带比较发达的中心——例如孟加拉和比哈尔、马德拉斯和孟买等——就成了英国商品的集散中心。首先在这些地方的手工业被摧毁了，手工业者大批失业。随着英国殖民主义者控制全印度以后，手工业的失业现象就更为严重起来。过去在城市中为市场而工作的手工业者已成为小商品生产者，在农村公社工作的家庭手工业者也发生了分化，例如在奥德的拉杰普特人的公社中，手工业者的收入就不是从公社中得来，而是直接从消费者手中获得。这样，他们本身就变成了单纯的商品生产者，而手工业者是竞争不过英国商品的。英国人运走了印度的棉花，在英国兰开夏以及其他纺织工业城市进行加工，经过一段很短的时间，又以布匹的形式运回印度。1856年官方的报告中说：恒河流域"三十年前是土著织布的坚固堡垒，有五千座工作机在工作着。现在那里每一百个人民中，却有六十二人专穿英国兰开夏的布料"[1]。

纺织工业是印度家庭工业的主要组成部分，而纺织手工业者则是当时

---

[1] 转引自陈原《变革中的东方》，新中国书店1949年版，第49页。

手工业者中人数最多的阶层，① 打击了这一阶层，实际上是摧毁了印度自己的制造业。旧日的陶工、制革匠、铁匠也都同样遭受到英国商品排挤而无法生活。一个英国商人记载了当时的情况："手工业者被他们的市场所抛弃而辗转在野外的死亡线上……古吉拉特蓝靛的出产降低到1/20，人们把它看成市场的废物。棉纱的价格却增加了几倍……马德拉斯区许多手工业者都因为饥饿而死亡。"②

手工业者的悲惨命运还不仅在于他们的职业遭到了破坏、他们世代相传的手艺现在完全无用了，而且在于他们"通往新职业的道路又遭受了阻塞"③。这是当时印度社会经济矛盾在手工业者中间的反映。因为我们知道，在英国家庭手工业也曾经被工业革命的冲击所摧毁，但是，新兴的英国工业不仅吸收了大批失业的手工业者，而且也吸收了一批丧失土地的农民。在印度则不然，英国殖民主义者不愿意用机器工业来代替手工业，因为大量破产的手工业者不得不流入农村而依赖土地。但是，这样并不能使他们的悲惨命运有所改善，因为在农村耕作的原始方法，特别是英国土地制度实施的结果，使他们遭受更为沉重的压迫。事实上这些最后不得不依赖土地的手工业者，很少有人能够买得起土地，因而他们绝大部分都成了佃农或农业工人，或者成为流浪者。不过在起义前夜，他们大多数是佃农。这一部分手工业者又和农民遭受着共同的命运。

印度的手工业者的悲惨处境的确呈现着一幅痛苦的黯淡情景。"兰开夏郡的机械织机使千百万印度手工织工陷于彻底的灭亡。"④ 所有的手工业者都挣扎在饥饿和死亡线上。印度总督本汀克在1834—1835年的报告书中被迫承认："这种灾难在商业史上几乎是绝无仅有的。织布工人的尸骨把印度的平原漂白了。"⑤ 这种情况在以后的年代里继续发展，到起义前已经达到了极为严重的程度。但是利欲熏心的英国资产阶级却根本不管这些情

---

① 参见1901年《印度饥荒委员会的报告》，第78页，转引自〔印〕苏·捷·巴德尔《印度和巴基斯坦的农业工人》，第61页。
② 〔印〕波士：《革命之印度》，第40页。
③ 〔印〕尼赫鲁：《印度的发现》，第388页。
④ 《马克思恩格斯全集》第29卷，人民出版社2020年版，第313页。
⑤ 《马克思恩格斯全集》第42卷，人民出版社2016年版，第447页。

况，英国制造商柯伯在1840年的讲话，证明了英国资产阶级唯利是图的丑恶本质："不错，我觉得东印度劳工们可怜，可是在同时，我对我自己的家庭比东印度的劳工们更有感情……而要牺牲我家庭的舒适，这是不可能的。"①

印度手工业者对于英国殖民制度是极端仇恨的。他们和英国殖民主义者的矛盾也是极为尖锐的。这种情况不仅表现在颠沛流离的手工业者和流入农村的手工业者中间，而且在被迫进入英国工厂（这些数目本来是很少的）的手工业者中间也有反映。例如在官方的文件中也证明了他们宁肯砍掉自己的手指来逃避这种奴役的工作。②破产的手工业者曾经不止一次起来反抗英国殖民主义者，特别是19世纪20—40年代，他们踊跃地参加了伊斯兰"瓦哈比派"所领导的反英斗争，并成为这一斗争的主要力量之一。手工业者在社会经济地位日益悲惨的处境和往昔的反殖民压迫的斗争，都决定了他们踊跃参加1857年的反英大起义，而且成为起义的基本动力之一。

第二，我们再看看印度农民的情况。印度农民身受三重压迫：英国殖民主义者、英国殖民主义者的走狗地主柴明达尔和高利贷商人。虽然农民当时是印度的主要生产者，但是他们的处境却极为困苦，他们几乎是英国殖民压迫的主要承担者。由于英国殖民主义者对印度灌溉事业的漠不关心，由于一系列土地措施的实行，就使得农民和土地相脱离的程度日益加剧。

英国殖民主义者实行一系列土地措施的目的达到了。在东印度公司的总收入中，来自土地方面的田赋占2/3。在固定和不固定的柴明达尔制区域内，英国殖民主义者及其走狗柴明达尔共同剥削农民。③柴明达尔除了征收地租外，还拥有治安、司法及一切封建特权，他们以各种名义向农民征收苛捐杂税，农民甚至理发、打伞都要纳税。此外，他们还强迫农民服

---

① ［英］杜德：《今日印度》上册，第12页。
② N. K. Sinha, etc., *History of India*, pp. 592–593.
③ 1799年和1812年"二次所定之章程又甚严厉，租户若拖欠租银，许抄没其家产，并拘禁其人。故为租户者，一听地主之命而已。同时又许一种新的柴明达尔承买产业，其于租户之间，绝无流传之俗规，而其宗旨，不过欲于新置产业中谋图利益耳"（《印度志》，第89页）。

劳役。在莱特瓦尔地区内，殖民政权则是农民的直接压迫者。农民向公司缴纳的货币地租是相当沉重的，其中旱地地租占农民总收成的1/2，水浇地则达到2/3。殖民政权很快便把农民弄得剥肤及髓。1830年，马德拉斯有1/4的土地荒芜了。马克思在指出英国殖民主义者土地措施实行的结果时说："无论是在孟加拉的柴明达尔制度下，或是在马德拉斯和孟买的莱特瓦尔制度下，占全印度居民的11/12的莱特陷入可怕的赤贫化。"[1] 在不固定的柴明达尔制地区，甚至在旁遮普，农民所受到英国殖民主义者的压迫和奴役，也不见得比孟加拉或马德拉斯与孟买轻，"甚至在旁遮普省，该省英国的课税减低了以前锡克人的需索，然而，'现金'付款和征收的严厉却大大抵消了农民的实惠。"[2]

商人和高利贷者（二者常常结合在一起）也变本加厉地剥削农民。在过去，高利贷者利用捐税的债务和农民的偶然事件（如自然灾害、家庭中的婚丧事件）放债，而在农民依附于市场的情况下，给高利贷者制造了更广泛的活动场所。殖民主义者在法律上也保障高利贷者的利益，如农民还不上债，他们就可以用农民所有的其他东西来抵押。孟买省税务局在1858年的报告中，曾引用了一位官员泰特勒的话说："法律给予放债人和借债人的支持，总是站在放债人一边，借债人得不到任何保护。他们应该得到一切帮助；不帮助放债人，因为他们有能力照顾自己。我相信印度9/10的骚乱应归咎于这个原因。"[3]

印度农民遭受着这些阶级层层的榨取，使他们不堪重负。这些首先表现在赋税方面。赫帕特主教承认："我认为，不论土著或欧洲的农民，在目前的税率下都不会兴旺。地产物总额的一半被政府索取了……事实上任何一个土邦都没有索取我们这么多的地租。"[4] 这些话证明了马克思关于实物地租为外国殖民者所掌握时的危害性的论点。马克思说，这种地租"达到的规模可以严重威胁劳动条件的再生产，生产资料本身的再生产，使生产的扩大或多或少成为不可能，并且迫使直接生产者只能得到身体所需要

---

[1]《马克思恩格斯全集》第9卷，第344页。
[2][英]杜德：《今日印度》上册，第220页。
[3][印]苏·捷·巴德尔：《印度和巴基斯坦的农业工人》，第76页。
[4][英]杜德：《今日印度》上册，第219页。

的最低限度的生活资料。当这个形式为一个从事征服的商业民族所发现、所利用时,例如像英国人在印度所做的那样,情况尤其是这样"①。

在赋税不断增加和高利贷者猖獗活动的基础上,加上英国殖民主义者破坏了古老的灌溉系统,使肥沃的土地荒芜,这就加速了农民贫困化的发展。水利灌溉工程对于东方许多国家,特别是对于印度的农业生产起着决定性的作用,破坏了水利灌溉工程就使饥荒不断发生,在19世纪30—50年代出版的许多著作中都谈到这种情况,由此必然产生农业的衰落。②

19世纪上半期,印度许多区域都发生过大规模饥荒。农民当然是这场灾难中受害最深的一个阶级。英国殖民主义者及其走狗残酷的剥削,使农民无力抵抗这种可怕的饥荒。在印度农村公社遭到破坏和印度被卷入世界市场的情况下,在印度商品货币关系发展的情况下,19世纪中叶,印度农村也出现了人口过剩的情况。繁重的税捐及英国殖民主义者的全部统治活动,都使农民大量破产,富裕起来的只有地主和高利贷者。印度当时社会经济中的主要矛盾也反映在农业中。在农业生产中根本谈不上资本主义关系的发展,英国的殖民统治者也妨碍了破产的农民成为工人。因此,在印度沦为殖民地的条件下,这些"剩余人口"除了忍饥受饿,直至饿死之外,没有任何出路,定期的大饥荒使千百万人死亡,这就是英国殖民主义者给印度带来的"善行"。

印度农民曾经多次起而反对英国殖民统治,在一些英国资产阶级学者的著作中,也透露出了一些线索。③英国殖民主义者为了预防更大的农民起义的爆发,就开始在农民群众中散布错觉。早在1852年,英国殖民政权在南印度宣布:农民耕种土地不再是对国家的义务,也就是说取消了过去把农民束缚于土地的条款。于是在当时莱特瓦尔制区域的农民中,造成了一种虚假的印象,他们以为这是英国殖民主义者将要进行某些改革的开始:这就阻碍了农民起义的积极性,这也就是在1857年大起义中,南印度

---

① 《马克思恩格斯全集》第46卷,第900页。
② [英]杜德:《今日印度》上册,第200—201页。
③ W. Foster, *The Cambridge History of India*, Vol. 1, Cambridge, 1933, pp. 38, 268.

保持了比较平静的原因。

然而，北部和中部印度的农民起义并未平息下来。1855—1856年孟加拉山区桑塔尔部族的起义就是最明显的例证之一。英国殖民主义者派来了军队，桑塔尔部族的起义者不仅和他们进行了正面的战斗，而且在后期也展开了游击战争。1855—1856年桑塔尔部族的起义实际上是1857年大起义的前奏。北部和中部印度农民的不满情绪，也可以从布道恩（Budaun，在巴雷利和沙贾汉普尔之间）地区的事件看出，这个地区由于地主千方百计压榨农民，赋税繁重，农民就积极酝酿着起义，在这里的总收税官爱德华于1857年初即向巴雷利的殖民政权请援，要求派军队来镇压起义。① 但他的愿望并未实现，不久，印度的大起义就爆发了。1856年8月，北部和中部印度霍乱到处蔓延，仅在阿格拉一个地方就有15000人死亡。此外，中印度成为起义中心的原因还在于英国殖民主义者破坏了尚武的拉杰普特人的经济生活。这些拉杰普特人组成了孟加拉军队中印籍士兵的很大部分，在这两种情况的共同作用下，中印度反英斗争表现得特别有力。

由以上情况我们可以看出，印度农民承担着殖民压迫最沉重的负担，农民的反抗越来越激烈，这就使他们成为大起义的主要动力。但是当时农民还是很分散的，因此，大起义的发动就落在较有组织和握有武器的印度士兵的肩上。

第三，印籍士兵的情况是怎样呢？英国军队中的印籍士兵的基本特征是英国殖民主义者进行侵略战争的工具。英国殖民主义者首先利用他们打败了自己的竞争者，接着又利用他们占领了印度，以后又把他们变成了统治印度的警察和继续侵略亚洲其他国家的工具。

所有的印籍士兵都来自倾家荡产的农民和手工业者。可以说，印籍士兵是穿着军装的农民和手工业者。英国殖民主义者没有给这些农民和手工业者创造进入工厂、掌握技术的条件，相反却别有用心地用新式武器武装了他们。但是，随着印度国内主要矛盾的发展和国外形势的变化，它成了"印度人民过去从未有过的第一支核心的反抗力量"②。至于为什么在"印

---

① V. D. Savarkar, *The Indian War of Independence 1857*, p. 175.
② 马克思：《印度军队的起义》，《马克思恩格斯全集》第12卷，第251页。

度起义不是由受尽英国人的折磨与屈辱并被劫掠得精光的莱特发动的，而是由那些靠英国人供吃穿、被英国人一手培养、受到英国人宠幸的西帕依发动的"① 这个问题，笔者拟另文讨论，此处只提一些大略的论点。首先，在整个英印军队中，原来就存在着很大的矛盾，它是当时印度社会一个小小的缩影。英印军队中的矛盾在很大程度上反映了当时印度社会中的主要矛盾。尽管印籍士兵为了自己一点糊口之粮而被迫从事英国殖民主义者的侵略战争，尽管他们也享有特殊的待遇，但是这些虚假的钓饵并不能长期掩饰已存在于英印军队中的种族歧视和民族压迫。印籍士兵很少得到信任。他们的宗教信仰也遭到粗暴的破坏。其次，在英国殖民主义者于1848年全面占领印度以后，印度各阶层与英国殖民统治的矛盾已成为主要矛盾，这种主要矛盾也反映在英印军队中，种族歧视更加严重了。过去的"优待"被取消。印籍士兵的宗教信仰和风俗习惯更得不到尊重，他们被迫信奉基督教。奥德的吞并，在他们中间引起了很大的反响，原来存在的矛盾激化了。正如马克思所说的"所有这些情况都是在旁遮普被兼并（1849）后开始的，而在奥德被兼并（1856）后更变本加厉了"②。再次，英国殖民主义者为扩大侵略，不得不雇用更多的印籍士兵，于是印籍士兵的比重在英印军队中空前扩大了，相反，英国殖民主义者在此时期内向许多亚洲国家发动了侵略战争（如伊朗、中国、阿富汗等），并且在克里米亚与俄国的战争中也遭到很大损失。印度国内空虚起来了。由于印籍士兵力量的增大和英国军队的削弱，使印籍士兵觉察到自己的力量，英国殖民主义者无敌的观念在他们中间消失了。这是一个很大的转变。最后，英国殖民主义者尽管想把印籍士兵和人民隔绝起来，然而他们的目的并未达到。印籍士兵和他们的家庭保持着密切的联系，印度农民和手工业者的反英斗争也带给他们影响。印籍士兵并没有完全丧失爱国的感情。

我们已经看到农民和手工业者已经酝酿着反英斗争。但是，虽说农民在可怕的压迫之下被煽动起来，然而要怂恿他们起义却不容易。因为散居各地，想要使他们得到一个共同的了解极为困难；世代相传的服从习惯，

---

① 马克思：《印度起义》，《马克思恩格斯全集》第12卷，第308—309页。
② 马克思：《印度史编年稿》，第180页。

在许多地方缺乏武器使用的练习，这些情况都使印度农民和手工业者发动起义首先面临许多困难。恩格斯所指出的德国农民战争以前德国的特点，也适用于当时的印度。这里，要特别关注恩格斯所说的"世代相传的服从习惯"。传统的帝王观念，是农民"服从习惯"的历史观念，"好皇帝"在他们思想上的影响是根深蒂固的。在当时印度的条件下，印籍士兵是唯一比较有组织和比较团结的集体，他们掌握着当时英国人发给他们的现代化武器，他们驻扎在德里、阿格拉这样的军事要塞中。因此，在他们本身也受到民族压迫的威胁和印度广大阶层与英国殖民统治的矛盾已成为主要矛盾的条件下，在印度各地区反英酝酿和秘密组织在他们积极活动的条件下，在印籍士兵力量大为加强和英国军队大大削弱的条件下，印籍士兵就完全有可能起而反对英国殖民主义者，而且成为第一个推动起义的力量和起义中冲锋陷阵的角色。英国殖民主义者阻止西帕依掉转枪口反对他们的欧洲老爷的幻想破灭了。这就是马克思指出的"由于军队还没有表示态度，人民当然也就没有行动起来"① 的原因所在。

以上便是印籍士兵的一些概括的情况。但是值得特别指出的只有孟加拉军队中印籍士兵充当了起义推动者的角色，而另外两个军团（孟买和马德拉斯）虽曾酝酿过起义，但或因传教士的破坏或其他原因终未能发动起来。过去笔者把这些原因归于这三个军团本身的内部构成，即根据马克思在《印度的起义》和《印度史编年稿》二文中所讲的比例："拥有将近 8 万人的整个孟加拉土著军队，（其中大约有拉杰普特人 28000 名，婆罗门教徒 23000 名，伊斯兰教徒 13000 人；较低级种姓的印度教徒 5000 名，其余是欧洲人）"②，孟加拉军团"有 40000 名是来自奥德的士兵，他们是以共同的种姓和共同的民族成分而结合在一起的；军队的生活是团结一致的；只要任何一个联队受到军官的侮辱，所有其他各联队都会认作这是对他们的侮辱"③。而孟买和马拉斯军团则没有这些条件。最近苏联学者奥西波夫根据许多资料，认为奥德印籍士兵中有 3/4 是拉杰普特人，并根据拉

---

① 马克思：《印度的起义》，《马克思恩格斯全集》第 12 卷，第 285 页。
② 马克思：《印度的起义》，《马克思恩格斯全集》第 12 卷，第 262 页。
③ 马克思：《印度史编年稿》，第 180 页。

杰普特公社的分化情况，认为英国殖民主义者严重损害了尚武的拉杰普特人的利益。由于印籍士兵工资的急剧下降，影响了他们家庭的生活；这些印籍士兵的不满反映了奥德地区公社农民的不满，并由此分析了拉杰普特农民在起义中起了巨大作用。奥西波夫的结论是："起义笼罩了由印度斯坦土地所有者居民的高级种姓所组成的孟加拉军团，而北部印度成为人民解放战争的场所。"① 这篇论文的分析对起义为什么只发生在孟加拉军队中是一个很好的补充说明。

从1757年普拉西战役到1857年大起义的一百年间，英国殖民主义者以孟加拉为基地向印度其他地区发动了二十多次的侵略战争，先后吞并了迈索尔一部分地区、马哈拉施特拉、卡纳提克、奥德、班德尔坎德、罗希尔坎德和旁遮普等地区，使其成为东印度公司的直接领土。而另一些土邦，如克什米尔、海得拉巴等都沦为东印度公司的"保护国"。大贺胥是英国工业资产阶级利益的代表者，他是侵占印度土邦的急进派，最后完全占领印度正是在他统治印度时期完成的。1849年吞并了萨塔拉，1853年吞并了那格浦尔和章西。1853年夺取了海得拉巴土邦的比拉尔（占该土邦最肥沃土地的1/3）。大贺胥处处触犯封建主的利益。他不承认卡纳提克、马拉塔印度土邦王公的立嗣权，不许继子继承遗产是违反了印度的法律和风俗习惯的。他把吞并奥德说成是赐予奥德王公的"利益"和清除奥德的政治腐败和无政府状态，实际上他吞并奥德的居心已久。1856年，当他接到驻勒克瑙监督奥拉姆坚决要求吞并奥德的信件时兴高采烈地说："上帝要亡奥德了。"② 在德里，英国殖民主义者在对待莫卧儿王朝后代的继承问题上挑拨离间，也引起了德里王室的不满。

马克思谈到英国殖民主义者对待印度土邦王公的政策时说："自从英国掠夺者一到印度，并坚决要抓住印度不放之后，他们除了用武力或阴谋来消灭当地王公的权力以外，就没有别的办法。"他接着说英国殖民主义者是走着古罗马人的老路，并引用了一个英国作家的话："这是一种喂肥

---

① A. M. 奥西波夫：《论拉普坦农民在1857—1859年的印度民族起义中的作用问题》，苏联《历史问题》1957年第6期。

② [英] 奥斯威尔：《印度政治家事略》下卷《大贺胥传》。

同盟者的制度，正如同我们在吃牛的肉之前，要把牛喂肥一样。"① 显然，英国工业资产阶级为了更全面地把印度变成自己的商品销售市场和原料供应地，他们迫不及待地希望完全占领印度，而在大贺胥统治的时代，"牛已养肥"，他们不能容忍一些土邦的存在。代表英国工业资产阶级利益的大贺胥，便奉行了所谓"土邦王公丧失权力说"，毫不客气地吞并了自己过去的同盟者。

起义前夜的封建主阶级也不是一个单一的组成，我们以对待英国殖民主义者的态度把他们分成三个不同的阶层。第一个阶层是封建主中最反动的阶层，旁遮普的王公、海得拉巴以及瓜廖尔王公等，都是这一阶层的代表性人物，他们把自己的命运和殖民主义者的命运紧紧连在一起。这类封建主占有很大比例。他们对于殖民政府是卑躬屈膝的，而且一直充任了"英国在印度的第五纵队"②的反动角色。在本次起义中，"各土邦起了风暴中防水堤的作用，否则这次风暴中一个巨浪就要把我们冲卷而去了"（印度总督坎宁语）③。第二个阶层是中间观望的阶层，大贺胥的吞并政策使他们"兔死狐悲，各邦莫不寒心"④。但是这一部分封建主各自畏缩，既无力量也无意愿同英国殖民主义者"决裂"，其中有许多不仅害怕人民群众的斗争，而且对殖民政权心存幻想。他们对英国殖民主义者只是埋怨，而不是仇恨。这一类封建主虽然比第一阶层人数要少一些，但也有一定的数目。他们在殖民政权遭到打击时，也可能暂时站在起义者一方。但随着起义的发展，他们却不可避免地与第一阶层合流。这方面表现得最明显的是奥德的塔拉克达（收税区长）的态度。1852年英国殖民主义成立清查赐地契据委员会，如果拿不出赐地的契据，这些塔拉克达的地产便将要被没收，这个委员会总共没收了3.5万宗地产。这些由大土地所有者变为一无所有的人怨恨和仇视英国殖民主义者，其中有些人在起义前进行了反英的宣传和组织工作，而且后来也成了起义的领导者并坚持斗争到最后，毛拉维·阿赫马德·沙就是这样的人物。但是，大多数的塔拉克达却属于骑墙

---

① 马克思：《东印度问题》，《马克思恩格斯全集》第9卷，第224页。
② [印] 尼赫鲁：《印度的发现》，第406页。
③ P. E. Roberts, *Forty-one Years in India*, p. 388.
④ 李志纯：《印度史纲要》，正中书局1947年版，第225页。

派，他们"既无力做工，又羞于乞讨"①，而且"在好几个月中间举棋不定"②。在奥德起义达到高潮时塔拉克达又站在起义一方，当起义转入低潮时，特别是坎宁宣布不侵犯他们的土地时，他们又大批投靠到英殖民主义者一方，最后断送了起义。德里的莫卧儿帝国的最后一代皇帝巴哈杜尔·沙也是这样的人物。

封建主阶级中的第三个阶层是走向了反对殖民主义者道路的那一部分封建主。他们与英国殖民统治的矛盾最为尖锐。他们本身备受凌辱，而且也丧失了所有权力。尽管他们是为了恢复自己原先的地位和权力，但是为了达到这一目的，首先就必须推翻英国的殖民统治。从这个意义出发，在客观上看他们与当时印度绝大多数阶层人民的利益是一致的。在这部分人中间有一些是很出色的，例如被誉为"比哈尔之狮"老游击英雄昆瓦尔·辛格，被恩格斯誉为采取积极游击战术的阿米尔·辛格，以及纵横中印度、被称为"马拉塔之虎"的坦提亚·托比，被称作"印度的太阳"的拉克什米·芭伊，都是把斗争坚持到最后的英雄人物。③ 那那·萨希布、菲路兹·沙·奥德王后也应该属于这一阶层。

由以上分析我们可以看出，印度各阶层（其中包括参加起义的封建主）与英国殖民统治的矛盾是当时印度社会中的主要矛盾。起义前夜已经形成了一个新的形势。这种空前的、有广泛阶层参与的反英浪潮，首先表现在人民群众的反英斗争上，农民和手工业者的骚动和不满不断增长，促进了英印军队中印籍士兵的"分裂"，促进了封建"上层"的"分裂"。这种"分裂"无疑反过来也促进了人民群众参加反英斗争。英国殖民主义者在印度一系列的政策中，特别是19世纪初期以来的迅速吞并政策，使全印度都笼罩上了殖民奴役的乌云，这种巨大的灾难也从反面促进了这个新形势的形成。

虽然在起义前夜已经形成了一个新的形势，然而19世纪中叶的印

---

① ［印］萨德亭拉·辛格：《印度的暴动》，载中山大学历史系编《印度民族起义论文集》。

② Edward Thompson and G. T. Garratt, *Rise and Fulfilment of British Rule in India*, London, p. 436.

③ 拉克什米·芭伊，虽然动摇的时间较长，但一经决定起义，就坚持斗争到底，直到献身于斗争的疆场之上。

度，却具有自己的时代和历史特点。正如我们在上面所分析的那样，下层人民群众的仇恨情绪不断增长，在封建上层中也发生了分裂。在印籍士兵中反英活动进行得更为积极。这就是说，印度各阶层中都普遍地进行着起义的酝酿工作。印度社会中以下几个特点决定了当时阶级力量的配备：第一，封建君主在人民群众中有很大的影响。这种情况反映了中世纪农民的思想。他们一般希望和幻想着一个"好皇帝"。特别是在印度当时沦为英国殖民地的情况下，一百年来英国殖民主义者的侵略、奴役，使印度失去了以往的独立，因而在沦为殖民统治的条件下，回忆起过去的独立，不仅农民向往印度过去王朝时期的独立，而且印度广大阶层都热望独立。加之一些封建主积极反英，例如那那·萨希布以朝圣的名义，走遍了印度斯坦的各城市和军队驻防地，许多军队和居民的秘密组织都和封建主有密切联系。所有这些，决定了封建主在未来的斗争中起领导作用。第二，决定封建主在起义中起领导作用的另一条件是人民群众在当时没有一个先进阶级来领导，当时无产阶级和资产阶级都没有产生，农民和手工业者没有被很好地组织起来，散居各地，而较有组织的印籍士兵又选不出自己的领袖。此外，宗教在印度人民中有深厚的影响，这就使一些印度教和伊斯兰教的上层僧侣也在起义的酝酿过程中占据很重要的地位。

在谈到与英国殖民政权沆瀣一气的那些阶级与阶层时，也像我们上面谈反英力量的情况一样，把它们截然区分开来显然是很困难的，因为它们之间的关系极为错综复杂、各种矛盾对立且不断转化，在起义前夜这一个剧烈变化的时期，却逐渐显现出了新的阶级分化和政治分化。

首先要谈到的是英国式的地主阶级。这类地主是英国殖民政权的忠实支柱，英国殖民政权正是为这一目的而扶植他们。这类地主显然并没有辜负英国殖民统治者的希望，威廉·本廷克在1829年就认为他们"至少有一个很大的好处，就是已经创造了一个富有的土地有产者的庞大团体，牢牢依靠英国统治之继续，并且能够完全掌握群众"[①]。印度的地主阶级可分为两大类：原有地主和新产生的地主，后者占很大的份额。英国殖民主义

---

① A. B. Keith, *Speeches and Documents on Indian Policy*, Vol. 1, p. 215.

者保护地主的利益为时已久。在1799年和1812年两次处理农民欠租案件时，规定了对地主完全有利的章程。章程规定：一切农民如因"好讼"或"无故"向柴明达尔提起诉讼，就得加以罚款和监禁。"于是地主更加为所欲为，农民的痛苦无处申诉了。按当时的条规，农民欠租者，允许柴明达尔向官吏控诉，官吏便逮捕农民，照条规追还，并没收其家产，以抵田赋。"

的确，英国殖民主义的土地国有制是从莫卧儿帝国和马拉塔国家那里继承下来的，英国殖民主义者把印度封建时代的土地国有制加以改变，使之适应于自己的利益。他们虽然保留了一部分旧的地主，但更重要的是他们培养了一批"新"地主。英国在印度一系列的土地改革给农村公社以最严重的打击，使孟加拉、孟买和马德拉等地区的大量农民遭到破产。结果不仅巩固了柴明达尔的地位，而且对于商人和高利贷者非常有利，因为这些土地改革使过去封建贵族和地主同样遭到破产，这样，柴明达尔、商人和高利贷者就代替了他们而组成新的地主阶级，这种情况不仅表现在固定的和不固定的柴明达尔制区域内，而且在实行莱特瓦尔制的地区也有所表现。在这里，公社上层分子的小地主得到了土地，而且，"颇大一部分土地转入高利贷地主之手，他们和孟加拉的柴明达尔不同，他们的税率是不固定的，占有土地的面积较小，并且是'新'出身于高利贷者中间"。

关于旧土地所有者被赶走的情况，19世纪30年代的英国军官布里格斯（J. Briggs）说："我确实听到，班杰坎德地方有2/3的旧地主被赶走……以后经过一定时期，这些不幸的人们奔波在死亡线上，因为这是我们法律所要求的。"①

可以看出，这些日益走下坡路的旧地主，对英国殖民主义者是怀有仇恨的，而受英国支持的高利贷地主和柴明达尔是英国殖民政权的忠实帮凶。旧的封建地主实际上可以列入动摇的或坚决参加起义的封建主阶层中，而英国式的地主则与高利贷者、商人及一些知识分子站在英国人一边的。

---

① J. Briggs, *The Present Land-tax in India*, London, 1830, pp. 211, 212.

我们再看一下印度的知识分子这一阶层的情况。印度是一个有悠久文化的国家，印度很早就有自己的学者群体。英国殖民主义者入侵后，在从政治、军事、经济方面压迫印度人民的同时，他们也加紧了文化侵略，竭力从思想上奴役人民。在英国早期资本主义时期，他们采用"愚民"的办法，生怕欧洲文化和思想传入印度而动摇其统治地位。到了英国工业资本剥削印度的阶段开始以后，英国工业资本家采取了为自己培植知识分子的积极步骤。就在这个时候，发生了英国派与东方派之争，"这两派的斗争，实际上也反映了英国工业资本对商业资本的斗争，而英国派的胜利也是早就注定了的"①。

18世纪是印度政治和文化生活衰落和停滞的世纪，在这方面我们只引用文学方面两段材料就足以说明了。凯依说："随着莫卧儿帝国的衰落而到来的18世纪末期，是印度文学衰落的时期，当时没有几个著名的作家。"② 孟加拉的文艺理论家高希说："18世纪是印度各种民间语言的文学停滞和衰落的时期。"但是，到了起义前夜，文化方面有了新的起色，孟加拉语、印地语、马拉塔语和泰米尔语等文学又重新发展起来。1800年出现了第一批孟加拉语的文艺作品，大约在起义前十年出现了第一批印度各种民间语言的散文作品。

这些情况的出现，与印度资本主义的萌芽有很大的关系。我们从当时出现了早期民族主义思想的先驱者这个事实来看，也更说明了这一点。孟加拉婆罗门教徒和大地主拉姆·莫罕·罗伊正是其中的佼佼者。19世纪四五十年代，印度商业资本家转而经营工业。1854年孟买棉纺织厂正式开工，继而在孟加拉、古吉拉特等地相继兴建。到起义后的1880年，全印度已有纺纱厂156家，雇用工人44000名。就是这些工商业和自由派地主，成为印度早期社会新生力量。值得注意的是，印度资产阶级地主知识分子虽然为数不多，但具有印度传统的文化知识，又接受英国文化教育，在英国殖民统治下一些人还是律师、医生、东印度公司职员。1828年莫罕·罗

---

① 季羡林：《试论1857—1859年印度大起义的起因、性质和影响》，《历史研究》1957年第5期。

② Frank Ernest Keay, *A History of Hindu Literature*, Calcutta, 1920, p.10.

伊在加尔各答创办了"梵社"（又译为"最高精神信徒协会"）和爱尔芬斯顿学院，团结了孟加拉的知识分子，经常反对日常生活中的各种迷信，反对印度教最黑暗的仪式习俗和等级界限。不论是莫罕·罗伊还是梵社的会员们，都不是印度封建王公和地主的自觉反对者。罗伊本人就是大地主，梵社的另一个领导人德瓦尔卡纳特·泰戈尔大公是一个封建主和买办。但是他们反对印度的种姓制度，反对印度教的各种习俗和偏见，这就为反对印度的封建制度制造了思想武器，为积极反封建的斗争创造了思想前提。罗伊本人也很同情农民的处境，他认为必须降低地税。① 罗伊在1804年就做过东印度公司的收税人，做过殖民主义者压迫人民的工具，直到1814年才辞掉了这个职务。但是他致力于民族文化的发展，他第一个用孟加拉文写文艺作品，编孟加拉语的文法，在1821年和1823年开始创办第一批孟加拉的民族报刊和现代科学知识的学院，使这种文化适用于新的生产关系，因而成了印度的爱国主义者，为反对英国殖民主义者创造了思想武器。正如《东方民族主义史》一书作者所说：罗伊的"思想是亚洲和欧洲的结合，这种结合不是牺牲了自己的特点而一味摹仿，而是更多地吸取了欧洲的宝库来推进自己的发展"②。

因此，19世纪中叶印度知识分子阶层也不是铁板一块的。尼赫鲁曾说："正当在孟加拉以印度教徒为主的新兴知识分子受着英国思想和文学的影响，并且为了政治上的宪法改革而仰望英国的时候，起义的情绪正在其他的地区沸腾着。"③ 但是，就是在这群人中，也产生了具有反封建和反殖民主义思想的先驱（尽管他们还不是自觉的）。随着历史的发展，这种反封建和反殖民主义思想日益在知识分子中占据上风，在以后的阶段中，在大多数居民都处于被压迫的状态下，正是这些"为数不多的知识分子中等阶级表现"了"人民群众中的处于潜伏状态的反抗精神"④。这种情况自19世纪下半期即已表现出来。尤其是在19世纪中期大起义以后，在印度三大管区的孟加拉、孟买、马德拉斯都成立了各自

---

① R. C. Majumdar, etc., *An Advanced History of India*, p. 835.
② J. F. C. Fuller, *India in Revolt*, London, 1931, p. 67。
③ ［印］尼赫鲁：《印度的发现》，第416—547页。
④ 《列宁斯大林论中国》，人民出版社1963年版，第83页。

本地人协会。孟加拉的英属印度协会、印度协会、孟买的浦那全民大会等组织，为国大党的筹建起了关键作用。这些民族政党的萌芽是在19世纪印度启蒙运动的基础上成长起来的，为1905—1908年印度觉醒做了思想组织准备。

最后，我们看一下高利贷者和商人的情况。

早在印度封建社会开始的时候，就存在着高利贷的活动。[①] 18世纪初，印度的农村公社进行着缓慢的分解过程，捐税的不断增加，公社内部财富差距日益扩大，货币所有者的地位日益巩固。当时的最大高利贷者和商人甚至放债给印度当权的封建主，有时这些高利贷者也和中国、波斯及其他国家有联系交往。

但是，英国殖民主义者入侵印度以后，高利贷者和商人的情况发生了巨大的变化。在英国殖民主义者入侵前，自然经济占优势；土地是农民的世袭财产；缺乏土地买卖的现象；缺乏拥有土地的凭据且禁止高利贷者占有土地；公社中农业和手工业相结合，森林、草原、牧场都为公社公共财产，这一系列特点，都阻碍了商人的扩大活动和高利贷者无限制的盘剥。有时，在战争或其他的政治动荡影响下，他们的活动更要受到严重的破坏。在英国殖民主义者入侵后，随着资本主义的不断发展，一系列的变化也影响了商人和高利贷者的地位和作用。英国殖民主义者土地改革的实行对农民货币地租的广泛采用、商品经济的发展起到推动作用，特别是"商业关系渗入农村引起了长期的稳固的封建制度的解体，把权利交给高利贷者，不仅引起了农民阶层的破产（他们被迫通过商业高利贷资本而为国内市场工作着），而且也引起了依靠农民剩余产品而过活的小地主的破产"。所有这些特点巩固了商人和高利贷者的地位。1813年东印度公司商业垄断权被取消以后，英国的资本家和印度的高利贷者同商人的联系就更为密切起来。英国资本家为了更好地窃取印度的原料和销售自己的商品，而修建了一些交通运输路线，而后全面占领了印度，把印度统一起来，这对高利贷者和商人同样有利。继早期资

[①] 印度高利贷的起源与种姓制度有很大的关系，它们之间的变化以及英国殖民主义者入侵和这些高利贷种姓的性质。

本主义剥削印度之后，在工业资本剥削印度的时期里，更为印度商业和高利贷资本的发展打开了广阔的市场。

商人和高利贷者是两个具有千丝万缕联系的、有时几乎是难以分开的阶层。他们大部分依附于英国的殖民政权，但在新的条件下也有一部分人走上发展印度资本主义的道路。在叙述印度社会经济的那一章中，我们已经看到在起义前夜，加尔各答和孟买已经出现了一些企业和矿山，这些企业就是印度的商人和高利贷者阶层中的人物开办的。当然，在那时还仅仅是一个开始，在一些为数本就很可怜的企业中，英国资本家占据绝对的统治地位。[1] 在以后的历史阶段中，印度的民族资本主义企业家也多来自商人和高利贷者这一阶层中。

然而，起义前夜，这些商人、高利贷者和英国殖民统治者的命运联系在一起，他们之间的矛盾不是主要的。因此在这些人中没有分化出同情反英力量的代表，相反，他们在大起义前多次的农民起义中是农民和手工业者打倒的对象。前文提到的桑塔尔部族的反英斗争就是一个明显的例子。商人、高利贷者和地主经常是三位一体的，他们是英国资本家在印度的商业代办，也是向农民榨取税收和地租的代理人。

印度大多数封建主、英国式的地主、印度的商人和高利贷者都仇恨人民的反英行动而投靠了英国殖民主义者；马德拉斯和孟买的印籍士兵成了英国殖民主义者的帮凶；一部分"仰望"英国的知识分子固然仇恨人民的行动，而一部分不自觉地具有反封建反殖民主义思想的人也对人民群众的斗争漠不关心。所有这些，都显示了当时印度国内反动势力复杂的分布情况。

在反英力量中也存在着分歧和矛盾。这不仅表现在封建主与人民之间，而且也表现在宗教、种姓以及封建主之间的矛盾等。但是，从以上分析中，显而易见的是：印度社会广大阶层与英国殖民统治的矛盾已上升为主要矛盾，这些内部矛盾暂时就从属于主要矛盾。这是印度社会关系中的一个最基本的情况。

---

[1] Nabagopal Das, *Industrial Enterprise in India*, p. 1.

四

关于1857—1859年印度反英大起义前夜印度的社会经济与阶级关系的一些结论是什么呢？

第一，18世纪中叶到19世纪中叶的一百年间，是英国资本主义蓬勃发展和欣欣向荣的时代，英国资本家靠剥削国内劳动人民和压榨殖民地的财富而塞满了自己的腰包，英国得到了所谓"世界工厂"的称号；然而，这一百年间却是印度经济破产、文化衰落的年代，印度已经是英国的殖民地，它已经成为英国商品的销售市场和原料供应地，印度人民群众的处境空前悲惨，它变成了"一个穷人的国家"。"世界工厂"和"穷人的国家"这个鲜明的对比，有着意味深长的含义。

作为殖民地的印度，它在社会经济、政治等方面具有一系列与以前大不相同的特点。英国殖民主义者首先用早期资本主义原始积累的剥削方式剥削印度，以后又用工业资本的剥削方式剥削印度。在经济上，英国殖民主义者俨然以印度"主人"的身份，运用其直接的政治和经济权力，使印度沦为英国的商品销售市场和原料供应地。旧的封建经济结构被破坏了，但是相应的新的经济体系却远未产生。印度经济处于空前的破产状态。在政治上，在起义的前夜，英国殖民主义者完全占领了印度，英国殖民主义者开始建立一个统一的印度，与此同时，也就第一次形成了印度各地区反对英国殖民统治的共同基础。印度各阶层人民与英国殖民主义者的矛盾已上升为主要矛盾，一切其他的矛盾暂时成为次要的矛盾而服从于这个主要矛盾。这个主要矛盾是在当时印度经济的基础上产生的。

第二，这种在经济上和政治上的主要矛盾，在印度各阶级都得到了广泛的反映，严重的政治危机出现了。

由于英国殖民主义者侵占印度是旨在把它变为自己的殖民地，因而在破坏了印度旧的社会经济体系之后，并无建立新的社会经济体系的意图，这就使破产贫穷的手工业者和颠沛流离的农民遭到了最可怕和最悲惨的灾难。无论在城市还是农村，都出现了大批的"过剩"人口。他们不可能安然地听任殖民强盗的宰割。农民和手工业者的悲惨处境决定了他们是即将到来的大风暴中的基本动力。

英印军队中印籍士兵的转向起义，是印度广大阶层人民与英国殖民统治这个主要矛盾发展的必然结果。历史的辩证法告诉我们：对立面事物的矛盾，在一定条件下可以互相转化。一直是殖民主义者侵略工具的印籍士兵，这次参加起义并成为起义的核心力量，正说明了这个问题。印籍士兵成为起义的第一个推动力量不仅是当时印度社会主要矛盾的表现，而且也与他们本身的特点有关。

印度社会当时的主要矛盾不只是表现在手工业者和农民这些"下层"的不满和骚动的增长上，不只是表现在印籍士兵的转向起义上，而且也表现在封建主阶级（包括土邦王公和地主）这些"上层"的"分裂"上。在当时阶级力量对比的情况下，人民群众不可能掌握起义的领导权；加之印度刚丧失独立不久，又面临殖民压迫，在失掉旧的而未建立新的经济体系的条件下，对新来的殖民统治者的仇恨和对印度王朝的回忆是很自然的。封建主参加起义并成为起义的领导者是由当时的社会条件所决定的。

印度广大阶层人民与英国殖民统治的矛盾不只表现在经济、政治和阶级上，而且也表现在作为上层建筑的意识形态上。粗暴地破坏印度人民的宗教和风俗习惯是英国殖民政策的一个组成部分，一切所谓社会改革由欺压成性的殖民主义者来实行时，很自然会引起人民群众的疑惧。这种矛盾的激化导致农民、手工业者、印籍士兵和封建主的不满，特别是激怒了印度教和伊斯兰教的僧侣们。印度广大阶层反对英国基督教化的政策，并非单纯的宗教问题，实质上是反对英国殖民统治的一种表现。

第三，大起义前夜印度的社会经济与阶级关系表明：印度各阶层人民在争取独立、推翻殖民统治的斗争中，英国殖民主义者和印度的反动派都是斗争的对象。封建地主阶级、商人和高利贷者、反动文人是与英国殖民主义者狼狈为奸的反动集团。在起义前夜，已经开始了国内外反动势力联盟的形成过程，在起义当中，特别是在大起义结束以后，英国殖民主义者与印度反动派的联盟最终形成了。

第四，大起义前的社会经济与阶级关系已经表明了这次起义之所以失败的一些原因。印度人民之间的矛盾，宗教和种姓的矛盾，起义阵营参加者中间，人民与封建主的矛盾，封建主之间争权夺利的矛盾等，都在当时暂时服从于印度社会的主要矛盾。但是，在新的条件下，由于这些内部矛盾的激化，就从内部瓦解了起义。大起义的结果正是这样。

在殖民统治阴影的普遍笼罩下，广大阶层都程度不等地受到损害，它们都以这种或那种形式表现了对殖民统治者的不满和仇恨，这些情况也决定了起义的全民性质。

起义前夜的社会经济与阶级关系证明：大起义不是"晴天霹雳"般发生，而是在印度的天空上已经浓云密布，只待一声雷鸣了。1857年3月29日，巴拉克普尔驻地青年印籍士兵曼加尔·潘迪射死英国军官的枪声，已经表明了"山雨欲来风满楼"的形势。1857年5月10日，米勒特印籍士兵、市民和农民的反英发动，正式揭开了反英大起义的第一页。起义前的社会经济与阶级关系以及起义的爆发，都证明了坎宁来印度前的恐惧心情不是没有原因的。就是这位新上任印度总督所说的印度人民愤怒的"愈变愈大"，终于电光闪亮，雷鸣隆隆，像山洪海潮一样爆发起来，向英国殖民政权展开了冲击。

第五，1857—1859年印度反英大起义的发生，绝不像资产阶级学者所说的似乎是一次偶然的事件。一百年来英国殖民侵略和统治造成的灾难、饥荒和人民颠沛流离的悲惨处境，使印度失去了旧世界而又没有获得新世界，却不得不面对继商业资本之后的工业资本剥削的殖民地地位。印度是亚洲首先遭受英帝国侵略统治的大国。英国在1600—1846年的两个半世纪中，完成了对印度的征服。英国的官吏、商人、工厂主、传教士蜂拥而至。他们凭借政治、经济、军事霸权和特权，践踏印度人民的生存权。从1857—1859年民族大起义前夜印度社会经济和阶级关系看，凡是受殖民危害最深的地方，就是起义风暴最激烈的场所。这次大起义是印度社会主要矛盾发展的必然结果，也是印度人民对英国殖民侵略和掠夺的一个有力的回答。起义失败了，矛盾以新的形式，在新的世界形势下发展。1876年，维多利亚女王正式加冕为"印度女皇"。1898年，印度总督寇松直言："只要我们统治印度，我们就是世界第一；如果我们失去印度,我们将降成三流国家。"印度被视为英帝国"王冠上最珍贵的宝石"①。但是,在20世纪到来时,在印度迎接英国殖民统治者的是一场新的更大的革命风暴。

第六,1857—1859年印度反英大起义是印度近代史的分水岭,也是亚洲社会政治文化变革的一个转捩点。这次"旧式起义",反抗殖民统治并不是孤立的武装斗争,和它相伴随的,是莫罕·罗伊领导的具有新型民族民主思想的启蒙运动。它兴起于大起义之前,又发展于大起义失败之后,伴随着印度民族的形成过程。特别是19世纪六七十年代,众多文艺作品高呼"祖国万岁"口号,作家们在罗伊宗教改革的旗帜下,以《明月报》为阵地,反对种姓制度中的各种陈规陋习,兴办教育,复兴本国语言,大大促进了民族觉醒。纵观19世纪百年间,印度社会一方面出现了不畏强暴和反抗殖民压迫的武装抗击斗争精神的大起义,同时又有温和的、改良的新启蒙运动。大起义旧式斗争形式本质上的局限,在于没有先进的政治经济主张,即使胜利也难免回到老路上去。启蒙运动虽然对资本主义的殖民本质认识不足,没有摆脱宗教束缚,局限在上层社会活动,但其思想体系、发展方向是进步的。起义的斗争精神和启蒙运动对印度历史的发展,都有承前启后的作用。印度从1757年的普拉西之战到1857年大起义的一百年,再到1857年大起义之后的五十年,政治认同、文化认同猛烈地冲击着对印度民族传统文化的认同;同时,印度的民族国家意识,建立民族独立国家和新文化,也成为新文明潮流。环顾同时期的亚洲,日本明治维新已唱响资本主义新曲,中国的太平天国运动宣告回归老路已不可能,而土耳其奥斯曼帝国内外政治文化危机叠加,正在演奏改革自救史剧。世界潮流西转东向,亚洲和印度的觉醒时期到来了。《罗伊和印度的觉醒》一书称罗伊为印度民族教育的"先驱","现代知识刺激了对于科学的探索,复兴了本国语言,发展了方言,而最主要是在印度人中间造成了自力更生精神"。生活在19世纪前期的罗伊,在他的《自传》中提出这样的世纪之问:"设

---

① 有意思的故事是:英国王冠上这颗宝石,13世纪出产于印度安德拉邦,原石重793克拉,后加工时减为186克拉,名为"光明之山"巨钻。印度大起义之前的1850年,由阿富汗转手锡克君主后裔,献给英国的维多利亚女王,而后镶嵌在其王冠的顶端。现在,许多印度人认为,印度早已不是英国的殖民地,于情于理此钻石都应归还印度。

想一百年之后，我国人民的品德，由于和欧洲人经常交往，又由于一般政治知识以及近代科学技术的获得而提高了，难道他们能没有一种精神倾向去有效地抵抗那些使他们在社会尺度上降级的不公正和被压迫的措施吗？"这里，他提到的"交往"和"抵抗"，都是印度政治日后经常遇到的问题，都在考验着从提拉克、甘地和尼赫鲁等人的开放与传承内外文明交往的自觉精神。他们的民族主义理论与实践，也预见到后来印度现代历史事变的一些端倪。

（本文为《略论1857—1859年印度民族大起义》手稿的修改稿，由张良元、王维清、郭顺坤译成俄文，供苏联莫斯科师范学院亚洲史学者瓦·巴·柯切托夫审定，于1957年6月答辩通过。周一良、季羡林老师也审阅过，谨向他们致谢，本书收录时更新了引文）

米勒特的起义
——1857年印度反英大起义片段之一

看呵，看！
在米勒特的市镇里，
洋鬼子遭到了埋伏，
殖民者受到了打击，
在米勒特宽敞的市镇里。

看呵，看！
他们挨了揍，
枪支被夺去，
马儿死在地上，
在米勒特的市镇里，
他们遭到了伏击！

看呵，看！
殖民者遭到了打击，
在米勒特宽敞的市镇里。

——印度民歌：《米勒特》①

---

① 《1857年印度独立战争的民歌》，高梁译，《人民日报》1957年8月15日。

一　西帕依中间的酝酿

1857年初，起义的酝酿过程在比较有组织和手执武器的西帕依中间，加速成熟起来。西帕依的愤懑已经达到相当强烈的程度，在许多地方的西帕依连队中，常常发生不服从军官命令和纵火焚烧军营的事件。红莲花的传递已遍及许多西帕依连队的驻扎地。

一切因素都在日益促进西帕依起义情绪的积极化。

1857年2月6日，英印军队的指挥部已得到了巴拉克普尔第三十四步兵部队一个军官的报告。这个报告中说，有四个西帕依连队不仅害怕英国改变他们的宗教信仰，强迫他们信仰基督教，而且要起来反抗英国军官，抢劫和烧毁殖民主义者的房屋，并向加尔各答进军，从而占领英国殖民军队的老巢——威廉堡炮台。

1856年初，英国殖民政府在英印军队中换用了一种新式步枪——恩菲尔德式的来复枪，据说这是当时英国元帅哈汀基对武器的重要改革之一。在加尔各答附近的达姆-达姆兵工厂为这种新式步枪制造子弹。新的子弹筒用涂满了牛油和猪油的防潮纸包裹着。在使用子弹时，士兵们习惯一手端枪，一手荷弹，用牙齿咬去弹筒上所包的油纸，再装弹入枪膛，开始射击。牛是印度教徒尊为神圣的动物，而猪则是伊斯兰教徒在宗教上的禁忌物，因而新子弹的使用，便在广大西帕依中间，激起了仇恨英国殖民统治者的浪潮。英国殖民主义者本来想用新式武器来更有效地镇压印度人民的反英斗争，但是，与英国殖民主义者的主观愿望相反，新式武器并未巩固英国的殖民统治地位，相反，却加速了人民反英起义的爆发。新子弹反而成了起义者进行反英斗争的武器。

事情是这样的：1857年2月11日，英国将军海尔赛在给其大本营的报告中说，达姆-达姆兵工厂发生了一件看来很小但结果却引起很大波动的事件。[①] 有一次，该厂一个属于不可接触低级种姓（贱民）的清洁工，在门口向一个属于高级种姓的带着水罐的西帕依要一点水喝，这个西帕依

---

① P. E. Roberts, *Forty-one Years in India*, p. 42.

因为不愿意被"不洁者"玷污而拒绝。这个清洁工立刻愤愤地说道："你觉得你的种姓有什么了不起，可是，就等着瞧吧，当英国老总强迫你咬开浸满牛油子弹的时候，你的种姓又怎么样？还不是变成我一样的贱民！"

海尔赛在报告中继续说，这段对话在西帕依中迅速传开了。后来，又传说子弹筒上也涂有猪油，"据伊斯兰教的游方僧们说，这是特意用来迫使所有土著雇佣兵丧失其属于种姓的权利的"，于是，这件事就成了西帕依"哗变的导火线"①。

尽管英国殖民主义者已经知道了西帕依这种情况，但是被"胜利冲昏了头脑"，他们把这些事件看得太简单了。按照他们老的统治方法，满以为只要杀掉几个反抗的首领和解散几个团队便会安然无事了。实际上，印度人民的反抗巨浪，早已吞没了英国殖民主义老的统治方法；人民的情绪不仅在西帕依中间得到了反映，而且通过西帕依更加强烈地表现出来。

二　曼加尔·潘迪事件

在米勒特西帕依发动起义以前，曼加尔·潘迪的事件是值得一提的。萨瓦卡尔有理由称它是大起义前的"一次小战斗"②。孙德拉尔说："1857年的起义就是这样在巴拉克普尔开始的。"③ 这次事件使得加尔各答处于上层社会的英国人和英印混血儿人群大为恐慌。④

巴拉克普尔是加尔各答附近的一个小城镇，印度1857年大起义的第一声枪响就是曼加尔·潘迪在这里打响的。1857年2月，英国司令部首先强迫驻防在这里的第十九西帕依连队使用这种涂油子弹。英国殖民主义者这种做法多少有些试探性质。但是，西帕依坚决反对，他们认为：如果实在要强迫他们使用，他们就要用剑来回答。英国殖民主义者这时兵力空虚，整个孟加拉都没有一个英国的连队，他们决定由缅甸调兵来

---

① 马克思：《印度史编年稿》，第181页。
② V. D. Savarkar, *The Indian War of Independence 1857*, p. 106.
③ [印] 孙德拉尔：《1857年印度民族起义简史》，第29页。
④ Hiren Mukhjee, "1857 and Our Struggle for Freedom", *New Age*, Vol. Ⅵ, No. 8, August, 1957.

解除第十九西帕依连队的武装。第十九西帕依连队也和附近的第三十四士兵连队联系，打算在5月31日同时起义。但曼加尔·潘迪没有能够等到这一天。

曼加尔·潘迪属于高级婆罗门种姓，他是一个虔诚的印度教徒、勇敢的青年士兵。他认为，宁愿作为婆罗门高级种姓而光荣牺牲，也不肯去咬子弹包装而屈服。他热爱宗教甚于他的生命。在印度沦为英国殖民地的处境下，人民群众的苦难、军队中种族歧视及殖民主义者对印度宗教、习惯的侮辱破坏，都激发了他的爱国热情。他认为强迫连队使用这种子弹，是殖民主义者公开的挑衅，他向连队的秘密组织建议：不要等着让英国军队来解除武装，应该立即起义。连队的秘密组织没有接受他的建议。

1957年3月29日，当第十九连队在阅兵场集合的时候，队伍刚排好，曼加尔·潘迪便走出了自己的行列。他端起了枪，把子弹推上了膛，然后向他的同伴高呼："起来！兄弟们起来！""我以宗教的名义向你们保证！来！让我们起来，为了我们的自由而痛歼这些忘恩负义的野兽！"

其他西帕依对曼加尔·潘迪这种大胆而唐突的行动，投以惊奇和同情的目光。但是，他们静静地看着这个从来没有见过的场面，并没有响应曼加尔·潘迪的召唤。

军曹休松立刻下令逮捕曼加尔·潘迪，但是西帕依都拒绝执行他的命令。曼加尔·潘迪在这时便向这个英国军官开枪，只一枪就结果了他的性命。一向作威作福的英国军官，第一次死在英印军队的西帕依的枪下，倒在盛大的阅兵场上和数百位西帕依面前。听见了枪声后，鲍少尉骑马向曼加尔飞奔而来，但是曼加尔第二枪又把这个少尉从马上打得倒栽下来。当曼加尔正在装第三颗子弹时，负伤的少尉向前爬了几步，用手枪瞄准了他。但是，被吓得手忙脚乱的少尉并没有打中曼加尔，相反，他却在曼加尔的佩刀之下吓得战战兢兢，急忙拔剑应战。这时阅兵场上出现了肉搏战斗。一个英国兵开始向曼加尔攻击，还有一个西帕依也向曼加尔进攻，并用枪管子打伤了曼加尔的头部。站在旁边的大批西帕依看到这种情况时，便异口同声地喊道："不许动曼加尔·潘迪！"这时，有一些西帕依也参加了斗争，用他们的枪托来打英国军官鲍少尉。鲍少尉害怕再遭到休松的下场，连忙带伤逃跑了。

阅兵场上异常混乱的情况，使惠利上校惊恐不安，他走出阅兵台，命令赶快逮捕曼加尔，但他这个命令却引起了西帕依更大的愤怒，他们说："我们将永远不触动这位婆罗门的一根头发！"当惠利上校看到阅兵场上英国军官的尸体和鲜血，再看看那怒不可遏的西帕依，他的威风和勇气都消失了，于是便溜回他的小房中去了。这时，曼加尔仍然一直举着他血淋淋的双手，在放声高呼："起来，兄弟们，起来！"海尔赛将军逮捕曼加尔的英国兵赶到了，他们包围了他。曼加尔不愿落在敌人手中被他们处死，他用枪对准了自己，但自杀并没有成功，子弹只是打伤了自己的胸部。之后，海尔赛将军便逮捕了受伤的曼加尔。

巴拉克普尔的三声枪响、一具英国军官的尸体和一个被打伤的英国军官，标志着大起义酝酿已接近成熟的特点。马克思说："驻在巴拉克普尔的第三十四西帕依团的士兵们听任他们的一个伙伴在操场上拿着实弹枪走出队列，号召他们起义，然后又开枪射击该团的副官和军曹长，并打伤了他们。"这是"第一次"西帕依杀死了他们的欧洲军官①，就是指曼加尔·潘迪事件而言。曼加尔·潘迪在军事法庭上表现得非常坚决和勇敢，英国司令部企图逼他说出同谋者的名字，但遭到了他断然的拒绝。他同时申明：他与被他杀死的军官并无私人间的仇恨。

1857年4月8日，曼加尔·潘迪在审判后被判处绞刑，但是，在全巴拉克普尔找不到一个愿意执行绞刑的刽子手。英国殖民主义者不得不从加尔各答找来四个刽子手。这天早晨，曼加尔·潘迪在全体西帕依面前被处以死刑。他以坚定有力的步伐，经过了西帕依队伍行列的前面，走上了绞刑台。他不断地向他的同伴说：他没有上英国军官们的圈套，他没有说出任何一个同谋者的名字。

英国殖民主义者想用死刑来威吓印度人民和西帕依，但是判处死刑却得到了相反的结果。曼加尔·潘迪的英勇斗争事迹和精神，迅速传遍了整

---

① 我在这里所说的"第一次"是指大起义前50年讲的。因为1806年在马德拉斯管区的加尔纳提克的印籍士兵起义中，就杀死过一些欧洲军官。在此后，虽然发生过多次印籍士兵的起义（如1808—1809年在马德拉斯，1824年在巴拉克海尔，1844年、1849年、1850年、1852年在孟加拉军队中都发生过起义），但没有杀死过英国军官。

个印度斯坦，他的名字成为印度人民最尊敬的称号。在以后的时期中，无论是印度人民的朋友还是敌人，都把1857—1858年所有起义的西帕依统称为"潘迪"①。苏联女作家维果德斯卡亚在她的《危险的逃亡者》一书中，曾经根据这个事实，创造了三个潘迪式的英雄人物。她借英国将军霍德松的口吻说：

> 对了，你们只要回忆一下巴拉克普尔那段史实就够了。一个印度兵开了枪，另一个打掩护，第三个就号召全团人起来反抗。这三个人都叫一个名字——潘迪。第一个叫曼加尔·潘迪，第二个叫英苏尔·潘迪，第三个叫巴昭那特·潘迪。在一个团里总会有十几个名叫潘迪的，就像我们这里的约翰逊或杰克逊似的。潘迪是一个印度教徒的族名。嗯，奇怪的是："总共捉到了三个潘迪，而绞死的却只有两个。第三个不知逃到什么地方去了。于是乎发生了一次简直是印度式的混乱：似乎是把另外某个不该处死的潘迪绞死了，反正谁也搞不清楚是怎么回事。只有一点很清楚：这第三个潘迪的确是跑掉了，而且很有可能是叛乱的主谋。"②

她这段形象的描述，真实地说明了英国殖民统治者在处死曼加尔·潘迪以后的恐惧情绪。

在有些英国人的著作中，把潘迪说成是一名瘾君子，是在大麻的刺激下神志不清时才开枪杀人的。直至现在英国和印度网络上还在就此事件争论不休。然而，印度人民十分尊敬曼加尔·潘迪。1984年，印度为潘迪发行了一套纪念邮票。在他就义的巴拉克普尔，人们建立了"潘迪公园"，并且在园内为他塑了一座半身铜像。2005年，印度电影《抗暴英雄》就讲的是这段历史。印度每逢独立日和国庆日，也会以各种活动来纪念他，包括小学的舞台剧中，他也以民族英雄人物的形象出现。

---

① P. E. Roberts, *Forty-one Years in India*, p. 4.
② [苏]维果德斯卡亚：《危险的逃亡者》，第65页。

三 米勒特的起义

上面我们已经看到了西帕依一些反英酝酿过程。就是在曼加尔·潘迪事件前后，在阿拉哈巴德、阿格拉、安巴拉和米勒特的军营中，都连续发生过纵火的事件。英国军官安逊绝望地说："这真是怪事，我们从未捉住一个纵火者。我们的人都坚守着监视的岗位，但一直没有抓住一个人。""在翁巴拉，我们没能抓住任何一个纵火者……复仇的纽带和每个人在宗教上的疑惧，把这些恶棍们联结在一起了。"①

据一些著作中的记载，说当时已有一个全印度斯坦在5月31日同时起义的计划，甚至英国司令部已经得到了这方面的情报。威尔逊给司令部的报告中说："根据确实的材料使我完全相信：在1857年5月31日将举行同时起义。每一个西帕依连队有一个三人委员会，它经常讨论关于策划组织各种兵变计划。许多西帕依也有发动兵变的思想……一个重要的决定已经发出了，暴动将在31日发动，那时所有的国库都将被抢劫，监狱将被打开而犯人将被释放。"②

袭击英国军官的事件是很多的。例如5月3日，四个愤怒的西帕依闯进了米·恰木中尉的宿舍，并且喊道："我们本来没有什么要难为你的，但是，你是一个佛朗机（Feringhi，印度人对英国殖民者的称呼），因此必须死！"中尉被这个突如其来的话吓呆了，他哀求说："你们要杀我下一次再杀吧；你们为什么要杀像我这样的可怜人呢？现在杀了我马上就会有另外的人来代替我的职位。以前的过错不是我的过错，而是司令部的制度。那么你们为什么不饶我一条命呢？"③ 四个西帕依果然饶了他的命，但亨利·劳伦斯知道此事后，便立刻解散了这个连队。马克思在《印度的起义》和《印度史编年稿》中都反复提到这个事件，用以说明山雨欲来风满楼的一触即发的形势。

---

① V. D. Savarkar, *The Indian War of Independence 1857*.
② V. D. Savarkar, *The Indian War of Independence 1857*, pp. 107–116.
③ Charles Ball, *Indian Mutiny*, Vol. 1, p. 5.

米勒特在德里东北约35英里,它是英国主要军事据点之一。这里驻扎着三个西帕依连队:第三骑兵连队、第十一和第二十步兵连队。同时,还有更大优势的英籍骑兵、步兵和炮兵。

英国驻米勒特的司令部为了试探一下这里西帕依的情绪,于5月6日便下令在第三骑兵连队中首先使用这种新子弹。这个连队共有90个人,其中就有85人坚决拒绝使用它。英军司令部为了"惩一儆百",便以违抗命令的罪名逮捕了他们并交付军事法庭审判。5月8日,这些人分别被判以八年到十年的苦役。

5月9日的早晨,这85名西帕依在英国步兵和炮兵的拘押下走进了操场,其他的西帕依连队也被集合在一起来看这种令人痛心的场面。85名西帕依遭到了侮辱和嘲弄,他们被剥去了军服,被撕下勋章,并当众戴上了手铐和脚镣。他们曾经向自己的伙伴请求帮助,但西帕依连队回应他们的却是一片可怕的沉寂。米勒特的司令长官赫威特发表了恐吓演说:"这些犯人就是因为他们抗拒命令才遭到惩罚。这就是你们应该怎样行动的实例。"之后,这85人便被关进了监狱。

但是,沉寂只是暂时的。西帕依在操场上所表现的怯懦行为,使他们内心里交织着愤怒、羞耻和痛苦的感情。他们的自尊心受到了无情的摧残和践踏。在全印度已到处笼罩着不满情绪的情况下,这个事件在他们心中也激起了各种想法。米勒特的人民听到或看到这个事件后,除了痛苦的感觉以外,他们也对西帕依的懦弱和沉默而感到不满。就在当天下午,当西帕依在街道上散步时,米勒特的妇女都轻蔑而讽刺地向他们说:"你们的兄弟已经被关进了监狱,而你们却在这儿逍遥自在地晃来晃去!真是不知羞耻的怕死鬼!"这些话语在米勒特已经是"满城风雨"了。人民群众的态度使西帕依越发不安起来。他们在当天晚上便谈到了什么时候起义。军队中的秘密组织在这里起了很大的作用。经过一段酝酿过程,他们决定再也不能忍耐下去,必须在5月10日举行起义。同时也和德里的西帕依取得联系,以便共同行动。他们给德里的组织派了专门信使送信。萨瓦卡尔在其《1857年印度的独立战争》一书中,引用了马里森的《红皮小册子》中记载的联络信原文:"我们将在11日或12日到你们那儿去,请准备好一切吧!"

5月10日（星期日）的黎明，在米勒特城中出现了完全不同的两个场面。

英国殖民统治者还和过去一样，享受着糜烂腐化的生活。他们以为把85名西帕依关进了监狱以后，米勒特便不会再有什么事情发生，而他们也可以高枕无忧了。的确，从表面上看，米勒特也和以前一样，照例开始了往日的热闹景象。马车声、芬芳的花香、有旋律的歌曲和舞曲声都热烈地融合在一起。

但是，在西帕依的军营中却进行着热烈的讨论。他们在谈着把一切英国人都杀光还是只杀一部分人的问题。第二十连队提出了一个建议：他们认为英国人去做礼拜时是一个很好的时机，应该利用这个时机立即起义，并且杀掉所有的英国人（文官和军人、男人和女人），然后立即向德里挺进。西帕依在慷慨激昂的情绪下通过了这项复仇的建议。

不久，礼拜堂的钟声响了。英国官员和他们的妻子安闲地向礼拜堂走去，在那儿他们照旧地祈祷上帝赐福和恕过。这时，西帕依进行着紧张的准备工作。第三骑兵连队未被监禁的5人和第十一、第二十西帕依连队在操场上集合起来。

西帕依的反英行动，不仅得到了米勒特人民的热烈支援，而且人民群众也积极参加了这一斗争。就在5月10日早晨，在米勒特市镇上集合了几千名市民和来自郊区的武装农民，当然，这些农民的武器都是很原始的。这些农民，都是连夜赶到米勒特城的。郊区农民当中的秘密会社和西帕依中的秘密组织取得了联系，因而组织了农民群众和西帕依同时在米勒特发动起义。米勒特的市民们也做好了一切准备工作，他们积极支援西帕依的英勇行动。这里发动起义的工作已经完全妥当，起义者在等待着新的时机的到来。

米勒特全城都沸腾起来了。只有英国殖民主义者对这个紧张而热烈的工作没有感觉，甚至他们听到了起义的消息后还是摇头不信，他们不相信西帕依会发动起义。

到了五点钟，礼拜的钟声响了——这是住在米勒特的英国殖民主义者的丧钟，他们在这里对自己的罪恶进行最后一次忏悔。祈祷钟响了不久，"杀外国人！""歼尽外国强盗！"的口号声，震动了米勒特城的每一个角落。米勒特的起义开始了。

起义军第一个任务是打开监狱，解救他们受苦的兄弟们。几个骑兵冲进了监狱。看守长也加入了起义的队伍，当他听见"杀外国人"的声音在米勒特响起时，就动手释放这些囚犯。一个爱国的铁匠也赶来了，他用自己的铁锤敲断了束缚在印度人手上的镣铐。监狱的墙也被推倒了。这些被释放了的骑兵，又重新跨上了战马，和全体西帕依一起投入战斗。

第十一连队的团长芬尼斯骑马赶来了，他企图安抚这些已经起义的西帕依。他还像过去一样摆着骄傲和盛气凌人的架子，用威吓性的语言来吓唬起义者。但是，已经行动起来的西帕依，再也不理会他的老手法了。第二十连队一个西帕依毫不客气地把芬尼斯枪毙了。

长期备受奴役和压迫的人民，一旦拿起了武器冲向他们的敌人，其力量是不可抗拒的，其愤怒程度是不可遏止的。人民的愤怒像火山口的岩浆一样倾泻出来。他们的仇恨是如此之深，以至于他们不肯饶恕任何一个英国人。身为印度教徒和伊斯兰教徒的西帕依，在米勒特城中到处追逐着英国人。在痛歼共同敌人的斗争中，他们忘记了往日的宗教嫌隙。米勒特的农民和市民们的愤怒，更使英国殖民主义者恐惧万状。起义者拿起了剑、矛、拐杖、小刀以及顺手能拿到的东西，无情地袭击一切令人恨之入骨的英国殖民主义者。只要是与英国殖民政府有关的房屋、旅馆、公共房屋和军营，都被起义者付之一炬。米勒特的上空烟雾弥漫，米勒特市内"杀外国人"的喊声连天，反英大起义的烽火开始在印度斯坦大地上蔓延。

米勒特人民起义的怒潮，吓坏了英国殖民主义者。一旦人民真正起来为自己的命运而进行斗争时，这批"文明"强盗便表现出了一副可怜的狼狈相：一些人整天躲在马厩里，一些人逃出城外躲在树林中，一些人躲在医院和壕沟里，一些人则是藏在印度仆人家中得救的。5月10日晚上，一些幸免于难的殖民者才从恐惧中苏醒过来。当他们稍一恢复平静时，才集合了英国籍步兵、骑兵各一连队和炮兵队。但是，这时起义军民已经向印度古都德里进军了。

当起义者离开米勒特以后，与英国殖民者的斗争任务就落在人民群众的肩上了。人民群众被压抑已久的仇恨心情完全表现出来了。他们到处捣毁英国人的房屋。当人民点燃了格雷特黑德代办的房屋时，他本人正好躲在里边。许多人主张进行搜查。听到了群众的怒吼声，吓破了胆的代办双膝跪在他的仆人面前，哀求他搭救自己和全家人的性命。这个仆人便出来欺骗群众说，代办早已离开了这里，因而这个代办才得以逃脱人民的惩处。格雷吉上尉化装起来，和其妻子孩子在一个陈旧破烂的庙宇里，心惊胆战地度过了这个可怕的夜晚。许多英国军官曾企图逃走，但都被追上枪毙。当然，也有一些英国妇女和儿童，也被愤怒的群众连同殖民统治者一起被烧死了。余下的英国军人在炮兵学校和军火库一直躲了两周（从5月10日到24日）。胆战心惊的殖民统治者，一直在眼巴巴地盼望着奥尔基地方的援兵，谁知来援的六个营共几百名士兵到达以后，高举起义旗的西帕依便杀死了军官弗尼校，并开始和那些起义者会合在一起。

从表面上看，米勒特并非英国军队力量最薄弱的一环。这里英国军队占有相当大的优势。西帕依只有三个连队，而英国除了两个步兵连队之外，还有一个来复枪营，他们掌握了所有的大炮。1857年的大起义却正是从这一环突破，市民、农民和西帕依的团结配合，在殖民者毫无准备的情况下，城内外、军营内外一起突然爆发了起义，使英国司令一时惶恐不知所措。例如过去恐吓西帕依的赫温特上校（米勒特司令官，在英印军队中干了五十多年的老刽子手），在当时的情况下也被吓得手忙脚乱。米勒特起义者在英国司令部乱成一团时，立即向德里挺进这一策略是完全正确的。米勒特的英国军队还很强大，在这里举行胜利的起义已经很不容易，胜利了，但要保住它更不容易。

起义者的计划是比较周密的。他们为了不走漏任何风声，就在发动起义前割断了电线，封锁了公路。这也保证了起义军能够顺利地到达德里。起义军坚决、果断的进军和英国军队司令官的懦弱无能，恰巧形成了一个鲜明的对比。200多个起义者在当天晚上，提着沾满殖民者血污的刀剑，高喊着"向德里前进！向德里前进！"的口号离开了米勒特。5月11日，他们便在印度首都德里的城垣出现了。

四 米勒特起义的特点和意义

米勒特起义以及紧接着起义者占领德里的事件，标志着1857—1859年印度反英大起义的开始。

米勒特的起义，首先表现了"西帕依发动了起义"这一特点。米勒特的西帕依之所以能够体现这个特点，在于他们的计划和准备工作，在于他们善于利用时机并采取了正确的策略。

在这里我们要考虑到西帕依的作用。西帕依是当时比较有组织和手执武器的集团，比起农民和手工业者来，他们最有条件担任首先发动起义的角色。从米勒特起义到德里起义的全部进程来看，也说明了这一点。米勒特的起义军队之所以能够在起义前就有讨论有计划，而在起义后又能立刻坚决而迅速地向德里前进，这是与他们比较有组织有训练和掌握武器这个特点相联系的。所以，马克思说："在马德拉斯和孟买管区，由于军队还没有表示态度，人民当然也就没有行动起来。"[①] 正因为在印度北部和中部，首先是米勒特和德里的西帕依表了态，率先发动了起义，因而人民才更积极地行动起来，参加了反英斗争。

其次，必须指出，米勒特起义这一事件，也严正地驳斥了英国资产阶级学者把大起义说成是"西帕依叛变"的荒谬论调。米勒特的起义，证明了我们过去所坚持的观点：西帕依首先推动了起义，但起义的规模却远远超过了西帕依的范围而具有全民族性质。我们先从米勒特起义军队的锋芒所向上，也可以看出这一特点。这些来自破产的农民和手工业者的西帕依，他们不仅反对压迫他们的英国军官，而且反对一切骑在人民头上的殖民者，甚至仇视一切英国人；他们的反英斗争不仅反映了印度广大阶层人民对英国殖民制度的仇恨，而且是在米勒特市民直接影响下发生的。进一步说，米勒特的市民和农民不仅直接影响了起义的发动，而且积极支持和参加了这次起义。米勒特的起义是一次人民起义，是一次印度人民反对英国殖民统治的起义。这个事实，甚至连镇压大起义的刽子手之一的罗伯茨

---

① 马克思：《印度的起义》，《马克思恩格斯全集》第12卷，第285页。

也不得不承认,他写道:

> 破坏工作断然地开始了,市民和郊区农民情投意合地联合起来了,正如米勒特报告中所说,在西帕依准备攻击以前,这些市民和农民已获悉了一切预定的计划,并且拿起武器和做好了帮助西帕依行动的一切工作。①

中尉诺曼在描写起义者前往德里以后的情况时说:"在米勒特,欧洲军队掌握了近郊并企图组织防御。米勒特周围一片混乱,政府无能为力。"② 这里说明英国军队只能控制住城市,周围的农村是起义者的天下。事实上,在起义以后,米勒特周围10—25英里的地区,英国殖民统治的势力被一扫而光。印度西北部的英国殖民统治者承认,靠近米勒特附近地区的古吉拉特农民,像一个人一样行动起来了,打败了英国的讨伐队。米勒特周围农民起义力量达到这样的规模,以致英军统率部在军力缺乏的情况下,还不得不给这里派出了兵力,以保住米勒特。由于穆扎法尔·纳格尔(Mujaffar Nagar)地区农民的游击战,切断了英国殖民统治者保持米勒特和德里之间的交通联系。这对德里起义是一个有力的支援。

米勒特起义中也表现了印度教徒和伊斯兰教徒不计前嫌、在大敌当前团结一致的特点。这种情况反映了大起义时代印度社会的主要矛盾,同时,它也证明了起义的全民性和人民性。

最后,米勒特的起义表明了印度人民英勇反抗殖民压迫的斗争精神,而一向作威作福的英国殖民者,在人民起义巨大的浪潮面前,却表现出了畏缩怯懦的可怜状况。前面所举过的司令官赫温特便是一例。当起义者离开米勒特而向德里进军时,他才清醒过来。事实上,米勒特离德里还有35英里,中间还隔一道朱木拿河,如果他以优势的兵力追赶起义者还是来得及的。即使不追上起义者,设法拆断横架在朱木拿河上的桥,也可以阻止起义者前往德里的去路。但是,为起义浪潮所吓昏了的司令官和他的士

---

① P. E. Roberts, *Forty-one Years in India.*
② G. W. Forros, *The Indian Mutiny 1857 – 1858.*

兵，他们都是做不到这一点的。

米勒特起义者的英勇斗争精神震惊了英国。英国资产阶级的喉舌——《泰晤士报》大肆诬蔑起义者。他们曾以米勒特事件为例，大骂起义者"惨无人道"，把起义者描绘成一群杀人的匪帮。马克思驳斥了这种别有用心的论调，并且一针见血地指出："不论西帕依的行为多么不好，它只不过是英国人自己在建立其东方帝国时期以及在其长期统治的最近几十年当中在印度所作所为的集中的反映。"①

1857年5月10日，这是印度人民永远值得记忆和永远值得引以为傲的一天。5月10日成了印度人民民族解放斗争中有历史意义的纪念日。印度共产党机关刊物《新纪元》周刊在1955年的纪念文章中，就提到5月10日这一天是印度的"光荣的纪念日"。的确，从5月10日在米勒特开始燃烧起反殖民主义斗争的火炬，不仅照亮了1857—1859年反英起义的全部过程，而且鼓舞了印度人民以后争取民族独立的斗争。它使人民感到欢欣鼓舞，使殖民统治者恐惧万分。殖民统治者甚至经常把5月10日当作人民起义和自己灾难临头之日，他们对于印度人民在5月10日的一切举动，神经过敏地发生了条件反射。下面只要举一个例子就可以说明问题。

1921年，贾瓦哈拉尔·尼赫鲁的妹妹史华拉普定于5月10日在阿拉哈巴德举行婚礼，这本来是按印度传统年历来决定的"黄道吉日"，但英国殖民主义者疑神疑鬼的猜疑，却使人感到可笑。尼赫鲁写到当时的情形说："有些人的神经感到紧张。有一天一个律师朋友说许多英国人心神不安，并且预料城内要发生突然事变。这些英国人怀疑他们所雇用的印度仆人，所以在上衣口袋中带着手枪以防不测。甚至有人私下传说英国人已经把阿拉哈巴德要塞准备好了，作为必要时英国居民避难的地方。我很感到惊奇，我不了解正当非暴力主义的倡导者（甘地）要光临的时候，为什么有人会想到在和平宁静的阿拉哈巴德城里可能发生暴动。原来据说5月10日（我妹妹无意中预定结婚的日子）是1857年米勒特暴动的纪念日，人们准备纪念这件事。"②

---

① 马克思：《印度的起义》，《马克思恩格斯全集》第12卷，第308页。
② 《尼赫鲁自传》，张宝芳译，世界知识出版社1956年版，第80—81页。

1857年5月10日的米勒特起义，也将永远载入亚洲各国及殖民主义斗争的史册，人们只要想起1857年的反英大起义，便很自然地就想到了5月10日的事件。5月10日成为印度大起义的纪念日是很适合的。在1857年大起义纪念日，不仅印度国内在这一天展开了活动，而且中国人民也把这一天作为亚洲19世纪中叶人民运动的重大节日加以纪念。在1957年5月10日这一天，《人民日报》刊载了我作为北京大学研究生毕业论文的重要一节——《百年前印度人民起义的历史意义》。这是我终生难忘的往事。同时，《光明日报》《中国青年报》这些有代表性的中央报纸，都发表了纪念文章。《历史研究》《历史教学》《史学月刊》《历史教学问题》《教学与研究》都在5月发表了专文。中国人民对于这次事件怀有巨大热情绝不是偶然的。中印两国人民过去遭受过共同苦难的命运，我们两国蒙辱、人民蒙难、文明蒙灾的境遇相通，我们也经历过共同的斗争，因而对这次事件怀有特别亲切的感情。

　　米勒特起义是1857—1859年反英大起义第一阶段重大事件之一。随着米勒特起义者占领德里，便正式揭开了波澜壮阔的反英大起义的第一页。由米勒特所开始的印度反英大起义，在同时代的亚洲各国的反殖民主义斗争史上，占据首要的地位。米勒特的西帕依、市民、农民和在起义中发挥组织领导作用的无名英雄们，将永远享受反英大起义首先发动的崇高荣誉，将永远受到印度人民的尊敬。

印度古都德里的起义

——1857年印度反英大起义片段之二

研究1857—1859年印度反英大起义的具体事件和具体进程，对于了解这次起义的性质具有头等重要的意义。目前我们接触到的这方面的材料还不多，对于起义过程完整叙述的书籍还很缺乏，因而对于起义原因、过程、性质和意义所作出的一些结论，在说服力方面还是不够强的。

诚然，我们已经看到了一些英文和中文书籍，但这些书不是英国资产阶级御用学者或镇压起义刽子手的著作，便是一些纯客观叙述或多或少渗入了殖民主义者所固有的偏见，即使在一些进步作者的著作中，也很少单独地对某些具体的尤其是重大事件进行正确的评价。我在上文已试图对米勒特事件作了一些叙述和评论，在本文中就紧接着再谈一下德里所发生的事件。

我们把大起义分成四个阶段。米勒特和德里的事件，乃是起义第一阶段中最重大的事件。在许多著作中，曾经多次强调印度斯坦的起义者，至少是印籍士兵中有过一个周密的计划，似乎只是由于米勒特印籍士兵的过早发动起义而使计划未得以实现。这个问题有待进一步研究。然而，米勒特的起义却真正揭开了大起义史的第一页，正像孙德拉尔所说："米勒特暴动的一声炮响，立即在全印度的每个角落燃起了猛烈的火焰。"[①]

一 从米勒特到德里

米勒特的西帕依在市民和农民的积极参加下，1857年5月10日发

[①] ［印］孙德拉尔：《1857年印度民族起义简史》，第33页。

动反英起义,并立即向印度德里进军。进军是极正确的。因为德里是印度古都,此时又为全国政治文化中心。更有现实意义的是,如不向德里进军,米勒特起义只是地方性的起义,而且固守一隅也相当危险。同时,德里的局势也对扩大起义非常有利。德里的市民经由郊区农民已通过秘密会社的鼓动,准备行动起来。特别在西帕依当中,秘密会社活动得更积极。一切迹象都说明:德里反英斗争的酝酿,已经完全成熟,如果没有德里老皇帝巴哈杜尔·沙(Bahadur Shah)和皇后马哈尔(B. Z. Mahal)以及一些上层封建分子的阻挠,他们会像米勒特起义者一样自己发动起来。正在这个时候,他们与米勒特起义军建立了联系。米勒特秘密会社组织中,派了一个使者到德里,把他们发动起义的情况,告诉德里的兄弟们。在一封信中写道:"我们明天就要来了,你们做好一切必要的准备吧!"①

5月10日夜,200多名起义的西帕依高呼着"德里!德里!"的口号离开了米勒特。在深夜的急行军中,他们只有一个想法,就是希望很快地和德里的西帕依联合,共同反对英国殖民统治者。在起义者突然和猛烈的打击下,米勒特的英国军队完全陷于混乱状态。虽然,他们的装备好,人数也不亚于起义军,由于手忙脚乱,英国军官和兵士们,无法遏制起义者。少数英国军队的攻击既不能阻止起义军离开米勒特,也不能在夜里追赶起义军。5月11日(星期一)刚破晓,起义军先头部队到达朱木拿河畔,起义军中立刻响起了一片热烈的欢呼声:"胜利了,朱木拿河!"过去朱木拿河把他们和德里隔开,现在他们不仅隔岸可以望见德里,而且,只要一过船形大桥(The bridge of boat)就离这个古都的东大门(加尔各答门)不远了。

米勒特起义军向德里进军,不仅在策略上是正确的,而且在起义的全部进程中,起了不小作用。米勒特起义和德里的起义联系在一起,确立了起义的政治文化中心——德里的地位,掀开了印度大起义的第一页。历史学家关于此事指出:"米勒特的西帕依在这片刻时间里,找到了一个先导、一面旗帜和一个目标,兵变就成了独立战争的变形。当他们到达朱木拿河

---

① V. D. Savarkar, *The Indian War of Independence 1857*, pp. 117-126.

时，清晨的阳光开始闪烁起来，他们完全无意识地推动了一个历史上的临界时期，一个军事的反抗就变成了一项民族的和宗教的战争了。"[1] 这些话充分说明了米勒特起义军向德里进军这一行动的意义。

二 开始进攻德里

德里起义不仅是它内部酝酿已臻成熟的表现，而且是米勒特起义的印籍士兵直接推动的结果。

德里，这个印度的心脏，它曾经在人们心中是那么遥远："到德里太远了"——这是印度一句古谚语。然而，米勒特的起义者今天已经迫近了这座印度的古都。他们已经到了朱木拿河岸。在大桥驻守的英军还想阻挡起义者前进。但在斗志昂扬的米勒特起义军面前，他们根本不是对手。锐不可当的印籍第三骑兵团的起义战士们，催马扬鞭，挥刀驰骋，斩掉了这些英军的阻拦。大队起义军跟在后面过桥前进。

米勒特起义的军队过了朱木拿河的大桥以后，就到达德里城外的堡垒面前。他们分两路向德里进攻：一路是攻打德里北面的克什米尔门（Kashmir gate），另一路是攻打东面的加尔各答门（Calcatta gate）。

米勒特起义军抵达德里后，英国殖民统治者到处宣传，要求德里的西帕依对他们继续保持忠诚，同时出动军队，企图阻挡起义军进入德里。里普利（Ripley）上校是驻在德里的第五十四团团长，他得知米勒特起义军进城后，便率领第五十四团来迎击米勒特的起义军队。这个团是由西帕依所组成，在出发途中，西帕依们向上校说："米勒特的西帕依就要在我们面前出现了，我们将马上看到他们。"他们抑制不住自己的喜悦。但是，上校也满怀信心，以为他可以一举防止德里的动乱。他听见印籍士兵们在嚷着关于米勒特起义者的事时，立即制止说："听话点！"印籍士兵也没有理他。这个团一直向起义军队开去。不一会儿，他们就看到奔向红堡的米勒特的起义军队，前边是骑兵，后面紧跟着的是穿着红衣服的步兵。两方

---

[1] Justin MacCanthy, *History of Our Own Times*, Vol. Ⅲ; V. D. Savarkar, *The Indian War of Independence 1857*, p. 12.

面军队相遇以后，双方立刻自动地相互致意。德里的印籍士兵特别热烈地欢迎远道连夜赶来的米勒特起义军队，在战场上出现了一个非常融洽而团结的场面。当米勒特起义军队高呼"消灭英国人的统治！"和"巴哈杜尔·沙万岁！"的口号时，德里的印籍士兵则以"杀死英国鬼子！"的口号来回答他们。

面对这个空前未有的景象，里普利上校意外地吃惊，他的勇气和信心完全消失了。他只是惊慌失措地伸出双手大声叫道："这是怎么一回事？"起义者不愿意饶恕任何一个英国军官，他们不仅击毙了这个一向压迫他们的里普利上校，而且也情绪激动地杀死了军队中所有的英国军官。之后，米勒特和德里两支起义军队，就相互热烈拥抱，联合在一起，共同打开了有历史意义的德里北门——克什米尔门，在欢呼声中进入德里城。

米勒特的另一支起义军队，同时也向德里东门——加尔各答门进攻。加尔各答门坐落在朱木拿河岸上，一过朱木拿河的大桥，便到达这个城门下面了。它是德里很重要的一个城门，距离皇宫很近。米勒特起义军队抵达后，开始敲打着城门，城门慢慢地打开了，守门者也高呼着口号加入了起义者的队伍之中。进入加尔各答门以后，起义者立即向英国殖民统治者的住宅区发动了进攻，在这个区的各个角落里燃起了熊熊的大火，他们愤怒的心情和仇恨的火焰一起燃烧起来。

成千上万的德里居民和郊区农民加入了起义的行列。人民群众在这个事件中表现出爱憎分明的立场。根据记载：当米勒特起义军队进入德里以后，城里的数千名穆斯林把他们围起来，表示热烈欢迎；而印度教徒则到处提着水罐，用山芋、糖果二者合制的浆汁来慰劳这些来自米勒特的英雄战士。但是，人民群众却对殖民统治者充满了深仇大恨，他们不肯饶恕任何一个英国人。英国人住的房子全部被捣毁或烧掉。英国殖民统治者不是葬身于愤怒的火焰之中，便是倒在人民复仇的刀枪之下。人民到处追逐着英国人，英国的殖民统治在德里土崩瓦解了。

关于当时人民参加斗争的状况，据记载有15万德里市民积极参加。例如镇压起义的刽子手之一的罗伯茨将军，就在他的回忆录中说，"在德里驻扎的三个步兵团队和炮兵团队已经做好准备，同米勒特的叛变者联合起来……而十五万德里市民也一心一意地支持屠杀白种男人和女人"①。我们从这位镇压大起义的刽子手的充满偏见的言辞背后，也可以看出德里起义者对英国殖民统治者同仇敌忾的痛恨心情。

三 德里城内的斗争

德里所有的三个印籍士兵团队和炮兵团队都行动起来了，和米勒特的起义军联合一致，歼灭英国殖民统治者。在米勒特起义军队到达德里的同时，市郊的农民也开始了反英的行动，不久也进入城市。15万德里市民也立即参加了反英斗争②。

在皇宫周围，一场激烈斗争正在进行。一些英国殖民官吏（事务官弗雷斯、宫廷队长道格拉斯、收税吏哈奇逊）本来企图劝诱驻守加尔各答门的三十八团士兵固守城市，被起义者拒绝后，慌忙逃入警察局分所，后来又逃到皇宫。但是皇宫并不是他们的避难所。宫廷卫队也起义了，这些殖民官员成了起义者的刀下鬼。接着，起义军队和市民、郊区农民聚集在皇宫前面，高呼"胜利属于皇帝！""皇帝万岁！"和"打倒英国鬼子！"等口号。他们踏着殖民官员的尸体，蜂拥而入，占领了皇宫。

在德里起义的日子里，出现了各种形式的斗争，其中争取大莫卧儿帝国老皇帝的斗争和反英斗争也一直交织在一起。

82岁的大莫卧儿帝国皇帝巴哈杜尔·沙（Bahadur Shah）是封建统治阶级利益的最高代表。虽然英国殖民统治者拒不承认他所提出的继承人，还一再想取消他的皇帝头衔，并决定减少他的年金。这些，曾经引起了他的不满。但是，这个意志颓丧、行将就木的老皇帝，昨天还指望着领取东印度公司的"恩给金"（每年12万英镑）过活，按马克思的形象性描述，巴哈杜尔老皇帝和他身边的王族是"权力超不出宫墙的范围，成了白痴的

---

① P. E. Roberts, *Forty-one Years in India*, p. 50.
② P. E. Roberts, *Forty-one Years in India*, p. 50.

王族子孙在宫里像家兔一样听其自然地繁殖着"①。他们对德里起义者十分恐惧，而且极其不信任。在这种情况下，起义者要想争取用他的名义来领导反英斗争自然是不大容易的。

在巴哈杜尔周围的封建主们，听到起义的风声时，曾梦想恢复自己的统治，并把领导权掌握在自己手中。巴哈杜尔的私人秘书穆昆德·拉尔（Mukund Lar）写道："莫卧儿皇帝和其他人坐在庄严的宫殿门口，常常谈论着起义的开始：西帕依快要来啦；德里的军队将要反对英国人啦；以及所有人都将要和军队在一起反对外国人的束缚和享受自主等等。所有这些意见，都在迅速地传播着。一旦起义者到来，所有的人民都要参加，所有的权力和所有的统治权将继续掌握在我们手中。"②

巴哈杜尔不相信起义会成功，因此，尽管他想趁机恢复自己的统治，但却一直犹豫不决，起义军的领袖和三心二意的皇帝进行了谈判。皇后马哈尔及其他封建主也参加了。这时由米勒特来的炮兵，为庆祝德里的解放，为向皇帝致敬，鸣礼炮二十一响。正在和起义军进行谈判的皇帝，听见了一阵隆隆的炮声后，犹豫态度就消失了大半，但是对起义的前途和起义军的力量终究缺乏信心，使他仍然动摇不定。

起义军队的代表，身上佩带着沾满英国殖民者血污的刀剑，站在老得已经蜷缩成一团的皇帝面前说："陛下，英国人在米勒特失败了，德里已在你的手中，从白沙瓦到加尔各答，所有的西帕依都在等待着您的命令。整个印度斯坦都在起来打碎英国人奴役的枷锁，争取神所赐予的独立。现在只要你自己用手举起自由的旗帜，那么，全印度的战士们都将在这个旗帜下进行战斗！印度斯坦已经开始了为争取以往的自主而战斗，假如你立刻来领导它，那么，我们将所有的外国恶魔淹没在大海里，或者把他们送给兀鹰当食物！"③

起义军代表的话，是理直气壮有声有色的。看到这种英雄气概，巴哈杜尔这个莫卧儿王朝"软弱的后代"，想起了他祖宗的荣光，阿克巴（Ak-

---

① 《马克思恩格斯全集》第 9 卷，第 227 页。
② V. D. Savarkar, *The Indian War of Independence 1857*, p. 80.
③ Charles Ball, *Indian Mutiny*, Vol. I, p. 74.

bar）和沙贾汗（Shah Jahan）①当年的功勋，也刺激了他名利心的高涨。他也不免跃跃欲试起来。但他仍旧告诉起义军的代表说："我自己的财产都没有了，哪里有钱给你们发饷啊！"起义者断然地向皇帝说："我们将夺取全印度的英国国库，并把它献给你！"听到这些话后，这个80多岁的老朽才勉强答应了起义者的请求。

现在，我们看一看德里城的另一个角落。市民们和西帕依们联合起来，向英国殖民主义者的住所和行政、军事机关进攻。这些进攻完全是突然的，打击是措手不及的。他们首先歼灭了本来为数很少的英国军队。中午12点前后，他们占领了德里银行，银行行长贝雷斯福德（Beresford）全家被杀，银行完全落到起义者的手中。起义的人群又转向了《德里报》（Deihi Gazett）的印刷所。排字者正在排印关于米勒特起义的新闻。当起义群众的呼声震动了德里报社时，报纸负责人赶快把关于德里的消息用电报拍发出去，接着，德里报社便被愤怒的群众所捣毁。在德里，起义的群众到处捣毁东印度公司所有的机关，烧掉英国殖民统治者及其走狗的房屋。一个资产阶级学者描写德里起义的情况时说："监狱被打开了，国库被抢劫了，许多反叛者在叛乱中集合起来，现在开始进行着一次民族的战争。"

攻占弹药库是德里起义中的一个重要事件。德里的弹药库是英国殖民统治者在印度最大的弹药库之一，其中至少有90万发子弹，8000—10000支来复枪、炮和无数的围攻用的攻城炮及其他武器、火药。②军火库的围墙既高且厚，库内英军不断用大炮向外轰击，因而占领这座弹药库是有很大困难的。何况只要防守的英国军队稍有准备，只需要擦一根火柴，就会引起爆炸，使起义者遭到巨大损失。起义者包围这座弹药库以后，想用谈判的方法和平解决。起义者向弹药库派遣了一个代表，以德里皇帝的名义

---

① 阿克巴（Akbar, 1542—1605）是大莫卧儿帝国的第三代皇帝，是大莫卧儿帝国最强盛的统治者。他在赋税、宗教等方面，采取了在当时说来是有进步意义的政策。他本人是一个出色的外交家、战略家和组织家。沙贾汗（Shah Jahan, 1627—1658）是大莫卧儿帝国强盛末期的统治者之一。

② 当时弹药库的储藏，另一书中记载："德里火药库存炮300门，军械两万挺，炮枪弹20万发。"见李志纯《印度史纲要》，第246页。此处引用的是《牛津印度史》的数字。又，孙德拉尔认为有90万发子弹，10万支枪，无数的炮弹和火药（见前引《1857年印度民族起义简史》，第34页）。

通知英国上尉威朗比（Willonghby），要他交出弹药库，但他顽固地拒绝了。于是，起义者不得不发动进攻，他们奋不顾身，架上云梯，展开夺取军火库的战斗，许多人在战斗中英勇牺牲。这时弹药库守兵只剩下少数西帕依和九名英国兵。当军火库西帕依看见红堡上飘扬着巴哈杜尔·沙的绿色的和金黄色的旗帜时，便立刻和起义群众联合起来。这面旗帜就是大起义期间全印度起义者共同的战旗。这九名英国兵进行了短暂的顽抗。下午4时，当他们看到德里起义的军民已经打开了进入库房的道路，知道大势已去时，最后便悍然炸毁了弹药库。

由于这次弹药库的被炸，使起义者蒙受巨大的损失和牺牲。有25名起义军士兵和附近街巷里的居民300多人被炸死。当时目击的记载说：弹药库爆炸时，好像几千门大炮同时发射，甚至全德里的房屋都发生了震动。维果德斯卡亚在她的历史小说《危险的逃亡者》中这样描写说："突然间，一种硕大无比的力量的震动使大地摇荡起来。一声轰响，天崩地裂。这是亚洲大陆从来没有听到过的巨响。仿佛是地底的岩浆突破了地壳，以一种巨大的力量冲向天空一样。"[1] 这是德里起义中的不幸事件。英国资产阶级学者把这九个葬身火海的英国士兵，尤其是威朗比上尉的"勇敢"精神吹得天花乱坠，他们总是念念不忘每一个保卫殖民制度、屠杀起义人民的刽子手的"功绩"！

起义者本应在一开始就占领军火库。他们的行动迟缓使敌人早有了准备，从而失去了夺取大量武器弹药装备的时机。虽然起义者蒙受了巨大的损失和牺牲，但这场战斗毕竟不是一无所获的。起义者控制了其他未被炸毁的部分，大大充实了装备。这些枪支全部落到起义者手中，每人可分到四支。遗憾的是：驻守弹药库的西帕依虽然和起义者联合起来，但没能制止少数英国士兵这种垂死挣扎的炸毁弹药库的行动。

德里城的反英斗争一直进行了六天（5月11—16日）。在这些日子里，起义的士兵、城市居民和郊区农民，在"杀尽蛮夷"（印地语：意为杀死野蛮的外国人）的口号下，肃清市内的英国殖民主义者。德里已变成了一个复仇的火海，英国殖民主义者初次尝到了血债要用血来还的味道。但是

---

[1] ［苏］维果德斯卡亚：《危险的逃亡者》，第91—92页。

巴哈杜尔皇帝却别有用心地利用他的地位来保护英国人。他下令保护英国人的安全,并把许多英国殖民主义者收容在皇宫里。起义的人民群众不许皇帝这样做,在群众的坚决要求下,皇帝不得不把这批英国罪犯交出来。5月16日,有50多个英国的官员和军官士兵,被绑赴德里的公共广场。成千上万的德里市民都聚集起来,义愤填膺地控诉着英国殖民统治者给他们带来的灾难和不幸,广场上形成了一个自发的控诉大会。这些英国人当众在广场上被处死。

当时英国殖民主义者的狼狈相是可想而知的。有些人只是因为逃出了德里才免遭人民的惩处。有些人故意弄黑自己的脸,把自己打扮成一向被认为"低贱种姓的"印度人。有些人仓皇窜逃到森林中去,但因不堪炎热而毙命。有的唱着印度歌曲、穿着遁世者脱离尘世(Sahyasis)的服装,企图偷偷越过农村而逃逸,但被农民发现后就结果了性命。有些逃亡者,刚坐在树下休息时,便被农民杀死。也有些农民包庇了殖民主义者,并把他们护送到米勒特去(起义军离开米勒特以后,英国军队在那里又重新集聚了自己的力量,恢复了过去的殖民统治),以至于米勒特由第一个发动起义的地方变成了镇压德里起义的第一个基地。

无论在德里市区还是农村,反英斗争都是相当激烈的。人民被压抑了100多年的愤怒,像暴发了的山洪,也像地壳下的岩浆一样猛烈地倾泻出来。这是很自然的合乎规律的现象。但是,无论在德里市区还是在农村,起义者的报复行为绝不像英国殖民主义者及其御用学者所说的那样。例如关于起义者从来没有侮辱过任何一个英国妇女的事实,不仅为一些英国史学家所承认,而且也为当时一个住在德里的英国人所证实。这个英国人说:"无论如何,在这许多血腥的屠杀事件中,关于侮辱英国妇女的传闻,以我的观察和了解,是没有任何根据的。"[1] 在德里的起义当中,被起义群众所杀死的英国人,绝大多数都是英国的官吏和军官,在起义高潮中,人民对他们的惩处是绝对应该的,他们也是死有余辜的。当然,也有许多英国人不是官吏和军官,有的甚至是妇女或小孩,起义者也不肯轻易放过他们。应该说这种复仇的排外情绪和起义者的断然手段,乃是英国殖民统治

---

[1] Sir W. Musir 语,见 V. D. Savarkar, *The Indian War of Independence 1857*, p. 125。

者在印度长期罪恶作为所引起的结果。印度人民对它是不负责的，这要由英国殖民政府来负责。

当时，在英国流传着各种各样的传说。在英国人的笔下，印度的起义者似乎成了嗜血成性的杀人魔王。这些流言不是故意捏造，就是有意夸大，其用意不仅在于污蔑起义者，而且还企图煽动英国军队的复仇主义感情。这种情况甚至迪斯雷利也被迫承认："许多令人愤恨的暴行细节是有意制造出来的。"①

马克思在德里起义后不久，在一篇有名的论文中就严厉地驳斥了这种恶意的歪曲。他写道："最初在'泰晤士报'发表、以后又在伦敦所有的报章杂志上转载过的那篇详细叙述德里和米拉特的暴力行为的报道，它的作者是谁呢？原来是一个住在离出事地点直线距离一千多英里的班加罗尔（迈索尔）的胆小的牧师！关于德里发生的真实事件的报道证明，一个英国牧师的想像能够比一个印度起义者的狂想造成更大的恐怖。"②

英国无产阶级的卓越代表、马克思的好友琼斯（Ernest Charles Jones，1819—1869）曾就所谓"起义者残暴论"发表了见解。他在《人民报》（People's Paper）上发表了许多热情支持这次起义的文章。他认为起义者的残暴行为绝不会比英军的镇压更为凶恶，他说："血债是以血来偿还的，残暴只能更产生残暴。"③

四 起义政权的建立和德里起义的意义

德里起义以后，起义者经过一段谈判便宣布巴哈杜尔·沙为皇帝。这对于巴哈杜尔·沙来说，完全是一件意外之事。实际上他只是名义上的皇帝，是没有什么实权的。起义者有自己的政权组织。

关于德里的起义政权组织，由于起义者当时的复杂处境和英国殖民主义者大量销毁文件，一直缺乏材料。特别是英国殖民统治者及其御用学者

---

① 转引自陈翰笙《1857年印度大起义时期英国人的态度》，《历史教学》1957年第12期。
② 马克思：《印度起义》，《马克思恩格斯全集》第12卷，第310页。
③ 见前引陈翰笙《1857年印度大起义时期英国人的态度》，《历史教学》1957年第12期。

的伪造和歪曲,在这方面只能知道一些很零碎的东西。在一些学者的著作中对它很少研究。1952年,印度学者辛格(Singh)写过一篇文章,提到了起义者的政治组织。① 1957年8月,塔米兹·赫尔敦(Talmiz Khandan)又写了一篇大致与辛格内容相同的文章②。这两篇文章给我们提供了起义政权组织的线索。他们都是根据乌尔都文或波斯文的档案写成的,因而是十分可贵的。

德里政权实际上起领导作用的是"行政会议"(The Court of Adrministration),或者叫军事行政委员会(Military and Civil Management Committee)。该组织由十人组成,其中军事部门的代表有六人,文官代表有四人。这些代表都由选举产生。军事方面的代表平均分配到步兵、骑兵和炮兵的部队中(每兵种两名)。会议的主席由当选代表互推产生,十个代表分工负责各部门的工作。皇帝虽有权出席会议,但他从未出席过一次。会议的决议如皇帝不同意可以驳回重新讨论,但实际上最后还是按行政会议的决议执行的。巴哈杜尔·沙在供词中承认他只是签署已经决定了的文件和发布一下命令而已。③ 行政会议分常会(在红堡,每日举行五小时)和特别会议,行政会议拥有军事、政治、经济各方面的重大权力,一切都是通过它的决定来执行的。总司令也受它的领导,没有它的讨论,总司令的决定无效。

行政会议是起义者第一个管理国家的政治组织,它的性质是有利于广大人民而不利于封建集团的,它在税收方面表现得很明显。起义者也通过这个人民组织,同封建主集团的叛卖活动进行了斗争。但是,起义者在政治上还缺乏经验,这个机构本身也存在着缺点。它在纸面上讲,是具有民主性的代表性质,军队代表也占多数,在实际上却不能控制军队。在行政上也不能有效组织管理城市,因而没能在较长时间内形成较为强有力的领

---

① Singh, "Political Organization of the Indian Mutinys", *India Today*, Vol. 11, No. 1, July, 1952.
② Talmiz Khandan, "Political Organization", *New Age*, 1857, Centenary Special, Vol. Ⅵ, No. 8, August, 1957.
③ 关于这点,史密斯也说:"叛乱者很快联合了其他军团和城市附近的不法分子。他们只给皇帝少许的尊敬。实际上政府是由军事首领们管理的。"

导,没有一个经过锻炼和有才干、有权威的领袖,这就注定了德里起义者虽然取得了胜利,但不能把这个胜利坚持到最后。然而,无论如何,在德里首先出现的"行政会议"却具有不小的意义。行政会议的出现,说明人民群众在德里起义中的巨大作用。起义者已经感到自己掌握政权的必要,他们也似乎觉察到封建集团的反动本性。

起义者把大莫卧儿帝国的老皇帝巴哈杜尔·沙推上王位,也说明了两方面的情况。一方面全体印度人为了驱逐压迫他们的英国殖民统治者,恢复过去的独立地位,在人们的记忆中,人们往昔的独立是和大莫卧儿帝国的强盛联系在一起的。尽管在这个封建王朝的统治下,人民群众同样遭受着剥削,但是,它毕竟还没有使印度丧失独立。拥立皇帝也反映了农民群众的愿望,起义的基本力量是穿着军装的农民,他们有着皇权主义的浓厚观念。另一方面,由于德里伊斯兰教贵族和上层宗教势力占有优势,使巴哈杜尔·沙得以上台。拥立巴哈杜尔·沙这一事实已影响到遥远的南方,《印度平乱记》中说:"若南印的伊斯兰人民,其中大族,闻北方拥立伊斯兰教皇帝,固不免为之心动而尼扎姆之伊斯兰教丞相莎拉勤善于镇抚,故不至为乱。"① 然而,我们也要看到:印度人民绝不会忘记这个莫卧儿伊斯兰教封建王朝的残暴和出卖民族利益的行动。锡克人也没有忘记这个王朝与他们的世仇,因此,这种历史积怨又对起义的进行起着消极作用。

起义者虽然发现与封建主的关系有一些问题,甚至也觉察到封建主集团的叛卖活动,但是,他们没有觉悟到应该和"本族的"封建主决裂,与他们划清界限,反而企图利用他们来号召人民。起义者没有意识到反封建斗争在反殖民主义斗争中的作用,没有把这两大任务结合起来。这些都说明了当时印度社会的具体历史条件和当时人民运动的水平。的确,这次反英大起义是属于"旧式起义"(为列宁对义和团运动所称呼的)的类型,但就其性质来说,德里的起义也反映了全民反对英国殖民统治的性质。

马克思在1857年7月的一篇论文中,面对起义者和英国殖民主义者的力量和组织对比问题时,就担心"德里的起义者大概不会进行什么长时间的抵抗"。他在另一篇文章中又说:"那些杀死了自己的军官、挣脱了纪律

---

① [英]奥斯威尔:《印度政治家事略》下卷《印度平乱记》。

的束缚、连一个可以赋予最高指挥权的人都推选不出的形形色色的起义士兵，当然很少有可能组织认真而持久的抵抗。"① 行政会议虽然起了很大的作用，但由于其历史的局限性，它还不可能坚持到胜利。

尽管这是一次英勇的历史悲剧。但是无论如何，德里的起义在1857年的反英大起义中，占据非常重要的地位。

首先是德里起义在政治上的巨大影响。德里位于恒河支流的朱木拿河的西岸，在地理上具有很好的战略地位，长期以来便是兵家必争之地。就印度半岛或全印度来说，德里虽略偏西北，但就印度河与恒河两流域的大平原来说，它却正位于中心。德里东睥孟加拉湾，西睨阿拉伯海，南接德干高原而远眺印度洋。苏莱曼（Suleiman）山脉和喜马拉雅山脉环绕后方，如坐围椅；恒河与印度河东西分流，德里恰当其中。德里也是印度许多王朝的首都，是印度为时已久的政治中心和文化中心。从伊斯兰教奴隶王朝（Slave Dynasty, 1206—1288）开始在德里建都起，中经卡尔吉王朝（Khilji Dynasty, 1290—1320）、图拉格克王朝（Taghluq Dynasty, 1320—1413）、洛迪王朝（Lodi Dynasty, 1451—1526），以及大莫卧儿帝国（1526—1761），都以德里为国家的首都。到此时为止，大约700年来，德里一直被认为是印度传统的政治与文化中心。起义者胜利地控制了这座印度的古都，毫无疑问，在不满英国殖民统治的广大印度人中间，产生了意味深长的影响。不难设想，作为过去印度人独立国家时期的首都的起义，特别是在起义胜利后起义政权的建立，自然会加速其他地区起义的爆发。《东方各国近代史》的作者们正确地指出：随着德里的占领，起义便获得了头等的政治和军事中心。英国人用现代堡垒包围起来的德里城，已成为印度斯坦最强有力的要塞。囤积的大批武器和子弹都落入起义者手中了。② R. C. 马久姆达在《1857年的兵变和起义》一书中也说得对："德里变成了伟大运动的中心，远近而来的起义者，着手实行反英的共同目的。"③

其次，正是从德里起义胜利开始，印度的广大区域立即燃起了反英斗

---

① 马克思：《印度的起义》，《马克思恩格斯全集》第12卷，第254、259页。

② ［苏］雷斯涅尔等主编：《东方各国近代史》，丁则良等译，生活·读书·新知三联书店1958年版，第523页。

③ R. C. Majumdar, etc., *Mutiny and Revolt in 1857*, Delhi, 1957, p. 52.

争的火焰。米勒特起义者的英勇斗争精神，德里各阶层人民摆脱殖民枷锁的热切愿望，他们胜利地建立自己政权的实际榜样，对于印度其他地区的反英斗争是一个有力的推动。苏联学者奥西波夫对于这个事件做了充分的估计。他说："德里和米勒特西帕依的发动，不只是成为孟加拉军队其他团队起义的信号，而且也成为印度斯坦（位于西部旁遮普和东部比哈尔之间的地区）大部分居民起义的信号。印度斯坦变成持续了两年之久的人民解放斗争的真正场所。"

在德里政权建立后，立刻以巴哈杜尔·沙的名义，向印度各地发出了宗教色彩浓厚但却热情洋溢的布告。一张用乌尔都文写的布告中说：

> 印度斯坦的印度教徒和穆斯林们，起来，兄弟们，起来！在神所有的赏赐中，最宝贵的东西便是"自主"。难道压迫的恶棍能永远剥夺我们这一项权利吗？难道违反神的意志这种情况能够长此以往地存在吗？否，否！英国人已犯下了滔天罪行，对于这些已经再也不能忍耐了。此外，他们现在还想亵渎我们神圣的宗教！你们现在还依然要虚度光阴吗？神并不希望你们在英国压迫者面前驯服，因为他已使印度教徒和穆斯林的心中产生了把英国人从自己的国土上驱逐出去的愿望。凭仰着真主的庇佑和你们的勇敢，很快就可以把英国人彻底消灭，使他们在印度斯坦的土地上不留丝毫痕迹！在我们的队伍中，高低贵贱的差别应该忘掉，一切规则都是平等的；因为大家在执剑保卫宗教的战争中的光荣是同等的。他们是兄弟，这儿没有什么等级的差别。因此，我对全体印度同胞再说一遍，为了神圣的职责和高尚的义务，奋起战斗吧！[①]

> 我们联合起来共同保护生命、财产、宗教，并驱逐英国人。让一切印度教徒及穆斯林们给予力量所能做到的帮助。谁为老者——让他去祈祷胜利。谁为老迈，然而富有——让他为"圣战"而捐献金钱。谁为壮健和青年——让他加入军队。我们不是为着地上贪欲的利

---

① V. D. Savarkar, *The Indian War of Independence 1857*, pp. 8–9.

益，而是为着我们的信仰而奋斗。印度人不分富贵贫贱——一律加入"圣战"。①

这个布告充分反映了在宗教外衣下的反殖民制度的性质和"所有东方运动的共同特点"。"自主"是印度独立自主的政治口号，"为信仰而奋斗"，是当时历史条件下人民的意志。这正如列宁所指出："政治抗议披着宗教外衣而出现，是各民族在一定发展阶段上所固有的现象。"② 在印度这样一个国家，这一特点表现得更为明显。布告很快地传遍了印度斯坦，德里也很快成为起义的中心。

不同立场的人们，都承认德里起义的重大意义。例如萨瓦卡尔热情地写道：德里起义以后，"他们有一个暴动作战的组织了。西帕依的叛乱再也不是兵变的继续，现在它是一场革命了。居民和印度的军队现在联合起来行动，驱逐不列颠统治者"。而在另一册反动书籍中却用了气急败坏的笔调：指德里起义后，"叛党益形猖獗，德里一隅，遂为彼等巢穴。其大股匪徒及附从之党羽，莫不奔赴德里，如兽之起圹，水之拍壑焉"③。

最后，印度教徒和伊斯兰教徒在起义中搁置了往日的嫌隙，团结起来共同反对英国殖民者，使英国殖民统治者特别失望。印度教徒和伊斯兰教徒的团结加强了印度人民的大团结，把久久积累的仇恨全部倾泻在英国殖民统治者身上，在起义初期给殖民者造成极大的困难。例如第一批从安巴拉（Umballa）到德里企图镇压起义的英国军队，就因此狼狈不堪。萨瓦卡尔写道："他们现在在任何事上都得不到一个印度人的帮助。马车、劳动者、粮食，甚至救护伤员的担架和救护车也得不到！副官、驻在地的主管、军需官、医务长都不能随意地活动，他们都固滞在一个地方。没有印度人的帮助，英国人在印度的权力是一件多么阴暗的事啊！"④ 只是在一些封建主和英国殖民统治者勾结起来以后，这支军队才得以到达德里附近。

---

① [苏]古柏尔等：《殖民地保护国新历史》上卷第二册，吴清友译，新中国书店1949年版，第217页。
② 《列宁全集》俄文第四版，第4卷，第223页。
③ [英]奥斯威尔：《印度政治家事略》，第53页。
④ V. D. Savarkar, *The Indian War of Independence 1857*, pp. 131–132.

封建主的叛变活动，从德里起义开始，就一直和起义群众的反英斗争交织在一起。

德里起义的胜利，有力地揭开了英国殖民者在印度人民中间的虚假印象。纸老虎被戳穿了。起义也惊醒了英国殖民者"美满的"迷梦。1857年5月9日，驻在旁遮普的英国司令官亨利·劳伦斯（Sir Henry Lawrence）在给印度总督坎宁的一封信中，还以极其轻蔑的眼光看待印度人。他写道："我告诉你，土人完全像一群绵羊；只要引头的人颤动一下，其余的都会蹲伏在他的旁边。"① 但是，现在英国殖民者意外地惊慌起来了。当德里起义胜利的消息传来时，总督坎宁在加尔各答尚酣眼未醒，亨利·劳伦斯在旁遮普拉合尔山上避暑，安逊总司令也在西姆拉山上度假。坎宁接到德里起义的电报时，简直不相信自己的眼睛。劳伦斯一听到德里起义的消息，就说这不只是一次军事的叛乱，而是"一次民族起义"。他感到要刻不容缓地攻下德里，因为这样可以防止各地的起义。他立刻写信给安逊司令官，希望在7月前攻下德里。② 殖民统治者恐慌万状及其完全处于被动地位，这对起义进一步高涨是非常有利的。

（发表于《历史教学问题》1957年第3期，收入本书时核对了引文）

---

① V. D. Savarkar, *The Indian War of Independence 1857*, p. 143.
② P. E. Roberts, *Forty-one Years in India*, pp. 243–244.

德里、勒克瑙和章西的保卫战

——1857—1859年印度反英大起义片段之三

1857年5月中旬到9月中旬这四个月，是一百年来印度人民空前扬眉吐气的四个月。在这四个月中，印度人民反对英国殖民统治的武装斗争，此起彼伏，遍及全国各地。在北印度和中印度，这种武装斗争尤其高涨，其气势如烈火燎原，其威力如山洪暴发，汹涌澎湃，迅猛异常。

作为英国殖民统治机器的主要组成部分的孟加拉军队，彻底瓦解了。促进孟加拉军队全部瓦解的最强烈的酵素，是德里印度文明这个传统中心被起义者完全掌握四个月之久的事实。由于起义者的绿旗在德里上空的长期飘扬，使军队的起义浪潮从加尔各答向北扩展到旁遮普，向西扩展到拉杰普特。一向充当英国殖民主义者侵略和统治工具的印籍士兵，纷纷掉转枪口，向他们昔日的主人开火，成为各地反英武装斗争的先锋和核心。孟加拉军队作为殖民统治支柱的瓦解，使得英国的殖民统治从印度东端的加尔各答到西端（拉杰普特）、北端（旁遮普）发生了动摇。

马克思描述当时的形势时，明确地指出了这个显著特点："起义蔓延到加尔各答的大门前，50个孟加拉团已不复存在，孟加拉军全军覆没，而分布在广大地区的、被围困在孤立据点上的欧洲军队，不是被起义者消灭，就是被迫死守……各阶层的居民迅速地结成了一个反对英国统治的共同联盟。"① "考察了这些情况之后，我们不能不得出这样的结论，即孟加拉西北各省的英军已逐渐陷在一些好像是分散在革命大海中的孤立礁石似的小据点上。"② 事实就是如此：孟加拉军的瓦解，一方面使英国在北印

---

① 马克思：《来自印度的消息》，《马克思恩格斯全集》第12卷，第270页。
② 马克思：《印度的起义》，《马克思恩格斯全集》第12卷，第303页。

度、中印度广大地区殖民统治摇摇欲坠，另一方面又促成了印度广大居民阶层反英殖民统治的共同联盟的迅速形成和发展。大起义沿着上升线向前发展。

一　英勇的德里保卫战

印度总督坎宁在惊魂稍定之后，便从加尔各答总督府发号施令、调兵遣将，集中孟买、马德拉斯的英军，抽调缅甸的英军，请求派往中国的英军增援，还调动了尼泊尔的廓尔喀军，妄图一举镇压起义。他认为，攻下德里、捣毁起义的政治中心是当务之急。他想从加尔各答派军队去德里，这在当时不仅是力不从心，无军队可派，而且鞭长莫及。因为，在奥德地区燃起了如火如荼的人民起义，主要的交通线已被切断。坎宁把希望寄托于旁遮普，电令那里的英军总司令安逊将军，火速率军攻占德里。

当米勒特和德里人民起义的时候，安逊还悠闲地躺在喜马拉雅山的西姆拉休养所里。起义的消息突然传来，惊起了这位安闲消暑的总司令。他匆匆来到英军总部安巴拉，准备立即执行坎宁的命令。然而，他向德里进发的行动计划遭到了当地人民的抵制：他找不到一个搬运工人，弄不到粮食，找不到饲料。他在写给坎宁的信中，悲叹他对"外界情况不明"，"没有重炮、攻城炮，也没有弹药"，所以不能启程。他对攻占德里充满着忧郁和悲观。在迟迟出发之后的第三天，安逊就病死于炎热的行军途中。这是在围攻德里行动计划中死去的第一个总司令。接替安逊总司令职位的是亨利·巴纳德，他曾在克里米亚战争中担任英军的参谋长。

从安巴拉出发的英军主力，忧心忡忡而艰难地向德里缓慢行进。盛暑的酷热使他们喘不过气来。缺乏运输工具、拉不到民夫，则使他们像乌龟一样爬行。更为严峻的是，他们在行军中，还不得不提心吊胆地提防游击队随时可能的突袭。从安巴拉到德里，这支军队差不多用了27天的时间，平均每天只能行军一个半小时左右。6月7日，巴纳德的主力军和威尔逊的米勒特军队会合后，开始围攻德里。他们的阵地设在德里的西北方，目的是控制从德里通往旁遮普的交通线，保住他们和供应地旁遮普的联系。这个阵地坐落在一个五六十英尺的高地上，面积约两英里半。它的右翼距城垣西北的喀布尔门约1000码；左翼靠近德里北面二英里的朱木拿河。英军开始有3000人，后来增加到7000人，并且配有高质量的野战炮和攻城大炮。可是，英军司令部对取胜信心不足，一直不敢下总攻令。有几次局部的进攻，也被德里的保卫者打退了。

让我们从英军屯兵的德里城下转到英国的伦敦，看一看英国下院关于印度起义问题的辩论。

当印度事务督察委员会①主席维农·史密斯最初把印度起义的消息通告英国下院时，曾经蛮有把握地宣称，印度下一班邮件必将带来好消息：德里起义政权将"从历史上被勾销掉"。这个预言失灵以后，伦敦的大亨们又说，炮兵纵队最早要到6月9日才能开到，因此攻占德里应当推迟到这一天。但是，6月9日过去了，攻占德里的消息却没有传来。12日和15日却传来了起义者出城攻击英军的消息。以后，攻占德里的谣言在伦敦还是越传越广，甚至证券交易所的行情都受到影响，连英国的大臣、股票经纪人和报纸对这种幻觉也深信不疑。直到8月12日，英将德雷西·伊文斯爵士宣称攻占德里的传闻是可靠的时候，顿时博得了下院的欢呼声。伦敦的报纸告诉自己的读者，英军已经攻占德里，这个胜利就发生在8月20日。当然，这场闹剧很快就像肥皂泡一样破灭了。英国殖民主义者总是过高地估计自己的力量，总是过低地估计印度人民的力量。他们总是以幻想代替现实，但现实却无情地嘲弄了他们。

到了8月下旬，欧洲的政治形势出现了紧张的征兆。英国首相的帕麦斯顿在议会闭幕前夕的讲话中，改变了他要抽调大批英军去印度的主意。他在回答德雷西·伊文斯关于用螺旋桨战列舰运送军队去印度的建议时，提醒道："欧洲目前的局势可能需要使舰队在最短期间投入战斗准备以进行自卫，如果把舰队派往印度，就要犯严重的错误。"当时，英国殖民统治者身在进退维谷的处境：如果派军队镇压印度起义，本国就会遭到袭击；如果让印度起义的力量壮大起来，又要丧失这块经营了一百年的殖民

---

① 这个委员会是根据1784年《印度管理法案》成立的。它由国王委派枢密院的六个委员组成，主席由内阁大臣担任，实际上是印度的大臣和印度的最高统治者。它设在伦敦，它的决议通过由东印度公司三个董事组成的秘密委员会传达到印度。

地。从下院关于印度起义的辩论中，可以看出，"一举攻占德里的一切美妙希望，仿佛不约而同地被放弃了，以前那种狂妄估计已经让位给比较清醒的看法：如果英军能把他们的据点守到11月本国援军预定开到的时候，那就得庆幸不已了"①。

我们再回过头来，看一看德里城下的战斗。自从英军兵临德里城下之日起，德里的保卫者便不断地出城袭击英军阵地，以便把被动防守变为主动进攻。他们有时从正面，有时在两翼，但最多的是攻击英军的右翼。从6月下旬开始，出击次数更加频繁。6月19日、23日、27日和30日，7月3日、4日、9日、14日、18日和23日，起义者不断发起进攻，英军忙于应付，处于挨打地位。起义者主动出城进攻，这是德里保卫战中的一个值得注意的战术。我们有必要在下面把其中几次主要出击的情况叙述一下。

6月19日，起义军迂回奇袭英军宿营地，严重地威胁英军后方。起义军把格朗特准将击伤落马，只是由于一个护卫兵的拼死抢救，这个准将才逃脱了被击毙的命运。在起义军的英勇打击下，英军官兵四处逃窜，不少人跪下向上帝祈祷赐福救命。激烈的出击战一直进行到午夜，吓得英国指挥官坐卧不宁。6月23日，这是英国侵略印度的普拉西之战一百周年纪念日。这是百年国耻纪念日，历史记忆又在提醒人们，抬头挺胸，高呼"独立"！起义军在这一天，个个仇恨满腔，决心报仇雪耻。起义军队伍纷纷从拉合尔门出发，向英军阵地发起了大规模的、空前猛烈的进攻。战斗在中午12时前后达到了炽热的程度。在起义军一次又一次沉重的打击下，英军的所有驻地，包括从旁遮普调来的分遣队、从尼泊尔调来的廓尔喀军队的驻地，都发生了严重的动摇。驻守在包围德里的拉奥阵地上的英国军官里德少校，抱怨英军打得不好，并且悲观失望地说："有一个时候，我想我们这一天该完蛋了。"

6月27日的出击，规模较小，战斗仅在前沿阵地进行。整个战斗持续了几个小时，这是由于快到中午时候的一场倾盆大雨而结束了。但是，6月30日，一支突击的起义军突然突破英军右侧的障碍物，把英军的哨兵一

---

① 马克思：《欧洲的政治形势》，《马克思恩格斯全集》第12卷，第288页。

扫而光。7月3日，起义者的出击具有较高的水平。这天清晨，起义军先在英军阵地的右翼进行佯攻，却把主力放在拦击英军从旁遮普向德里兵营运送弹药的交通线上。这支主力沿卡纳尔大道向这一翼后方推进数英里，直达阿利普尔。在进军途中，他们同旁遮普非正规骑兵第二骑兵团的哨兵相遇。这个哨兵不但没有阻挡，反而立刻为起义军让开了大道。这支起义军部队在第二天才返回德里。受到突袭的英军司令部，派了1000名步兵和两个连的骑兵去截断起义军的去路，但起义军带着他们所有的火炮安全入城。7月9日，大批起义军又一次出击英军阵地的右翼后方，打退了英军正在修筑工事的军队，然后主动撤退。7月18日和23日的出击，起义者比以前任何时候都更加奋不顾身，并且由于炮兵发挥威力而获得很大的成功。①

在每次出城作战以后，英军总是尾随起义军到德里城下，而每次总是遭到城上大炮的轰击。结果，英军总是丢一堆尸首、拖一批伤兵回营。后来，英军总司令干脆下了一道命令，规定此后在任何情况下，均不许英军追击入城的起义军了。

起义军每次出击，都在杀伤了许多敌人之后又退入城中。在起义军的频繁出击中，英军伤兵不断增加，野战医院人满为患，以至于不得不把伤员运到米勒特和旁遮普的医院里。起义军不但击毙击伤许多英国士兵，而且也击毙击伤了许多英军军官。从7月5日到7月15日短短十天之中，英军总司令不断换人：先是巴纳德忧郁成疾，死于军中；接着，继任的里德将军上任不几天就提出辞职，回英国休养去了；最后，由米勒特的英军旅长威尔逊接任，总算稳住了军心。

我们特别重视德里保卫战时期的起义军的出击战，就是因为它在城市防御战中表现积极。作战行动的目标在于消灭敌人的兵力。"在一切地点一有机会就向敌人进行攻击"②，就可以始终处于主动地位。在城市防御战中，德里的保卫者没有消极地防守城市，而是对敌人发动了积极主动的进

---

① 一个英国军官在信中说："我们用十八磅炮和八寸榴弹炮射击，而叛乱者以二十四磅炮和三十二磅炮还击。"在另一封信中说："我们遭到18次出击，伤亡人员达三分之一。"（见《马克思恩格斯全集》第12卷，第318页）

② 恩格斯：《攻击》，《马克思恩格斯全集》第14卷，人民出版社1964年版，第71页。

攻，并且把它作为歼灭敌军的主要手段。这种一有可能就出城进攻的战术，无疑是正确的。各路起义者云集德里，似乎是起义者的一种自发的行动；而每支起义军回到德里以后的第二天，必须出击一次，则作为必须履行的一项任务定了下来。当时，德里城下的英军薄弱，而且传染病流行，起义军的出击就更具有重要意义。德里城的保卫者"既能够以出击加强疾病，而又能够以疾病加强出击"①。

如果说，英国殖民军在围攻德里的行动中违反了人所共知的军事作战原则②而使自己胶着于德里城外，欲进不能、欲退不行，那么，起义军的出击战则犯了另一个错误：没有坚决、迅速给敌人以歼灭性的进攻。而这个错误归结起来，就是缺乏指挥作战上的统一行动和各支起义军的有效配合。"指挥上的统一是战争的第一要素"，这同样是一个简单明了的作战原则，而德里的起义军却在这方面始终没有形成一个统一的集中的领导。他们在出击中都表现得非常勇敢，而且常常表现出他们的机智灵活。"不管每一个西帕依和每一个连在大多数情况下作战如何英勇，但是几乎他们所有的营——更不用说旅和师——都没有任何指挥；因此他们的协同运作不超出连的范围。"③ 这个致命弱点导致了出击战未能最后成功，也导致了整个德里保卫战的失败。

1857年7月1日，罗希尔坎德起义军司令巴克特·汗率军进入德里，在统一集中领导和各支起义军的协同作战方面，似乎出现了新的希望。伦敦《泰晤士报》驻孟买的记者写道："本来估计他们不可能渡过恒河，然而预期的河水泛滥没有发生，他们在加尔穆克特萨尔渡过恒河，穿过达普，到达德里。在两天内，我军痛心地眼看着他们的人员、火炮、马匹和驮畜（因为叛乱者有大约值5万英镑的财宝）排成长长的行列通过舟桥开进城内，但既无法阻拦，也无法进行骚扰。"马克思从这个记者的话中，得出了起义军在北印度地区力量雄厚的结论。实际上，这支力量雄厚的起

---

① 马克思：《印度的起义》，《马克思恩格斯全集》第12卷，第323页。
② 马克思把这个原则用拿破仑的两句话来表达："第一，'只做力所能及的事情，只做最有胜利把握的事情'；第二，'主力只用于战争的主要目的——消灭敌人'。"（见《马克思恩格斯全集》第12卷，第324页）
③ 恩格斯：《德里的攻占》，《马克思恩格斯全集》第12卷，第352页。

义军的来到，不仅仅是加强了德里保卫者的力量，而且他们的司令巴克特·汗是一个比较理想的军事领导者。

巴克特·汗有几十年的作战经验，有军事组织才干，在起义军中享有很高的威信。7月1日，当他率领罗希尔坎德的巴雷利、莫拉达巴德和沙贾汗普尔等地的起义大军（共四个步兵团、一个非正规骑兵团和一个炮兵连），从加尔各答门进入德里时，受到了德里军队和市民几千人的热烈欢迎。7月2日，在全体团级指挥官会议上，他被选为起义军的总司令，以代替莫卧儿皇帝的儿子米尔扎·莫卧儿的职位。莫卧儿皇帝认可了这次选举，任命巴克特·汗为总司令。7月3日，他又被委托负责民政管理、税收及警察的最高领导。他成为德里起义政权的实际负责人。莫卧儿皇帝要他肃整城市秩序，他向皇帝表示要为最后战胜英国殖民统治者而斗争。摆在德里保卫者面前的当务之急是加强军事力量的问题。他很清楚地了解这一点。他发布了武装全市人民的命令，规定没有武器的市民由军事行政委员会免费发给武器。他着手整顿军纪，规定士兵必须公买公卖，违者处分极严（砍掉一只手）。看来，他知道莫卧儿皇族贪赃枉法，因而专门作了一项规定：皇族如破坏城市秩序、欺压百姓者，立即割掉鼻子或耳朵。他从罗希尔坎德带来的起义军足兵足饷，同时还向国库上缴了10万卢比的现款。他还在出击战方面采取了措施，以弥补起义军协同作战不够的缺点。所有这些措施，大大鼓舞了德里起义军的士气。

但是，在当时的条件下，德里起义军形成一个统一集中的领导是不可能的。在封建等级观念根深蒂固、盘根错节的德里城内，出身低下、原来是一个小小中尉的巴克特·汗，怎么能指挥动各地来的大小印度王公和贵族呢？那些反对特权、有利于人民的法令，又怎么能指望得到莫卧儿皇族及其跟随者的拥护呢？而且，皇后周围和皇帝亲信的周围，聚集着一帮民族败类，同英国殖民主义者勾勾搭搭，从内部进行破坏、捣乱，分裂起义队伍。8月7日，在皇帝的亲信、御医纳基姆的策划下，德里的军火库被炸了。商人的投机倒把、起义军的财政困难，给德里保卫者增加了越来越多的困难。可作为严重事件的例证的，是在8月25日的出击中，穆罕默德古斯·汗所率领的尼马兹起义军，不服从巴克特·汗的指挥，破坏了统一的进攻计划，致使全军覆没。在其他几次出击中，许多起义军各自散去，削弱了城市防御的力量。由于不协同作战的结果，保卫德里的许多起义力量就这样被断送了。巴克特·汗从8月14日就无法指挥各路起义军，而在8月25日之后，他就不再担任总司令，这一点转机的希望也随之破灭。德里的起义军来源混杂，起义军领袖之间猜忌不睦，莫卧儿皇族与起义者则是同床异梦，特别是缺乏有能力、有权力的领袖，没有一个统一集中的领导，使这个"人民属于神、国家属于皇帝、政权属于军队"的德里城，面临着极其危险的处境。

正在起义军内部矛盾激化、兵力减少的时刻，英国的援军不断增加，交战双方军队数量对比起了变化。9月5日，英军盼望近三个月的攻城炮兵纵队开到。9月6日，尼科尔森指挥下的援军到达指定地点。加上克什米尔土王朗比尔·亨格的3000名士兵转交英国人指挥以后，英军增加到11000人。而起义军除了5000名士兵在城内毫无作用以外，也只剩下11000人，和英军的数目相等。可是起义军的武器很差，还要把这些兵力分散到周围所有战略要点上。英军不但武器精良，集中力量选择主攻点，还有对城市有效地炮击造成的精神上的效果和进攻的有利条件。而且，英军把50门大炮，都集中在强大的炮队里，并且隐蔽在很好的、坚固的胸墙后面。起义军的55门火炮却分散在小的棱堡和炮塔里，不能集中使用，掩体也很薄弱，经不起炮轰。英军开始进攻的信号，是使用大炮轰击城市。这次轰击进行了84小时，在9月13日终于在德里北城墙上打开了两个缺口。9月14日，英军分四路向德里大举进攻。一场保卫德里的六天血战开始了。

为了保卫德里，起义军也采取一些科学的作战方法。例如，在8月11日，他们对英军炮轰威胁下的两个棱堡之间的斜堤上，挖掘了一条战壕，并且在英军炮队前面约350码处挖掘了散兵壕。他们试图采取攻势的对抗性运动，在喀什米尔门附近摆开了侧翼防御阵势，并且在10日和11日还进行了再次出击。可见，出击战一直进行到英军发动攻城的前夕，遗憾的是，没有统一指挥、组织松懈，以及起义的士兵缺乏现代科学作战方法的训练，使这些工事都没有有效地加以运用。起义军甚至对克什米尔棱堡和水棱堡前面的矮丛林、花园、房屋等都没有清除，使它们成为英军围攻的掩蔽所。

起义军在极其不利的条件下，进行了英勇的保卫战。9月14日的保卫战中，守卫德里西部的起义军最为出色。反击战开始不久，起义军就打伤了这一路的英军司令官里德少校，迫使进攻的英军不得不慌忙向后撤退。接着，起义者的猛烈炮火，又打退了英国的骑兵，并且发动了进攻，在一场白刃战中杀得英军大败逃窜。这一路攻城的英军以失败而告终。守卫在克什米尔棱堡的起义军，也表现得很勇敢。他们坚守阵地，多次打退英军的进攻，而且打伤了一名英国将军。英军其他三路攻城部队，在付出重大牺牲之后，才攻入城内。但是，他们刚一进城，就在城墙附近的房屋内，立刻遭到起义军的顽强抵抗。起义军保卫着德里的每一寸土地。保卫者从窗口、屋顶、阳台上，发射出密集的子弹，打退了英军一次又一次冲锋。一路攻城军司令尼克森，自恃悍勇，带头拼命向前冲，也死在保卫者的枪下。英军只好在这条小巷内留下了成堆的尸体以后，颓丧地退却了。在查摩清真寺前，视死如归的穆斯林，冒着枪林弹雨，突然向英军发起反冲锋，杀得敌人措手不及，狼狈逃命。三路攻城英将考白尔也被英勇的穆斯林砍成重伤。这一天的保卫战中，起义军除击伤、击毙英军三个司令官外，还击毙其他军官60名，英国士兵1104名。起义者也有1500人为保卫德里而献出了宝贵的生命。英军在四个月之久的包围之后，终于大举闯进了德里城内。

从9月15日到20日，德里的保卫者和英军继续展开了激烈的争夺战。位于英军阵地与皇宫之间的起义者的军火工厂，落入英军之手以后，起义军又发起反攻，把英军赶走，重新占领军火工厂。英军闻讯十分恼火，集中兵力，下令强攻。守卫的炮兵们，猛轰敌群，打得敌人遗尸累累。由于德里保卫者的顽强抵抗，直到9月18日，英军才占领了德里城的1/4地区。巴克特·汗虽然不担任总司令，然而他仍在城内坚持战斗到最后一刻。当德里快要全部陷落时，他在激烈的巷战的枪声中，仍然耐心劝告巴哈杜尔皇帝跟他一起撤出，到北印度的广大农村中去进行游击战争。他毫不灰心丧气，反而充满信心地说：

> 失掉了德里对我们并没有多大妨碍，现在全国都燃起了独立的火焰。您不要以为已经失败了。我们一道离开德里到别处去。在战略上比德里更重要的地方很多，我们应该到一个这种地方去继续战斗。我

相信最后胜利是我们的。①

但是，皇帝的顾问、英国的间谍米尔扎·伊拉希·巴赫什却大肆散布失望颓丧论调，说什么"起义已完全没有希望"，只要向英国人投降，英国人保证"既往不咎"。他还在巴哈杜尔面前诬蔑巴克特·汗，说巴克特·汗是帕坦人，他时刻想着报复民族旧仇，他把皇帝骗去，是为了把皇帝弄死。巴克特·汗不能容忍这个民族败类的诽谤，他愤怒地拔出剑来，要处决掉米尔扎·伊拉希·巴赫什。由于巴哈杜尔皇帝的阻拦，这个民族败类才免于一死。老皇帝也不愿跟巴克特·汗离开德里去打游击，而甘愿投降英国人。这正合米尔扎·伊拉希·巴赫什的阴谋，他因此领取了一笔巨额奖金，并为他的子孙弄得了一笔津贴。而老皇帝下场却不妙，他在投降以后一直被囚于仰光狱中，1863年死在那里。

9月19日夜，巴克特·汗和他的起义军在经受了整整六天的血战之后，渡过朱木拿河，向山区丛林行进。马克思指出："所以必须承认，起义者总算以他们的主力在如此恶劣的形势下做到了所能做到的一切。"② 巴克特·汗带领他的起义军离开德里以后，曾经准备到勒克瑙去和那里的起义军会合。可是之后没有发现关于这支起义军行踪的材料。萨兰德拉·纳斯·森根据一项记载，说巴克特·汗在1859年5月13日的一次行动中被杀害。③ 可见，他在坦提亚·托比牺牲后的一个月还在坚持游击战争。他是从城市防御战转入游击战的第一位起义领导人，又是坚持游击战的最后一位起义领导人。他不愧为印度的民族英雄。

9月20日，德里陷落了。但是，城内零星的战斗到24日才最后停止。英军进入德里以后，对居民进行了血腥的屠杀，几乎所有的店铺和家庭，都遭到了抢劫。我们引用英国人自己的一些描绘和评论，说明英国殖民主义者是怎样血洗德里的。

一个英国人描绘了英军占领德里第二天（9月21日）的情景：

---

① [印] 孙德拉尔:《1857年印度民族起义简史》，第101页。
② 马克思:《印度的起义》，《马克思恩格斯全集》第12卷，第334页。
③ Surandra Nath San, *Eighteen Fifty-seven*, p. 371.

当我们的军队进入城市以后，所有藏在房子里的居民都被步兵就地屠杀了；你可以想象到他们的人数是如此之多，假如我告诉你们，每间房屋躲藏着50个人的话，他们不是叛变者，而完全是纯朴的城市居民，他们相信我们会很好地对待他们。我高兴地说，他们的信任破灭了。①

英国将军罗伯茨勋爵记载了他一天在德里的所见：

早上，我们从拉合尔门到月光市场，我感到这座城市实际上已经成为一座死人的城市。除了我们的马蹄声以外，听不到任何声响，看不见一个活人。到处躺着死尸，其中有些未断气的人还在蠕动着。

我们边走边轻轻说话，唯恐我们的说话声会把死人惊醒……这一边野狗在啃着死尸，那一边尸体周围站满了老鹰在争夺着啄食人肉。听我们走来，这些老鹰直扑扑飞后，便在不远的地方落了下来……

总之，简直无法形容这些死尸的惨象，不独我们见了为之战栗，就连我们骑着的马都吓得连声嘶叫。②

英军司令部不仅公开宣布对德里居民进行屠杀（却假惺惺命令不要杀妇女、老人和小孩），而且号召抢劫居民财物（为此给士兵放假三日），并为处理赃物专门设立了叫作"评价所"的政府机构。哈山·尼加米用乌尔都文描述了英军公然放抢的场面：

巴兰上校被任命为军队司令，他指派一支军队专门到各地方搜劫，只要那儿有人住，就把所有的男的、女的、小孩连同家里的东西一起带回来。男的顶着塞满东西的包裹走在前面，他们的妻子哭哭啼啼带着孩子跟在后面，那些没有出过门不习惯走路的妇女，不时跌倒在地上，孩子从怀里掉出来，而押解的士兵凶狠地直推他们往前走。

---

① Montgomery Marion, *The Indian Empire*, Vol. 11, p. 449.
② P. E. Roberts, *Forty-one Years in India*, pp. 66–67.

当这些人被他们带到巴兰上校的面前时，上校便命令把他们值钱的东西都没收掉，剩下无用的东西都退还。他又命令士兵把他们押到拉合尔门，然后赶出城外。

德里城外有好几千像这样的男女老幼，无依无靠地终日披头跣足、忍饥受饿的流浪者。①

关于英国殖民主义者在德里的残暴行为，我们还是用他们自己的话作结论吧：

我军在攻进城后的暴行是惨不忍睹的，对所有的印度人不分敌友都一律进行报复。至于谈到掠夺，"我们要比起纳第尔·沙来，是只有过之而无不及的"。

这是埃尔芬斯通勋爵给约翰·劳伦斯爵士一封信中的话。我们应当说，他这段话是对的，他把英国殖民主义者血洗德里的罪行，放在历史上残酷血洗德里的波斯王纳第尔·沙之上，也是合乎历史实际的。

起义者最大的政治军事中心德里的陷落，比人们预料的时间要晚得多。起义者以惊人的英勇精神，进行了持久的保卫城市的战斗。在最后六天的战斗中，起义者击伤击毙英军400多人。在保卫德里的日日夜夜的战斗中，起义者可歌可泣的事迹吸引着起义军的注意力，鼓舞着起义者的斗争意志。然而，德里的陷落，无疑是对起义者的沉重打击。"但是认为德里的陷落（尽管它可能在西帕依队伍中引起惊慌）会足以扑灭起义的火焰，阻止它的进展，或者恢复英国的统治，仍然是极大的错误。"②

二　英勇的勒克瑙保卫战

位于古姆提河右岸的勒克瑙是奥德的首府。德里陷落以后，它便成为

---

① 转引自［印］孙德拉尔《1857年印度民族起义简史》，第108页。
② 马克思：《印度的起义》，《马克思恩格斯全集》第12卷，第260页。

大起义的又一个中心。

早在1857年5月初，勒克瑙就发生过军民联合起义的英勇尝试。5月30日夜，勒克瑙的驻军和市民举行了胜利的起义。首府的起义，推动了整个奥德地区起义的进一步发展。到6月中旬，全地区除勒克瑙城的两个据点以外，都宣告解放。

勒克瑙和德里一样，是北印度各路起义军云集会合的政治军事基地。7月初，奥德东部起义军在波尔古特·阿默德的率领下，来到勒克瑙。这支起义军同勒克瑙起义军配合作战，把英军赶出军火库据点，使之龟缩进驻扎官官邸这个唯一的据点之中。现在，"在奥德，可以说英国人只保有勒克瑙的驻扎官官邸，而在其他所有的地方，土著团都起义了，英国军官带着他们携带枪支弹药逃跑，把英国人的房子全部烧光，并且跟已经起义的居民联合起来"①。

驻扎官官邸在古姆提河的南岸，矗立在这一地区的唯一高地上。它俯瞰全城，有高墙围护，内有几座宫殿和附属的房屋。这个地理位置的优势，便于英军的长期顽抗。波尔古特·阿默德的起义军和勒克瑙的起义军在攻下军火库据点之后，接着就向驻扎官官邸发起猛攻。起义军的炮弹几次击落了驻扎官官邸上的英国旗。起义军还曾多次努力争取内部的锡克军起义，然而顽固的锡克军却无动于衷，拼死替英国殖民统治者卖命。在十多天的战斗中，起义者密集的炮火不停地射向驻扎官官邸。7月2日，起义者的子弹打中了老奸巨猾的奥德首席专员、勒克瑙军事司令亨利·劳伦斯。脚部受伤的亨利·劳伦斯，在7月4日死于破伤风。此人在印度34年，作恶多端，落此下场，罪有应得。接替他的职务的是班克斯少校。班克斯比亨利·劳伦斯完蛋得更快。他在接任之后不几天，身中一弹，立即毙命。伊格利斯准将又补了班克斯的遗缺，只得小心翼翼保全性命，以免落得他的两个前任一样的下场。起义军不但打死了许多英军官兵，而且击毁了官邸的几处围墙和内部的几座房屋。如果再加一把劲，就可以拿下英军这个最后的据点。可惜的是，起义军大多数是仓促组成的民兵，而不是训练有素的士兵。围攻官邸的起义军大部分没有火器，有火器的少数士兵

---

① 马克思：《印度的起义》，《马克思恩格斯全集》第12卷，第261页。

射击技术不高，25门火炮也命中率极低。"掘壕和射击一样，毫无目的。攻击甚至连侦察动作都够不上。"①加上缺乏统一指挥这一重要因素，终于没有攻占这个堡垒。

在起义军的围攻期间，官邸的英国殖民主义者多次派遣密使到坎普尔求援，请求那里的哈瓦洛克将军迅速率军解围。7月25日，他们终于盼到了援军从坎普尔出发的消息，估计五六天之内就要到达勒克瑙。可是，使被围英军吃惊的是，他们盼到的不是救命的援军，而是起义军要命的进攻。猛烈的炮火把官邸围墙又打毁了很大一段，起义军已攀上围墙，双方展开了肉搏战。起义军把许多英军的刺刀都夺了过来。8月18日，起义军又发动了第三次猛烈的围攻。被围英军纷纷翘首以待，望眼欲穿，眼巴巴等待着哈瓦洛克的援军。使他们感到失望的是，只盼到一封这样的信："在目前情况下，我（哈瓦洛克）再过25天也到不了勒克瑙。"被围英军，外无援兵，内缺粮食，慌乱一团。这正是一举攻占官邸的好时机。遗憾的是，没有统一的指挥和进攻计划，使这座小如弹丸而又危如累卵的官邸，终于幸存下来。

哈瓦洛克确实是7月25日从坎普尔出发的。他带了2000人的部队和13门大炮向勒克瑙进发，而把尼尔将军的军队留在坎普尔。坎普尔距勒克瑙不过45英里，哈瓦洛克三四日即可到达。他的信中说五六日到达，还是留了余地的。不过，实际情况并不是像他估计的那样乐观。他刚一渡过恒河就发现大事不妙。在英军行进的大路两旁，每一个村庄都飘扬着起义的绿旗。1万、2万以至更多的人组成的游击队，到处袭击英军。7月29日一天时间内，翁纳瓦村和巴西尔德根兹村的起义军两次偷袭英军，消灭了哈瓦洛克军队1/6的兵力。陷入人民战争海洋中的哈瓦洛克，不得不退守曼格尔瓦尔，一直到8月4日，还不能前进一步。巴西尔德根兹村的起义军，英勇顽强，机动灵活，又连续两次战败英军，消灭掉几百敌人，使哈瓦洛克一筹莫展。正在这时，那那·萨希布率领起义军渡过恒河，向坎普尔进发；他的另一支起义军，由坦提亚·托比率领，驻在卡尔皮，随时准备进攻坎普尔。这个分兵合击的运动，显示出起义者远见卓越的战略观

---

① 《马克思恩格斯全集》第12卷，第404页。

念，给哈瓦洛克造成严重的威胁。

前进受阻、后方告急的哈瓦洛克，在急忙撤回坎普尔之后，立即向加尔各答发出了一封求援信。信中哀求："我们正陷于可怕的窘境。如果援兵不能到达，英军就难免放弃勒克瑙而退往阿拉哈巴德的可怕命运。"勒克瑙驻扎官官邸被围后，英军向哈瓦洛克求援，而泥菩萨过江——自身难保的哈瓦洛克，又向加尔各答求援，英国殖民统治者捉襟见肘、狼狈不堪的丑态，于此可见一斑。求援信发出四周之后，哈瓦洛克总算盼到了一支由詹姆斯·乌特勒姆率领的人数众多的援军，于9月15日来到坎普尔。

哈瓦洛克又胆大起来。他留下一部分英军留守坎普尔，自己和尼尔将军率领2500名英军、一团锡克兵和精良的大炮，在9月20日出发，前去解救勒克瑙被围的英军。他的这次行军和前一次大不相同了。沿途的起义军大部分已经到勒克瑙去了，剩下来的是极少的游击队和农民。即使是这样，缺乏武器的居民，还是对这支庞大的英国正规军进行了顽强的抵抗。嗜杀成性的殖民强盗哈瓦洛克和尼尔，杀戮抢掠、烧毁整个村庄，无恶不作。9月14日，英军准备营救驻扎官官邸。起义军的炮轰阻截住英军的去路。当英军到达佳尔园桥旁时，起义军便进行反击。双方在桥上展开了激烈的战斗。起义军大量杀伤英军之后，撤出大桥阵地。英军刚一过桥，尼尔颈部中枪，当场倒地毙命。哈瓦洛克好不容易才进入驻扎官官邸，和他的难兄难弟们见了面。但是随即被起义军重重包围起来，和他的难兄难弟们一起成为瓮中之鳖。

勒克瑙的胶着状态继续了四个多月。英国殖民主义者费尽了心机，仍然不能解救驻扎官官邸，更谈不上攻占勒克瑙了。10月27日，新任英军总司令科林·坎伯尔①从加尔各答出发，和他同时出发的还有庞瓦尔上校和皮尔海军上校率领下的一支舰队。为了攻占勒克瑙，坎伯尔这个老牌殖民主义者（他当时已65岁）秉承英国资产阶级的意志，于7月11日匆匆

---

① 科林·坎伯尔（Colin Compball, Baron Clyde, 1792—1863），1812年参加过英美之战，1848—1849年参加过第二次英锡（克）战争，1855年参加过克里木战争。1857—1859年起义期间任英军总司令，后升为将军、元帅。当英国女皇任命他为英军总司令时，他的同僚问他："你准备启程吗？"他回答说："明天就走！"他又说："我在军队中干了几十年，幸蒙上帝保佑，有今天的地位。皇帝不嫌我年老无用，还给我这样重要的责任，我还敢偷懒？我还不惜牺牲自己的生命！"

从英国启程。8月13日赶到加尔各答以后，进行了两个月的调兵遣将和制作大炮、弹药工作。11月3日，他来到坎普尔，他大规模调集的军队和舰队也相继开到。当然，英军沿途并不是畅通无阻的。例如，率领舰队的庞瓦尔上校就是被起义军击毙的。但是，坎伯尔毕竟集中了大批兵力。这对勒克瑙的保卫者造成了严重的威胁。

据统计，坎伯尔在坎普尔集中了5万名英军，配有46门攻城炮、军舰艇炮。他认为已经准备就绪，便给温德姆留下了五个步兵团、100名骑兵和一些要塞炮、野炮和海军炮，让他掌管坎普尔的古堡、兵营、城市和恒河大桥。他自己带领了一支包括精锐的步、骑、炮、水兵共5000多人的军队，去进攻勒克瑙。这5000多人中，训练有素的欧洲兵就有300人，而其余的又大都是尚武的锡克族士兵。

在强敌面前，勒克瑙的保卫者毫不畏惧。从坎伯尔到达勒克瑙城下的11月14日起，起义军奋起抵抗了九天之久。狡猾的坎伯尔，吸取了哈瓦洛克硬冲市区的教训，而把主攻方向放在城东南郊的迪尔库什和驻马尼埃尔一线地区。他凭借着大炮的优势，长时间轰炸起义者防御薄弱的工事，然后命令步兵向几乎被轰平了的阵地上前进。英国报纸上的许多报道或坎伯尔的正式报告中，都把这次进攻吹得天花乱坠，说成是英军战史上的光辉战例；而把起义者说成是毫无抵抗、望风逃走的懦夫。对这种自吹自擂的叫嚣，我们还是用英国"兵变史权威"马里森的话来回敬它。夺取这个围墙林园的战斗是惨烈的和拼命的，反叛者用绝望的劲头进行厮杀。当我们的人从围墙缺口冲进去的时候，战斗并未结束。每个房屋、每座楼梯、宝塔的每个角落都进行着争夺战。没有一个人被饶恕，也没有一个人求饶；最后，当进攻部队成为这个地区的主人时，已经有2000多反叛者的尸体躺在他们的周围。据说所有的保卫者只有四人逃跑，而这四个人的逃跑消息是值得怀疑的。[①]

马里森丝毫不同情起义军，但是他并没有否认起义军表现的奋勇牺牲的英雄气概。然而吹嘘自己军队勇敢善战的坎伯尔本人，却在战斗中被打

---

① John William Kaye, George Bruce Malleson, *History of the Indian Mutiny of 1857–8*, Vol. IV, p. 132.

伤，而且在 14—17 日的四天战斗中，英军官兵也有 496 人被击伤击毙。①事实是：坎伯尔依靠他的炮兵取得了胜利；而起义军则以顽强的英勇精神进行了顽强抵抗。战斗一直进行到 11 月 23 日。有的作者对坎伯尔攻打一般野战工事费去很长时间，感到不可理解。其实这表现了坎伯尔对起义军英勇精神的恐惧心情，因而才用大炮轰击了一个上午，才出动步兵的。到了 23 日，虽然，坎伯尔与驻扎官官邸的新老被围者会师，但整个勒克瑙城还在起义者手中。坎伯尔在驻扎官官邸里，看到哈瓦洛克躺在病床上，随后在 24 日哈瓦洛克就一命呜呼。这在坎伯尔总司令的内心里，不免产生一种兔死狐悲的情感。

坎伯尔最为头疼的是遍布奥德地区的游击队。他在 11 月 24 日放弃了驻扎官官邸，把部队集中在阿朗园，命令乌特勒姆指挥这里的军队，准备进攻勒克瑙。其实，这是为了掩护他向坎普尔撤退的一种诡计。正像恩格斯所指出的："奥德的起义者虽然在战场上不堪一击，但在坎伯尔到来后立刻表现出民族起义的力量。坎伯尔马上看出，用他的兵力不但不能攻击勒克瑙市区，而且也守不住自己的阵地。"② 正在他进行这种佯攻真退的布置时，传来了坦提亚·托比重新占领坎普尔的消息。坎普尔对英军实在是太重要了！它位于恒河中游，牵制着奥德、罗希尔坎德、瓜廖尔、班德尔汗，而且还是守卫德里的前哨和进攻勒克瑙的基地。坎伯尔不能再停留在勒克瑙，他立刻把阵地交给乌特勒姆，自己匆匆赶回坎普尔。

勒克瑙保卫战初期的特点，表现为起义军对驻扎官官邸的包围和英军对它的解救。坎伯尔解救了驻扎官官邸之后，战局便逐渐转到英军的进攻和起义军对勒克瑙城的保卫对抗中。但是，贯穿勒克瑙保卫战初期和中期的一个重要特点，是保卫者同那那·萨希布和坦提亚·托比领导的起义军的协同作战。那那·萨希布和坦提亚·托比的起义军，一直是牵制英军的一支力量，他们不断在外围打击英军，有力地配合了勒克瑙的起义军。在哈瓦洛克解救勒克瑙驻扎官官邸时，这两支起义军曾经弄得他首尾不能相顾。这一次，坦提亚·托比等坎伯尔一离开坎普尔，便立即于 11 月 9 日夺

---

① Surendra Nath San, *Eighteen Fifty-seven*, p. 229.
② 恩格斯：《勒克瑙的解救》，《马克思恩格斯全集》第 12 卷，第 405 页。

取了卡尔皮,向距此46英里的坎普尔运动。接着他从卡尔皮出发,渡过朱木拿河,进入了达普。他在加尔纳留下了所有的金银财宝和辎重,轻装占领了坎普尔毗邻的一些农村。他没有立即进攻坎普尔。他在等待着坎伯尔进攻勒克瑙以后再去袭击温德姆。坦提亚·托比的计划,就是在勒克瑙拖住坎伯尔时,他就奇袭并攻击温德姆,如果可能就消灭温德姆。

坦提亚·托比的计划在顺利执行着。坎伯尔进攻勒克瑙的消息传来后,托比于11月19日切断了温德姆军队的粮食物资供应线,从四面加以包围。他的对手温德姆是一个虚冒战功的将军。在克里木战争中,温德姆攻打凸角堡时,以等待援军为名,按兵不动,但却被晋升为将军,不久又被任命为参谋长。对这个靠裙带关系、无功而受赏的人,恩格斯讽刺地称之为"凸角堡英雄"。但是,这位英雄这次感到有用武之地了。他的任务本来是防御,为了显示他的本领,他不等坎伯尔的答复,就个人决定,带领1200名骑兵、10000名步兵和8门火炮,于11月26日迎击起义者。他只打败了起义军的先头部队,遇到起义军主力后,就退到坎普尔城下。坦提亚·托比对温德姆的位置、需要和弱点是十分了解的。27日,他用炮兵打退了英军前锋部队,并且布置了一个半圆形的包围圈,让温德姆进入圈套。当温德姆进入圈套后,几次试图冲击重围,都被起义军的大炮打退了。坦提亚·托比从正面和侧翼进攻,打垮了英军的阵地。温德姆慌忙下令撤退,英军完全溃散。当时在场的一个英国军官写道:"消息很快就传遍军队驻地,说我军被击溃,正在退却。于是所有的人都拼命闯入内堡,其势不可阻挡,有如尼亚加拉瀑布的洪流。数不清的步兵和水兵、欧洲人和本地人、男人和妇孺、马匹、骆驼和犍牛,从下午2时开始就向内堡涌来。到夜里,营垒挤满了人、牲畜、货物、行李和成千上万难以言状的累赘物,真像混沌初开时一样乱成一团。"① 坎普尔城又解放了。起义军还缴获了大批物资。

11月28日,龟缩在古堡的温德姆得到了坎伯尔快要来到的消息。他决定反攻,夺回昨天失去的东西。这次战斗从清晨一直进行到中午。起义军首先打退了英军右翼的冲锋。以威尔逊准将为首的一批英军军官被击毙

---

① 《马克思恩格斯全集》第12卷,第414页。

了，一大批英国士兵被消灭了。英军遭到了惨败。关于这一天的战斗情况，一个英军军官写道："你会以惊讶的心情阅读今天的战况。因为它告诉你英国军队是如何带着他们勋章上的胜利图案、题词和出名的英勇精神而向后败退的。曾经被瞧不起的印度土人夺取了英军的营房、物资和哨所！敌人现在有权说，洋鬼子失败了。他们是在帐篷被翻倒、行李被夺、物资丢掉、骆驼、象、马与仆役走光的情景中，回到他们的堑壕的。所有这些，都是令人最为忧伤和丢脸的。"①

温德姆战败，坎伯尔急如热锅上的蚂蚁。这种情况反映了坎普尔和勒克瑙是息息相关的，也反映了印度民族起义的力量在于游击战争。可惜当时大起义没有一个统一的领导来组织协同工作，使这两支起义军有效地配合起来，充分发挥分进合击的战术。勒克瑙的起义军在坎伯尔撤走之后，本应主动出击，打击乌特勒姆的警备部队，甚至追击坎伯尔的英军。但是这种情况没有发生。坦提亚·托比领导的起义军，在恒河岸上，同英军进行了六天激烈的战斗。双方在武器装备、军事素养上差距巨大，使起义军不可能在正规的阵地战中获胜。英军和锡克军的联合进攻，终于把起义军打败，并迫使起义军返回卡尔皮。坎普尔的威胁解除了。为了攻占勒克瑙，他设法把坎普尔变成一个力量雄厚和规模巨大的营垒，以便使它成为进行这场战争的最主要的和最近的基地。他继续调集援军和大炮。他还派兵扫荡勒克瑙外围地区，把勒克瑙城孤立起来。勒克瑙保卫战进入了最后阶段。

1858年2月23日，坎伯尔带领了由2万英国兵和1万印度兵组成的共3万人的庞大部队，从坎普尔出发了。这支部队还配有134门大炮和5000名骑兵。同时，由尼泊尔的金格·巴哈杜尔率领的1万名廓尔喀军队、弗兰克斯和罗格拉弗特率领一个旅的英军，从东面向勒克瑙城压来。勒克瑙起义军在这4万大军气势汹汹的围攻下，从3月2日到21日，展开了为时20天的英勇的保卫战。

这20天的保卫战，对起义军来说是极其艰苦的。勒克瑙和德里这两支起义大军存在着共同的致命弱点：他们都没有统一集中的领导，各地来的

---

① Charles Ball, *Indian Mutiny*, p. 190.

起义军只是在他们本部队中才有威信，而且，这些领袖自己也不愿意服从别人的指挥。勒克瑙起义军在这一点上甚至比德里起义军的情况更坏，他们连一个有希望担任总司令的人都没有。恩格斯曾用"勇猛如狮"来形容勒克瑙的起义战士。但是，他又认为这些没有统一指挥、没有作战训练的、没有现代化军事装备的起义军战士，只能是"乌合之众"[1]，而"乌合之众"是不能保卫住城市和战胜强大的敌人的。

毛拉维·阿马杜拉[2]是一个有杰出军事指导才能和有宣传组织才能的、有威信的人。由于封建主的妒忌和排挤，他不但不能充分发挥自己的才能，甚至一度被奥德王后关进了监狱。但是军队和人民都热爱他，因而他很快被救了出来。后来，他曾经指挥过起义军保卫城市，而在起义军内部分歧混乱的情况下，这种指挥是行不通的，起义军的人数大大减少，许多人出城而走，留下的估计有3万名士兵和5万名志愿民兵。前者大部分拿着土制火器，后者只有进行白刃战的原始武器。在勒克瑙的闹市区和其他地区的大街小巷，都筑起了巷战工事，家家户户墙上都挖了枪眼，许多大炮也都架在堡垒上。在城市大的防御工事之间，也没有相互联络的设施。从各方面的条件看，在坎伯尔进攻勒克瑙的前夕，起义军处于明显的劣势。

3月2日，英军主力集中在勒克瑙城南。这是坎伯尔第一次攻击勒克瑙的地方。这一次进攻的方向除了南面，还有东西两路英军。在背面是由乌特勒姆英军进攻。这样，勒克瑙城处于三面受敌的情况下。最激烈的战斗是在3月6—9日进行的。在种种不利的条件下，起义军英勇抵抗，做到了他们力所能及的一切。他们坚守南运河一带阵地，并且在之后的皇后行宫、恺撒巴皇宫、珍珠宫、俱乐部等阵地上，都曾多次打退了英军的进攻。英军凭借他们在各方面所处的优势，企图一举全部消灭起义军。他们

---

[1] 恩格斯：《勒克瑙的围攻和强攻》《勒克瑙的解救》，《马克思恩格斯全集》第12卷，第385—400页。

[2] Maulavi Ahmaduaa 的名字很多，过去常用毛拉维·阿赫马德·沙（Maulvi Ahmad Shah），还有 Ahmad Ali Shaw、Ahmadulla、Maulari Sekandar 等，起义前夕，做宣传、组织工作。他起义前在奥德东部非扎巴德被捕，英国殖民统治者判处他绞刑。1857年6月9日起义军打开监狱，救他出狱，并推他为领袖。不久，他便带起义军来到勒克瑙。

从四面八方把起义军团团包围，先用大炮猛烈轰击，出动陆军紧跟在炮兵后面缩小包围圈。为了掩护主力军撤退，50名起义军固守住慕沙巴宫苑附近的一个据点，一次又一次打退了敌人的冲锋。他们还抓住有利战机，实行了主动出击，冲入敌人炮兵阵地，打败了敌军骑兵。他们怀着与阵地共存亡的决心战斗到最后一刻，完成了掩护主力撤退的任务。

毛拉维·阿马杜拉率领一支起义军撤出勒克瑙之后，又转了一个弯向英军杀了一个回马枪，从另一个方向突然冲入城内。他像往日一样，一马当先，驰进夏德根兹地区同英军展开了激烈的厮杀。正陶醉在胜利中的英军，被这突如其来的打击吓呆了。他们仓促应战，死伤甚多。最后，不得不调两个团的英军来对付这支人数很少的起义军。毛拉维·阿马杜拉当机立断，马上撤走。英军尾随了六英里，企图消灭起义军。但是，他们只能眼望着前面飞扬的尘土，无论怎样促马加鞭，都赶不上行动迅速的起义军。

夏德根兹之战是保卫勒克瑙的最后一战。此后，勒克瑙就全部陷入了英国殖民统治者的手中。英军在勒克瑙的残暴行径，远远超过了他们在德里所干的一切。用"烧光""杀光""抢光"来形容他们的残暴行径是完全恰当的。英军在勒克瑙见印度人便杀，见东西就抢，而且到处放火。勒克瑙陷落后，英军放抢两周。许多官兵进城的时候，还是负债累累的穷光蛋；出来的时候，都突然变成了囊鼓袋满的百万富翁。恩格斯愤怒地写道："在二十个昼夜内，在勒克瑙的不是英国军队，而是一群无法无天、酗酒肇事、粗暴无礼的乌合之众，分散为一帮帮的强盗……1858年勒克瑙的洗劫是英国军队永远洗不掉的耻辱。"[1] 恩格斯痛斥这些强盗说："成吉思汗和帖木儿的卡尔梅克寇群，像蝗群一样袭击了许多城市，沿途所遇，无不吞噬一光，但是要与这些信奉基督教的、文明的、有骑士风度的、文雅的英国士兵的侵略比较起来，对于受害的国家来说，却未免不是一种善行。"[2]

勒克瑙的陷落，对起义军虽说是一个沉重的打击，但反抗英国殖民主义者的武装斗争并未因为毛拉维·阿马杜拉的起义军挫败而终止，他们仍在奥德同英国侵略军周旋苦斗。那那·萨希布和坦提亚·托比的起义军转

---

[1] 恩格斯：《攻占勒克瑙的详情》，《马克思恩格斯全集》第12卷，第499页。
[2] 恩格斯：《英国军队在印度》，《马克思恩格斯全集》第12卷，第528页。

战在罗希尔坎德及达普等地的广大地区中。昆瓦尔·辛格和阿马尔·辛格的起义军则在比哈尔和奥德东部痛歼英国侵略军。章西女王拉克什米·芭伊高举义旗，率领起义军巍然屹立在朱木拿河南岸，像耀目的火把一样，在中印度燃烧发光。如果说德里的保卫战是大起义的上升线的顶点，那么勒克瑙的保卫战则是大起义下降线开始的标志。城市保卫战中，第一阶段是以德里为中心进行的。第二阶段是以勒克瑙为中心进行的。"总之，勒克瑙的攻占也和德里的攻占一样，远没有结束印度的起义。"① 就是城市保卫战也没有结束，章西的保卫战斗在不久之后便打响了。

　　勒克瑙的保卫战失败了，但是保卫勒克瑙的英雄们的英勇斗争精神永远留在人们的记忆中，鼓舞着印度人民为争取民族独立而战斗。1857年大起义一百周年纪念的时候，勒克瑙人民在吉姆提河畔竖立起了烈士碑，并且在夜间举行了纪念大会。我国诗人林林，参加了大会，写下诗歌《我捧上一盏灯》，作为1857年印度独立战争百年祭礼。诗中赞颂了起义者"高擎民族大旗，为独立献出生命"，并且用下面的诗句作为结束语：

　　　　我捧上一盏灯，
　　　　献给烈士之灵。

　　　　让灯火千万盏，
　　　　在河上大放光明，
　　　　赛过荷花三十里，
　　　　照耀人民爱国心。②

三　章西的英勇保卫战

　　1857年8月14日，正是德里保卫战激烈进行的时候，马克思就着重指出："关于班得尔汗的章西，我们可以指出，这是一个堡垒地点，因而

---

① 恩格斯：《攻占勒克瑙的详情》，《马克思恩格斯全集》第12卷，第500—501页。
② 林林：《印度诗稿》，作家出版社1958年版，第35页。

可能成为武装起义的另一个中心。"① 在勒克瑙保卫战期间，章西的地位就突出地表现出来，成为中印度起义的中心。勒克瑙陷落以后，坦提亚·托比从卡尔皮向西南运动，把活动基地向中印度移动，准备与章西起义者会合。如果这两支起义军很快会合起来，印度起义将再次沿着上升线发展，至少将对英军在北印度的进军造成严重威胁。英国殖民统治在勒克瑙陷落以后，忧心忡忡地注视着章西。印度总督坎宁给中印度英军总司令罗斯将军的信中明确地说，如果不消灭章西起义军，英军在北印度便不能长驱直入，像一个人脖子变硬而不能自由转动一样。②

章西在1857年6月初就解放了。起义的士兵群众和市民在印籍下级军官古鲁·巴赫西·辛哈的领导下，赶走了英国殖民统治者。以后，在6月29日，起义军民列队持枪、推着炮车来到了王宫，要求女王拉克什米·芭伊支持起义，并供给军火和其他日用物资。女王立即站出来支持起义，把一部分枪支弹药交给起义者，给了相当一笔现款。起义者把原来的"人民属于神，国家属于皇帝，两个宗教（印度教和伊斯兰教）管理"的口号，改为"人民属于上帝，国家属于皇帝，统治属于拉克什米·芭伊女王"，拥护女王成为他们的领导者。根据印度史学家发现的新材料，证明这位年轻的女王经过了长时间的动摇之后，才逐步坚定地走上反抗英国殖民主义者的道路。这是符合她的身份和地位的实际的，也并没有丝毫减弱她在印度历史上的光辉地位。③

拉克什米·芭伊领导起义军在章西保卫战之前做了许多准备工作。她亲自监督修筑章西的城防工事，并且命令把大炮架设在城墙各处的炮位上。人们经常可以看到，千百名章西妇女和拉克什米·芭伊一起，在大炮阵地与军火库之间忙碌，她还注重军事训练。由于她从小读过一些兵书，又爱好练习武艺，七岁就成为骑马能手，经常打猎锻炼了她的骑射能力，因而在军事上并不外行。她还建设了制造枪炮弹药的工厂。特别值得指出的，是她为了加强章西的保卫工作，在章西城四周的远郊区，实行了坚壁

---

① 马克思：《印度的起义》，《马克思恩格斯全集》第12卷，第285—286页。
② [英]奥斯威尔：《印度政治家事略》，第64页。
③ R. C. Majumciar, *Sepoy Mutiny and Revolt of 1857–1859*, pp. 136–199; Surendra Nath San, *Eighteen Fifty-seven*, pp. 273–280.

清野。在田野里没有作物，没有一棵遮阴的大树，在农村人口疏散了，没有一颗粮食，从而使英军在攻打城市的时候，无法坚持下去。章西起义军在军事训练、经验和武器方面，虽然都远不如英军，但他们在人民的支持下，战斗力很强，士气很高。

在章西紧张的准备声中，英将罗兹率侵略军步步紧逼。他自恃兵精器锐，又有海得拉巴、瓜廖尔、波巴尔土邦王公的支持，便在1858年1月6日，大举侵略，沿着慕豪、拉加、桑加一线杀来。到了3月20日，已经到达章西的东郊和南郊。在章西周围的土邦中，有些是支持章西起义的，如巴那浦尔土邦马尔当·辛哈等人。也有一些土邦王公充当英国殖民主义者的走狗，如利·梯格玛格尔和瓜廖尔的土邦王公，为英军提供粮草，对抗章西起义军的坚壁清野，帮助英军渡过难关。

英将罗兹对章西的围攻，采用了坎伯尔进攻勒克瑙的战术：先用大炮轰城，在大炮摧毁了主要阵地以后，步兵再进入战斗。他在3月24日，完成了炮台的筑构工作，开始了对城市的轰击。到了25日，英军的炮轰达到了疯狂的程度，在深夜尚不停止。夜里，人们可以清楚地看见炮弹像红火球一样，在堡垒和城市上空呼啸、在城内爆炸。起义军的大炮也进行还击，把一颗颗炮弹发射到敌人的炮兵阵地上。在激烈的炮战中，出现了许多英勇作战的动人事迹。一次，英军的炮弹打坏了章西南门上的炮兵阵地，情况十分紧急。西门的两位炮手，把炮口瞄向了南方的英军炮台射击，第三炮就命中目标，打死了英军的炮手，使南门炮台得以修复，转危为安。正在城上巡视的拉克什米·芭伊，当即表彰奖励了这两位英勇善战、机智灵活的炮手，周围的起义军战士也向他们欢呼庆功。在炮战期间，章西的炮手们斗志昂扬。他们虽然大炮不如英军精良，但还是以暴风骤雨般的轰击，回击英军的进攻，有一天连续向敌人的炮台轰击了四五个小时，把英军许多大炮都打哑了。人民群众纷纷为炮兵搬运炮弹，许多妇女都参加了这个工作。从章西保卫战一开始，就充分表现出战争的人民性。

英军炮轰的目的，是要在城墙上打开缺口，为步兵冲入城门打开门户。在炮轰七天之后，终于在左边的城墙上打开了一个缺口，而且集中大炮火力，不断继续扩大这个缺口。这并不仅仅因为章西城墙坚固，更主要的是章西起义军炮兵的顽强抵抗。罗斯将军从望远镜中看到了这个缺口，大为高兴，他满以为在第二天就要下令攻城了。谁知第二天再来看这个缺口时，出乎意料的事出现了：摆在他面前的，却是完整无缺的城墙。这个奇迹是怎样发生的呢？原来，当天夜里，11名身上裹着毛毯的石匠，冒着敌人的炮火，把这段被打坏的城墙抢修好了。英勇而业务纯熟的爱国石匠们，用他们坚毅果敢的行动，使罗斯将军进攻章西城的企图一夜之间化为泡影。

罗斯将军恼羞成怒，一计不成，又生一计。在第八天的早晨，他命令英军炮兵向申格尔堡进攻，目的是炸毁城内的储水池，英国炮兵借助望远镜开始向储水池开炮。有六七个人前来储水池取水，其中四人被打死，其他的人丢下水桶逃走。一连四个小时，城内军民断了水。罗斯将军又高兴起来，他认为只要断绝了水源，章西起义军便会不战而降。但是，他高兴得又太早了。起义军在西门和南门轰鸣的大炮声，打断了这位将军的狂想曲。当他清醒过来以后，发现在硝烟弥漫的气氛中，向申格尔堡发射的英军大炮变成了一堆废铁；而城内的人们又络绎不绝地在储水池打水，用以饮用和洗澡了。

章西的保卫者的处境越来越困难了。在强大的英军的围攻之下，无论起义军如何英勇奋战，都不可能做长期的抵抗。而且，章西起义军处于孤军作战的条件下，不能长期战斗。不幸的情况接踵而来。英军的炮弹落到了起义军的兵工厂，引起炸药爆炸，近40名工人（其中8名是女工）被炸死。起义军本来为数不多的大炮被击毁了好几门。许多炮手阵亡了。城墙的一些地段发生了新的危险。著名的《章西女王拉克什米·芭伊》传记的作者是这样描写当时的战况的：

> 这是一场激烈的战斗。战士们高声地呼喊着。枪声令人惊心动魄，大炮不断怒吼。喇叭和军号不绝于耳。烟尘弥漫天空。城墙上的炮手们和一些兵士阵亡了，另外一些人就接替了他们的岗位。章西女王拉克什米·芭伊十分紧张地工作着。她事必躬亲，发布必要的命令，修补每一个弱点。

拉克什米·芭伊不但是一个城市保卫战的杰出指挥者，而且还是一位善于改变孤立处境、争取援助的组织者。她得知坦提亚·托比在渡过朱木拿河、打败了英国殖民统治者帮凶佳尔卡利土王来到卡尔皮的消息以后，立即向他发出了一封求援信。坦提亚·托比这时正要向中印度发展起义，他乐于同拉克什米·芭伊合作。他一接到求援信后，立即带领一支大军向章西进发。坦提亚·托比起义军的到来，大大鼓舞了章西的保卫者。他们擂鼓鸣枪，热烈欢迎来自卡尔皮的战友。这时，城下的英军处于腹背受敌的不利形势。如果两支起义军配合得好，密切协同作战，将使这支英军受到很大的损失，甚至可以击败这支英军。但是，章西的保卫者却坐守城市，静等卡尔皮起义者入城，或者是依赖卡尔皮起义军独自打败英军。而卡尔皮起义军又表现得过分胆怯，当英军放下章西，向他们进攻的时候，又因警惕性不高而中了敌人的埋伏。由于起义军多系新兵，没有作战经验，加上武器不好，在突然打击之下，溃不成军，遭受了很大的损失，不得不撤回卡尔皮去了。

拉克什米·芭伊和坦提亚·托比都在这个协同作战中犯了错误，错过了一个扭转形势的好时机。章西的形势从此急转直下，进入了保卫战最艰苦的阶段。章西的保卫者只好在外无援兵、面临强敌的险恶处境下，同英军作拼死的战斗。他们在拉克什米·芭伊的领导下，毫不气馁。4月1日和2日，起义军英勇地阻击闯进南门和西门的敌人，在北门，他们也打败了敌人的登城云梯队。4月3日，英军发动最强大的攻势，从四面进犯章西城。拉克什米·芭伊不时在各个战场上出现，指挥保卫战。鼓励起义军的战士坚持战斗。英军把主力放在北门，架起了八处云梯，准备实行强攻。两个英国军官在城下驱赶登城英兵快速爬进，正在吆喝叫骂，就被守城的起义军战士"砰、砰"两枪结果了性命。另外两个英国军官自恃悍勇，跟着上来，也被起义军战士打死。一些英军还想向前冲，他们在起义军呼啸的子弹声中纷纷倒下，英将罗斯不得不下令撤退。

北门的紧张战斗刚刚有所缓和，南门又出现了不可挽回的败局。由于内奸的叛卖，南门被打开了。英军跟着叛徒的脚跟，从南门闯进了章西市区，并且一步一步向起义军的指挥部——王宫进逼。一场激烈的巷战开始了。残暴的英国侵略军，到处屠杀市民，焚烧房屋，抢劫财货，其暴行和进入德里与勒克瑙的英军没有丝毫的区别。保卫者同侵略军争夺着每一寸的土地。拉克什米·芭伊从堡垒的城墙上看到向前推进、烧杀抢掠的英军，立即率1000名起义军战士冲上前去。由于勇猛的冲锋，直到敌军当面，来不及用枪射击，就同敌人展开了白刃战，杀得英军退了下去。这时，一个不幸的消息传来了：在北门坚持战斗、英勇杀敌的炮兵军官古兰姆·高斯阵亡了！北门失守了！一支英军冲入了王宫，50多名起义军战士且战且走，退入宫院后院的马厩内。他们把火药倾倒在地上，等英军一到，就点燃火药线，顿时一声巨响，和侵略者同归于尽。

拉克什米·芭伊看到没有希望了，她知道最后决定时机到了。大势已去，她的心都为之撕裂。她本想走向军火库，诱使英军入内，然后亲手点燃火药，也同英军同归于尽。可是，她又一转念，认为继续同英国殖民统治者战斗，才是上策，而且中印度便是她驰骋的战场，她的战友坦提亚·托比就在卡尔皮！于是，她当机立断，冲击城外，当夜在几十名亲兵护卫之下，向卡尔皮方向奔去。英国骑兵紧紧追在后边。这些"尾巴"很快就被甩掉了。一路上，拉克什米·芭伊一行，人不下鞍、马不停蹄，奋力跑了102英里。当她刚一到卡尔皮，她心爱的白马立即倒地死去。印度历史学家把她的这一段惊险经历，称为"章西女王百里驰骋"而加以赞颂。

1858年4月5日，章西全城陷入英军之手。继德里、勒克瑙之后，大起义的第三个中心又陷落了。章西的陷落，最后结束了起义的城市防御战阶段，标志着大起义完全沿着下降线发展。同时，也说明了大起义进入深入的、长期的游击战争的阶段。

在德里陷落以后，巴克特·汗的起义军出走德里，表露了由城市防御战转入游击战的早期征兆。在勒克瑙陷落以后，昆瓦尔·辛格在阿德劳利芒果林大败英将密尔曼，为此印度大规模的游击战争的展开，打响了起义新阶段胜利的第一枪。在章西陷落以后，拉克什米·芭伊的"百里驰骋"，又开始了中印度大规模游击战争的前奏曲。

（未刊稿。原为《印度独立运动》书稿中的三节，写于1959年，1979年做了修改，收入本书时核对了引文）

论游击战争在印度民族大起义中的地位

1857—1859年印度民族大起义在印度近代史上的重要地位，已经被史学界所公认；而游击战争在这次大起义中的地位则往往被人们所忽视。我们就此问题发表一些看法，目的在于引起注意。

一 游击战争是民族起义的一个重要发展阶段

早在1957年，本文作者之一曾把这次起义分为四个发展阶段（酝酿和开始、起义的高潮、起义沿下降线发展、游击战争），并且提出："对于起义的游击战争阶段当作'余波'来叙述显然是不恰当的。"我们现在仍然坚持这个观点。把游击战争作为大起义的一个特定的发展阶段，是符合1858年3月至1859年底这一段印度历史实际的。

游击战争作为大起义的一个特定的历史阶段，首先在时间上显示出它的重要性。大起义如果从1857年初逐渐酝酿成熟到1859年底最后结束，一共进行了三年时间，那么游击战争就进行了近两年的时间，比前三个阶段的时间加在一起还要多。恩格斯在他的论大起义的文章中，曾多次指出："勒克瑙的攻占和德里的攻占一样，远没有结束印度的起义"，英国殖民统治者面临着一场"疲于奔命的战争"[①]。"印度的战争正在逐渐转入分散的游击战争阶段"，这对英国侵略军来说必将是"面临的和最危险的一个发展阶段"[②]。

---

① 恩格斯：《攻占勒克瑙的详情》，《马克思恩格斯全集》第12卷，第500—501页。
② 恩格斯：《印度军队》，《马克思恩格斯全集》第12卷，第553页。

游击战争作为大起义的一个特定的历史阶段，在战争的范围方面，也表现了它的重要性。1858年3月勒克瑙陷落以后，大起义由城市保卫战和决战转入游击战。英国侵略军虽然在政治上取得了重大胜利，但在军事上却失去了他们在围攻德里和勒克瑙时期所保持的优势。起义军还有15万人。他们由云集大城市而分散为2000—8000人的小部队，在印度的广大地区进行战斗。在德里和勒克瑙保卫战失败后撤出的起义军，先后集中在巴雷利和卡尔皮。由于英国殖民统治者宣布没收奥德封建主的领地，使得这一地区反英阵线扩大了，奥德的封建主纷纷起来保卫自己的领地，和起义军共同打击英国侵略军。比哈尔的西部丛林地区，也是游击战争的一个中心。围绕着这四个中心地区，游击战争的烈火，从尼泊尔边境到文迪亚山脉，从米勒特到比哈尔的地区，如火如荼地燃烧起来。

在游击战争阶段，除了起义的西帕依作为骨干力量以外，越来越多的农民和手工业者也涌进起义的行列，使大起义具有更鲜明的人民战争的性质，没有武装的居民，既不帮助英军，也不给英军传送消息。英国《泰晤士报》1858年5月21日的通讯中说，英军从勒克瑙进攻游击中心之一的巴雷利时，沿途不仅受到游击队的不断袭击，而且也弄不到粮食，甚至见不到一个当地居民，"好像在沙漠里行军一样"。而起义军化整为零，又可以随时集零为整，对任何可以单独予以奇袭的英军进行决战。这些机动灵活的游击队，不需要以大城市为中心，因而也不去夺取或固守大城市。一个小城市、集镇或一个村庄，对于起义者都可以找到粮食、补充兵员和进行休整。印度的广大农村、丛林、山区、平原，到处都成了游击队纵横驰骋的战场。游击战争阶段的这个显著特点，充分显示出它在大起义中的重要地位。

值得我们注意的是，在游击战争阶段，涌现出了许多杰出的领导者，有不少让人称颂的战例。经过一年的战斗锻炼，起义军积累了许多经验，具有一定的组织性，而且在游击战中，表现出了机智和勇敢。这同大起义前期的德里和勒克瑙保卫战相互辉映，显示了游击战争阶段的重要地位。

年逾八旬的昆瓦尔·辛格，是运用游击战术最早的起义领袖。他从1857年7月起义之日起，便指挥由军队和农民组成的游击队，进行了著名的阿腊芒果林之战。在勒克瑙陷落的第二天（1858年3月22日），他又指挥游击队，乘敌不备，进行了阿德劳利平原之战，歼灭了英将密尔曼率领的军队，揭开了游击战争阶段的新篇章。他以后曾多次打败英军，直逼阿拉哈巴德，使驻在那里的英国的印度总督惊恐不已。他采用了声东击西、迂回包抄、以逸待劳等战术，一直处于主动地位。他领导的游击队具有连续作战的作风，在比哈尔西部和奥德东部地区坚持了九个月之久的战斗。他负伤去世后，他的弟弟阿马尔·辛格继承了他的事业，继续领导反英游击战争，一直到1858年底，印度人民用许多颂歌歌颂他们兄弟的业绩。恩格斯称赞阿马尔·辛格"对游击战显得相当积极而有经验"，"他不消极等待，一有可能就袭击英军"①。总之，昆瓦尔·辛格和阿马尔·辛格的一系列游击战例，是大起义留给后人的一份宝贵财富。

大起义的宣传者和组织者的杰出代表毛拉维·阿马杜拉，是在勒克瑙陷落之后，转入游击战争的。他先在勒克瑙城郊打了一次机动灵活的游击战，后来又在巴雷利进行了成功的运动战。巴雷利陷落后，他和菲罗兹·沙一起，又回到奥德打游击，同英军周旋几个月之久。有好几次，他眼看要落入英军的魔掌之中，但每一次都化险为夷。英国将军把他视为最危险的人物，但又对他束手无策。他没有死于英军枪下，却被奥德地区帕万地方叛变的王公所暗算。他的军事才能和爱国品德，连英国的"兵变史"权威们也赞叹不已②。

谈到大起义的游击战争，不能不提到游击英雄坦提亚·托比。他是坎普尔起义的发动者，又是该城保卫战的指挥者。他主动支援过勒克瑙和章西的保卫战，又和拉克什米·芭伊在卡尔皮和瓜廖尔联合起来打击英军。每次挫折都没有使他灰心，他怀着唤起马拉塔封建主参加起义的目的，率领游击队挺进德干地区。在英国名将罗伯茨和霍姆斯的强大骑兵紧紧围追堵截的艰难情况下，他一面反击，一面撤退，常常从敌人预谋的密集钳形夹攻和布袋形的包围圈中逃脱。他的游击队两次勇敢地抢渡昌布尔河和讷尔默达河，把北部和中部印度的起义火种带到了讷尔默达河以南的地区。

---

① 恩格斯：《印度的起义》，《马克思恩格斯全集》第12卷，第612页。

② T. R. Holmes, *History of the Indian Mutiny*; Kaye and Mallesen, *History of the Indian Mutiny of 1857–8*, pp. 541, 544.

他率领游击队连续九个多月持续不断紧张行军，行程超过3000英里。他的无畏机智，使追击他的英国名将相形见绌，他那飘忽不定的传奇式的经历，则使他誉满伦敦军界。他被叛徒出卖后，从容迈向殖民主义者的绞架，表现出了印度人民坚贞不屈的革命精神。

上述的战斗时间长、范围广，人民性鲜明，都说明了游击战争阶段是大起义中的一个重要发展阶段。

二　民族起义的力量在于进行游击战争

恩格斯根据他对大起义的观察，认为起义者在正规的阵地战中不能获胜，也不能保卫住德里、勒克瑙这样的大城市。起义的西帕依虽有正规训练的素养和一些装备，但缺乏一个公认的领袖把他们正规地组织起来，至于起义军的其他部分，情况就更加不好。因此，恩格斯经过科学的分析，提出了"民族起义的力量不在于进行决定性的会战，而在于进行游击战争"[①]的著名论点。

从上面分析游击战争阶段的几个特点中，可以看出游击战争使英军丧失了它原来的优势，对比之下，起义军却发挥了自己的长处。英国殖民军凭借着它装备优良、经过正规训练、有作战经验和统一指挥等长处，先后在德里、勒克瑙打败了起义军。但是，当大起义进入游击战争阶段以后，英国组织庞大的殖民军不得不分散兵力，在人地两生、不服水土的条件下，追击土生土长、熟悉地形、习惯气候而又机动灵活的游击队。他们既要在各个战略要地安置留守部队，又要到处用流动部队应付游击队的袭击。英军的援兵尽管增加到空前的数目，但却显得不够用。他们找不到搬运夫，得不到消息，弄不到粮食。印度炎热、多雨、潮湿的夏季，传染病的流行，疲于奔命而又毫无结果的长途行军，大大挫伤了英军的士气。

相反地，起义军的优势大大地显示出来。起义军分散到各小镇村落，随时可以得到粮食、情报，随时可以补充兵员和得到休整。他们由于熟悉

---

① 恩格斯：《勒克瑙的解救》，《马克思恩格斯全集》第12卷，第405页。

地形，不怕雨季酷热，因而可以用极快的行军速度，给英军突然打击之后，立即转移到丛林之中。英军重武器多，辎重给养拖着后腿，行军一天不超过 20 英里，而起义军一天可以行军 40 英里，如果再努力一些，甚至可以一天走 60 英里。为了追击坦提亚·托比的游击队，英军改为轻装，甚至出动了骑兵，行军速度加快了。例如，帕克准将曾在九天中连续行军 240 英里，索迈斯特准将曾在九天行军 230 英里之后，又在 48 小时中再跑 70 英里，荷姆斯上校再加 24 小时多的时间走 54 英里的行军速度通过沙漠，抗涅尔准将在四天中行军 145 英里。即使这样，坦提亚·托比的游击队还是超过了所有的追击者。

起义军从城市保卫战的斗争形式转为游击战争形式，虽然是被迫的，但这并不排除起义者对游击战争形式的优越性的认识。许多城市保卫战的指挥者，在城市失守以后，都纷纷退出城市而转入游击战。第一个实行这种转移的是德里保卫战的总司令巴赫特·汗。他从 1857 年 9 月 24 日出走德里，坚持游击战争到 1859 年 5 月 13 日牺牲为止。勒克瑙失守后，大批起义领袖如巴哈杜尔·汗、那那·萨希布、毛拉维·阿马杜拉、菲罗兹沙、奥德女王纷纷出走，由城市保卫战转为游击战。他们以巴哈杜尔·汗的名义，发布了一项"总命令"，要求起义军"不要同洋鬼子的正规军进行阵地战，因为他们在军事训练和大炮方面比我们优越"。同时，"总命令"号召起义军广泛采用游击战争的战术，对英军进行不断攻击。"总命令"指出："监视英军的行踪，守卫河道渡口，截获他们的邮件，切断他们的粮道，干掉他们的岗哨，侦察并袭击他们的营房。决不让英国人安宁!"近一年的战争实践，使起义军领袖对游击战的重要性的认识，达到了这样的程度。这也正是英国殖民统治者害怕的地方。当时在印度的英国《泰晤士报》记者罗塞尔不得不承认："从这个总命令中，可以看出首领们的智慧，也可以看出我们从来没有面临过比这更可怕的战争。"

随着游击战争的全面展开，"民族起义的力量在于进行游击战争"这个论点的正确性越来越表现出来了。英国殖民主义者的庞大军队，陷于人民战争的海洋之中，常常疲惫不堪，首尾不能相顾。英军在追击行动神速的游击队的长途行军中，只能"占了一些小便宜"，而起义军却能经得起多次失败而不致丧失士气和兵力，"仍然斗志昂扬"①。对于英国将军们来说，他们感到烦恼和困惑的是：起义军到处都是，只是在他们去搜寻的地方就没有了，当他们以为正面可以迎击游击队，但游击队早又绕到他们背后去了。他们带领着英军东奔西跑，跟着游击队的影子追来追去，除了折损兵员以外，毫无结果。"当英军调往北方的时候，零散的小股起义的士兵就渡过恒河，进入达普，截断英军与加尔各答的交通，到处破坏，使农民不能缴纳地租，或也至少给他们不交地租造成借口。"②

"民族起义的力量在于进行游击战争"这个论点，是世界近代历史一再证明了的真理。西班牙人民反对拿破仑侵略的民族起义，阿尔及利亚人民反对法国殖民侵略者的民族起义，都是因为运用游击战争而显示出了伟大的力量。印度人民具有进行游击战争的光荣传统。马拉塔人反莫卧儿王朝的起义时，曾经广泛地运用了游击战争。马拉塔人的游击队"像风一样不可捉摸，任何头目或据点的被俘被占都不能使这种抵抗力量陷于枯竭"。"拿破仑一世常说，'就是西班牙的溃疡毁灭了我'。德干的溃疡则毁灭了奥朗则布。"印度历史学家把拿破仑和奥朗则布之间作这样有趣的对比，也说明了民族起义中游击战争的生命活力。在印度沦为英国殖民地的过程中，马拉巴地区的农民起义，以及起义前夕桑塔尔部族的起义，都在相当长时期同英国殖民者进行过游击战争。有些研究民族大起义的学者，已经注意到印度人民游击战争的传统同大起义中游击战争之间的联系。例如，萨瓦卡尔称游击英雄坦提亚·托比为"马拉塔之虎"，称西瓦吉是昆瓦尔·辛格的"范例"，而梅塔则进一步指出：坦提亚·托比是马拉塔游击战术创始人"西瓦吉传统的继承者"。确实如此，坦提亚·托比及其他游击队领导者和战士，是印度人民这种优秀传统的继承者和发扬者。他们用自己的斗争实践证明了"民族起义的力量在于进行游击战争"这一历史事实，而恩格斯则根据这些实践进行了理论上的概括。这些实践和理论，也从一个侧面说明了游击战争阶段在

---

① 恩格斯：《印度的军队》，《马克思恩格斯全集》第12卷，第555页。
② 恩格斯：《印度起义》，《马克思恩格斯全集》第12卷，第524页。

民族大起义中占据的重要地位。

三 游击战争的历史教训

也许有人会问：游击战争阶段既然在印度民族大起义中占据如此重要的地位，但游击战争毕竟是失败了，这有损于它的重要地位吗？对于这个问题，我们只要反问一句，就可以回答了：德里和勒克瑙的保卫战不是也失败了吗？难道因为它们的失败而否定它们在大起义中的地位吗？可是，我们不能满足于这样普通的道理上，而要进一步研究它失败的原因，从中总结历史教训。正是在这个问题上，也同样显示出游击战争阶段在民族起义史上的重要地位。

整个印度民族大起义是一出壮烈的历史悲剧，而游击战争阶段则是这出壮烈历史悲剧的最后一幕。这最后一幕悲剧，给印度人民留下了深刻的历史教训。

1858年9月17日，对军事科学有深湛研究的恩格斯，在他对印度大起义的最后一篇评述中指出，当时，奥德地区的游击队本来应该积极出击，打退前来为反动封建主曼·辛格解围的霍普·格兰特率领的英军。但是，游击队却游而不击，不战而逃，使霍普·格兰特爵士的军队的解救军事行动变成一次轻松的军事漫游。恩格斯根据这个事实判断说："虽然这次征讨的轻易取胜还不能说明整个奥德也将同样容易地被征服，但这仍然说明起义者的士气已丧失净尽。"① 恩格斯还指出了游击队的致命弱点，这就是：不去组织活跃的游击战，尽量袭击英军；不去截断敌人占领城市之间的交通线，伏击小股敌人；不去扰乱粮秣的征发，切断粮食的供应，反而满足于征收捐税和安享敌人在夏季炎热多雨季节留给他们的空闲时间。一句话，游击队没有进行积极的主动的进攻，没有在出敌不意、攻敌不备的战斗中取得即使是不大的胜利，但却可以保持起义军在精神上的优势。在城市保卫战中存在的致命弱点，在游击战中又出现了。消极防御是任何武装起义（包括民族起义在内）的死路，也是游击战争的死路，它把游击

---

① 恩格斯：《印度的起义》，《马克思恩格斯全集》第12卷，第611页。

战优势一下子变为劣势了。

那么，为什么会出现这种不幸的现象呢？这就必须从印度民族大起义失败的根本原因中寻找答案。这次大起义是一次民族起义。在起义中，建立了由封建主所领导的、由农民、手工业者和部分封建主组成的、反对英国殖民主义者的联盟。封建主没有能力领导民族独立战争，他们既不能制订统一的作战计划，也不能建立统一的指挥，更没有现代军事科学的概念，因而在屡遭失败中挫伤了起义军的士气。他们各占一方，离心力很强，常常互相猜疑，发生内讧，又在自己的地区掠夺农民，结果削弱了反英联盟。在1858年11月印度总督坎宁宣布不侵犯封建主的利益和特权以后，大部分封建主就背叛了反英联盟。奥德封建主的纷纷倒戈，中印度封建主曼·辛格出卖昔日同盟者坦提亚·托比，都是明显的例证。正如恩格斯所分析的那样："这样，既然英国人的最后胜利目前已无疑义，奥德的起义看样子将不经过积极的游击战争阶段而平息下去。一旦大多数地主与英国人达成协议，起义者的队伍将立即瓦解，其中那些有充分根据害怕政府的人会成为土匪（dacoits），而农民是乐于协助捕捉他们的。"[1] 封建主的纷纷叛变，使起义部队群龙无首，加上英国殖民主义者的分化瓦解政策，断送了游击战争阶段的有利形势。这不但不能发挥游击战争的优越性，而且使一部分人"落草为寇"，成为农民反对的对象。这是多么痛心的历史悲剧啊！

除了领导者这个因素之外，从军事观点来看，游击战争阶段也有深刻的历史教训需要我们去总结。在这方面，恩格斯关于民族起义的一系列文章值得我们认真领会。例如，上面提到，起义队伍中"那些有充分根据害怕政府的人会成为土匪，而农民是乐于协助捕捉他们"的提法，就有助于我们研究游击战争的历史教训。恩格斯多次提到，如果不建立起义的根据地，一味用流动游击的办法到处奔袭，不仅不能获胜，而且最后会变成与人民对立的"盗匪""强盗""土匪"[2]。恩格斯在19世纪60年代，在对美国南北战争和波兰游击战争的分析中，已经提出了人民游

---

[1] 恩格斯：《印度的起义》，《马克思恩格斯全集》第12卷，第611、612页。
[2] 《马克思恩格斯全集》第12卷，第469、557页。

击战争的思想①。他在《山地战今昔》中，又根据欧洲和亚洲的游击战争战例，提出了"游击战是绝对需要山地"②的论点。在分析印度游击战争时，他进一步提出了游击队必须建立起自己的作战中心、基地，即建立根据地的思想。他认为，游击队不能在英军强大的地区停留，也不能在印度各地流动。他曾经寄希望于阿马尔·辛格游击队的比哈尔丛林根据地，又认为瓜廖尔可作为游击队的新基地，还希望罗希汗的游击队在拉日普坦那地区开辟新根据地。由于历史条件的限制，印度所有的游击战的领袖，都没有像恩格斯希望的那样，达到军事科学的思想水平。

民族大起义中游击队缺乏根据地而流动作战的现象，类似于我国农民战争中曾经出现过的"流寇主义"。它的社会根源在于印度北部和中部有大量的游民阶层存在。英国殖民主义者的统治和剥削，以及战争、饥荒等造成了大量破产的农民、手工业者、被废黜的封建主、散兵游勇，他们除了到处流浪和抢掠之外，便无以为生。他们从13世纪开始，形成了一个强盗与暗杀的宗教组织——"图基"（thug），一直活跃到1835年③。游民阶层无疑被卷入民族起义的浪潮之中，而且也给起义军带来影响。游击队不去建立根据地、不同人民保持联系，就是这个阶层给起义军打上的烙印。这种情况，再加上封建主的领导，游击战争已不再能发挥它应有的威力，更谈不上从游击战争再发展为正规的决战了。这个深刻的历史教训，不仅说明了游击战阶段的重要地位，也说明它应当作为一份宝贵的历史遗产而载入印度人民的史册之中。

（彭树智、管敬绪：《论游击战争在印度民族大起义中的地位》，
原载《西北大学学报》1980年第1期）

---

① 《马克思恩格斯全集》第30卷，第242、324页。
② 《马克思恩格斯全集》第12卷，第125—126页。
③ 凯思林·高夫把英国殖民统治时期的印度农民起义分为六个类型，其中第三个类型就是"社会盗匪"这一类型。在这一节中他详细分析了"塔格"集团的活动。见《印度农民起义》，载澳大利亚出版的《亚洲学报》1976年秋季7—9月号。

驳"西帕依残暴论"[*]

1957年5月和8月，我国史学界热烈地纪念了1857—1859年印度人民反英大起义一百周年，我们怀着崇敬的心情回顾着百年前印度人民英勇反抗英国殖民主义斗争的历史，也不禁怀着憎恨的心情仇视着殖民统治者的残酷镇压。同时，也强烈地感到：必须对殖民制度的辩护士、资产阶级的御用文人的反动观点展开进一步的清算。

十年来，我国史学界在亚洲各国史的许多问题的研究上，取得了卓越的成就；特别是近两年来，就1857—1859年印度人民反英大起义的问题发表了不少的论文、著作和译文，取得了更为显著的成绩。其所以如此，是由于我们十分珍视这次大起义的历史意义，在马克思列宁主义思想的指导下，认真地对这次起义的原因、性质和意义作了较全面的探讨，提出了较正确且切合历史真实的评价。换言之，即用马克思列宁主义的观点，分析了印度当时的经济发展和社会主要矛盾；阐明了起义的人民性和它在印度历史上、亚洲各国史上的意义；指出了起义对中印两国人民在反帝斗争中的相互鼓舞的历史交往精神；明确了起义各阶段的划分；批判了对起义进行歪曲的资产阶级观点；翻译了印度进步学者、英国和苏联学者的论文或专著。在开始纪念百周年活动时，我国年轻的亚洲史工作者及时地配合了政治任务，做了有利于中印两国人民在反抗殖民主义斗争相互支持和团结的工作。在以后的研究中，更逐渐深入和提高了

---

[*] 西帕依（Sepoy），原本指英印军队中的印籍雇佣兵。由于英国资产阶级硬把这次大起义说成是"兵变"，因而在他们的军下，西帕依实际上就是指起义者而言。所谓"西帕依残暴论"，是英国殖民主义者及其御用学者歪曲大起义的一个论点。

质量。

然而，因为理论水平不够高，某些同志在对资产阶级学者的批判方面，或多或少地表现出了资产阶级客观主义的倾向。最近杨宗遂和汪潜二同志先后在《四川大学学报》（1959年第2期）和《历史研究》（1959年8月刊）上发表文章，作了较为有力的批判。今天，为了纪念印度人民这个伟大事件结束的一百周年，特将1957年写的一篇《驳"西帕依残暴论"》的文稿，修改发表于此，希望大家指正。

"西帕依残暴论"种种

"残暴的西帕依！"——许多当时的英国殖民主义者及其御用学者在大起义发生之后，异口同声地这样叫嚷着。伦敦《泰晤士报》就是他们的代表。这家英国资产阶级的喉舌在大起义期间及大起义结束后一段时间疯狂地咒骂起义者，它煽动复仇主义情绪，编造印度起义者残暴迫害英国人的离奇的、耸人听闻的情节。然后便向英国军队宣传，要英军在镇压起义者时，首先"绞死"起义者，然后把起义者放在"火上烤"，把他们"砍成四块"，把他们"穿在铁叉上"，"生剥他们的皮"等狂言妄语。事实上，英国殖民主义者在镇压起义的过程中，远远超过了《泰晤士报》所叫喊的那种残暴程度。但是之后许多有关起义的著作中，却掩盖了这一点。不仅如此，这些著作和《泰晤士报》一样，没有谴责英国殖民统治者的残暴行为，反而诬蔑起义者如何残暴。我们不必翻阅过去英国资产阶级学者的许多关于大起义的著作，只要看一看近年来的一些著作，同样可以听到一百年前《泰晤士报》疯狂叫嚣的回声和余音。即使比较进步的著作，也没有摆脱这种不良的影响。有些学者则出于资产阶级的偏见，故意把起义者描写成杀人魔王，这样，既为英国殖民统治者的残暴行为打掩护，也直接歪曲了起义的正义性质。

"西帕依残暴论"，这是在有关大起义研究工作中存在的一个相当普遍的有害论点。这个论点的炮制者的目的是扼杀人民群众对自己力量的信心，消磨他们反对殖民主义者的斗争意志，防止人民从中吸取历史经验教训和受到"本民族英勇斗争传统精神的鼓舞"。为了揭穿殖民主义制度辩护士们的诬蔑和伪造，清算"西帕依残暴论"是绝对必要的。

过去英国一些资产阶级学者对于这个问题的论述方式上，总是采取两种手法。第一，他们对英国军队在镇压起义过程中的胡作非为，惨绝人寰的罪行，默不作声，噤若寒蝉。尽管他们掌握了有关这方面的大量材料，但他们认为，还是不写为妙。第二，他们那颠倒黑白的笔锋，却转向了颂扬。在他们的笔下，镇压起义的刽子手们的残暴行为，被说成是"英勇行动"和"爱国精神"，而把起义者的正义反抗斗争故意加以歪曲，并且恬不知耻地采取了伪造的伎俩。这种卑劣手段，就是在大起义百周年纪念时，英国资产阶级学者 J. W. 怀特仍在玩弄着。他公然把哈夫洛克和尼柯逊等镇压起义的刽子手称为"一代英豪"，把英军残暴镇压起义的罪恶行径写成是"令人惊异的坚韧不拔的勇气和能力"的表现。[1]

我们在1952年英国出版的《不列颠对印度的影响》一书中，看到了"西帕依残暴论"的另一种表现形式。作者虽然念念不忘地咒骂起义者如何残暴，如何杀害英国的妇女，但同他的前辈史学家不同，他采取了新的手法。他一方面大骂："那那·萨希布的名字，坎普尔屠杀的煽动者，在不列颠史上将遗臭万年。"[2] 但另一方面，也不得不提到刽子手约翰·尼克逊宣布的"在德里活剥皮、刺死或烧死妇女和儿童完全合法"的臭名昭著的命令。他的理论是："残暴产生残暴"。在他看来，似乎只是由于起义者的"残暴"，才产生了英国殖民主义者的残暴；没有起义者的"残暴"，英国殖民主义者原来是天字第一号的"文明"而"善良"的绅士。因此，他的结论是：残暴的责任是起义者一手造成的，英国殖民主义者不负任何责任。或者说，英国殖民主义者的残暴行为，是起义者的"咎由自取"，活该如此！英国殖民主义者的罪行就这样被洗刷得一干二净了。

残暴的根源究竟在哪里？这本来是很清楚的。要说"残暴产生残暴"，这第一个残暴的真正根源应该是英国殖民侵略者。一百多年的侵略、掠夺和剥削，为这血迹斑斑的历史埋藏下深厚的根源。起义者用革命的暴力反

---

[1] J. W. White, "The Indian Mutiny", *History Today*, No. 5, 1957.
[2] Sir Pencival Griffitas, *The British Impact on India*, London, 1952, pp. 101 – 105.

抗英国殖民主义者，完全是正义的。马克思说过："人类历史上存在着某种类似报应的东西，按照历史上报应的规律，制造报应的工具的，并不是被压迫者，而是压迫者本身。"① 印度人民用武装起义来反抗英国的殖民统治，完全是正义的行动，完全符合马克思所指出的这种"历史报应"的规律。

《不列颠对印度的影响》的作者，在玩弄了这个花招后，立刻摆出另一副面孔说："评价双方这些残暴行为是无用的"，"兵变证明了印度人和英国人之间的好和坏。比起一个讲述亲眼看见暴行的英国人来说，就有更多的英国人讲述印度朋友和士兵的忠诚，讲述印度老实的仆人把他们（指英国殖民主义者——引者）的小孩送到安全的地方去"②。在这里，他又企图用英国殖民主义者与印度人民"关系和谐"的论点来掩盖残暴问题的实质。但是印度人民同英国殖民主义者的矛盾是抹杀不了的。即使他说的个别事实可能是存在的，也不能反映问题的本质。正如马克思所痛斥的，"至于说印度教徒对起义漠不关心，甚至说他们同情英国的统治，那全是无稽之谈"③。总之，《不列颠对印度的影响》一书作者的观点的荒谬是一目了然的，他的目的无非是在所谓残暴问题上混淆是非，从而达到歪曲这个反英起义性质的目的。

在印度一些历史学家中，也表现出了客观主义和英国殖民主义者的影响。

例如，玛兹穆德等人所著的《高级印度史》中就这样写道："遗憾的是，在这次事件中，交战双方都有一种漠视文明法规的特点，这是'少有的残暴的战役'。如果说起义者犯了可怖的罪行，那么英国军队的残暴行为是每个善良的和有教养的人所不能容忍的。"④ 作者这种"不偏不倚"的评论，实际上是混淆了两种不同性质的暴力，不自觉地站在了英国殖民主义者一边。他们忘记了双方的"残暴"即暴力行为是在什么情况下发生的和为什么才发生的。他们一方面对"英国军队的残暴行为不能容忍"。另

---

① 《马克思恩格斯全集》第 12 卷，第 308 页。
② Sir Pencival Griffitas, *The British Impact on India*, p. 106.
③ 《马克思恩格斯全集》第 12 卷，第 285 页。
④ R. C. Majumdar, etc., *An Advanced History of India*, London, 1946, p. 781.

一方面又说"起义者犯下了可怕的罪行",最后各打五十大板:"双方都有一种漠视文明法规的特点。"这种貌似公允的立场,对于那些为了反对英国殖民统治而英勇斗争乃至牺牲在战场上的起义者,未免太不公正了。对于这次正义的、反对英国殖民主义者的战争,这样评价也被置诸书旁了。

再如,辛哈等人所著的《印度史》中,竟然把所谓"西帕依残暴行为"归结为起义失败的原因之一。该书中说:"西帕依不顾死活的野蛮行为,很快和他们的人民相脱离,失去了他们在开始时期多少已经获得了的普遍同情。"[①] 我们知道,英国殖民主义者及其辩护者之所以把起义者诬蔑为杀人成性的凶手和野蛮人,那是为了替英国殖民主义的侵略、剥削和压迫作辩护。可是,《印度史》的作者们也同这些人一起斥责起义者的"野蛮行为",并把这种"野蛮行为"同起义失败的原因联系在一起,这就不能不令人感到惊异与遗憾了。

在我国有关大起义的论文和著作中,也有类似的客观主义表现。在这种客观主义者的影响下,对于长期流行于起义史叙述中关于起义者的"残暴"问题,总觉得理亏。因而,也在这个问题上或采取回避态度,或认为双方都很残暴,而没有能够用马克思主义关于暴力的理论,科学地分析这个问题。

事实胜于雄辩

"西帕依残暴"论者在侈谈起义者如何残暴时,始终不愿深入触及英国殖民主义制度的卫士们和"文明的"英国强盗们在印度干的种种罪恶行径。满脑子殖民主义偏见的印度兵变史的权威凯伊就宣布:"虽然我手头有足够的描写我们自己人所犯下可怕的残暴罪行的材料,但是关于这些,我不能写一个字。"因此,他理应遭到印度民族主义史学家萨瓦卡尔的正当谴责,痛斥他"根本不是一个历史学家"[②]。历史是铁面无私的,事实毕竟是史实。只有忠实于史实,才能忠实于历史,才是一个正直的历史

[①] N. K. Sinna, A. C. Banejee, *History of India*, Calcutta, 1953, p. 591.

[②] [印]孙德拉尔:《1857年印度民族起义简史》,第47页。

学家。

英国殖民主义者的罪行是成千累万的，要像用雪埋葬尸体那样去掩盖事实，是无法做到的。在殖民主义史学家的著作中，也会透露出一些线索。例如，鲍尔在《印度兵变史》中就有这样的记载："我们在一个住满了人的大村庄里放起了火，我们包围了他们，当他们从火里冲出来想逃走的时候，我们就开枪扫射。"① 汤普逊在《西帕依叛乱史》中，以夸耀的笔法写道："当时凡是遇到土人，都处以死刑。""英国驻防之地，必将其前方所有的村落付之一炬。""宣布戒严令之后，是年（1857）5、6月间，建立了司法部通过的血腥巡回法庭，也有不经过法庭就地执行的。反抗者遭到枪杀固无待言，即老幼妇女，亦遭牺牲。有时为了省去绞刑的麻烦，整村整村地烧掉它。英国军队对于这种屠杀，看作打猎一样，快乐得忘记了疲乏。"② 即使像凯伊声称他不应写他的同胞在印度的残暴罪行，在他和另外一个殖民制度的辩护士马里森合著的《印度兵变史》中，也无法坚持"为亲者讳"的原则，而提供了英国军队的不少罪证。该书写道："志愿行刑队深入各县区，在这种场合下，其残暴程度，连当地专业刽子手们也都大为逊色。一个英国绅士自夸他用完全艺术的手法，用芒果树作绞架，用大象作行刑的踏步，把这些野蛮司法中的牺牲者一连串上了绞索，和游戏娱乐一样。"③

诸如此类事实是不胜枚举的。从起义的第一阶段（德里的起义）转到第二阶段（德里的保卫战）以后，每一次事件中都充满了起义者英勇的抵抗和英国军队的残暴行为。令人不寒而栗的是英国殖民主义者所"创造"的"炮轰"刑罚。一个目击者说："英国连队布好阵，把炮弹装进大炮，把西帕依绑在大炮口上，判决词读完后，就一齐发射。西帕依视死如归。这真是可怕的场面：血淋淋的人头，手和脚被大炮弹打得向四面八方射出去。"画家维列沙根（В. Верещагии）曾为此作了一幅有名的画：《在印度的英国式刑罚》④。的确，这种刑罚真不愧是"文明"的英国殖民主义者所

---

① 转引自 V. D. Savarkar, *The Indian War of Independence 1857*, p. 131。
② 转引自［印］波士《革命之印度》，第 14—15 页。
③ 参见［印］尼赫鲁《印度的发现》，第 425 页。
④ ИПМинаев, Дневнцц путешествий b в Иняиго, 1955, p. 81.

创造"杰作",比起旧式凌迟更为野蛮的现代化屠杀!

刽子手尼尔是怎样对待他屠杀印度起义者的事实呢?他说:"上帝给了我正当的行动!我知道我的行动是残暴的,但在当时的情况下,我坚信是可以谅解的。我所干的都是为了我们祖国的利益,为了重建起它的威信和权力,为了镇压这些最粗野的、无人性的叛乱。"尼尔是露骨的殖民主义刽子手,他公开宣布了自己可耻的目的。后来荷姆斯也为这种叫嚣和罪行感到忧虑:"我们连老人也不放过,怀抱小孩的无辜妇女所遭到我们报复的严重程度,不下于我们对待最可恶的男人。"[1] 然而对于尼尔,让他回忆一下,这种惩罚并不是愉快的事,而是一种可怕的野蛮血债。

据《伦敦观察家杂志》估计:"在当时发生的暴动中,印度人被我们杀死的不下十万人。"[2] 有的材料统计,在这次战争中,在印度的英国人约有4万,其中有1/7死亡;而印度人则有80万死于战争和战后的饥荒。这当然只是一个大大压低了的估计。事实上我们所看到的材料也只是来自英国别有用心的资产阶级学者的一鳞半爪而已。萨瓦卡尔是第一个写大部头关于起义著作的印度人,但是当他的《1857年印度的独立战争》在1909年刚一出版,就被英国殖民主义者禁止发行,并判他以重刑。[3] 高尔基曾经对英国殖民主义者这种行为表示极大的愤怒。[4] 萨瓦卡尔在他的著作中,大量揭露了英国军队的残暴罪行,并且进行了严厉的斥责。尽管这本书有它的缺点(如有文学化的倾向),尽管萨瓦卡尔本人后来也有不好的变化(第二次世界大战中做了反动的印度教大会主席),但这本书仍有它的重要历史价值。英国殖民主义者之所以害怕这本书的出版,就在于这本书揭露了他们丑恶的本质,就在于作者从民族主义者的立场向印度人民呼吁,让人民从这次伟大事件中汲取力量。最近出版的《1857年印度民族起义简史》是中国人民的好朋友孙德拉尔先生在1929年出版的《英国在印度的统治》一书中的几章。这本书也具有和萨瓦卡尔的著作同样的特点。在起义百周年纪念时,印度的马克思主义历史学家、民族主义的历史学家都写

---

[1] T. R. Homes, *History of Indian Mutiny*, London, 1913, pp. 229–230.
[2] [印]波士:《革命之印度》,第15页。
[3] 关于该书的遭遇,参见 V. D. Savarkar, *The Indian War of Independence 1857*。
[4] 《高尔基政论集》,第239页。

了一系列的论著,在揭露和驳斥"西帕依残暴论"方面,提供了不少有力的证据。

显然,事实本身证明了英国殖民主义者在印度所犯下的滔天罪行,任何企图掩盖这些事实的种种打算,只能暴露他们自己的本来面目。

同时代人们的评论

恩格斯在他的关于起义的论文中,痛斥了英国殖民主义者的残暴行为。他深刻地指出:"成吉思汗和帖木儿的卡尔梅克寇群,像蝗群一样袭击了许多城市,沿途所遇,无不吞噬一光,但要与这些信奉基督教的、文明的、有骑士风度的、文雅的英国士兵的侵略比较起来,对于受害的国家来说,却未必不是一种善行。"在谈到英国侵略军队在勒克瑙的罪行,恩格斯愤怒地指出:"抢劫、暴行、屠杀——这在任何别国军队里都是已经严格禁止和完全排除了的行为,——是英国士兵由来已久的特权,是他们的合法权利……1858年勒克瑙的洗劫是英国军队永远洗不掉的耻辱。"[①]

在同时代人中,只有马克思和恩格斯这样明确地抨击英国殖民主义者的罪行。他们认为印度反抗英国殖民统治的起义是正义的战争。他旗帜鲜明地站在印度起义者一边,向全世界揭露了英国殖民主义者在印度干的罪恶勾当。他们用坚定的、无产阶级的革命立场,科学地分析了残暴问题的实质。他们当时就住在伦敦,英国殖民主义者及其御用学者们关于"西帕依残暴"的叫嚷声,不绝于耳;关于歪曲、编造起义者"暴行"的言论,甚嚣尘上。他们从一开始,就看出了问题的实质所在,并且在合订的一系列的文章中对这种叫嚷进行了尖锐的批判。在他们看来,必须把残暴问题同大起义发生的原因和性质联系在一起考察,才能得出正确的结论。因此,在印度起义发生以后,他们多次研究了"造成这次猛烈暴动"的许多原因。1857年8月28日,即在起义发生后的三个多月,马克思根据1856年和1857年下院会议期间提交给下院的东印度的刑罚问题的官方蓝皮书,写了《印度刑罚的调查》一文。马克思揭露了英国殖民主义者在印度进行

[①] 《马克思恩格斯全集》第12卷,第499页。

种种压迫的事实，然后写道，"看到这样的事实，公正而严肃的人们也许会问：人民企图赶走竟敢对自己的臣民这样滥用职权的外国征服者，难道不对吗？如果英国人能够冷酷无情地干出这种事情，那末就算起义的印度人在起义和斗争的狂怒中犯下硬说是他们犯下的那些罪行和暴虐，又有什么奇怪呢？"①

马克思深入地对当时喧嚣一时的"西帕依残暴论"进行了剖析。他在1857年9月写的一篇文章中，进一步深刻地说明了所谓"西帕依残暴论"的实质。他把残暴行为发生的原因和条件，作了具体的分析。马克思写道："起义的西帕依在印度的暴力行为的确是惊心动魄的、可怕的、非笔墨所能形容的……不论西帕依的行为多么不好，它只不过是英国自己在其建立东方帝国时期以及在其长期统治的最近几十年当中在印度所作所为的集中的反映。""我们同样不应忘记，英国人的残暴被说成是英勇行动，并且描述得很简单，没有令人作呕的细节，而本身已经够可怕的土著居民的暴力行为，却还被故意渲染夸大。"② 在这里，我们清晰地看出：英国殖民主义者压迫剥削印度人民，是发生起义的根本原因。任何歪曲、粉饰都是枉然的。

在同时代的进步人士中，也有许多人同情印度起义者而斥责英国殖民主义者的暴行。俄国伟大的文学家列夫·托尔斯泰就是这方面杰出的代表者。希弗曼写道："托尔斯泰早在其创作生涯的初期，亦即在1857—1859年第一次印度全民起义的时期，他就对起来反抗奴役者的印度人民表示了深刻的同情。"1858年3月，当镇压起义的刽子手坎贝尔将军在勒克瑙屠杀印度起义者和居民时，托尔斯泰就在日记中写道："英国人没有人性。"③ 显然，托尔斯泰这里所谓的"英国人"是指英国殖民主义者，并不是英国人民。作为人道主义者和现实主义作家，他公正地理解了所谓"残暴"问题"没有人性"的真实含义。他不但是俄国革命的镜子，而且在反映1857—1859年印度大起义这个伟大事件的映像方面，也不愧为杰出的作

---

① 《马克思恩格斯全集》第12卷，第296页。
② 《马克思恩格斯全集》第12卷，第308、310页。
③ [苏] 希弗曼：《印度的朋友：列夫·托尔斯泰》，老九译自《苏维埃东方学》，载《国际问题论丛》1957年第8期。

家。他比自命为历史学家的那些人，更公正、更忠实于历史和现实。

英国的一些有顽固偏见的历史学家，一提起坎普尔事件便怒于形色，大骂起义者惨无人道。对这个历史事件，我们应该作具体分析。首先，起义者不应该在坎普尔渡口上杀掉投降的英国俘虏们。但是，其次，我们也要看到由于尼尔及其他英国强盗们惨无人道的屠杀，才使坎普尔的起义者无法控制住自己的感情。最后，在这里并不像英国军队那样，连妇女和小孩也一起杀掉。当然，不仅是在坎普尔，而且在起义的所有地区内，斗争都是很激烈的。因为在一切抗暴反侵略的正义战争中，对战场上持枪荷弹的敌人是犯不着讲仁慈的，更何况英国殖民统治者是穷凶极恶和阴险狡猾的，他们用自己的残酷行为把印度这个"不动恶、不杀生"的民族逼怒了。所以，连当时伦敦的特派记者鲁赛西也不得不从坎普尔事件中得出了如下的结论："在这里，我们所遇到的不仅是一次奴隶反抗的战争和扎克雷一类的农民暴动……而且是一次一次为了摆脱枷锁的民族的斗争。"①

我们并不否认这次战争的残酷性。的确，印度人民把他们对英国殖民统治者的仇恨化为战斗的行动，采取了革命的暴力行动。如果说起义者"残暴"的话，这也正是英国殖民主义者逼出来的，他们应当自食其果。印度人民以暴制暴、以戈止戈的行动，完全是正当的、无可厚非的行动。印度这次反对英国殖民统治的武装起义，是经过长期的酝酿，是一百年来反侵略、反压迫和反剥削的战斗的继续和发展。印度人民把忍无可忍的愤怒和仇恨，像火山的岩浆一样倾泻出来，这是很自然的事。所以，印度人民对恨之入骨、长期奴役自己的英国殖民主义者，对一向在印度作威作福的外国"老爷们"的打击报复，也是不足为奇的。因此，在谈到"残暴"问题时，受谴责的不应该是起义者，而应该是英国殖民主义者。起义者的行动在某些方面无非是有过火之处而已，而英国殖民主义者则是外国统治者暴烈的罪行。对坎普尔的事件应作如是观，对勒克瑙的事件也应作如是观。

十分清楚，英国那些为殖民主义偏见所左右的史学家，他们的殖民主

---

① 扎克雷（Jacqerie）起义是1358年法国发生的农民起义。扎克雷是贵族对农民的轻蔑称呼，后来，国王查理骗杀了起义的领导者，血腥地镇压了起义。Howard Russal, *My Diary in India, in the Year 1858-1859*, p. 164.

义立场和历史种族主义观点，决定了他们必然诬蔑起义者或歪曲事实真相，从而为英国的殖民制度作历史的辩护。他们所坚持的"西帕依残暴论"和他们有意歪曲起义的正义性、人民性是直接联系在一起的。在他们看来，这次起义是一次与人民无关的"军事叛乱"，即"西帕依的哗变"。因此，才进一步把起义者描绘成野蛮的人群，把殖民主义者的残暴行为说成是合理的东西，甚至还要起义者对这种残暴行为负责。这样一来，他们歪曲起义性质的目的就达到了。被他们颠倒了的所谓"残暴产生残暴"的论调，就是为这个目的服务的。作为马克思主义历史学者，应该像马克思和恩格斯那样，坚持历史唯物主义的基本观点，站在印度人民的立场上，科学地分析这个问题。我们必须认清这些人的用意，不受他们的影响，同他们划清界限。作为民族主义历史学者，也应该像托尔斯泰那样，用爱国主义和人道主义的镜子，来照照英国殖民主义残暴的原形，而不受他们辩护者的迷惑。

"西帕依残暴论"可以休矣

从1857年印度人民反英大起义到现在的一百多年中，"西帕依残暴论"一直在史学界广为流行。值此起义结束百年之际，我对这种观点作了一些分析批判。从这些分析批判中，关于"西帕依残暴论"应当得出什么结论呢？我认为至少有以下几点，可以得到比较明确的认识。

第一，关于残暴问题，我们不应该漠视英国殖民主义者一百年来对印度的侵略和压迫剥削，特别不应该忘记英国殖民主义者在起义中的血腥罪行。把压迫别的民族的宗主国和被别的民族压迫的殖民地加以严格区别，这是马克思列宁主义研究殖民地问题的根本原则。不从这个根本原则出发就看不出问题的实质。压迫别的民族的英国殖民统治者，正是依靠着殖民地人民，首先是印度人民的血汗，建立了大英帝国。他们的罪行是写不完的。单从起义这个事实本身，不仅在马克思主义的或民族主义的历史学者的著作中，可以清楚地看出，而且连专门为英国殖民制度辩护的资产阶级御用学者，也是无法遮盖的。我认为，只要严格区别这点，就可以明彻地得出结论：英国殖民主义者是真正的残暴者。

第二，起义者对待英国殖民主义者当然是不留情的，如果硬要说是"残暴"的话，也可以说得上。然而，这种现象是英国殖民主义者逼出来的。为了最卑鄙的利益，英国东印度公司的商人、职员、传教士、军队在印度横行霸道，使这个具有悠久历史和丰富文化的国家的社会经济、文化遭到最深刻、最惨痛的破坏。在政治上也使印度丧失了独立与自由；他们的宗教和风俗习惯也遭受到最粗暴的破坏。一句话，英国殖民政策在印度推行的结果，使印度广大人民处于空前的悲惨处境。正因如此，英国殖民主义者的侵略、劫夺，从反面动员了印度人民的力量，把广大人民驱入反对英国殖民统治的斗争中去。在"失掉了旧世界而没有获得一个新世界"的"特殊的悲惨的色彩"①的条件下，印度广大人民与英国殖民统治的矛盾就显得特别尖锐。英国殖民主义者给自己掘好了坟墓。这次大起义就是有力的印证。那么，英国资产阶级学者对英国资本家长期剥削印度和形形色色的横行霸道的罪恶行为，为什么只字不提，反而对起义者的正义斗争却大呼大嚷，其目的还不够明显吗？

第三，这次大起义是英国殖民统治下的第一次全民族的大起义，是大规模的反抗殖民压迫的民族斗争。因此，谈到"残暴"问题，实质上就是如何对待群众的革命运动问题。凡是站在这个运动的对立面而仇视它的人，必然要千方百计地反对它、污蔑它；凡是站在它旁边的人，那就会指手画脚，貌似公正地"各打五十大板"，或者是漠然置之。因而，我们必须坚持马克思列宁主义的立场，彻底驳斥那些恶意污蔑歪曲的荒谬议论，批判澄清那些貌似公允的糊涂看法。唯有如此，才能还原这次起义的本来面目。

第四，从人民反对殖民主义斗争史的角度总结历史经验，我们应当看到大起义中表现的盲目排外主义的倾向。在当时的历史条件下，印度的起义者并不知道把英国殖民主义者和英国人民加以区别，因而在大规模的急风暴雨般的武装斗争中，杀掉了一些不该杀的人。起义者当时只知道把妇女儿童保护起来，不加杀戮，这是他们达到的最高水平。这就同各被压迫民族对殖民主义、帝国主义的认识要有一个过程一样，是一定历史发展阶段中存在的共同问题。在这个问题上，我们不应当苛求于印度的起义者，

---

① 马克思：《不列颠在印度的统治》，《马克思恩格斯全集》第9卷，第145页。

更不应该把这个问题同英国殖民主义者的恶意污蔑混为一谈。

总之，1857—1859年印度人民反英大起义是一次群众性的反对英国殖民统治的斗争，是推翻英国殖民统治的暴力革命，"革命不是请客吃饭，不是做文章，不是绘画绣花，不能那样雅致，那样从容不迫，文质彬彬，那样温良恭俭让。革命是暴动，是一个阶级推翻另一个阶级的暴烈的行动"①。所以，这场斗争对残暴的敌人采取了理所当然的反击，它表现了印度人民反抗殖民主义坚强不屈的斗争意志和英雄气概。毫无疑义，这种"残暴"是绝大的好事，而不是坏事；这种"残暴"应该由英国殖民主义者负责，而不应该丝毫地责难印度人民。

马克思早在一百年前痛斥伦敦《泰晤士报》时，就旗帜鲜明地指出："既然德里城墙没有像耶利哥城墙那样仅仅由于空气震荡而倒塌，那就必须用复仇的号叫来震聋约翰牛的耳朵，使他忘掉他的政府应该对发生的灾难以及使这次灾难达到如此巨大的规模负责。"②

无疑地，马克思的这些话，不但对当时的"西帕依残暴论"是一个迎头痛击，也完全适用于今日改头换面的"西帕依残暴论"的恶意鼓吹者。面对英国殖民统治者的野蛮行径，面对一个外来侵略者对独立国家和民族的压迫剥削，今日之历史书写，到底是该责备起义者的过激，还是应该鞭笞镇压者的恶行，其中是非曲直其实是很一目了然的事。

"西帕依残暴论"可以休矣！

（原载《人文杂志》1959年第3期，1961年做了一些订正）

---

① 《湖南民族运动参考报告》，《毛泽东选集》第1卷，第18页。
② 《马克思恩格斯全集》第12卷，第311—312页。

学步文稿（下）

1905—1908 年印度的独立运动

1905 年是世界近代史上具有划时代意义的一年。这一年在俄国爆发了帝国主义时代第一次资产阶级民主革命。这个革命促进了西方无产阶级革命运动和东方民族解放运动的蓬勃发展。在非洲，正酝酿着新的反帝斗争。在拉丁美洲，约五年后，爆发了历时七年之久的墨西哥资产阶级革命。在亚洲，土耳其、伊朗、中国和印度，都发生了资产阶级革命或民族独立运动。亚洲觉醒了，它已成为世界革命风暴的新泉源，并反转影响了欧洲革命运动的高涨。"亚洲的觉醒和欧洲先进无产阶级夺取政权的斗争的展开，标志着二十世纪初所揭开的全世界历史的一个新的阶段。"[1] 这是世界历史上"先进亚洲，落后欧洲"的"后进变先进"历史逻辑大变局中革命阶段的早期开端。

1905—1908 年印度的独立运动就是在帝国主义时代和世界革命新的形势下发生的，它是亚洲觉醒时期反帝运动的一个重要组成部分。

20 世纪初印度社会经济和阶级关系的变化

英国从 19 世纪中叶起，已具有帝国主义的某些特征，如占据广大的殖民地，在世界市场上占据垄断地位，等等。到了 19 世纪后半期，特别是 19 世纪末和 20 世纪初，英帝国主义主要依靠资本输出的手段来剥削印度。

修筑铁路是英国资产阶级投资的重要部门。因为铁路可以加速输出印度的农业原料（黄麻、棉花），加速输入英国的工商业产品，又便于运送

---

[1] 《亚洲的觉醒》，《列宁全集》第 19 卷，人民出版社 1959 年版，第 68 页。

军队，镇压印度人民起义和对亚洲进行扩张，有利于英国殖民统治的巩固和掠夺原材料。在印度修筑铁路开始于1854年，1857年铁路长度为288英里，1860年印度有铁路1300英里，1890年即达25600英里。在寇松任印度总督期间（1899—1905），又修建了9600余英里铁路。19世纪末，修筑铁路的费用已达22600万英镑。到1914年，铁路长度增长到34600英里。每一英里铁路造价预算84英镑，结果为18000英镑，都由印度负担，而得利最大的是英国垄断资产阶级。

英国垄断资产阶级除投资修筑铁路外，还在黄麻、橡胶、咖啡等种植园中进行投资。1854年，在加尔各答城建立了第一座黄麻工厂。1886年，英国的印度黄麻工业协会成立，垄断了印度的黄麻生产。英国大银行家、加尔各答黄麻大王戴维·尤，在1905年以前的16个月当中，仅在黄麻工业的投资上，就达2000万卢比以上。1904年，英国资本占印度煤产量的80％。1893—1905年，英国私人公司在印度资本增加了23％，英国银行资本增长了95％。20世纪初，英国金融资本家掌握了印度银行存款的3/4。1909—1910年英国私人在印度投资总额约为36500万英镑到47500万英镑，其中97％以上是投资在政府、运输、种植园和银行。[①] 世界闻名的制茶业也在印度出现。1879年，英国第一家"阿萨密茶叶公司"在印度成立，这是一家契约工人组成的茶叶种植园。

英国垄断资产阶级并没有放松，相反是加强了"旧的"剥削手段——输出印度的粮食和工业原料。以1892—1897年的输出额指数为100，到1901—1906年小麦的输出为276％，棉花为143％，黄麻为127％。粮食原料的掠夺方面，1901—1906年与1892—1897年相比，小麦增加了179％，棉花增加了43％，黄麻增加了27％。这是典型的殖民地经济的特征。

英帝国主义为了使得自己的商品和资本输出，千方百计阻止印度民族工业的发展。为了打击加尔各答的印度资产阶级势力，代表英国垄断资产阶级利益的英国殖民政府开始修筑吉大港，以降低加尔各答在对外贸易中的作用。为了削弱印度商品的竞争能力，英帝国主义者在1899年实行了货币改革，规定了英镑对卢比的高额兑换率。据说是为了稳定印度卢比币

---

① ［英］杜德：《今日印度》上册，第135—136页。

值，实则是为了打击印度资本家而保障自己获得超额利润的手段。但是，英帝国主义对印度加紧经济侵略，走向了自己的反面，为利益所驱使的英国垄断资产阶级，并没有能够完全阻止住印度资本主义的发展。和他们的主观愿望相反，在他们进行商品和资本输出的同时，却在客观上进一步促进了印度资本主义的发展。马克思早在1853年就曾指出："铁路系统在印度将真正成为现代工业的先驱。"① 它特别促进了煤炭工业的发展。印度资本主义进一步发展，也表现在股份公司的增长上。1851年印度人开始办厂，1876—1896年印度人的工厂共有66家。1896年3月至1906年3月，印度注册的大股份公司增加了36.8%。1906年股份公司总共有1728家，资本有27900万英镑。股份公司多集中在孟加拉、孟买和马德拉斯三地。1905年外国公司就有165家，其中英国资本占据统治地位。必须指出，印度的民族工业，特别是棉纺织业也迅速发展起来。

随着印度资本主义的进一步发展，印度的资产阶级和无产阶级最后形成了。

印度资产阶级形成的特点是：他们不是从小工业家中产生的，而是从商人直接变为产业家即工业资本家的。这个阶级主要从孟买、古吉拉特、加尔各答和马德拉斯等沿海地区的商人、掮客和高利贷者中产生的。印度的商人、高利贷者阶层是英国殖民主义者进行经济侵略、军事侵略和殖民统治的帮凶，他们在印度沦为英国殖民地的过程中发了大财。18世纪末叶的印度总督康沃利斯承认：印度一切阶级由于殖民剥削而"濒于普遍的穷困和不幸状态，只有大商人和大高利贷者是例外"②。他们中间有许多人本身就是大地主，有些把款贷给地主，有些像地主一样贷款给农民，把资本用于购买土地，使他获得丰厚的收入。这一切说明：在19世纪末和20世纪初形成的印度资产阶级，与英帝国主义和印度封建地主阶级有着血缘关系。这就是殖民地半封建印度的资产阶级在政治上具有强烈妥协性的经济根源。

英帝国主义为了保持在印度农业中的统治地位，采取了四种方法：第

---

① 《马克思恩格斯全集》第9卷，第333页。
② 《给东印度公司董事会的信》，《康沃利斯勋爵文集》第1卷，1926年牛津版，第138页。

一，保持印度传统的工业；第二，堵塞印度资本家投资新兴工业；第三，不许印度发展基础工业；第四，保持农业中的封建残余。这样，印度的农业就成为英帝国主义的农业附庸。但是，印度资本主义发展的趋势终究是阻挡不住的。它以畸形的方式表现出来。印度资产阶级主要经营的工业部门是纺织工业。第一个黄麻厂和第一个棉纺厂早在19世纪中叶就出现了。但是，只是在19世纪末叶才迅速发展起来。1886—1905年的20年中，印度资本家经营的棉纺工厂由95个增至197个。同一时期，纱锭由2262个增至5163个，纺织机由1700台增至50000台。印度资产阶级的经济力量壮大了。他们对自己在政治上的无权地位、经济上的限制日益不满。19世纪末以前，印度纺织品在远东市场（主要是中国）上占据重要的地位。但在20世纪初由于中国民族工业有了新的发展，日本帝国主义的商品也大量流入中国市场，印度的纺织品被排挤而回流印度市场。这样，英国和印度资产阶级在印度市场上发生了更尖锐的冲突。英国资产阶级用经济优势倾销商品，利用殖民政权的帮助使印度资产阶级无利可得，政治权利也进一步受到限制。这就是印度资产阶级在1905—1908年不同程度上参加印度人民反英运动的原因。

印度无产阶级的产生早于印度资产阶级，它在英帝国主义直接经营企业之时就出现了。破产的农民和手工业者是印度无产阶级的前身。这些破产的劳动群众为生活所迫，不得不进入工厂，廉价出卖劳动力，忍受英国和印度资产阶级极端残酷的剥削。他们没有星期日、没有假日和稳定的工作。劳动条件和居住条件都极端恶劣。据加尔各答、孟买、艾哈迈达巴德、拉合尔等城市的调查，无论男、女、童工，一般每天工作时间都为14—15小时。工人流动性很大，影响了无产阶级的团结。但在20世纪初，孟买和加尔各答等大工业中心，也最后形成了工人阶级的基本队伍和骨干。1894年，大约有35万工人分布在815个企业中。20世纪初约有100万工人。他们不仅受资产阶级剥削，而且要向殖民政府缴税。作为工人阶级后备军的广大农民，为了保住一小块土地向地主交租，为了还账要向高利贷者借债。

印度的农民也遭受了英帝国主义及其帮凶——地主和高利贷者的残酷掠夺。苛捐杂税和沉重的债务，使广大农民失掉土地。1901年印度的人口约为2.2亿人，农业人口就有1.52亿人，其中半农奴和佃农就有2400万人。地主及其代理人，代理人的代理人，各种转租的二地主、三地主，其层次最多达25层。在英帝国主义及其走狗的重重压迫之下，广大农民和居民受到了敲骨吸髓的剥削。列宁说："被称为英国对印度的管理制度的暴力和掠夺是没有止境的。在世界上任何一个地方——俄国当然例外——群众没有这样贫困，居民没有这样经常挨饿。"① 当时国大党主席罗易什·杜特统计，印度财政年收入的1/2以上落入英国人之手；印度人纳税额占本人年收入1/4。这些情况是在印度人平均收入只占英国人平均收入的1/21的情况下发生的。

19世纪后半叶，印度遭受了24次大饥荒，其中18次发生在最后的25年，饿死人数达2850万，相当于一个中等国家的人口。另一位印度国大党主席高哈尔就说过，印度几乎有1/3的农民失去了自己的土地而沦为高利贷者的农奴②。在印度出现了剥削工人、农民和其他小资产阶级的高利贷买办阶级。据英国经济学家李·施密特估计，印度高利贷者和银行家这些"食利者们"，在1902—1903年控制了1.9亿卢比③。这是印度资产阶级中最反动的阶层。

英帝国主义对印度实行了倾销商品和限制工业发展的政策，这就引起了成千上万的小商品生产者、手工业者破产。同时在加尔各答、孟买和马德拉斯这些经济发达的地区，逐渐形成了知识分子的队伍。他们大部分都依靠工资生活，职业多为教师、律师、低级职员，1901年，约有700万人，他们分别属于不同的阶级，一部分是代表与英国资产阶级有密切关系的印度大地主大资产阶级的利益。他们在国大党中形成了"稳健派"，或称"温和派"，占据了国大党的领导地位。西印度的达达拜·瑙罗吉、马·高·拉纳吉、高·柯·高哈尔和孟加拉的苏·班纳吉、钱·杜德，都是他们的代表人物。另一部分是代表印度民族资产阶级、小资产阶级和小地主的利益。这部分知识分子分为孟加拉、马哈拉施特拉、旁遮普和南印

---

① 《列宁全集》第15卷，第151页。
② 《印度1906—1907年度财政报告》，1906年伦敦版，第163页。
③ 伊·姆·雷斯涅尔等主编：《印度民族解放运动与提拉克的活动》，1958年莫斯科版，第303页。

度四派，他们之间也有分歧，但共同点是比较坚决地反对英国殖民统治。他们在国大党中组成了"极端派"，或者称为"激进派"；代表人物是：提拉克、兰志吉特·罗伊、帕尔、庇拉伊和高士。提拉克是他们公认的领袖。

为了和俄、德帝国主义争夺势力范围和世界霸权，英帝国主义极力在印度扩大军队。1903—1904年，英帝国主义以印度为基地，侵略中国的领土西藏。这样，印度人民在本来已经繁重的税收之外，又加上了沉重的军费负担。英印政府中的英国官员们，趁机大肆搜刮民脂民膏，1905年，印度政府的年度预算中，有3/4是用来给英国官员支付薪金的。1896—1905年的十年中，印度发生了几次大的饥荒和瘟疫，有1000多万人死亡。惨无人道的帝国主义者，在这些年代里，仍然从印度运走了大批粮食。这等于是从饥饿的印度人民口中夺食。英印总督寇松无耻地说：政府的救济金会养成印度人的苟且偷安和好逸恶劳的习惯。这无异于眼看着成千上万人饿死而不给任何赈济。

19世纪末至20世纪初，英帝国主义者已经全面控制了印度社会经济的各个方面。英帝国主义及其帮凶与印度广大人民群众之间的矛盾，进一步尖锐化了。19世纪70—90年代农民运动和资产阶级启蒙运动的失败，并没有使印度独立运动低落下去。随着印度无产阶级、民族资产阶级及其知识分子的成长，新的反抗斗争是不可避免的。

寇松的反动政策和1905年至1906年的抵制英货运动

寇松在就任印度总督的前一年（1898年）就宣布："印度是我们帝国的枢纽……如果帝国丧失任何别的领土，我们还能存在。可是我们若失掉了印度，帝国便将日暮途穷了。"① 正是这个帝国主义分子，秉承着英国垄断资产阶级的意志，抱着巩固英帝国"枢纽"和挽救大英帝国的太阳免于"陨落"的野心，侵占了印度。但是，他还来不及吹嘘他的"功绩"，在公布实行分割孟加拉后不过几个月，便因与英印军总司令发生了内讧，而被

---

① ［英］杜德：《今日印度》上册，第9页。

迫辞职了。恶名昭彰的英印总司令基钦纳，是屠杀苏丹和布尔人民的刽子手，由于他受到当权的英国资产阶级的支持，因而得以排挤了寇松。实际上，寇松下台的根本原因，在于他的反动政策激化了英帝国主义同印度人民的矛盾，引起了印度人民的反抗斗争。而英印军总司令不过用日益兴起的人民反抗斗争，压倒了他的政敌。英帝国主义也乐于通过排挤寇松来平息印度人民的愤怒。

寇松在印度实行的政策是英帝国主义传统的"分而治之"政策。1905年7月19日，他公布了分治孟加拉和建立以达卡为管理中心的"东孟加拉和阿萨姆省"的法令。孟加拉被分为东西两部分。大部分孟加拉人同其政治中心加尔各答脱离。1905年9月1日宣布，10月16日正式实施分治方案和成立东孟加拉新省。新省人口3100万，约有2/3信奉伊斯兰教。剩下的部分，仍称孟加拉省，仅有1700万人口。寇松的目的在于挑起印度教徒同伊斯兰教徒之间的纠纷，用煽动宗教仇恨来削弱孟加拉的民族独立运动。同时，也是为了遏制孟加拉民族工商业的发展，阻碍孟加拉民族的形成。寇松后来在英国议会中承认："分治把极端派和鼓动家的政治计划打成两半，这些人在争取政治让步的斗争中，将要寻找机会把全部孟加拉人民力量用来反对英国政府。"

此外，他还取消印度人的地方自治权，把加尔各答的民选人员几乎减少了一半。对民族主义报刊严密限制，编辑人员随时都会以"怀疑和仇恨政府"的罪名，被捕入狱。各省成立了刑事侦查部，民族主义团体处于这些机关的"狂热侦查之下"[1]。他还颁布了《印度大学法》，学费增加一倍，限制入学人数；规定政府加强对学校的监督；政府委派的大学评议员，占评议会成员人数的4/5。寇松这样做是出于他对学生运动的恐惧。他一贯认为，推广教育，特别是推广高等教育，是最危险的事业。因为在他看来，高等学校是印度"叛乱之源"。所有这些措施，都激起了印度人民的普遍愤怒。特别是分治孟加拉的法令，成为民族独立运动爆发的导火线。

1905年8月7日，孟加拉的民族主义者在加尔各答举行抗议分治孟加

---

[1] 亨·钱德拉·卡龙：《关于孟加拉的回忆录》，1927年加尔各答版，第44页。

拉法令的集会和游行。有15000人参加，大多数是大学和中学的青年学生。会上通过了抗议分治孟加拉宣言、保护民族工商业和宣布抵制英货。进入9月以后，孟加拉的进步报刊展开了抵制英货和反对寇松分治孟加拉的广泛宣传。各种抗议集会继续进行，在许多集会上宣布，决心把抵制英货运动推行到"每间茅屋"。学生自动组织起来，监视英国人的商店。这就是1905年8月在孟加拉开始的"司瓦德希"运动（"自产"运动）。它是1905—1908年印度独立运动的起点。

1905年9月末，英帝国主义者开始镇压孟加拉的人民运动。9月22日，加尔各答警察局宣布禁止集会。但是司瓦德希运动还在继续发展。寇松不顾孟加拉人民的反抗，仍然决定在10月16日实施分治孟加拉法令。孟加拉人民愤怒至极，把这一天称为"国耻日""耻辱的星期三"。国大党组织发出号召，把分治孟加拉法令这一天定为"全民哀悼日"。在孟加拉国大党组织的积极筹备下，10月16日，加尔各答大街上出现了印度民族运动史上第一次盛大的群众游行。十余万人组成的游行大队，从凌晨起由各街巷出发，唱着爱国歌曲，高呼"祖国万岁"的口号，向举行净圣礼的恒河行进。他们的胳膊上佩戴着哀悼的标志——黄色小穗缨的小带，他们的手腕上系着一个红布条，表示东西孟加拉人的团结。这一天，商店关门，交通中断，炉灶熄灭，除老人病人以外，全民绝食。孟加拉全省人民都沉浸在悲愤的抗议气氛之中。到处组织了司瓦德希义勇队和宣传队，人们竞相传阅反英的传单。青年学生是最积极、最活跃的力量，也有许多工人和农民参加。据估计，全省的司瓦德希义勇队有5万人之多。他们到处监视英国人的商店。印度的商人、资本家和一些爱国地主也参加了宣传和组织活动①。抗议活动在宗教外衣下进行，还有一些宗教仪式。这反映了由早期独立运动向较成熟阶段过渡时的烙印和痕迹。

反对分治孟加拉法令的斗争，在印度各地都激起了热烈的反响。在北部印度各地，主要是旁遮普和联合省的民族主义团体，从1905年末开始了

---

① 印度资产阶级在19世纪最后30年中，已开始了抵制英货和保护印度工业的宣传和试验。1905年，正式提出了"司瓦德希"的口号，并把它发展为群众运动。"司瓦德希"（Swadeshi，为印地文。Swa，义为自己的；deshi，意为土地。总的意思是提倡国货，提倡自己生产自己所需要的东西)，中译为"自产"。"自产"，是1905—1908年印度独立运动的口号之一。

关于提倡国货和抵制英货的宣传活动。因为在北印度的民族工业中，制糖业占主要地位，所以，关于抵制外国糖的宣传活动，成为民族主义团体宣传的主要内容。拉瓦尔品第、拉合尔、德里，甚至克什米尔土邦，也召开了提倡国货的群众大会。在许多地区不断出现了印度人办的工业和商业企业，报纸上把这些企业称为"司瓦德希企业"。1905—1906年，加尔各答和孟买，以及其他几个中心地区，率先成立了这类企业。在锡考特城，成立了一个每股10卢比共5万卢比资本的"司瓦德希公司"。加尔各答人玛瓦里决定成立一个每股500卢比共4万卢比资本的"司瓦德希纺织企业"。在印度许多城市，还成立了抵制外国货协会、国货商店和国货基金会。这些机构多由提拉克派负责。提拉克本人就担任了孟买第一届抵制外国货协会主席，而且他在孟买还开设了司瓦德希商店。应当指出，以提拉克为首的极端派建立的这一机构，具有突出的政治意义。他们通过这些商业和经济上的活动，向人民群众宣传了民族独立思想，它得到了穷乡僻壤的人民的支持。

1905年末，寇松辞职。1906年初，新任总督明托玩弄了两面派的统治手法。他在镇压印度日益高涨的民族独立运动的同时，宣布准备实行立法改革。他宣布增加印度立法会议中印籍代表的席位。在草拟改革方案时，他还特意邀请国大党稳健派代表参加。1908年8月，明托同稳健派领袖高哈尔讨价还价，不要稳健派支持孟加拉的民族独立运动。明托用甜言蜜语安抚孟加拉的资产阶级，拉拢孟加拉地主。为了表明他同寇松不同，便宣布停止寇松时期对王公及其他封建统治者权力的限制。但是，他继续在孟加拉新分治的省内，挑拨印度教徒与伊斯兰教徒的矛盾。他规定在县政府和市评议会选举中，印度教徒财产资格的数额比伊斯兰教徒高五倍[1]。在拉拢上层有产阶级的同时，他向孟加拉许多农村派出了警察惩罚队，使农村中弥漫着恐怖气氛。当时的目击者写道："我访问东孟加拉时，给我留下了这样的印象：这里如临大敌。"[2]

在英帝国主义软硬兼施的殖民政策面前，在反对分治孟加拉法令的群

---

[1] 麦克唐纳：《印度的觉醒》，1910年伦敦版，第184页。
[2] 凯尔哈第：《印度》，1917年伦敦版，第43页。

众性司瓦德希运动蓬勃开展的过程中，参加运动的各阶级开始分化。希望参加殖民政府，又惧怕人民反帝斗争发展的稳健派开始向殖民政权妥协。他们代表同英国资产阶级和印度地主阶级有血缘关系的印度大资产阶级的利益。他的经济政治地位决定了他们特别害怕工人运动的发展。在1905年的民族独立运动中，除了城市小资产阶级、爱国知识分子参加以外，还有部分工厂主、富商和大地主，甚至某些土邦封建王公也秘密和国大党人士联系，有些人还给国大党以经济上的支援。印度工人阶级在这个时期斗争的特点，在于一开始就把司瓦德希运动和争取改善劳动条件结合起来。在孟买、加尔各答和阿拉哈巴德城市中，都举行了罢工。他们在斗争过程中，成立了"孟买工人协会""加尔各答印刷工人联合会"。他们不但反对英国资本家，也反对印度资本家。这就是印度大资产阶级特别害怕人民反帝运动的根本原因。

这种阶级分野在1905年12月的国大党贝拿勒斯第二十一届年会上，便开始反映出来。国大党稳健派领导被迫承认吸引人民群众参加民族独立运动的重要性。但是，他们同极端派在为什么吸引群众和怎样吸引群众的问题上，产生了分歧。年会主席、稳健派著名领导高哈尔的发言，表现了对英帝国主义强烈的妥协性。他在大会上宣布支持司瓦德希运动，反对分治孟加拉的法令，但必须"把发展印度工业严格地限制在法律范围之内"。他在主席致辞中提出：抵制英货是一种武器，使用它的人"切忌过激冲动"①。他声称，印度"只能逐渐地"建立英帝国自治领那样的制度。他一方面说，司瓦德希运动是"报国福音"，应当广为宣传；另一方面又说，抵制英货"只能用于特殊情况"，而且"绝对不能作为我们与英国的相互交往关系的准绳"，尤其不能与"司瓦拉吉"②联系起来。极端派主张把抵制英货的群众运动，推广到孟加拉以外的地区；司瓦德希运动是动员广大

---

① 《国大党自成立至二十五周年历届主席讲演集》，马德拉斯1935年版，第705页。
② 司瓦拉吉（Swaraj，原为印地文，Swa，义为自己的；raj，义为政权），中译为"自主"或"自治"。它是1905—1908年印度独立运动的基本政治口号。极端派把它理解为独立，"自治即自己的治理"。稳健派把它理解为在帝国范围内的殖民地自治。1920年国大党把它变为"用和平与合法手段获得自主"。1929年国大党纲领才把原来殖民地的自治变为"完全独立"。即使这时，这个目标仍然含糊不清。

群众反对英印当局的政治斗争手段，应当加以扩大。针对稳健派力图使运动具有和平性质和非政治性质，提拉克在大会上提出了司瓦德希、抵制英货、民族教育和"司瓦拉吉"四大纲领。提拉克强调，这四个方面是不可分割的整体，而这四大纲领的中心和基本目的是"司瓦拉吉"。

极端派在这届年会上是少数派。他们的主张并未为大会所采纳。大会通过的决议中关于自治问题指出，"大不列颠自治领殖民地所得到的政治制度应推广于印度，并极力主张改革必须立即实行，以此为逐渐达到这个目标的步骤"。关于自产问题指出，"促进本国工业的发展和鼓励国货生产，甚至受到某些牺牲也宁用国货而不用进口商品"。可见，决议的措辞很谨慎，只是给予抵制和自产运动以有条件的支持。稳健派坚决反对印度其他各省抵制英货，而把这个运动仅局限于孟加拉一地。这些分歧成为稳健派蓄意分裂国大党、排挤极端派的借口。

1906年，司瓦德希运动不顾稳健派的限制，在印度全国范围内展开。极端派在各地开展了广泛的宣传组织活动。他们到农村、工厂去发动工人和农民，反对英国殖民统治的斗争。各种地方性的爱国组织，纷纷成立。他们中间，有的把自主理解为"印度的自主"，而不是印度教的自主或伊斯兰教的自主；有的认为斗争的目标是"完全独立"，并且说，外国人的统治一天不根除，国家就不能走上进步的道路。如果司瓦德希运动不是争取完全独立的手段，那是毫无意义的事；提拉克则明确提出用建立"印度共和国"来代替英国殖民统治的政治原则。在极端派的宣传组织下，"购买国货""祖国万岁""印度是印度人的印度"的口号，在各处流行。在孟加拉开展了纪念马拉塔民族英雄锡瓦吉的政治活动。印度人经营黄麻、制革、玻璃和肥皂的工厂增多了。孟加拉出现了民族银行。在孟买，提拉克在印度工业资本家塔塔的资助下，组织了国货展览会。1906年7月，东印度公司孟加拉工厂的大罢工同当时的民族独立运动有直接关系。他们提出了"印度是印度人的印度"作为民族独立的政治口号。《印度时报》7月28日报道，罢工者认为英国人称印度人为"土人"，这个名词是侮辱印度人的名词，应该加以反对。该报9月1日又报道：加尔各答的"克莱夫黄麻厂"罢工时，成立了工会。工会主席、法学家班纳吉在工人代表大会上谴责了英国在印度的"侵略思想和无耻行径"。手工业者也举行了示威。

极端派在农村的宣传活动是相当出色的。1906年4月4日,《泰晤士报》上报道了极端派在新成立的东孟加拉省农村的情况。该报援引了年初在农村中流传的传单。有份传单的题目是"谁统治着我们?"。传单中把英帝国主义者称为"窃贼""阴险的匪徒",抨击英帝国主义者盗窃印度的财富、夺去印度人的生命、劫掠印度的粮食和在印度征收苛捐杂税。对于这些外国统治者不能一味忍耐,越忍耐就压迫得越凶,只有自救才是出路。传单在宗教的形式下,向农民宣布:"印度教徒兄弟们!用迦利、堵尔加、摩诃德维和宝利黑诸天神之名宣誓吧!伊斯兰教徒兄弟们!用安拉真主之名宣誓吧!请你们在各村宣布,印度教徒与伊斯兰教徒将共同为祖国献身!……弟兄们!起来吧!我们要无愧于祖国之子,要英勇战斗,为祖国而牺牲!"据英印政府一个高级官员回忆说,极端派破坏了农村安静的生活,向不识字的农民宣读民族报刊和秘密传单,到处召开群众大会。

提拉克在这时再次反对把司瓦德希运动仅限于经济范围,主张把它和"司瓦拉吉运动"结合起来。他在1906年6月9日向加尔各答群众的讲演中说:"很多人……习惯于把司瓦德希一词仅仅与购买本国布联系起来。实际上这个运动的开始时是有类似情况。但如果他们以为司瓦德希仅限于商业性问题,那是错误的,还是最好快一点抛弃它。司瓦德希包括经济生活各个方面。司瓦德希相当于英国所谓的民族团结和爱国主义。""印度教徒和穆斯林,基督教徒和耆那教徒,拜火教徒和佛教徒,如果他们在自己的宗教信仰中加上司瓦德希,就能够团结起来……它要求他们生产自己的货物,并且把教育事业掌握在自己手中。在每个生活领域中,司瓦德希的目的都是确立民族精神。"[①] 提拉克认为,抵制英国货实质在于反对英国的殖民统治,把"民族精神"写在"自治""自产"的旗帜上。这反映了印度广大阶层的要求,使得1857年大起义和启蒙运动之后,印度民族主义运动被提到新的政治高度。

但是,印度大资产阶级反对司瓦德希运动带有政治性质。印度大工业资本家通过国大党的稳健派,建立了工业协会。印度的大资产阶级、大地主、英国官员和国大党稳健派领袖,都参加了该协会的工作。协会宣布:

---

① 伊·姆·雷斯涅尔等编:《印度民族解放运动和提拉克的活动》,第339—340页。

司瓦德希运动不带政治性质,该会要效忠殖民政权。国大党领导集团——稳健派在这时不反对司瓦德希运动,但他们主张该运动仅限于经济范围,从而企图把群众运动掌握在自己手中。

在1905年司瓦德希运动开始时,就有一部分印度资产阶级反对。当1906年孟加拉和孟买的罢工正走向高潮时,印度买办资产阶级和大地主便公开反对司瓦德希运动。这是因为他们看到,司瓦德希运动向政治方面发展,向工人群众开展,使他们无利可图。在东印度铁路公司和加尔各答印刷行业的两次罢工中,工人们提出了抗议分治孟加拉的要求。印度资本家十分害怕这种抗议活动发展为罢工斗争。1906年5月孟买股票买卖经纪人协会主席巴罗查说,英国人统治印度是"绝对必要的"。他要求对司瓦德希运动采取"理智"和"节制"的态度,"用最好的善良愿望来对待中央和省政府"[1]。他不仅恶毒地攻击极端派,说极端派使印度陷于混乱,而且也反对稳健派,说稳健派不该谴责寇松及其继承者的政策。印度的民族主义报刊,如《印度社会改革家报》《孟加拉报》和《印度报》都驳斥了巴罗查的言论。

极端派的活动促使群众运动的高涨,而高涨的群众运动又进一步推动了极端派的前进。1906年,国大党在加尔各答举行年会。由于极端派的坚持,年会第一次通过了司瓦拉吉、司瓦德希、抵制英货和民族教育这四大纲领。年会决议中还要求恢复孟加拉的统一。提拉克在年会上提出,司瓦拉吉就是独立,就是他一贯宣传的建立总统制的联邦共和国。在共和国中,有一般的资产阶级民主自由(言论、出版、集会、结社),行政、立法、司法三权分立,发展民族工商业,实行关税自主。他甚至提出,必须把抵制斗争扩大到殖民政府机关中去。他认为,暴力革命是达到司瓦拉吉目标不可缺少的手段,但当时时机还没有成熟,因而主要的手段是司瓦德希、抵制英货和民族教育[2]。这就是极端派对这个政治、经济和教育纲领的理解。稳健派在群众运动和极端派的压力下,被迫同意四大纲领,然而加上了许多解释和条件。他们认为,保护关税、自产有利于民族工商业发

---

[1] V. 塔曼卡:《拉卡曼尼亚·提拉克》,1956年伦敦版,第125页。
[2] V. 塔曼卡:《拉卡曼尼亚·提拉克》,1956年伦敦版,第125页。

展，但要适可而止，尤其反对把抵制运动扩大到殖民政府机关中去。他们对当时主要的政治口号——司瓦拉吉的理解是自治领，而这种在英帝国范围内的殖民地取得自治的方法，只能是和平的请愿和抗议。这次年会反映了稳健派和极端派之间的某种妥协。提拉克认为："我们之中谁也不愿意国大党分裂，因此我们妥协了，只要部分地承认我们的原则，我们就心满意足了。"[①] 但实际上，稳健派仍然占了上风。总之，加尔各答年会上通过的决议，极端派和稳健派都不满意。这两大派的斗争，必然要继续下去，而且要更加激烈。但人民群众的反英斗争仍在向前发展。这不仅使稳健派惊慌失措，而且也超越了极端派主张的四大纲领等消极抵抗的范围。

1907年至1908年反英运动的继续发展

1907年，印度发生了旱灾和歉收，接着饥荒和瘟疫也流行起来。这一年死于传染病的人达50万之多。1907年4月，在东孟加拉的广大农村地区，开始了农民反对地主和高利贷者的起义。而早在3月，比哈尔省昌巴蓝县蓝靛场农民就起来杀死了英国的种植园主。《泰晤士报》5月18日报道，孟加拉农村大乱，全体居民处于强烈的动乱状态中。

英帝国主义者为了破坏印度的独立运动，1906年就建立了两个分裂印度人民的教派政治组织——"全印穆斯林联盟"和"印度教大会"。这两个反动教派组织，是英帝国主义的"分而治之"政策的重要表现[②]。在东孟加拉农民起义发生以后，穆斯林联盟的领袖们欺骗农民说："穆斯林是农民，印度教徒不是农民，是靠剥削穆斯林发财致富的。我们赶快消灭掉他们吧！"另一方面，印度教大会的领袖们也针锋相对扬言要"保护"印度教徒。但是帝国主义及其帮凶的欺骗阴谋并未得逞。在起义过程中信仰

[①] 巴尔·干加哈·提拉克：《言论和著作集》，第72页。
[②] 全印穆斯林联盟（All India Muslim League）和印度教大会（Hindu Mahasabha）是在总督明托怂恿下组织起来的。前者自称代表7000万穆斯林，其基本任务是"保护"穆斯林不受印度教徒"欺压"；后者自称代表全体印度教徒，"保护"印度教徒不受穆斯林"欺压"。从1906年开始，这两个教派组织在英帝国主义的策划下，利用印度人民不同的宗教信仰挑拨离间。有人认为，英国在印度，把一般的分而治之政策，变为"行政制度"的"新政策"，是从1906年开始的。（见［英］杜德《今日印度》下册，第167页。）

伊斯兰教的农民和信仰印度教的农民，采取了联合行动。他们共同反对信仰印度教的地主和高利贷者。英帝国主义者见欺骗不成，最后直接派军队把起义残酷地镇压下去。在一份传单中，不但要求农民参加反对分治孟加拉、支持司瓦德希运动和司瓦拉吉运动，而且要农民认识到无论是印度教还是伊斯兰教的地主，都是英帝国主义者的帮手。传单中提出了"当自设警察……凡诸赋税，当抗弗与。若地主以力压迫，当一致殆以争之"[①]。抗税和反对地主，这是农民本身的要求。他们带着这些要求，参加了当时的反英独立运动。

1907年5月，是1857—1859年印度人民反英大起义五十周年纪念。许多地方举行了自发的纪念活动。人们回忆起了往日的起义事件。孟加拉的《新时代报》直接号召人民效法1857年起义者的榜样，"在印度军队中宣传独立的思想"。不过，历史不会简单地重演。军队中的起义并未发生。然而，反抗斗争以另外的新形式出现了。孟加拉的铁路工人、印刷工人紧接着农民起义以后，也举行了罢工，召开了上万人的群众集会，同警察发生了冲突。而且，从1907年4月以后，印度反英斗争的中心由孟加拉转到了旁遮普。在旁遮普，工农群众的斗争，具有更高的水平。

旁遮普是印度主要的产粮区。英国帝国主义者掌握了水利灌溉系统。1906年末，公布《提高地税和水税法》，进一步压榨农民。由于在帝国主义时代的殖民剥削的加强，旁遮普农民的反抗情绪越来越强烈。1907年，英印殖民政府又公布了一项新法令——《土地征用法》，使灌溉区的农民失掉了土地所有权。愤怒的农民纷纷拒绝缴纳地税和水税。在旁遮普的极端派领袖兰志帕特·罗伊和阿吉特·辛格，为了吸引农民参加独立运动，提出了反对这两个法令的口号。深受《土地征用法》迫害的农民，积极参加了政治性集会和抵制英货运动。农民把他们二人称为"农民的保卫者""穷人的保护者"。他们在农业工人中进行了大量宣传组织工作。阿吉特·辛格于1907年2月，在旁遮普建立了民族主义团体——印度爱国者协会，以改善农民处境为宗旨，而且同锡克教团队的士兵取得了联系。3月至4月，旁遮普举行几十次农民群众集会，极端派号召农民不要纳税。阿吉

[①] 《印度国民讨英吉利之露布》，《民报》1908年第20号。

特·辛格在4月21日的集会上向到会的印度教徒、穆斯林、扎提族印籍士兵和职员呼吁，要他们学习孟加拉人民，起来推翻英国殖民统治。这里重演了1857年印度反英大起义的历史：有些军队响应了号召，掉转枪口朝向殖民当局。人民纷纷行动起来，但印度小资产阶级没有认真地组织军队和农民起义，起义在城市中自发地进行。

5月1日，拉瓦尔品第警察局审判《旁遮普报》的五名编辑，是起义发生的导火线。殖民当局知道，旁遮普是殖民军队的主要招募区，锡克人又是军队的重要组成部分。他们认为，这里的军队起义将动摇国家机器。英印军队总司令惊慌地叫道，1857年5月密勒特的起义又重演了。英国的军官和官员的眷属，纷纷迁往内地。为了挽救危局，他们便把打击点放在极端派身上，首先放在民族主义报刊方面。审判开始时，法院面前挤满了抗议的人群，有青年学生、罢工的铁路工人、皮革工人和郊区农民。在群众的愤怒抗议下，法官不敢判决。接着，全市到处都出现了游行示威队伍。殖民政府的军队和警察向群众开枪射击，群众用石头棍棒还击。第三天，示威发展为起义。起义的城市小资产阶级、工人和郊区农民联合起来，占领了市政府大楼和英国银行，把城市掌握在自己手中。罢工工人提出了改善生活待遇、增加工资的要求。资本家被迫向工人让步，满足了工人的全部要求。旁遮普的殖民当局，慌忙调动英国人组成的军队进入市内，逮捕兰志帕特·罗伊和阿吉特·辛格等45名极端派的代表人物，不经过审讯便将他们秘密押往设在缅甸的监狱。殖民当局的残酷镇压，引起了旁遮普和其他省人民的新的抗议浪潮。拉合尔、阿姆利则、浦那、加尔各答和科因巴托尔等城市，都举行了群众游行和集会。为了缓和农民的斗争情绪，英印总督做了让步，宣布废除《土地征用法》。这样旁遮普的独立运动才没有进一步发展。

在旁遮普起义发生的同时，印度无产阶级的罢工斗争也持续高涨。1907年，孟买和孟加拉的邮电工人、印刷工人、纺织工人，举行了多次罢工。东孟加拉铁路员工、奥德—罗希尔坎德铁路员工也不断举行罢工。其中最大的罢工是1907年下半年东孟加拉铁路员工的大罢工。罢工者要求提高工资。罢工斗争进行了两周，断绝了总督府所在地——加尔各答与印度其他地区的铁路交通。在罢工过程中，组成了铁路联合会。孟加拉的极端派支持了这次罢工。他们在铁路工人大会上讲话，在加尔各答散发传单。据《印度时报》1907年11月21日报道，有的传单上号召"全印度工作着的人都来罢工"。

印度劳动群众的反帝独立运动，吓坏了英国殖民统治者。英印总督明托在写给伦敦的报告中说："整个孟加拉像一座火药库……英国人和英属印度人设法到处购买武器。我听说市郊的士兵夜间置枪床侧，炮兵也在大炮旁边就寝。我说过，这不过是传闻，但传闻表达了主要的气氛。"

英国殖民当局除了加强镇压措施之外，极力拉拢印度上层，特别是封建地主和土邦王公。1907年8月，在印度事务部所属"印度委员会"中任用两名印籍委员，两名文官分别信仰印度教和伊斯兰教。

殖民政府1907年对孟加拉的包税地主开放了发财之路，修改了地租法使地主有利可图。随着独立运动的深入发展，大地主大资产阶级越来越明显地站在英国殖民当局一边。旁遮普5月起义之后，克什米尔大公从土邦中驱逐了反英宣传员。总督明托为此专门向他们致电祝贺。阿姆利则的锡克教圣地"金庙"的僧院长，号召所有的锡克教徒都"效忠政府"，斥责极端派反英宣传。

起初参加抵制英货运动甚至支持司瓦拉吉目标的印度大资产阶级，在英国殖民政权的拉拢下，在群众运动深入发展的时候，也起而反对独立运动了。它的政治代表稳健派被旁遮普、东孟加拉的起义、全印罢工的高涨弄得心神不安。他们也为极端派势力的增长而惶惶不可终日。1907年3月，孟加拉的稳健派领袖苏伦德兰纳特·班纳吉带领了一个代表团去晋谒英印总督明托。明托回忆这次见面的情况时，兴高采烈地写道："经历了几个月令人难忘的恐慌和骚动以后，看了'孟加拉王'（稳健派哈苏伦德兰纳特·班纳吉）和他的伊斯兰仇敌依然同坐在我身旁的沙发上，求我帮忙制止他已经无法控制的孟加拉的狂风暴雨，并且拼命咒骂贝平·钱德拉·帕尔的狂妄行为。"许多稳健派攻击独立运动是"令人讨厌的仇英运动"，诽谤极端派是一些"染上了病菌的蛊惑家"。

政治分歧在民族独立运动中愈演愈烈。极端派同稳健派不断发生冲突。在不少地方，两派都各自召开群众集会。国大党在各省的代表大会往往成为激烈争论的舞台。1907年年会筹备委员会上的斗争，这种争论已发展到白热化的临界点。这次筹备会议于1907年8月在那格浦尔举行，而那格浦尔是极端派的基地之一。当800名国大党代表在这里聚会时，极端派提名提拉克为这届年会主席的候选人。但稳健派代表占绝大多数，稳健派的领袖拉希·比哈利·高士被选为候选人。极端派大为不满，组织了那格浦尔贫民学生2000人到会场示威。两派发生了冲突，示威者把稳健派代表赶出了会场。把持国大党领导权的稳健派不敢在那格浦尔举行年会，而把年会会场迁移到孟买管区的小城苏拉特。稳健派准备在这里打败他们的对手，把极端派开除出国大党。

1907年国大党年会上，极端派和稳健派的政治分歧进一步发展。由于稳健派的社会基础——大资产阶级和大地主阶级比极端派的力量强大，这两个阶级的组织成熟而且人数众多。如各大城市的民族商会、各地的地主协会和市政组织、文教组织、报刊，大多控制在稳健派手中。因而在1600名国大党代表中，极端派的代表只有400人左右。他们虽然在孟加拉、旁遮普和马哈拉什特拉的代表中占多数，但在其他地方则屈指可数。这种力量对比，就决定了1907年12月国大党年会斗争的结局。

年会一开始，两派就开始了激烈的争吵。年会主席拉希·比哈利·高士在发言中，反对1906年加尔各答年会通过的四大政治纲领，要求同英国帝国主义合作，并企图利用当时的革命形势迫使殖民当局实行改革。高士在发言中说："只要政府逐步准备使印度达到自治国家或英国最高当局统治下的联邦地位，就能把稳健派拉过来，从而完全消灭新党（极端派），而笼罩我国前途的不祥阴影，也就会消失。"在讨论主席讲演时，稳健派不许提拉克发言，更加激起了极端派的愤怒。双方开始在政治问题上发生争执，互相责骂，最后在会场上厮打起来。英国殖民当局派来警察，把极端派赶出会场。此后，稳健派操纵了大会，通过了停止了抵制的决议，宣布在合法的范围内争取自治的目标。稳健派从此正式退出了群众性的民族独立运动。

1907年国大党年会分裂的根本原因在于代表印度大资产阶级和大地主阶级的稳健派的妥协政策。但是构成印度社会的基本矛盾是帝国主义与印度民族的矛盾，这个矛盾不仅没有缓和的趋势，而且在不断加剧。提拉克比较清醒地认识到分裂的不可避免。他在年会的发言中，一方面批评稳健派背离1906年加尔各答年会的决议，用"殖民地自治"来代替真正的"自治"；另一方面又惋惜国大党的分裂，提出派代表同稳健派联系谈判。极端派大多数也不愿意分裂，也同意同稳健派妥协。稳健派中也有人看到这一点，愿意向极端派靠拢。但是，双方都有许多反对者。极端派在分裂以后，在提拉克的主持下，召开了秘密会议，并通过了关于抵制英国商品、成立民族学校的决议。极端派采取组织措施，建立了民族主义党。这个小资产阶级的政党既同群众无密切联系，又没有一个能够团结并推动全国反帝力量前进的纲领。它认为起义时机不成熟，因而不提工农的武装起义。它在纲领中，没有提到农民的土地问题。这个组织涣散、成分复杂而又无明确纲领的政党，在革命走向低潮时——1908年，便宣告解散了。在这个党中，有些人组织了秘密团体，并发动过几次小规模起义。起义失败后，一部分人走向了个人恐怖的道路。

国大党分裂了。然而印度独立运动却没有立刻走向低潮。南印度的泰米尔纳德成为运动的新中心。1906年6月，在司瓦德希运动中，这里建立了一个"司瓦德希轮船公司"。这个印度人办的公司在土提科林和科伦坡之间进行定期运输，很快就排挤了以前垄断这条运输线的英国轮船公司。在司瓦德希运动中，这个地区的人民的爱国反帝情绪很高，他们以穿本国布为荣，以坐本国轮船为乐。英国资本家为了同印度轮船公司竞争，降低了摆渡费，但是还是很少有人去乘坐英国轮船公司的船。当地殖民政府决定插手，迫害印度轮船公司，这就更加激起了当地人民的反抗。

印度轮船公司的代表契达姆巴拉姆·皮莱和苏勃腊曼尼亚·希瓦是南印度极端派的领袖。他们积极宣传司瓦德希和司瓦拉吉思想，在南印度的手工业者、商人和城市小资产阶级中间有很大的影响。在他们的积极活动下，从1908年2月起，在泰米尔纳德地区的土提科林和蒂鲁内尔维利二城，出现了反英的群众运动。庇莱向工人群众说，只有罢工才能增加工资。苏勃腊曼尼亚·希瓦也同工人建立了联系。殖民当局逮捕了他们二人。消息传出后，2月27日，这两个城市及其周围地区的群众，举行了抗议示威游行和群众集会。土提科林的1000多名工人高唱"祖国万岁"的歌曲，举行了罢工。3月14日和19日，两个城市的商人举行了罢市。蒂鲁内尔维利的工人罢工以后，三四十名市民和青年学生举行了抗议游行。

城内交通为之中断。游行的群众捣毁了市政府、法院、邮局和警察局。殖民当局宣布戒严，并向这两个城市派出了军队，镇压这里的武装起义，开展大搜捕。契达姆巴拉姆·皮莱和苏勃腊曼尼亚分别被殖民统治当局法庭判处终身监禁和10年徒刑。

独立运动转移到南印度的另一个标志，是特拉凡哥尔土邦的群众斗争。1908年6月初该邦首府特拉凡哥尔的人民反对警察在集市上的敲诈勒索，向土邦大公的宫殿呈交请愿书，表示抗议。6月8日，城中所有的商店都关了门。由于土邦王公拒绝请愿者的要求，没有惩办胡作非为的警察，于是群众捣毁了警察署，赶走了警察，救出了被捕的人。土邦的大公调来了英国军队，逮捕了100多人，把独立运动镇压了下去。南印度独立运动的火焰被扑灭了。

英国殖民当局在各地都进行了类似的镇压。1907年，通过了《危害治安条例》，禁止提拉克领导的"民族主义党"的活动。1905年夏，颁布了新闻出版条例，迫害民族主义者特别是极端派的报纸。1908年6月24日，殖民政权借口《狮报》上的文章"阴谋颠覆政府"而逮捕了提拉克。在法庭上，提拉克作了控诉殖民制度的罪恶和为自己进行辩护的长篇演讲。他理直气壮地抨击了殖民统治，论证了印度人民应该像俄国人民在1905年那样，为自己的权利斗争。孟买的广大人民群众，挤满了法院的旁听席和大楼前的广场。公审第一天，就发生了抗议殖民政府的示威游行和罢工。在整个审判过程中，工人、市民、青年学生的游行队伍和军队警察发生了多次冲突。1908年7月23日，殖民政府判处了提拉克6年苦役。为了抗议殖民政府的迫害行为，十多万孟买纺织工人、码头工人、铁路员工和城市运输工人，举行了连续6天的总罢工。在街道上贴满了抗议殖民政权、拥护提拉克的标语。工人们修筑街垒，利用地形同军警进行战斗，表现了空前的民族团结和革命精神。孟买的罢工得到了许多城市的支持。

孟买大罢工是1908年上半年印度罢工运动发展的最高峰，也是1905—1908年印度独立运动的顶点。1908年孟买无产阶级的7月总罢工，标志着印度无产阶级已经走上政治舞台。这次罢工迫使殖民当局把提拉克的劳役改判为徒刑，地点也从安达曼岛改到曼德勒。其他著名的民族主义领袖不是被判处徒刑，就是被流放。许多人被迫流亡国外。1906—1909

年，仅孟加拉法院审理的政治案件就达550多件。印度的恐怖时期开始了，甚至连小学生唱民族歌曲也要被追查。

1909年，英印政府公布了摩里—明托改革方案，略略增加了中央和省参议会的议员名额。其实这些机关并无实权。印度3亿人口中，参加选举的只有3000—5000人，而且还把穆斯林分出来当作一个单独的特殊选民集团。1910年，英印政府宣布取消孟加拉分治方案，这表示1905—1908年独立运动的局部胜利。同时，把总督府由加尔各答迁到德里，这表明英帝国主义者不愿再把首都放在随时可能爆发革命的加尔各答。对于英帝国主义者的这些让步，稳健派感到心满意足。他们卑躬屈膝地宣称："每一颗心都和对英国君主的崇敬与忠诚一致跳动，洋溢着对英国政治风度重振的信心和感激。"①

结　语

1905—1908年印度的独立运动从孟加拉开始，以后斗争的中心转到旁遮普，再转到南印度，最后以孟买工人大罢工告终。这次运动席卷了印度主要地区，涉及广大居民阶层，是印度沦为英国殖民地以来最大规模的群众运动。它比1857—1859年印度民族起义具有更高的斗争水平，表现了民族的自觉性和政治的组织性有了更高程度的提升。它相对于19世纪八九十年代的印度启蒙运动和改良主义运动来说，具有明确的目标和新的时代精神，斗争性和组织性都要坚决和严密得多。总之，这次印度的独立运动，是印度民族独立运动一个新阶段的开始，它为未来的印度独立运动奠定了基础。同时，它在亚洲民族解放运动史上，也占据光辉的地位。它同当时中国、土耳其、伊朗、朝鲜、印度尼西亚、越南、菲律宾等国的革命运动一起，载入了著名的"亚洲觉醒"时期的辉煌史册。

1905—1908年印度独立运动的主要动力是工人和农民。他们在孟加拉、旁遮普、南印度和孟买的一系列事件中，充分表现了自己的力量。《泰晤士报》1909年2月26日承认："我们可以随便拉拢稳健派和控制动

---

① [英]杜德：《今日印度》上册，第49页。

摇派，但大部分人民对于任何让步都不会满意，这种人日益增多。"1909年在日内瓦出版的印度独立党机关刊物《祖国万岁》第1期中写道："我们看到最近三年来的果断政策是唤醒了农民，农民已经开始思考问题了。1909年的印度与1904年的印度已无法比拟，可以说是判若两国了。但是工农群众没有自己的组织，不同程度地受到封建和宗教的影响。无产阶级除了在孟买7月政治总罢工中，提出了释放提拉克的政治要求以外，一般都是经济方面的要求。农民起义也是自发性的、无组织的。像旁遮普那样的工农联合武装起义，在印度近代史上还是第一次，但即使这样的起义，也是自发性的。无产阶级的行动发展到群众性规模，自发性依然是主要的。它没有形成独立的政治力量。他们是小资产阶级和民族资产阶级的追随者。"

以提拉克为代表的小资产阶级革命派，提出了争取政治独立（司瓦拉吉）、发展民族经济（司瓦德希）和民族教育的政治纲领，提出了建立民选的总统制的资产阶级共和国以取代英国的殖民统治。这充分反映了民族主义和民主主义思想，是符合印度社会发展需要和人民的愿望的。这在当时的印度社会里，是最进步的思想。抵制英货的斗争形式，是在中国抵制日货的影响下，把印度某些先进人士的设想加以完善后使用的斗争形式。这种斗争形式既有经济意义，也有政治意义，而且是殖民地条件下印度广大社会阶层容易接受的形式。以提拉克为首的极端派，其主要组成部分是小资产阶级民族民主主义者，他们富于自我牺牲精神，比较能够接触工农群众。他们的活动，大大促进了人民群众的民族觉醒，吸引人民群众参加了争取民族独立与民主的斗争。但是他们对帝国主义怀有幻想，不相信甚至害怕工农群众，不敢提出农民的土地问题，没有认真组织和支持工农群众的政治和经济斗争。他们的纲领也不是明确的反帝反封建的纲领。他们不去支持工农群众的武装斗争，更谈不上去组织和领导反英的武装斗争了。这样，在英帝国主义的残酷镇压下，独立运动不可避免地走向失败。

毛泽东同志曾经指出："在帝国主义时代，任何国家的任何别的阶级，都不能领导任何真正的革命达到胜利。中国的小资产阶级和民族资产阶级曾经多次领导过革命，都失败了，就是明证。"① 1905—1908年印度小资产阶级和民族资产阶级领导独立运动的失败，证明了毛泽东同志这个马克思列宁主义论断的正确。

列宁在1908年总结当时的世界革命运动时，曾经指出："欧洲和亚洲各国革命运动的蓬勃发展，使我们十分清楚地看到无产阶级的国际斗争已经走上了一个新的、比从前无可比拟的新阶段。"在这个新阶段中，他又高度评价了印度小资产阶级革命派的领袖提拉克，称他是"印度群众""自己的作家和政治领袖"，是"印度的民主主义者"②。列宁的这种评价，对亚洲革命活动家来说，还是第一次。之后，列宁又对孙中山作了更高的评价。客观地、历史地讲，提拉克不愧为20世纪初印度和亚洲杰出的民族主义和民主主义革命家。

但是，作为世界无产阶级革命导师的列宁，把最后结束殖民统治、取得印度真正的解放的希望，寄托在印度无产阶级身上，而不是寄托在小资产阶级和民族资产阶级身上。因为他根据历史发展的规律，揭示出只有无产阶级才能完成民族解放和社会解放的历史任务。他肯定地指出："印度的无产阶级也已经成长起来，能进行自觉的群众性的政治斗争了，——既然情况是这样，那么，英国和俄国在印度的秩序已经好景不长了。"同时，列宁把亚洲和世界的解放，寄托在亚洲和世界无产阶级的联合斗争上，他欢呼"欧洲的觉悟的工人已经有了亚洲的同志，而且人数不是与日俱增，而是与时俱增"，"毫无疑问，英国人对印度的长期掠夺，目前这些'先进的'欧洲人对波斯和印度的民主派的迫害，将在亚洲锻炼出几百万、几千万无产者，把他们锻炼得也能像日本人那样取得反对压迫者的斗争的胜利。"③

伟大的1905—1908年印度独立运动尽管失败了，但印度人民在此次运动中展现出来的奋勇斗争的精神将永远铭记在印度人民的历史丰碑之上！

---

① 《论人民民主专政》，《毛泽东选集》第4卷，人民出版社1960年版，第1483—1484页。
② 《世界政治中的引火物》，《列宁全集》第15卷，人民出版社1959年版，第156—162页。
③ 《列宁全集》第15卷，人民出版社1959年版，第158—159页。

《民报》与印度的独立运动

《民报》是孙中山领导的中国同盟会的机关刊物。在辛亥革命前的准备时期中，它肩负着传播民主主义和民族主义思想的历史使命。它在以鲜明的资产阶级革命派的立场和观点指导中国革命的同时，也举起了亚洲团结的旗帜，大力声援各国反帝斗争，其中对印度的支持占据特别重要的地位。

《民报》是1905年12月在日本东京创刊的。这一年，在俄国发生了帝国主义时代第一次资产阶级民主革命。这次反对沙皇专制制度的革命是在以列宁为首的布尔什维克党领导下进行的，它促进了欧洲工人运动和亚洲民族独立运动的高涨。1905—1913年的8年时间中，在亚洲辽阔的土地上，掀起了一场新的革命风暴。伊朗、土耳其和中国这三个半殖民地半封建国家相继发生了资产阶级革命。在亚洲其他国家——印度、阿富汗、朝鲜、印度尼西亚、越南等国——都发生了民族独立运动。这些反帝反殖斗争此伏彼起，互相呼应，其规模之大、地区之广、人数之多、群众觉悟之高、影响之深，在亚洲民族解放运动史上是空前的，在当时世界革命和被压迫民族的解放运动中也是罕见的。

列宁热烈欢呼这些革命斗争，指出亚洲已经成为世界革命风暴的新源泉，尖锐地提出了"落后的欧洲和先进的亚洲"的论断，认为整个世界都处在亚洲革命风暴并且"反转来影响"欧洲的时代。1913年，列宁在总结这一段历史的经验时写道："亚洲的觉醒和欧洲无产阶级夺取政权的斗争的展开，标志着二十世纪初所揭开的全世界历史的一个新的阶段。"[①] 《民

[①] 《亚洲的觉醒》，《列宁选集》第2卷，人民出版社1972年版，第448页。

报》刊行的5年左右的时间，正处于列宁所说的"亚洲觉醒"阶段的前期。当时风起云涌、波澜壮阔的亚洲民族解放运动，在《民报》上得到了相当的反映。《民报》的编者们以极大的热情关注着亚洲各国觉醒了的人民要求新生活和为争取民族独立、民主权利的正义斗争。关于印度人民革命斗争的报道、评论、译文、图片、照片和小说，也充分显示了这个时代的特点。

印度是英国的殖民地，英国殖民主义者曾长期统治着印度。不仅如此，英国作为一个老牌的殖民主义国家，它还霸占了亚非广大地区。从当时的世界全局来看，英帝国主义是绞杀亚洲人民革命运动的主要刽子手，是殖民地半殖民地人民的主要敌人。《民报》在涉及印度独立运动问题时，就敏锐地把揭露和抨击英国的殖民政策放到了突出的地位。这方面的文章，大致可以分为两类：一类是《民报》主编章炳麟的一系列论文，如《记印度西婆耆王纪念会事》《印度独立方法》《答佑民》等；另一类是《民报》的"译丛"栏内所翻译的当时印度报纸上的文章，如《印度者印度人之印度》《论英政遏制印度人旅美之外交政策》《印度国民讨英吉利之露布》《印人曼揭氏就阿片商务痛斥英人所施政策不道丧德之罪》等文章。在《民报》上刊登的这两类文章相互对照相互辉映，对读之下，使人深深感受到70多年前中国和印度两国人民对共同敌人——英帝国主义同仇敌忾和要求民族独立的共同愿望。

英帝国主义的殖民政策往往披上"传播文明"的外衣，英国在印度的历届殖民统治者也大都是以"西方文明的传播者"自居，而英国殖民政策的辩护士们也都是"传播文明论"的狂热鼓吹者。揭穿这个画皮，对于认识英国殖民政策的反动实质，对于反对英国的殖民压迫和殖民剥削是十分必要的，《民报》正是从这里着手来揭露和抨击英帝国主义在印度的殖民政策的。

1907年，章炳麟首先把批判的矛头对准了英帝国主义这种"文明的"殖民政策。他把英国殖民统治者和莫卧儿王朝的统治者加以比较。他说，莫卧儿王朝的祖先是蒙古人，在人们的眼中是"游牧腥膻之国"，是够落后和野蛮的了。但是，在莫卧儿王朝统治之下，"其待印度，犹视之英人为宽"。由此，他得出了这样的结论："然后知文明愈进者，其蹂躏人道亦愈甚。既取我子，又毁我室，而以慈善小补为任，宽待俘虏为德。文明之国，以伪道德涂人耳目，大略如是。"[1] 章炳麟把游牧民族后裔的莫卧儿帝国同资本主义英国相比较，带有辛辣的历史讽刺意味，他由此得出的结论，特别是"文明之国，以伪道德涂人耳目，大略如是"的概括，又是对英国殖民政策的有力揭露。

为了进一步揭露"以伪道德涂人耳目"的英国殖民政策，在1906年《民报》的"译丛"一栏中，转载了印度国大党的报纸——《印度斯坦自由报》（The Free Hindustan）的《发刊辞》。这篇《发刊辞》称英印殖民政府是"蹂躏人道之政府"，其特点是"外饰文明，以诳耀于天下"。它还列举威廉·迪格比（William Digby）的《印度的繁荣》（Prosperous British India, A Revelation from Official Records, 1901）、罗迈西·钱德拉·杜特（Romesh Chunder Dutt）的《印度的饥馑》（Famines and Land Assessment in India）、达达拜·瑙罗吉（Dadabhai Naoroji, 1825—1917）的《印度之非英制论》（Poverty and Un-British Rule in India）及亨利·迈尔斯·海德门（Henry Mayers Hyndman, 1842—1921）的《印度亡于英政说》（The Bankruptcy of India）等书，揭露了残酷的殖民压迫和掠夺政策。《发刊辞》说：英国殖民主义者"使我赤子无辜，每饭不饱，歉岁以至，流殍千里；而政府犹设置赈棚，用一撮之粟，以人道自饰，尽职自命。""吾国道德衰蔽之主因，即大不列颠腐败之制有以致之。"此外，《印度斯坦自由报》还揭露了英国殖民主义者以鸦片破坏农业、毒害人民而"自号为基督教国、假托仁慈"的鬼蜮伎俩。这家报纸直截了当地把英国在印度的殖民政策称为"乞丐制度"，认为这是英国所谓"西方文明"的一大"创造"，其结果是把印度变成了一个乞丐国家。所有这些文章，既是对章炳麟论点的补充，又是对它的证实。

章炳麟对于那些鼓吹英国"传播文明"的人，均给予严厉驳斥，而且他还用这个标准来衡量一个人是否值得他尊敬。他对待大隈重信的态度，就是一个明显的例子。大隈重信（1838—1922）在日本明治维新时期是风云一时的尊王攘夷运动的头面人物，明治初年任参议、大藏省事务总裁，

---

[1] 章炳麟：《记印度西婆耆王纪念会事》，《民报》1907年第13号。

后又组织改进党，倡导自由民权。大隈重信是在亚洲许多革命者中有影响的人物，章炳麟对大隈重信最初也很尊敬。后来，章炳麟从大隈重信的两次活动中，看出了这个帝国主义分子的真面目。第一次是印度革命者钵逻罕举行的纪念印度西瓦吉上。章炳麟在描述当时的情形时写道：

> 伯（大隈重信）见英人士之列坐者，鞠躬握手，曲尽恭迹，余不愿著名之政党而如此也。及演说，惟言英皇抚印度，至仁博爱，不可比拟，而助印度人改良社会，勿怨他人，勿暴动……英人不足道，余独怪大隈伯以东方英杰，而亦为是谐媚取容之语，岂昏耄短气耶？抑以（英日）同盟之故，不欲使印度人得所借手耶？此当轴亲政与在野之政党首领宜为是说，伯既引退，于国政无所关系，犹作是说，真余所不解者矣！①

章炳麟在这里描述他的思想活动，非常真实生动。一连几个发问，说明疑团之所在，但虽经自问答，仍未得到解决。疑团的症结还在于为何大隈重信站在英国殖民统治者一边，宣扬英国"至仁博爱"的"文明"殖民政策。所以，在这篇文章后边，章炳麟对大隈重信的论调进行了有力的批驳：

> 又按大隈伯以加奈陀（加拿大）、濠洲（澳洲）之得自治，谓印度亦可得此。此真拟于不伦。濠洲自治，英人为主，而土民无与焉。加奈陀自治，英人与陀之白人为主，无过恩及白人而已……若菲律宾所以得选议员者，终以能抵抗之故。然印度人为英人效死，以灭杜兰斯哇（指南非的德兰士瓦），其勤至矣。杜兰斯哇得自治，而印度犹不许自治，则又非菲律宾之比也。宽仁大度云云，只为英人辩护，使印度人入其彀中，如止小儿之啼，诱以饴饼，其欺人亦甚矣！②

---

① 章炳麟：《记印度西婆耆王纪念会事》，《民报》1907年第13号。
② 章炳麟：《记印度西婆耆王纪念会事》，《民报》1907年第13号。

章炳麟驳斥大隈重信"此真拟于不伦",字里行间,表现了作者对大隈重信的鄙视和愤怒,说明了作者不受欺骗的明辨是非的原则态度。不管是什么人,即使是自己崇拜厚爱过的人;不管是"文明"殖民政策,还是"宽仁大度"之类的辩护词,他都一概加以驳斥。事隔一年之后,章炳麟又听了大隈重信关于亚洲问题的讲演,至此他完全改变了对大隈重信的看法。事实教育了他,使他确信大隈重信同英国殖民主义是一路货色。他再也不把大隈重信尊称为"伯"了,而直呼为"日本无趾人"(大隈重信曾遇刺,伤脚趾,此处"趾"与"耻"同音,表示不齿于人类),以示蔑视。他还引用印度人带氏的长篇谈话,驳斥大隈重信的谬论,并说日本"非独一无趾",像大隈重信之类人物不在少数。① 由此他不相信日本政府能赞同亚洲的民族解放运动,而公开表明了自己排斥日本于"亚洲和亲"之外。设在日本东京的《民报》能够抵制日本帝国主义的"亚洲是亚洲人的亚洲"的欺骗宣传,在当时是非常可贵的。

《民报》没有停留在揭露和批判英国在印度的殖民政策上,它只是把印度这个典型的殖民地作为分析英国殖民政策的出发点。在分析英国在印度的殖民政策的同时,《民报》还痛斥了"凶狡之俄国政府"在伊朗的殖民侵略政策,还经常比较英国殖民政策和法国殖民政策的异同,力求概括出英法两个老牌殖民主义者的不同特点。章炳麟说过:"彼法人之待越南人也,如牛马;而英人之待印度人也,如乞匄(乞丐)。乞匄虽少,愈于牛马,奈权利尽失。"② 当法国殖民统治者在越南设立议员时,《民报》就加以揭露说:"越南之议员也,法竖之伥也。"并说这是"法竖欲以越制越人"的欺骗手段,同英国殖民统治者以印度人制印度人、用亚洲人打亚洲人的卑劣手段毫无区别。经过这样反复比较,《民报》终于得出了这样的结论:英国殖民主义者是"圆滑曲媚""虚伪诡诈",法国殖民主义者"最狠戾无人道"。"圆滑而曲媚""虚伪诡诈"和我们后来所说的英帝国主义是老奸巨猾的,善于在危机时期玩弄左右逢源、实行欺骗手段等提法是很接近的。《民报》的编者们已触及英帝国主义殖民政策的某些重要特点。

---

① 章炳麟:《印度人之观日本》,《民报》1908年第21号。
② 章炳麟:《记印度西婆耆王纪念会事》,《民报》1907年第13号。

尽管还有些含混，但在当时已经是很不容易了。当然，在《民报》的一系列文章中，对于帝国主义的本性还缺乏清楚的认识，因而对帝国主义还抱有很浓厚的幻想。包括章炳麟在内，也都希望"感化"帝国主义者，"使帝国主义之群盗，厚自惭悔"①。这反映了中国资产阶级的软弱性和当时对帝国主义认识所达到的程度，对此应予历史之理解。

如果我们把《民报》对帝国主义殖民政策的揭露、抨击和评论放在世界范围内进行考察，就会看出《民报》的立场、观点的进步意义。帝国主义为了维护其殖民统治，总是在不断用各种方式来美化自己的殖民政策，掩盖殖民地半殖民地贫穷落后的根源，以欺骗本国无产阶级和殖民地半殖民地人民，反对人民革命。鼓吹帝国主义殖民政策的不仅有帝国主义分子、资产阶级的辩护士，而且有从帝国主义掠夺殖民地半殖民地得到的高额利润中分得一点油水的第二国际修正主义者。这些帝国主义豢养的修正主义者极力支持本国资产阶级的殖民政策，他们在1907年举行的第二国际第七次代表大会上提出了一个决议案，宣称"大会并不在原则上和任何时候都谴责一切的殖民政策，殖民政策在社会主义制度下可以起传播文明的作用"。如伯恩施坦公开叫嚷"世界上有两种民族，一种是统治的，一种是被统治的。有些民族还是小孩子，他们自己不能发育"，需要"传播文明"。再如，万·科尔根本不谈无产阶级政党反对帝国主义殖民政策，不去支持殖民地半殖民地人民的反殖民主义斗争，只是列举资本主义制度下殖民地可能做到的"改革"。这和《民报》的立场是何等鲜明的对比啊！伯恩施坦、万·科尔一伙修正主义者的论调，同《民报》所批判的大隈重信的言论又何其相似！列宁在称赞孙中山是"充满着崇高精神和英雄气概的民主主义者"时，认为他代表着"向上发展""相信未来"能够代表"真诚的、战斗的、彻底的民主主义的资产阶级"②，这个"资产阶级还同人民一起反对反动势力"③。这种高度评价完全适合《民报》。《民报》作为中国资产阶级革命派的机关报，在揭露、抨击帝国主义殖民政策的时

---

① 章炳麟：《送印度钵逻罕、保什二君序》，《民报》1907年第13号。
② 《中国的民主主义和民粹主义》，《列宁选集》第2卷，第424—425页。
③ 《落后的欧洲和先进的亚洲》，《列宁选集》第2卷，第449页。

候，也充满着革命民主主义者那种"崇高精神和英雄气概"，对西方"各种'文明'豺狼"①进行了无情的鞭挞，指出种种殖民政策"惟有招致革命之进行而已"。对《民报》的这种难能可贵的认识，我们应当给予历史的、实事求是的肯定。

殖民地半殖民地的被压迫民族，要不要在反对殖民主义、反对帝国主义的斗争中团结起来？被压迫民族的反殖反帝斗争能不能取得最后的胜利？如果说揭露、抨击帝国主义殖民政策是亚洲人民反殖反帝斗争的前奏和舆论准备，那么，以上两个问题前者就是反殖反帝斗争中的实践问题，后者就是对斗争前途的估计问题了。

在"亚洲觉醒"时期，帝国主义强盗们在使用对殖民地人民武装镇压的同时，更多地采用了"分而治之""用亚洲人打亚洲人"等阴险毒辣的统治手段，分化瓦解亚洲各国人民反殖反帝斗争的团结。西方殖民主义者在侵略亚洲的早期，就同时并用或交错使用了这种反革命的两手。英殖民主义在侵略印度和统治印度的过程中是这样干的，英国和其他国家的殖民主义强盗在侵略中国和亚洲各国的过程中也是这样干的，后起的日本帝国主义因为自己地居亚洲，则提出了"大亚洲主义""亚洲是亚洲人的亚洲"等口号，欺骗亚洲各国人民，同西方帝国主义争夺殖民霸权。这样，在亚洲民族独立运动面前就呈现出复杂的情况。

殖民地半殖民地的各国人民有着悲惨无权和受压迫受剥削的相同处境，需要同共同的敌人进行斗争，因而相互同情、相互支持的共同要求随着斗争的深入和发展越来越显得迫切了。这种相互同情的情况早就产生了，相互支援的情况也早就出现了，在19世纪中期亚洲人民的第一次反殖斗争高潮中，中国、伊朗和印度三国人民的共同斗争就证实了这一点。当时，英国殖民主义者正想趁中国太平天国运动的机会对华发动新的侵略战争，它还利用伊朗和阿富汗进行战争的机会发动了侵略伊朗的战争。但是，"当英国对波斯的战争几乎把孟加拉管区内的欧洲兵全部抽光了的时候"，印度的反英大起义"就立刻爆发了"②。这就迫使英国调回了在伊朗

---

① 《马克思学说的历史命运》，《列宁选集》第2卷，第439页。
② 《印度军队的起义》，《马克思恩格斯全集》第12卷，第252页。

的和正在开往中国的军队。这样，侵略中国的战争拖了将近一年，侵略伊朗的计划则宣告破产。当然，这种相互支援只能是客观上的。到了20世纪初，经过了近半个世纪的斗争实践，亚洲各国人民在斗争中客观上的相互支援已变为主观上的要求，这是"亚洲觉醒"时期人民反殖反帝斗争觉悟和交往自觉提高的一个重要表现。《民报》以中国和印度两国人民在斗争中的相互同情、相互支援的实际行动，说明了亚洲各国人民在斗争中加强团结的必要。

《民报》的编者们认识到有色人种的受奴役受压迫是帝国主义者"蹂躏他国、相杀伤害为事"的结果，所以他们不仅在理论上，而且在实践上和各被压迫民族的革命者相互交流革命斗争经验。在《民报》上，我们可以不止一次地读到中国和印度爱国志士之间相互倾诉衷肠的动人描绘。章炳麟在《送印度钵逻罕、保什二君序》中谈道，他自己"甚亲印度人也。平生未尝与其志士得衔杯酒之欢，亦未知其名号。既见二君，欢相得也，已而悲至陨涕"①。在《民报》上还有这样的记载："有印度人过我曰：'吾与君，囚徒也。囚徒相对，垂涕泣而道。缧绁之苦，彼此难堪，非为互相扶翼卒弗能达。此由衷之言，可皎天日者'。"这位印度革命志士提出的"非为互相扶翼卒弗能达"的相互支援的历史自觉性交往观点，得到了《民报》的完全赞同。《民报》就此评论说："旨哉言乎！夫亚洲兄弟国，印度夷于英，安南属于法，而吾被征服于满洲，无以异也。""亚洲而和亲也，其大有利于将来哉！"这样，《民报》就举起了"亚洲和亲"这面团结的旗帜。他们认为这不但对当时的斗争有利，而且是一个"大有利将来"的问题。这个提法是颇有远见的，它标志着亚洲人民认识到彼此之间的斗争不再是孤立的，而应当互相支持，联合起来共同对敌。亚洲人民认识到这一文明交往观点，这正是"亚洲觉醒"的一个新的重要自觉性标志。

《民报》关于"亚洲和亲"的主张是建立在共同受压迫、共同对敌斗争的基础之上的。《民报》在许多文章中，用"种族"的观点来区别敌友，

---

① 据章炳麟说，钵逻罕和保什在1907年访问《民报》社时，"道印度衰微之状，语次鲠咽，神气激越"，"观其搤腕咋齿，辞气慷慨，诚印度有心之士哉"（《记印度西婆耆王纪念会事》，《民报》1907年第13号）。

例如它把"白人"的英法与黄种人的亚洲国家区别开来，认为这两类人其"种类若风马牛不相及，感情素异，纵媚之亦未必能得其助"，由此得出了英法可以援助意大利革命，但绝不能帮助中国革命，也"不赞成印度越南之独立"的结论。根据这个原则，章炳麟对《民报》关于"要求世界列国赞成中国之革新事业"的原则作了新的说明。他说，在《民报》创办时，这个提法"本含混言之，要之列国政府，必不赞成，唯列国之个人为可"①。这样把列国政府与列国个人加以区别，澄清了当初"种族"肤色标准的模糊认识。它虽然还不能把帝国主义国家的政府与帝国主义国家的人民加以区分，但较之要求列强政府赞成中国革命事业的幻想，却大大前进了一步，可以说是资产阶级革命派"联合世界上以平等待我之民族"这个革命主张的先声。

《民报》办报"六条主义"的第五条规定："主张中国与日本两国之国民的连合"，这里只提出联合"日本国民"，而不提日本政府，也正体现了这种思想。章炳麟在评论印度钵逻罕以"折扇"的三个组成部分比喻印中日关系、寄希望于日本的"提契"时说，在这把折扇中，印度的"纸"和中国的竹扇骨都糜烂了，还能希望现存"环绳"的日本来恢复它的旧形吗？又指出，日本是"引白人以侮同类者"②。在《亚洲和亲之希望》一文中，讲得更清楚："今日亚洲方为群憝觊觎，所不尔者，扶桑三岛，然骄恣自大，窃比于西方，视汉士以为莫救，尝鼎一脔，则彼旦暮希焉者，是安能与之禽合？"这样，在对待日本的问题上，《民报》又脱离了"种族"观点来区别敌友了。这个事实表明，"认识到'种族'革命的不足"③，是以孙中山为代表的中国资产阶级革命派的可贵之处。

孙中山在《民报》发刊词中提出的"缮群之道，与群俱进"的进化论观点，表现了他顺应历史潮流、与时俱进和团结国内外进步力量的革命精神，《民报》办报的"六条主义"则具体体现了这种精神。④ 从《民报》

---

① 章炳麟：《答佑民》，《民报》1908年第22号。
② 章炳麟：《印度人之观日本》，《民报》1908年第21号。
③ 《中国的民主主义和民粹主义》，《列宁选集》第2卷，第424页。
④ 六条主义见《民报社简章》第一条："本杂志之主义如下：一、颠覆现今之恶劣政府；一、建设共和政体；一、土地国有；一、维持世界真正之平和；一、主张中国与日本两国之国民的连合；一、要求世界列国赞成中国之革新事业。"

的言论看，它在主张亚洲团结的时候，总是在提醒人们注意把俄英法等帝国主义国家与亚洲国家区别开来，把英法政府与这些国家的个人区别开来，把日本同其他亚洲国家区别开来，把日本政府同日本国民区别开来，等等。在帝国主义时代，各国革命从来就不是孤立进行的，而是同国际范围内的阶级斗争紧密地联系在一起的。在这个时代，作为中国资产阶级革命派的机关报，《民报》自然就十分关心世界的事情，尤其是关心亚洲的事情。它提到的上面这些区别，就是它对国际范围内敌友关系划分的看法。当然，这种划分是模糊的，有时是前后矛盾的，而在实际中也不都是按这些原则做的。但无论如何，他们是接触到了这些问题，他们的这些看法与亚洲其他国家的革命者相比而言，在认识上已经达到相当的高度了，至于同这以前人们的认识相比，例如同1900年义和团时代人们对帝国主义的认识相比，则前进了一大步。

《民报》对亚洲团结规定了明确的目标，这个目标就是亚洲各国的独立。《民报》不是孤立地看待亚洲的民族独立运动，而是把亚洲各国人民争取独立的斗争同反对帝国主义战争和世界和平问题结合在一起。章炳麟有一句代表性的言论："真平和云何？曰：使欧美人不得占领亚洲，使亚洲诸民族各复其故国而已。"[①]《民报》办报的六条原则之一是"维持世界真正之平和"。章炳麟这句话可以说把这条笼统的原则解释得更具体了。联系到当时国际帝国主义都在积极扩军备战，准备发动规模更大的战争，而又大放和平空气的形势，就可以看到，章炳麟尖锐地提出真和平的含义，是颇有针对性的。

在《答佑民》这篇不长的文章中，章炳麟除了"有意发扬"《民报》办报原则的"应有之义"以外，还说明了有关亚洲团结的几个问题。第一，他认为：中国与"印度相互扶持之论，非谓今日革命党人，遂能越国能为他人谋也"。就是说，亚洲各国革命党人应当相互支持，但必须独立自主，绝不能代替别国的革命。第二，不能幻想靠帝国主义争得民族独立，认为这种"乞食者"的行为，"适滋长其野心而已"。"借援强国，冀以自全，在品格则为下劣，在事实则无秋毫之效，愿足下无作此迷梦也。"

---

① 章炳麟：《答佑民》，《民报》1908年第22号。

第三，不能因为害怕"激怒白人"就不宣传争取民族独立。他说，中国的革命者即使不谈印度等亚洲国家的民族独立，"但言中国独立"，也要"招其怒矣"。"欲令白人无怒，惟有钳口结舌，勿吐一言耳。""法兵助清政府，破云南之义师"的事实，教育了章炳麟，使他认识到争取民族独立，就不可能不触及帝国主义的势力范围，不可能不触犯他们的利益，从而"激怒"他们。章炳麟的这三点认识，也是十分可贵的。

章炳麟很重视中国和印度人民之间的团结。他认为，亚洲团结，首先就是中印两国人民之间的团结。在他看来，中印团结不但有利于中印两国，而且有利于亚洲和世界和平事业。他说："东方文明之国，荦荦大者，独印度与中国耳。言其亲也，则如肺腑；察其势也，则若辅车，不相互抱持而起，终无以屏蔽亚洲。"他又说："支那印度既独立，相与为神圣同盟，而后亚洲事少矣！"他从历史传统、从"言亲""察势"等角度，阐发了中印两国"相互抱持""以屏蔽亚洲"的作用，他又从中印两国的独立，结成同盟，论证了维护亚洲和平的意义；他还提出"联合之道，宜以两国文化相互灌输"[①]，这是文明之间交往活动互学互鉴的表述，在他的笔下，已成为文化融会交往深化"联合之道"了。这在当时已经是达到很高程度的认识。因此，他就把亚洲团结的内容和意义进一步具体化，而且把亚洲各国独立和亚洲和平问题联系起来，表明了他在这个问题上逻辑的一致性。

既然亚洲团结如此重要，而亚洲团结又是为了争取亚洲各国的民族独立，而亚洲的民族独立运动的前途将是怎样的呢？由于长期的殖民侵略和殖民统治以及巴黎公社革命失败后资本主义国家几十年的相对和平发展，而亚洲人民反殖民主义斗争的多次失败，许多人对民族独立运动的前途产生了悲观的估计。帝国主义在工人运动中的代理人——第二国际修正主义者则对内宣扬"社会和平"、对外颂扬殖民政策，欺骗本国工人阶级和各被压迫民族人民。至于帝国主义长期统治的殖民地，例如英帝国主义统治下的印度，就被认为没有独立的希望了；帝国主义争夺之下的半殖民地半封建的中国，也被认为很难取得民族独立。

[①] 章炳麟：《支那印度联合之法》，《民报》1908年第21号。

《民报》和上述的看法相反，它认为中国的独立大有希望，印度的独立也大有希望。在《民报》中，我们可以读到许多篇表明它在这方面充满信心的文章。《民报》之所以对亚洲民族独立运动持有乐观的估计，是由于它对亚洲社会进行了分析。我们仍以它对印度独立运动的分析为例，来说明它对亚洲民族独立运动的前途的估计。

《民报》主编章炳麟在分析亚洲民族独立运动的前途问题时，首先认为这场斗争是长期的，不能给它规定时间界限，但是他强调指出：

> 斯事固久远不可刻限，然世人多短算，谓支那衰蔽，难复振起，印度则终于沦替。何其局戚无远见耶！昔希腊罗马皆西方先进国。罗马亡且千四百年，希腊亡几二千年。近世额里什与意大利，犹得光复。印度自被蒙古侵略，至今才六百岁。其亡国不如希罗马之阔远，振其旧德，辅以近世政治社会之法，谁谓印度不再兴者！①

章炳麟在这段激情洋溢的话语中，尖锐地批判了在中印两国民族独立运动前途问题上的悲观论调，认为他们是"短算"，是"局戚无远见"。他又从历史上加以论证，指出历史这样悠久的大国，不会永远让外国侵略者骑在自己的头上。他提出：只要"振其旧德"，发扬革命斗争传统，"辅以近世政治社会之法"，学习世界人民创造的有效的革命斗争方法，印度就会独立。章炳麟质问悲观论者说："印度亦暂亡耳，今者，国民自觉光复独立之声，宣扬八表，安见孔雀笈多不复睹于今日？"② 这里，他提出"国民自觉"，颇有文明自信的"光复独立"民族复兴精神。如他所说，推而广之，印度如此，中国如此，亚洲各国也必将如此。

章炳麟所说的"近世政治社会之法"是指的什么呢？《民报》的许多文章很明确地指出，这种斗争方法就是1905年俄国无产阶级创造的从政治总罢工直到武装起义的革命斗争方法。例如，《民报》在转载《印度社会学者报》（*The Indian Sociologist*）的一篇文章的按语中说："若欲协英政

---

① 章炳麟：《送印度钵逻罕、保什二君序》，《民报》1907年第13号。
② 章炳麟：《答梦庵》，《民报》1908年第21号。

府，返其固有之良知，惟有俄民现行之方法，可为模范，且当勇敢以行之，勿令间断，必使英人废其专横政府，逐出印度境外而后已。"要英国帝国主义"返其固有之良知"，当然是一种幻想，但要求印度人民学习1905年俄国人民反对沙皇专制政府的革命斗争方法，并且要"勇敢以行之""勿令间断"，坚持到把英帝国主义"逐出印度境外而后已"等论述，则表现了中国资产阶级革命派善于学习的精神和革命气魄。

《民报》对亚洲民族独立运动前途悲观论者的尖锐批判，对亚洲民族独立运动前途充满信心的估计，是"亚洲觉醒"的一个突出标志，也是对列宁"亚洲觉醒"这一论断的很好说明。列宁在用亚洲民族独立运动日益高涨的事实驳斥第二国际修正主义者时说："当机会主义者刚在拼命赞美'社会和平'，拼命鼓吹在'民主制度'下可以避免风暴的时候，极大的世界风暴的新泉源已在亚洲涌现出来了。""有些不注意群众斗争的准备条件和发展条件的人，看见欧洲反资本主义的决战长期迁延下去，就陷入失望和无政府主义的境地。现在我们看到，这种无政府主义的失望是多么近视，多么懦弱。八亿人民的亚洲投入了为实现欧洲相同的理想的斗争，从这个事实中所应吸取的不是失望，而是勇气。"① 列宁还说："中国不是早就被称为长期完全停滞的国家的典型吗？但是现在中国的政治生活沸腾起来了……在英属印度，动乱也在加剧。"②

《民报》作为亚洲觉醒时期代表"觉醒了"的亚洲的进步舆论，热情地介绍了印度人民"发愤自立"的情况。它统计了1905年印度的进步报刊，其总数"凡五十有五种，而言光复旧物者，居其半焉"。它还介绍了印度民族独立运动中的两派：以巴尔·甘加达尔·蒂拉克（Bal Gangādhar Tilak）为代表的"极端派"和以戈帕尔·克里什纳·戈卡尔（Gopal Krishna Gokhale）为代表的"温和派"。《民报》不同意"温和派"的"和平"主张，而是站在"极端派"一边。《民报》编者在东京接触的印度人，也都是"极端派"的代表人物。《民报》称赞这些印度革命者是"明允确坚，嗜学不倦"，把"印度中兴"的希望寄托在他们身上。章炳麟同

---

① 《马克思学说的历史命运》，《列宁选集》第2卷，第439—440页。
② 《亚洲的觉醒》，《列宁选集》第2卷，人民出版社1972年版，第447页。

一些印度革命者建立了深厚友谊，他们一起研究梵文、佛经，成为文字上的莫逆之交。通过同印度革命者的接触，《民报》直接地、具体地了解并介绍了印度独立运动的情况。

例如，在谈到印度人民的反抗精神和斗争方式时，《民报》就热情赞扬了印度人民为争取独立而表现出的"确固不挠之气"，认为是"世无能过之者"。谈到斗争方式时又指出："其术则自罢工拒货始。罢工者，人人相约，不为英吉利用。虽庖人走使，皆去不顾；则工商仕宦之徒，一地坐困。拒货者，各村落皆相约不用英货。"① 随着"罢工""拒货"斗争的展开，在经济上进一步提出"购买国货"的口号，用民族资本兴办黄麻、制革、玻璃、肥皂工厂和民族银行。在政治上提出了"印度是印度人的印度"等口号，在孟加拉开展了纪念马拉塔民族英雄西瓦吉的政治活动。旅居日本的印度志士也在东京举行了这种活动，章炳麟曾应邀参加。会后还写了《记印度西婆耆王纪念会事》等著名文章。从这些文章来看，对1905年及以后印度民族独立运动情况，《民报》是十分熟悉的。

《民报》直接介绍印度民族独立运动情况是通过关于印度问题的一系列译文进行的，前边提到的《印度者印度人之印度》就是其中的一篇。这篇文章从五个方面驳斥了关于印度人不能自己管理自己的论调，反映了当时印度政治思想战线上的尖锐斗争的一个侧面。此外，《民报》还转载了《印度自由报》《印度社会学者报》《印度祖国万岁报》上的许多论文，而且连载了印度瞿沙（Gho-cha）的长篇小说《娑罗海滨遁迹记》。最值得我们注意的是《印度国民讨英吉利之露布》和《圣神权利宣言书》这两个纲领性的文件。根据《民报》记者的按语，我们知道前一露布是1905年用印地文和孟加拉文印成后而"发行各国"的，后一宣言是《民报》从《印度自由报》上转载来的。从两个文件的中心内容看，都是反对英帝国主义分割孟加拉，号召印度人民为争取独立而斗争。《印度国民讨英吉利之露布》一文从政治、经济、宗教等方面一层层剖析英帝国主义在印度犯下的滔天罪行，揭露了英国殖民者勾结地主阶级残酷剥削压迫印度人民的真相，并且热情地号召印度人民起来斗争。露布中发出这样的号召：

---

① 彭树智：《1905至1907年印度的独立运动》，《历史教学》1963年第2期。

> 我曹当自设督察，更番值役，见有仕宦于英吉利政府之下者，当纵火烧其庐舍。凡诸赋税，当抗弗与。若地主以力压制，当致死以争之。凡诸外国物品，当拒绝勿用，有违此约法者，当受放逐之处分。我印度国，当以我印度人自治之。①

印度1905—1907年的民族独立运动正是在"自产"、"自治"、抵制英货和抗租抗税这些口号下不断深入展开的。露布的号召变成了印度人民群众的实际行动。露布也反映了印度农民的要求。因此在1907年东孟加拉农民起义中，露布就作为重要的政治传单广为流行，起了巨大的号召作用。

《民报》在介绍亚洲各国人民革命斗争的过程中，总是把这些介绍和中国自己的革命斗争联系起来。在介绍一些纲领性的文件时，又总是在编者按语中指出如何学习这些经验。这在发表《印度国民讨英吉利之露布》所加的按语中表现得最为集中。《记者按》中写道：

> 原印度独立，与吾国情况正同。英人虐待印度，视满清虐待汉族，有加无损。夫以四千年圣哲旧邦，奄为他人所有，凡有血气，谁不痛心？印度教人与摩罕默德教人，相依为活，亦犹汉族与蒙古族相提携也。地主之不可依赖，亦犹此土富人，难与共大事也。至于拒外货，焚敖宦家，汉族或无此坚忍。抗税之事，则当效之。录此露布，既使汉族同志得以参观；亦令梵种义声，暴诸海内。成败利钝，虽不预知，要其志节皎然，足以争日月光矣！②

感情何等热烈！态度何等鲜明！目的何等明确！我们不能简单地把这种对比（在《民报》中这种对比是很多的）只看作通俗易懂的宣传，而应当看作被压迫民族彼此同情的自然流露。我们也不应该苛求他们把英帝国主义和清朝统治者作了不很恰当的比喻，而应当看作中国资产阶级革命派

---

① 《印度国民讨英吉利之露布》，《民报》1908年第20号。
② 《印度国民讨英吉利之露布》后的《记者按》，《民报》1908年第20号。

向印度人民学习"抗税"等革命斗争方法的进取精神。章炳麟就明确表示过，他从这篇檄文中认识到"印度民心齐一"，又看到在印度"抗租拒货，渐见实行"，由此坚定了他的信心，相信中国、印度和整个亚洲被压迫民族一定会获得独立。

《民报》在亚洲觉醒时期，在支持、声援印度独立运动方面，做出了值得怀念的贡献。同时，《民报》又以中华民族固有的善于学习的精神，从印度人民的反帝斗争中不断汲取经验。《民报》在70多年前所做的这些工作，不是偶然的。正如周恩来同志1955年在亚洲会议讲话中所说："由于同样的原因而受到的灾难和为了同样目的而进行的斗争，使我们亚洲人民容易互相了解，并且在长期以来就深切地互相同情和关怀。"[1]

(原载《南亚研究》1982年第1期，收录时有改动)

---

[1] 世界知识社辑：《亚非会议文件选辑》，世界知识出版社1955年版，第27页。

1908年印度孟买大罢工概述

1908年孟买大罢工是印度近代史和印度工人运动史上的重大事件。在1905—1911年"亚洲觉醒"时期，它也占据重要的地位。本文试对这一历史事件，作一简要叙述。

一

孟买是印度西部最大的工商业城市，原为葡萄牙的殖民地。1661年，葡萄牙公主布拉干萨的卡塔里娜（Catarina de Braganca）同英王查理二世结婚时，孟买作为嫁妆赠予英国。从此英国殖民者便把西印度的活动中心由苏拉特转移到了孟买。

1825年，孟买已经成为印度最大的港口。内地的棉花从孟买源源不断地输出，国外的商品也从孟买转运印度各地。1853年孟买开始修建铁路以后，孟买的资本主义工商业进一步发展起来。城市人口1661年仅有一万人，到1908年，已增至近百万人。[①] 在孟买的总人口中，工人占40%；而在工人中，纺织工又居多数。在孟买的纺织工业中，大买办和古吉拉特的银行家（如贝蒂特、吉吉拜、瓦迪亚、沙逊、塔塔财团）拥有颇大势力。英国资本家（如约翰·敦克利、约翰·科顿、约翰·格里夫斯、萨松、考顿、卜拉里）在孟买更有举足轻重的影响。[②]

孟买工人生活极为困苦，工资水平只相当于劳动力价值的1/2—1/4。

[①] 亨利·福鲁德：《印度帝国地理志》，1909年牛津版，第457—458页。
[②] 纳巴高帕尔·达斯：《印度的工业企业》，1956年孟买版，第1—2、124页。

英国资本家付给孟买工人的工资只相当于英国工人工资的 1/5，而获得的利润却比英国高出一倍以上。

孟买工人还受着许多前资本主义的剥削和压迫。在20世纪，英国和印度的资本家有意地制造种姓隔离，限制一个种姓只从事一类工种的劳动。例如，穆斯林的佐拉哈（Julaha）种姓只准从事纺织行业，而他们的妻子也只准从事纺纱行业。马拉塔人的马车夫种姓只准许在机械、锅炉修造和建筑业中工作，而穆斯林的马车夫种姓只准从事锅炉和为机器注油的工作。低级种姓不能同高级种姓的工人在一起工作。① 同时，孟买的工人多数是被农村高利贷者逼进城里来做工的，农村高利贷者和工厂工头们相互勾结，对他们继续进行高利贷的盘剥。在20世纪初，70%的孟买工人都身负重债，年利率高达50%—70%。此外，英国和印度资本家还故意挑起印度教徒和穆斯林之间的纠纷，使其本来已困难的生活更是雪上加霜。② 所有这些，都使孟买工人的处境更为悲惨。

1908年孟买大罢工发生的条件，还在于纺织工人组成了孟买工人阶级的主体。在孟买18万—20万产业工人中，纺织工人占一半以上。全市共有86家纺织工厂，占工厂总数的40%。孟买的纺织工人的特点是：集中在一些工人数超过1000人的大工厂中；大多数属于马拉塔族［占50%以上，大多数操马拉地语，而且多来自马哈拉施特拉和戈巴尔（Koppal）地区］；大多数工人信仰印度教，而且多数属于农村的低级种姓［如古比、马哈尔（Mahar）、达得、莫基（Moch）、恰马里（Chamari），等等］。这种以一个民族、一种语言、一种宗教信仰，以低级种姓为主的孟买纺织工人队伍，为工人阶级的统一、团结行动创造了良好的条件。

孟买纺织工人富于革命斗争传统，而且它具有比较集中、比较团结的特点，所以在斗争中站在孟买工人阶级的最前列。早在1877年，纺织工人就开始了第一次罢工。1884年，洛坎德（N. M. Lokhande，孟买纺织厂职员、报纸编辑）发起组织了"孟买纺织工人协会"，起草了争取改善工人

---

① J. 凯曼：《印度劳工》，伦敦1923年版，第87页。
② S. M. 伊克拉姆：《近代印度穆斯林和巴基斯坦的诞生（1858—1951年）》，拉合尔1970年版，第349、469页。

劳动和生活条件的呼吁书，有5500多名纺织工人在呼吁书上签了名。1890年，洛坎德出版了《穷人之友》，对工人进行启蒙工作，还组织工人集会。4月的一次集会，有一万多名纺织工人参加。到了20世纪初，孟买纺织工人的罢工斗争已由个别工厂发展到同行业的联合罢工斗争。1905年9月，孟买纺织工人为缩短工作日发起罢工，工厂之间互相声援，市民也支持工人的行动，罢工坚持到12月，取得了胜利。这次罢工引发了军警干涉。1908年的大罢工，正是在这些罢工的基础上进行的。

必须指出，1908年孟买大罢工同以提拉克为代表的资产阶级民主派的宣传和组织活动有着密切的联系。从19世纪80年代后期，提拉克已经把他的政治活动中心由浦那转移到孟买。他的政治纲领主张把广大人民群众，首先是城市居民和工人吸引到反对殖民主义斗争的行列中来。提拉克的拥护者把反对殖民统治和争取印度独立的思想，带进了孟买的工厂区和工人简陋的小屋内。[①] 1884年，他们在孟买组织了"马拉塔工人联谊协会"，宣传酗酒对身体健康以及经济方面的危害性，并且对工人子女普及文化知识。他们用工人群体容易接受的形式和语言，说明工人的一切苦难都是英国殖民统治印度的必然结果。此外，"自治"、"自产"、抵制英国货与民族教育这四大纲领，也是他们向工人宣传的主要内容。他们把印度的落后、人民的贫困归结到印度丧失独立和沦为英国殖民地这个关键问题上，无疑启发了工人的政治觉悟。1898年9月6日，当伦敦最高法院宣布释放提拉克时，孟买一万多名工人参与游行，热烈欢迎这位为祖国独立而斗争的领袖，说明了他同工人群众的密切关系。提拉克及其拥护者关注工人的切身利益，向工人宣传英、法革命经验和1905年俄国总罢工的思想，唤醒工人的爱国主义觉悟。[②] 这和工人的困难处境、斗争经验、工人特点结合在一起，促成了1908年孟买大罢工以空前规模出现在印度的历史舞台上。

---

① A. R. 德萨：《印度民族主义的社会背景》，孟买1966年版，第166—173页。
② D. V. 塔曼卡：《洛卡曼尼亚·提拉克，印度骚乱之父和近代印度的缔造者》，伦敦1956年版，第184—185页。

二

1908年的罢工经历了三次高潮：1月到4月的罢工；6月25日到7月22日期间为反对逮捕和审讯提拉克而举行的为期十天的罢工和游行示威；7月23日到28日为时六天的抗议对提拉克判决的总罢工和街垒战。

1908年初，英国殖民当局加强了对印度民族解放运动的高压政策，英国和印度资本家又一次降低工资，延长工作日，这就使孟买工人阶级同英帝国主义之间的矛盾尖锐起来。1月10日，孟买的帕列尔"大印度半岛铁路公司"修造厂的工人，首先揭开了大罢工的序幕，举行了8000人的大罢工。2月初，孟买市中心电话局工人和邮电局工人开始罢工。这次罢工遭到镇压后，在4月再次发生了罢工。加尔各答、阿格拉等城的邮电工人纷纷声援，形成了全国范围的、为时两周的同行业联合大罢工。甚至英国资本家经营的"格里福斯棉纺织业公司"所属的八个纺织工厂的工人，也都参加了这次罢工，总人数达到1万多人。这次罢工带有明显的反帝性质，它说明在英国殖民当局支持下的英商公司，也发生了动荡。

孟买的资产阶级对工人阶级的觉醒又惊又怕。《印度时报》4月11日刊登了工厂主鲍曼·潘特在"孟买厂商协会"上的讲话，呼吁工厂主"团结自卫"，以"迅速消灭工人的顽劣和任性"，"及时阻止工人的进攻"。英国殖民当局对孟买资产阶级的呼声虽有所注意，但认为工人反抗的根源在于提拉克派的宣传和组织活动，而这些宣传活动和组织活动比工人的罢工还要危险，需要首先镇压。为此，1908年6月，英国殖民当局公布了《出版法》，以所谓"煽动叛乱罪"对进步报刊的编辑和出版人进行了疯狂的迫害。迫害涉及孟买民主派的所有报刊，当然不会放过闻名遐迩的《狮报》及其主编提拉克。

1908年6月24日早上6时许，提拉克正同他的朋友在《狮报》编辑部商议应变措施时，被英国警察以"煽动叛乱罪"逮捕。对提拉克的这个迫害行动，成了孟买大罢工和印度民族解放运动新高潮的导火线。消息传出后，孟买市民悲愤交加，许多商店罢市、学校罢课、工厂罢工，街头出现了一队又一队抗议示威的人群。在浦那、马德拉斯、加尔各答等地，工人、学生和市民也起来抗议殖民当局对提拉克的政治迫害。

孟买工人阶级站在斗争的最前列。在1908年7月13日到22日，围绕着抗议对提拉克的审判，孟买工人阶级举行了持续十天的大罢工，显示出它的主力军的作用。罢工的工人在大街上举行示威游行，并且在孟买高等法院附近多次举行集会。他们手捧着提拉克编辑的《狮报》，高唱爱国歌曲《祖国万岁》，高呼"领袖提拉克万岁"的口号，以声援正在法庭作自我辩护的提拉克。这次及其后参加示威的工人连续与军警发生冲突，持续不断地进行了斗争。

在公审提拉克的前一天，孟买警察局长发布通告，严禁一切游行示威和集会，命令工人复工。同时，孟买城防部队增加了四个加强连和两个轻骑兵大队。在公审的这一天（7月13日），殖民当局在监狱通往法院的大路上，在附近的大工厂周围，都布置了岗哨。而且，在前一天晚上，把提拉克秘密地带进了法院。在英国军警严阵以待的恐怖气氛中，孟买许多工厂的工人还是举行了罢工，并且冲破封锁线在法院门前集会。7月16日，罢工波及20家工厂。7月20日，罢工工厂达到60多家，罢工人数达到6.5万人，占工厂总数的3/4和产业工人的2/3。7月21日，罢工超出了棉纺织厂的范围，发展到印刷行业。在这些日子里，孟买工人阶级斗志昂扬。广大工人群众在"保卫提拉克"的口号下，在孟买法院周围举行了浩浩荡荡的示威游行和盛大集会，并且同前来镇压的军警发生了流血冲突。他们还有力地反对了工贼的破坏活动，使罢工持续下来。在斗争中，码头工人拒绝装运货物。商人也支持罢工工人，拒绝向英国人出售商品。

7月22日，英国殖民当局采取了双管齐下的镇压措施。在这一天，对提拉克开庭判决时，严厉镇压罢工工人，五名工人被分别判处短期监禁或鞭打；提拉克则被控告触犯印度《刑法典》第124条和第153条的"煽动对英王陛下和印度合法政府的敌视和仇恨"罪，先是被判处在可怕的安达曼群岛上终身服苦役。后来，由于人民群众的压力，被迫改判为在缅甸的曼德勒服苦役六年。

据孟买报纸报道，7月22日（星期三）狂风怒号，大雨滂沱，河水急剧上涨，工人群众不顾恶劣的天气和军警的威胁，集中在法院门前，宣布了他们的行动计划：每判决提拉克一年徒刑，他们就用一天的总罢工来回答，现在判决提拉克六年徒刑，他们决定用六天总罢工来回答。他们宣布：7月23日开始总罢工，并呼吁孟买全市人民总罢业。

在这六天中，政治总罢工几乎席卷了孟买所有的工厂企业，罢工总人数在10万人以上。在工人总罢工的带动下，孟买的市场、商业机构、学校都随着举行罢市、罢业、罢课，使全市陷于瘫痪之中。

英国殖民当局从总罢工开始的第二天，就举起屠刀，对工人群众进行了残酷的镇压。在孟买工业区大街上，英印军警向工人开枪，子弹如雨点般呼啸而来，但工人群众毫不畏惧，他们用冰雹般的石头瓦片实行反击。游行队伍边打边退，附近罢工的工人纷纷支援，人数很快达到1.2万人。在英印援军赶到后，双方进行了激战，许多工人被打死打伤，孟买大街上洒下了工人们的鲜血。在孟买的火车站附近，工人曾筑成街垒同英军进行战斗，只是在双方力量悬殊的情况下，工人才主动撤退。

在这六天当中，城市居民、郊区农民、学生也和工人一起参加了战斗。孟买吉尔古姆郊区的贫苦农民，在战斗中表现得非常勇敢。许多提拉克派的小资产阶级革命家，成为战斗的组织者和指挥者。有一个25岁的古吉拉特商人凯沙夫拉尔·库古，表现出杰出的领导才能。他身穿巴尼亚种姓①特有的黑色服装，走在斗争的最前线，指挥着各个小组的战斗，使英国军队不能前进一步。他坚持到最后，英勇牺牲在指挥岗位上。在六天的总罢工中，至少有200名工人牺牲，有300多名工人被捕。工人对军警的战斗一直持续到28日。

上述罢工、罢市和罢课的斗争是在提拉克派宣传和组织之下进行的，斗争的主要口号是"自治""自产"和"保卫提拉克"。提拉克成为孟买人民心目中的英雄人物，他被看作民族的灵魂和心脏。7月28日是总罢工最后的一天，纺织工人举着"自治万岁""自产万岁""我们的领袖提拉克万岁"等横幅标语，再次抗议对提拉克的判决。他们举行了示威游行，致使市内交通堵塞。示威者同军警再次发生了冲突。7月29日，按原计划结束了总罢工。

---

① 巴尼亚，商业种姓，系印度四大种姓中"吠舍"种姓的分支。

三

以孟买大罢工为中心的反帝斗争，是1908年印度民族解放运动高涨时期最大的一次群众性的革命运动，也是1905年开始的印度觉醒的集中表现。孟买工人阶级作为反帝斗争的主力军出现在政治舞台上。工人阶级在大罢工中表现出的坚定性、团结性和组织纪律性，给这次革命高潮打上了深刻的烙印。但是，孟买工人阶级没有自己独立的政治组织，自发性的色彩还很浓厚。它的自觉性只集中表现在对英帝国主义的认识有所提高，在实践上表现为它投身于这场政治斗争，并且作为资产阶级民主派的追随者投身于这一斗争。1908年孟买大罢工和城市居民的总罢业是在资产阶级民主派的宣传、影响和组织下进行的。以提拉克为代表的资产阶级民主派对于推动工人群众反帝的民族自决的斗争，具有不可磨灭的历史功绩，而在限制工人群众的阶级觉悟方面却表现了它的阶级局限。尽管如此，孟买工人阶级举行的群众性的政治大罢工的革命实践，表明了它在印度民族解放运动中的巨大潜在力量。这次大罢工是亚洲工人阶级斗争史上一次巨大的反帝斗争，有力地冲击了帝国主义的殖民统治。

近代印度大资产阶级的形成及其特点

现代印度当权的大资产阶级，是印度资产阶级中的反动派。这一部分资产阶级，同国际帝国主义和国内封建势力的利益，紧密地结合在一起。印度大资产阶级对内残酷剥削压迫和镇压一切进步力量、对外实行侵略扩张的反动本性，早已为世人所共见。本文拟对近代时期印度大资产阶级血腥的发家史和它同国内外反动势力的血肉关系，做简要的论述，以说明这个阶级反动本性产生的历史根源及其在近代时期的表现。

近代印度资本主义的发展

马克思在《资本论》中写道：从封建生产方式开始的过渡有两条途径。生产者变成商人和资本家，而与农业的自然经济和中世纪城市工业的受行会束缚的手工业相对立，这是真正革命化的道路；或者是商人直接支配生产。[①] 印度大资产阶级是经由第二条道路形成的，是由商人、高利贷者积累资本，从19世纪中期起，逐步变为工业资本家的。

印度大资产阶级的形成，有其深刻的社会经济和历史根源。近代的印度是备受欧洲列强侵略的，四分五裂的封建国家，是资本主义殖民强盗——英国一步一步把它变为殖民地的国家。[②] 19世纪中期到独立以前，整个印度是一个殖民地和封建残余存在的社会。

---

① 《马克思恩格斯全集》第46卷，第373页。
② 英国是在印度国内混乱的大变局中乘机而入侵的，参见下文《第三次帕尼帕特之战及其在印度近代史上的作用》。

英国殖民主义者侵占印度以前，在印度个别地区存在着资本主义关系的萌芽。在工业方面，出现了一些具有手工工场劳动分工标志的简单资本主义协作组织。农民的阶级分化也不断加剧。商业高利贷资本相当发达。如果没有外国资本主义的影响，印度也将缓慢且独立地发展到资本主义社会。

英国殖民主义者侵入印度后，打断了印度经济的独立发展过程，阻碍了资本主义关系的产生，在很大程度上，消灭了印度封建社会内部已经存在的资本主义萌芽。

首先，英国殖民主义者保存了大量的封建关系。其次，为了剥削印度的需要，又培植出一个人数众多的商人高利贷者阶层。最后，也是很重要的，就是它对印度进行了空前规模的掠夺，摧残了古老的印度手工业作坊和农村公社。这不仅引起农业的凋敝，而且使过去许多人烟稠密的手工业城市，如达加、穆尔西达巴德、苏拉特等，很快地衰落下去。印度手工业遭到这种空前的浩劫，使得手工业生产者没有可能变成资本家，堵塞了印度走第一条发展道路的可能性。印度的手工业者，逐步沦为英国资本家和印度资本家（从商人高利贷者中间形成的包买主）剥削奴役的对象。

19世纪上半期，英国资本主义"破坏了印度社会的整个结构"，使印度失掉了它的旧世界而没有获得一个新世界，印度丧失了独立而沦为殖民地。与此同时，也促进了印度城乡商品经济的发展，为印度资本主义发展创造了某些客观物质条件。从19世纪中期起，这个过程逐渐明显地表现出来。

列宁在《帝国主义是资本主义的最高阶段》中说："资本输出总要影响到输入资本的国家的资本主义发展，大大促进那里的资本主义发展。"[1]从19世纪中叶起，英国"已在世界上占垄断地位"[2]，已开始向印度输出资本。为了把印度变为商品销售市场和原料产地，从50年代开始在印度修筑铁路。1860年建成1300千米铁路，1870年建成7700千米，1886年建成

---

[1] 《帝国主义是资本主义的最高阶段》，《列宁全集》第22卷，人民出版社1958年版，第235页。

[2] 《帝国主义和社会主义运动中的分裂》，《列宁全集》第23卷，人民出版社1958年版，第110页。

14900千米，1890年则有39800多千米。铁路成为英国资本家投资的主要场所。印度土邦王公和资本家也投资于铁路建设。英国和印度的资本家也着手兴办工厂和采煤工业，在城市和港口修建造船厂、棉花蓝靛等原料加工作坊等。1905—1908年是印度民族工业发展史上的一个有利时期。寇松的反动统治，特别是分割孟加拉的反动政策，引起了抵制英货和提倡国货的自产运动。印度注册的联合股份公司由1900年的1340个增加到1913年的2744个。1900—1911年，印度资本家的工业企业从368家增至496家。资本总额从18.4亿卢比增至27.6亿卢比。但是，这时兴起的印度民族工业是很薄弱的。1904年，属于欧洲人的公司在总产量中的比重是82％，其中四家公司就占总产量的31％。1911年英属印度的普查表明，棉纺织、黄麻织、采煤等企业规模较大（雇佣2万以上工人），但其中只有棉纺织业才是印度资本家的活动场所。

第一次世界大战是印度工业发展史上新的有利时期。其间，英、德、法、意等国的纺织品对印度的输出停止或削减了。印度国内市场上的外国竞争对手大为减少。战争为印度商品在近东各国开辟新的国外市场。为了防止日美资本家乘机渗入印度，巩固自己的殖民统治，英国殖民主义者对日本和美国的棉布征收高额关税，并向印度资本家订货。这种保护性关税政策，使印度资本主义得到进一步发展。1892年印度共有工厂655个，1919年就增加到3604个。但是印度的经济地位并未发生本质的变化。印度资产阶级经济学家萨普莱也承认："我们不仅在工业品的供应上和我们原料的销售上依赖于其他国家，而且我们甚至还没有航海船队的萌芽。"[①]

从19世纪中期起，中经1905—1908年的自产运动，直到第一次世界大战结束，印度的资本主义不断地发展。印度的民族资本共建成了近200个棉纺织工厂、一个钢铁厂及其他一些小型工商业企业。[②] 随着印度资本主义的初步发展，从印度大买办商人、大高利贷者中间，形成了一个人数

---

① 转引自［苏］列夫柯夫斯基《1947年前印度资本主义发展的一些特点》，生活·读书·新知三联书店1958年版，第68页。

② 19世纪中期起，印度全国的农村公社全部瓦解。在这个基础上，农业中的资本主义也有了发展，农民的分化更快。可是由于封建残余的大量存在，范围广大的资本主义农场却没有成长起来。参见［印］苏·捷·巴德尔《印度和巴基斯坦的农业工人》，第13、178—187页。

不多，但却垄断了大部分企业的印度大资产阶级。下面就着重分析这个资产阶级的形成过程。

近代印度大资产阶级的形成

毛泽东同志在《中国革命和中国共产党》中，运用马克思列宁主义的基本原理，分析了半殖民地半封建中国的资产阶级的形成过程。毛泽东同志指出："中国民族资本主义发生和发展的过程，就是中国资产阶级和无产阶级发生和发展的过程。如果一部分的商人、地主和官僚是中国资产阶级的前身，那末，一部分的农民和手工业工人就是中国无产阶级的前身了。""事实上，由于外国资本主义的刺激和封建经济结构的某些破坏，还在十九世纪的下半期……就开始有一部分商人、地主和官僚投资于新式工业。到了同世纪末年和二十世纪初年……中国民族资本主义便开始了初步的发展……第一次帝国主义世界大战的时期，由于欧美帝国主义国家忙于战争，暂时放松了对于中国的压迫，中国的民族工业，主要是纺织业和面粉业，又得到了进一步的发展。"[①]

毛泽东同志对近代中国资产阶级形成的分析，也基本上适用于分析近代印度资产阶级的形成问题。

在近代印度资本主义发展的基础上，在俄国十月革命前，印度资产阶级已经形成了。印度的中小资产阶级大都聚集在马哈拉施特拉和孟加拉地区。这两个地区的共同特点是商人和高利贷者的势力比其他地区显得软弱。马哈拉施特拉的有产者主要经营土地，这个地区资本主义工业发展的主要形式是小型的分散的和集中的手工工场。这个地区的资产阶级主要是在小商人和手工工场主中形成的。同时土邦王公也参与工业，建设工厂。孟加拉的资产阶级的前身主要是地主，他们在农村中建立分散的手工工场。也有些商人和高利贷者充当英国商号的买办，为英国资本家销售商品和输出原料，购买英国资本经营的各种企业的股票。和马哈拉施特拉一样，孟加拉没有大的独立工业资产阶级，他们都是英国资

[①] 《毛泽东选集》第2卷，人民出版社1991年版，第303页。

本家的附庸。① 第一次世界大战前加尔各答城中，印度人经营的中小企业有367个，英国人经营的大黄麻工厂有179个。印度的中小企业竞争不过英国的大企业，这是英国资产阶级在这个地区的政治经济势力特别强大的缘故。

印度资产阶级的前身是商人和高利贷者。当英国殖民主义者闯进印度时，就发现封建印度早已存在的商人和高利贷者是他们剥削印度最好的工具。自古以来，从事商业高利贷活动就是某些种姓的特权和世袭职业。商业高利贷种姓遍及印度各地，但以古吉拉特和拉杰普塔纳（Rajputana）两地人数最多，势力最大。他们以放贷、包收土地税、供应军需品、经营奢侈品等方式为封建主服务。有的大商业高利贷家族因而大发横财，家财万贯，出入宫廷，到处分设店铺。1929—1930年比哈尔和奥里萨省银行调查委员会的报告中说："当欧洲人到印度时，他们发现了早已存在的、具有高度组织性的商业信贷系统，这个系统是这样良好地适应国家的需要，以致他们认为有可能去利用它来满足自己的贸易需要。"②

英国东印度公司规定了许多优待条件，来拉拢印度商人。例如印度商人运货出入英属港口时，公司不抽税；印度商人出卖货物时，公司付以较高的佣金；等等。于是唯利是图的印度商人在与殖民主义者的贸易交往中，发现了生财之道，乐于顺从新主人的需要。他们成群结队地移居于公司商馆周围，甘心充当殖民主义者的小伙计和代理人，跟在他们后面，行凶作恶，无所不为。这批为奴成性的商人和高利贷者除了转卖转运英国商品和印度特产之外，在自己同胞面前，作威作福，极尽欺压之能事。对于濒于破产的印度手工业者，常常绳捆鞭打，强迫他们登记在公司的名下，不准替别人工作，像许多奴隶一样从一个主人转给另一个主人。这些英国的奴才，又对手工业者进行敲诈勒索，强迫征收他们的产品，其价格要比同样制造而在公共市场上自由出售的货物要低15%，有的甚至低到40%。③ 印度的商人和高利贷者担任殖民当局税收

---

① 孟加拉的进步学者卡比拉吉·纳拉哈里在《孟加拉民族解放运动》一书中，曾谈到这一点。见1956年俄译本，莫斯科版，第40页。
② ［苏］列夫柯夫斯基：《1947年前印度资本主义发展的一些特点》，第191页。
③ ［英］杜德：《今日印度》上册，第92页。

机关收税官或包税人，对农民敲骨吸髓，抢走农民的种子和耕牛。他们收购农民种植的鸦片，运至沿海港口，经公司验收后运往中国。

在英国殖民主义者勾结印度商人、高利贷者的掠夺下，首先是孟加拉呈现出一片荒凉景象：土地荒芜，城市衰落，上千万的居民因饥饿疫病而死。只有印度的商人和高利贷者由于充当殖民剥削工具而大发横财。随着英国工业资本对印度剥削的加强，英国殖民主义者同印度的商人和高利贷者便进一步相互勾结起来。因为单靠英国殖民主义者，既不能把他们的商品倾销到印度的穷乡僻壤，也不能将印度的农业原料收集到沿海港口。英国殖民主义者需要印度商人和高利贷者继续做自己的爪牙，这就使印度商人和高利贷者的买办活动越发猖獗。这些商人和高利贷者发财致富以后，有的开办一些出口原料加工的小型工厂，有的购买英国资本经营的各种企业的股票，大部分兼并农民土地，用封建的或半封建的方式剥削农民。只有少数大商人和大高利贷者才成为大资产阶级。下面简要地谈谈印度大资产阶级形成的概况。

首先谈谈在印度资产阶级中最有势力的孟买大资产阶级。

19世纪下半叶，孟买和加尔各答都是印度最大的工商业城市。但是，这两个城市在经济发展和阶级力量方面，则各有特点。19世纪60年代，黄麻在加尔各答出口中占第一位，棉花在孟买的出口中占第一位；加尔各答出现了大的黄麻工业，孟买产生了大的棉纺织工业。加尔各答是英国商号直接控制的殖民剥削中心，孟买是当地资本家为英国商号服务的殖民剥削中心，印度资本家在这里有相对的独立性。由于加尔各答是英国长期殖民统治的中心，英国资产阶级利用政治和经济力量，极力排挤当地资本家，因而使加尔各答民族资本主义发展较慢，主要形成了中小资产阶级，而不是大资产阶级。在孟买，由于富有斗争传统的马拉塔人的不断反抗，迫使英国殖民主义者对当地资产阶级实行拉拢政策，给他们较多的独立性和较有利的合作条件。所以孟买就成了印度资产阶级的主要堡垒，在这里也形成了印度最大的资产阶级。

孟买的商人和高利贷者从1851年开始兴建工厂。这就是帕西族（波斯移民，袄教徒）的大买办德瓦尔（C. N. Davar）在孟买创办的第一家棉纺织厂，该厂的设备由英国公司供给，并"部分地为英国人所有"。这个工厂在1854年2月5日正式开工生产。其后，印度商人和高利贷者纷纷在孟买设厂。1854—1860年，建成9个；1874年，建成11个；1883年，建成13个。到1895年，孟买城已有70个属于印度资本家的棉纺织厂了。[①]其中最大的纺织厂主有：吉吉拜（孟买英国商行的经纪人）；彼蒂特（英国布匹商行的买办）；马德虎达斯（英国孟买银行董事）；达维德·萨松（鸦片商，孟买银行董事）；瓦迪亚（东印度公司孟买造船厂包工头）；贾姆谢特吉·纳苏瓦吉·塔塔（鸦片商、棉花商、军火商）；阿赫默德·哈比拜（英国孟买银行经理）；普罗姆·詹德·拉伊卡德（鸦片商、土地投机家）；努谢尔瓦吉·阿尔捷希尔（英国机器公司经纪人）。

此外，还有一大批是棉花商和布匹商。从这些最大的纺织厂主的情况可以看出，孟买大资产阶级的兴起，首先是由英国资本家一手扶植起来的。所有的工厂主都与英国的商号、银行或工厂有联系，都仰赖于英国的机器装备；许多人既是大资本家又是大地主；他们进行的鸦片、布匹、棉花等贸易，主要是以中国为对象，因而这批工厂主的发家史是与剥削中国人民分不开的。1919年印度工业委员会承认：孟买棉纺织厂"投资的大部分是来自同中国鸦片贸易的利润与60年代因棉花贸易热潮而流进孟买的货币"。还应指出，即使这些商人和高利贷者成为工厂主以后，仍然是英国商号的买办。格拉舍说："孟买的大工厂主没有一个不兼任买办，并且对许多人来说，买办还是主要的方面。"

从印度建立棉纺织业起，英国资本即已渗入这个工业部门，以后便逐渐控制了这些工厂。1895年，在孟买70家印度资本家棉纺织工厂中，有14家处于英国资本家的直接监督之下。1881—1900年，在孟买新建成的57个棉纺织厂中，属于英国资本经营的有18个。英国资本家主要用经理行[②]和银行[③]来直接或间接地控制这些工厂。

---

① 这里是根据苏联学者格拉合的统计。据［英］杜德《今日印度》一书估计，1880年，孟买有156家纱厂，1900年有193家。见该书下册，第27页。

② 经理行（Managing Agency），19世纪末英国垄断资本控制印度经济的主要工具。他们通过经理行合同对签订合同的企业实行控制，并从这些企业中收取大量的佣金和利润。一般说，经理最初是公司的创办人，但在公司开工生产并建立起信誉后，经理行便把大部分股票售出，只凭经理行的合同来控制这个公司。后来，印度垄断组织也建立了自己的经理行。

③ ［苏］列夫柯夫斯基：《1947年前印度资本主义发展的一些特点》，第153—179页。

塔塔垄断集团是孟买的也是全印度最富有的大资产阶级。塔塔集团的祖先贾姆谢特吉·纳苏瓦吉·塔塔（Jamsetji Nusserwanji Tata），原是古吉拉特帕西族的大商人，19世纪中期迁至孟买。1857年，英国殖民主义者对伊朗发动了侵略战争。塔塔乘机大量为英国侵略者供应军火，从中赚得暴利。1859年，在中国香港创办"纳苏瓦吉和卡利达斯（孟买另一军火商人）商行"，向中国输入鸦片和棉花，从中国输出茶叶、丝、樟脑和金银。19世纪60年代又和英国工厂主签订棉花合同，并派他的儿子常驻曼彻斯特。1867年，英国殖民主义者又发动了侵略埃塞俄比亚的战争。塔塔父子立即成立新公司，专门供应英国殖民军队的军需。在这一系列肮脏勾当中，塔塔家族成了暴发户。1869年，这个家族在孟买建立了"亚历山大棉纺织厂"。

1877年，塔塔家族在产棉中心那格浦尔建立了"女皇纺织厂"[①]。他们一般除了用延长工作日、降低工资等办法剥削工人外，还以把工人宿舍设在厂内向工人征收苛重房租、设立延长工作时间和工作年龄的出勤、工龄奖金，设立"工人银行"等办法来剥削工人。由于残酷剥削工人，这个工厂1877—1913年的纯利润达2424万卢比。利用这些钱，塔塔家族在孟买又建立"司瓦德希纺织厂"（1885），在艾哈迈达巴德建成"前进纺织厂"（1903）。到19世纪末，这个家族仍继续扩大买办活动，同时还大量向日本输出工业用棉。日本纺织业垄断资本家为表彰其"功劳"，曾授予塔塔一枚"太阳勋章"。

1901年塔塔家族着手准备建设钢铁企业。贾·塔塔访问伦敦，与印度事务大臣汉密尔顿及许多财政寡头进行谈判。但英国殖民主义者不仅反对建设钢铁工业，而且阻挠对矿产资源的勘探。贾·塔塔后来到了美国。美国财政寡头认为这是控制印度的机会，答应给予技术援助。1907年，贾·塔塔的继承人道拉·塔塔正式发表了在贾姆谢德布尔建立炼钢公司的备忘录，并发售了163万英镑的股票。这些股票的1/4由瓜廖尔土邦王公购买，其余由孟买大买办购买。1913年，公司生产出第一批钢。这个炼钢厂的技

[①] "女皇纺织厂"是塔塔家族为表示对英国殖民统治者的忠诚，为庆贺英国女皇为印度皇帝，乃用"女皇"作为厂名。

术人员主要是美国人，其产品则主要依赖英国殖民当局的订货。第一次世界大战对塔塔家族特别有利，新建的塔塔钢铁厂只靠殖民当局的军事订货，便站稳了脚跟并获得了高额利润。同时塔塔依靠王公们提供的资本和美国的技术设备，在孟买附近建立了水电站、水泥场。塔塔家族也拥有自己的信贷机构。这样，塔塔家族就成了印度最大的资产阶级。

19世纪下半叶，除孟买外，在古吉拉特地区的巴尼亚①商业高利贷种姓中，形成了另一个大资产阶级集团。这个集团利用古吉拉特盛产棉花这个有利条件，通过商业高利贷活动，为殖民当局和土邦王公包办税收，向孟买输出棉花。古吉拉特的首府艾哈迈达巴德是印度的棉纺织业中心之一，有"第二个孟买"之称。1914年有几十个棉纺织厂，70万纱锭，2台纺织机，其主要厂主是：兰奇虎德拉尔·奇虎塔拉尔（殖民当局的关税吏）、卡拉瓦（巴罗达土邦官员）、萨马尔达斯·拉鲁拜（瓜廖尔土邦王公的私人秘书）、别卡尔达斯·拉什卡利（军火商、巴罗达土邦财政官）、满卡尔达斯·伊·巴列克赫（英国机器零售商、棉花商）。其他则多为棉花商。总之，以艾哈迈达巴德为中心的古吉拉特的资产阶级，不仅与殖民当局勾结甚紧，且与封建王公有密切联系。他们和孟买资产阶级一样，其建厂所用的资金除来自买办贸易外，还有直接的封建剥削。

最后，再谈谈马尔瓦利②资产阶级的形成情况。随着英国工业资本剥削印度时期的到来，印度的商业高利贷种姓大批迁徙。当时成千上万的属于马尔瓦利种姓的人，自发地适应殖民剥削的需要，为了追逐利润而从拉杰普塔纳移居恒河中游、马哈拉施特拉、德干、孟加拉、海得拉巴等地，利用种姓内部的有利借贷关系，设店开铺，建立了庞大的高利贷网。他们为英国倾销棉布及其他工业商品，又为英国收购棉花、黄麻等原料。19世纪下半期，他们也购买了不少土地。19世纪末和20世纪初，马尔瓦利资

---

① 巴尼亚，是印度第三大种姓吠舍的一支，原来的职业是务农或经商，近代的巴尼亚种姓主要由商人和高利贷者组成，他们有些人在殖民当局和土邦中任职，在这个种姓中，形成了古吉拉特的大资产阶级。

② 马尔瓦利，印度古吉拉特地区的商业高利贷种姓，其活动范围后来遍及全印度，现代印度许多大垄断家本来都出身这个种姓。马尔瓦利，原系对拉杰普塔纳东北地区居民的称呼，这个地区也是属马尔瓦利高利贷种姓的最初活动地区。

产阶级还是商业高利贷资产阶级，主要进行买办贸易，没有形成工业资产阶级。但是他们在印度经济中有很大势力，现代印度垄断资本家中，有许多人就出身这个种姓，运用这个时期的积累兴办工厂。

印度大资产阶级的特点

近代印度资本主义的发展以及印度大资产阶级形成的条件，决定了近代印度大资产阶级的特点和本性。

印度大资产阶级的特点首先表现为，在经济上对外国资本的依赖性以及与外国资本和本国封建主利益的一致性。因为这些大资产阶级都出身于大商人或大高利贷者，他们原先都是为封建主利益服务的，后来则在英国殖民主义者一手豢养下，成为维护英国资本利益的爪牙。例如孟买和古吉拉特的大资产阶级由充当英国资本家的买办和土邦包税人起家，而他们本身也常常是大地主；马尔瓦利资产阶级则主要是从事买办贸易，同时也大量收购土地。他们虽为印度人和被压迫民族国家中的一员，但是他们的经济利益与印度劳动人民的利益却根本对立，而与英国资产阶级和印度的封建势力的经济利益完全一致。这些大资产阶级依靠剥削本国劳动人民，依靠剥削中国、尼泊尔、缅甸，支持英国侵略伊朗、埃塞俄比亚等亚非国家人民的勾当，发财致富。在这个过程中，印度的大买办商人、大高利贷者与英国资产阶级建立了亲密的血缘关系。

但是，印度大资产阶级和英国资产阶级的关系，并非平等关系。由于"印度大资产阶级是英帝国主义扶植起来的一个寄生的阶级"[1]，是靠英国资产阶级剥削印度餐桌上的残羹剩饭长大的。甚至印度资本家主要经营的棉纺织业中，也直接或间接地受英国资本的控制。至于专门充当英国买办的印度商业资本家，其唯命是从的依赖性就更不用说了。

其次，印度大资产阶级在政治上与英国殖民主义者和本国大地主结成反动的联盟，反对和背叛印度的独立运动。

---

[1] 《人民日报》编辑部：《从中印边界问题再论尼赫鲁的哲学》，《人民日报》1962年10月27日。

印度大商人、大高利贷者在与英国殖民主义者早期的经济交往中，已开始了在政治上的勾结。他们不但不反对殖民侵略，反而认贼作父，引狼入室，以金钱粮食支援东印度公司。例如，1749年，孟加拉最大的商人兼高利贷者扎加特·谢特赫给公司120万卢比的贷款；1757年，又给臭名远扬的殖民大盗克莱武巨额贷款，后来殖民者供认："印度财主的卢比，帮助英国上校（克莱武）的剑推翻了孟加拉的伊斯兰教政权。"为了犒赏扎加特·谢特赫出卖祖国的"功劳"，英国殖民者每年赐他的后代1.2万卢比的养老金，另一个官僚兼高利贷者哈伊阿里拉姆不仅得到了土地，而且还获得"拉贾·巴哈杜尔"的称号。19世纪中期，有些印度商人和高利贷者在东印度公司的造船厂和兵工厂中当包工头，造成的军舰和大炮，对加强英国军事力量，促进英国侵占印度和镇压1857—1859年反英大起义，起了极恶劣的作用。在起义中，许多有爱国情绪的封建主都参加进来，而商人和高利贷者却和殖民者狼狈为奸，为他们捐款、送情报和纠集土匪镇压起义。例如马哈拉施特拉一个别名叫巴西拉尔的大高利贷者，把长期剥削农民储存下来的粮食供给殖民军队。殖民当局为了表示"感激"，赐给他的两个儿子以"拉伊·巴哈杜尔"的称号。现代印度大垄断寡头达加的祖先，也参与镇压起义，而获得殖民当局赐予的称号。

在1905—1908年印度的独立运动中，加尔各答的马尔瓦利资产阶级，就拒绝参加当地的抵制英货运动。古吉拉特和孟买的大资产阶级，为了自己的阶级利益，别有用心地参加了运动。但是，当广大人民群众真正起来，运动进一步深入发展时，大资产阶级就背叛革命，宣称他们"每一颗心都和对英国君主的崇敬与忠诚一致跳动，洋溢着对英国政治风度重振的信心和感激"[1]。他们对于帝国主义盟主这种驯顺听话的态度，也表现在第一次世界大战和战后的时期里，在他们政治代表操纵下的国民大会，在大战期间的四次年会的决议中，都宣布支持英国进行战争。战争结束时还通过决议，表示向英皇效忠和祝贺"战争的胜利结束"。

最后，在思想上，印度大资产阶级对于民族独立运动问题是主张民族改良主义的妥协立场。

---

[1] ［英］杜德：《今日印度》下册，第49页。

从印度资产阶级意识形态形成之日起，印度的民族主义就分为两派。一派是大资产阶级的民族改良主义，另一派是小资产阶级进步的民族主义。前一派是以 1885 年成立的印度国民大会稳健派（温和派）领导集团为代表。他们尽力以人民的、民族的代表自居，宣称"印度人民不喜欢突然的变化和革命"，而只是"希望加强目前的政府，使它更接近民众"。事实上在人民、民族的招牌下，他们把自己向主人可怜的要求讲得那么具体："在印度事务大臣参事室和总督行政会议中有几名代表印度农工业的印度委员"，"在每一省的行政会议中有印度委员"。他们的理想是："为对英国的联合矢志效忠而努力——因为目标并非要更替英国在印度的统治，而是要使它的基础扩大，使它的精神宽广，使它的性格高尚，并把它置于一个民族的爱戴之不变的基础上。"① 他们不想推翻英帝国主义的殖民统治，而是要求加入政府，成为统治阶级的一员，和英国殖民主义者一起，对内剥削奴役自己的同胞，对外实行殖民扩张。在稳健派的控制下，国民大会从成立到 1905 年中，从来没有提出过基本的民族独立主张，而起了殖民主义者的"防波堤"的作用。

对英帝国主义抱有幻想的民族改良主义，是注定要破产的。稳健派领袖戈卡尔在晚年伤心地诉苦说："官僚政治正渐渐变得毫不隐讳地自私和公开地敌视民族的期望了。它在过去不是这样。" 19 世纪末 20 世纪初，在国民大会内部形成了以提拉克为首的极端派，提出了推翻英国殖民就治，主张印度独立的进步的民族主义。大资产阶级的民族改良主义和小资产阶级的进步的民族主义，在 1905—1908 年独立运动中，进行了激烈的斗争。尽管进步的民族主义存在着时代、阶级和世界观上的局限性，它有对帝国主义和封建主义的妥协性，和对反帝反封建斗争的动摇性，但是在反对大资产阶级的民族改良主义的斗争中，却取得了很大的胜利。小资产阶级革命家举起进步民族主义的旗帜，把反对殖民统治、要求印度独立的种子，播植到印度政治运动中去，并第一次把印度独立问题提到印度政治问题的最前列。

以上，在经济、政治和思想领域内反映出的近代印度大资产阶级的这一系列特点，是由其本性所决定的。印度大资产阶级在第一次世界大战后

---

① ［英］杜德：《今日印度》下册，第 39、41 页。

和第二次世界大战期间，经济势力有了进一步发展。第二次世界大战后，"英国殖民主义者同印度大资产阶级大地主取得了妥协，在基本上保留英国殖民者的经济利益的前提下，把统治权转让给印度大资产阶级大地主"[①]。印度大资产阶级大地主独吞人民反英胜利果实后，由于他们的阶级本性和经济地位，决定他们对外实行反动的民族扩张主义，对内镇压国内一切进步力量，并越来越深地投靠帝国主义。

（此文与赵克毅教授合作，原载《历史教学》1963年第1期）

---

① 《人民日报》编辑部：《从中印边界问题再论尼赫鲁的哲学》，《人民日报》1962年10月27日。

第三次帕尼帕特之战及其在印度近代史上的作用

帕尼帕特位于德里以北约50英里，是印度历史上一个著名的古战场。

从16世纪到18世纪，在这里发生了三次重大的战争。1526年，巴布尔在这里打败了德里苏丹的10万大军，结果建立了印度最后一个封建王朝——莫卧儿帝国。1556年，阿克巴的首相巴伊拉姆·汗在这里打败了觊觎皇位的赫姆将军的军队，巩固了莫卧儿帝国的统治。1761年，马拉塔和阿富汗的封建集团又在这里进行了一次规模巨大的战争，以马拉塔封建集团的失败而告终。

本文研讨的就是1761年发生的第三次帕尼帕特之战。

一

在1761年帕尼帕特之战的前夕，印度呈现出一个四分五裂的局面，处于动荡混乱之中。

莫卧儿帝国的衰落是这个分裂局面的开始。奥朗则布（1618—1707）时代昙花一现的统一，由于不可解决的国内复杂矛盾，随着奥朗则布的死亡而出现了30年的分崩离析时期。莫卧儿皇帝不再是印度的最高权威，印度变成了内外各种势力争夺和混战的场所。1739—1740年，波斯王纳迪尔·沙（1688—1747）侵袭印度、血洗印度、抢劫国库之后返回，而"听任莫卧儿帝国濒于完全灭亡的边缘"[①]。1756年，阿富汗王艾哈迈德·沙

[①] 马克思：《印度史编年稿》，张之毅译，人民出版社1957年版，第56页。

(1722—1772）又一次洗劫德里，大肆抢掠。他和纳迪尔·沙一样，把莫卧儿皇帝变成自己的傀儡，并把他的亲信安插在监督岗位上以后，返回阿富汗。德里经过两次浩劫，不仅财富被抢劫一空，而且莫卧儿皇帝残留的一点尊严连同莫卧儿帝国至高无上的权力，也被扫荡殆尽了。从此，莫卧儿帝国只作为象征性的空架子而存在，而莫卧儿皇帝也只配作为别人手中的招牌和玩物而坐在德里皇宫的宝座上。

欧洲殖民主义者趁莫卧儿帝国衰落和印度混战的机会，加紧了侵略步伐。英、法殖民主义者排挤了荷兰殖民主义者。老牌的葡萄牙殖民主义者的力量也微不足道。英、法殖民主义者为争夺印度而进行了激烈的斗争。法国的殖民主义者杜布雷为了直接掠夺和侵占印度领土，开始雇佣印度人组成军队，发明了用印度人打印度人的毒辣狡猾办法。英国殖民主义者也竞相效尤，组成印度雇佣兵军团，同法国殖民主义者到处展开角逐，竭力排斥法国侵略势力。开始是法国殖民主义者占上风。1746年，占领了英国的殖民地马德拉斯。此外，又打败亲英的卡尔纳提克的土邦王公的军队，在卡尔纳提克和海德拉巴安插下自己的傀儡。1751年，英国殖民主义者在南部印度打败法国殖民主义者。1757年普拉西之战以后，英国殖民主义者占领了孟加拉，并以此为基地大举侵略印度领土。印度的独立面临着严重威胁。

在这种内忧外患的严重局势下，印度国内的各种力量中，只有马拉塔人有可能担负起对内统一国家、对外抗击侵略的任务。

马拉塔人从17世纪60年代末已经崛起。马克思在《印度史编年稿》中的"1669年"这一条下写道："这样一来马拉提人便成了一个由独立君主治理的族了。"[1] 在"1687年"这一条下又写道："当时马拉提人是一个巨大的力量"[2]，马克思在这里指的"独立君主"是马拉塔的民族英雄西瓦吉（1630—1680）。在西瓦吉领导下的马拉塔农民起义军，沉重地打击了莫卧儿王朝的统治，于1674年建立了马拉塔人的独立国家。

到了18世纪中期，马拉塔人的力量进一步强大起来，成为印度政治舞

---

[1] 马克思：《印度史编年稿》，第44页。
[2] 马克思：《印度史编年稿》，第46页。

台上一个主要角色。马拉塔联邦的势力范围不但包括了中印度的绝大部分地区，形成了北起克什米尔、南抵海得拉巴、西起印度西海岸、东到奥里萨的庞大政治力量，而且取得了莫卧儿帝国许多地区（德干、孟加拉、奥德等）的征收贡赋的权力。马拉塔联邦还拥有一支相当可观的军队，在印度境内，几乎没有任何军队可同它相抗衡。当然，马拉塔联邦是一个松散的联盟。联邦的中央政权设在印度西部的浦那，掌握实权的是宰相（马拉塔语称为"佩什瓦"）巴拉吉·维斯瓦那特。在他统治的时代，马拉塔国家最后形成以军人采邑土地占有制为基础的成熟的封建国家。军人采邑土地占有制在扩张征战中形成，又是扩张征战进一步展开的基础。当然，浦那的宰相同霍尔卡王公、瓜廖尔的信地亚王公、那格浦尔的朋斯拉王公和巴罗达的盖克华王公之间，存在着矛盾。这些王公名义上从属于浦那中央政权，而实际上拥有很大的实权。但是，这些矛盾并不妨碍他们对外采取统一的军事行动。在马拉塔人的国家内部，广大农民与封建地主之间的矛盾、广大农民与高利贷者的矛盾也尖锐起来。马拉塔封建主们为了解决这些日益增长的矛盾，走上了掠夺财富和扩大版图的军事扩张的道路。马拉塔的军队在1728年向南挺进，打败了海得拉巴的伊斯兰教王公。1751年，海得拉巴王公和法国殖民主义者相勾结，使马拉塔的军队受挫，从而阻挡住马拉塔军队南进的去路。此后，马拉塔的封建统治者便把注意力更加集中在北印度。

在马拉塔联邦第二代宰相巴吉·拉奥一世（1700—1740）的统治时代，这种军事远征达到了高峰。他继承了他父亲巴拉吉·维斯瓦那特的宰相职位以后，让国王和他的家族安静地住在萨拉塔地方，而自己则牢牢地掌握着马拉塔联邦的领导权。他是一个有才干的人，有学者认为，巴吉·拉奥一世的才干可与马拉塔国家的创始人西瓦吉相媲美。他把信地亚等四大封建王公拉到自己一边，让他们充当各个部分的军队统帅。他把进攻的矛头指向德里，认为只要占领了莫卧儿帝国的首都，就能够成为全印度的统治者。他把莫卧儿帝国比作枯朽的大树，他说："让我们砍倒这个枯萎的树干，树枝就会自己掉下来。"[①] 他还认为，马拉塔人的国旗，应当从克

[①] 斯·奥温：《英国征服前夕的印度，1627—1761年印度史的分析》，1954年加尔各答版，第100页。

里希纳河一直飘扬到印度河。1737年,巴吉·拉奥一世的军队占领了朱木拿河以北的地区,突然出现在德里近郊。但是,他没有进攻德里就撤走了。莫卧儿帝国的皇帝虚惊一场。

巴吉·拉奥一世死于1740年。他的长子巴拉吉·巴吉·拉奥(1740—1761)继承了他的宰相职位,于1757年至1758年的两次进军中,都占领了德里。莫卧儿皇帝成为马拉塔封建主手中的傀儡。看起来,巴拉吉·巴吉·拉奥似乎就要实现他父亲巴吉·拉奥一世建立霸权的愿望了。然而,马拉塔人要直接面对势力强大的阿富汗封建主。1759年,阿富汗的艾哈迈德·沙率领4万大军在印度出现。他们在雨季强渡朱木拿河。马拉塔军队由萨达希夫·拉奥·巴奥统率,在帕尼帕特附近构筑工事。这两支军队相互对峙,严阵以待。一场争夺印度斯坦霸权、控制首都德里的战争,已经不可避免。一场大战,一触即发。

二

1760年进行军事远征的马拉塔军队,既庞大又豪华。马拉塔人的基本部队〔包括易卜拉欣·加尔迪(Ibrahim Gardi)的欧洲式的印度军和瓜廖尔的军队〕共6万人,其中骑兵4.5万人,步兵1.5万人。其他封建王公〔如珀勒德布尔的老罗阁苏拉吉·马尔(Suraj Mal)〕和非正规部队(包括品达利人组成的军队)约24万人。加上后勤部队和随营仆从共30万人左右。这支部队配备有200门大炮、2400头大象和几万匹驮畜,还有大批随军商店和作坊。此外,许多家眷也随军队前往。这支军队来源混杂,缺乏纪律,组织臃肿,行动拖拉。它不是一支进行战争的军队,而是一座缓慢移动的城市。

浦那的宰相巴拉吉·巴吉·拉奥把这次侵略阿富汗的战争说成是一次印度教反对伊斯兰教的宗教"圣战"。他用这个号召把许多印度教的封建王公吸引到这次战争中来。他还任命自己的堂兄萨达希夫·拉奥为联军的总司令。萨达希夫·拉奥在同海得拉巴的战争中,曾大显身手,担任联军总司令时才30岁。他虽年轻勇敢,但并不多谋善断,而且极为狂妄自大,自以为精通战术,从不把霍尔卡和信地亚等久经沙场的老将看在眼里,从不考虑他们的意见。① 浦那的宰相并没亲自出征，但却把自己17岁的儿子维斯瓦斯·拉奥（Vishwasrao，1742—1761）派到军队担任监军。

军事力量必须以雄厚的经济力量作后盾。然而，浦那宰相的经济状况却很糟。马拉塔联军每月军费开支需要50万—60万卢比，而浦那宰相只能拿出20万卢比。他们本想在占领德里之后充实一下军饷，可是屡遭浩劫的德里还没有从动乱中恢复过来。马拉塔军队在德里再榨不出更多的油水了。历史就是这样在一定的历史条件下重演：马拉塔军队不仅臃肿涣散、缺乏战斗力，而且失去了原有的机动游击战的特点，从而和以前讨伐他们的奥朗则布的莫卧儿军队就毫无区别了。

马拉塔封建统治者把这场战争局限于印度教反对伊斯兰教的宗教战争，也排斥了自己本来可以争取的其他同盟者。奥德王公是一个伊斯兰教徒。他想参加阿富汗一方，为伊斯兰教而战，但又考虑到阿富汗人总是外来人；而马拉塔人虽是印度教徒，但毕竟是印度人。萨达希夫·拉奥固守"圣战"原则，把犹豫动摇的奥德王公推向阿富汗人一边。② 奥德王公在印度封建王公中有相当的影响，他倒向阿富汗阵营这件事，在马拉塔联军中引起了强烈震动。扎提王公苏拉吉闻讯后立刻说："这是完蛋的开始。现在情况十分清楚，胜败已成定局。"于是便撤回自己的2万名军队。拉杰普塔纳王公的3万名军队也不告而别。骄傲的萨达希夫·拉奥对此却毫不在意地说："让他们走，我正要开除他们。"

马拉塔军队在削弱着，而阿富汗的同盟者在增加，军力在加强。特别是有了奥德这个强有力的同盟者，对鼓舞军心、稳住阵脚起了很大作用。据一般估计，阿富汗军队由3万名骑兵和1万名步兵组成，加上罗希尔坎

---

① 这些老将运用游击战术战斗了大半生，看不惯军队中大批象群、大批帐篷和军官眷属以及随营仆从。他们建议"撤去重炮、帐篷、家眷和随营仆从"，"使骑兵和步兵轻装前进"。但是拥有1万名欧洲式印度兵和200门大炮的易卜拉欣·加尔迪，起来反对，声称要用新式兵种和大炮打败阿富汗人。萨达希夫·拉奥支持加尔迪，讥笑老将保守，对他们的建议轻蔑地加以拒绝。参见格朗特·杜夫《马拉塔人的历史》第2卷，伦敦1921年版，第519页。

② 阿富汗的艾哈迈德·沙派罗希尔坎德王公纳吉布·汗充当说客，利用宗教感情把奥德王公争取过来。纳吉布·汗运用"东方式的夸张"向奥德国王说："愿真主作我们的见证人，如果沙本人对殿下皱一下眉头，我就立即挖掉他的眼睛。"（参见珀西·塞克斯《阿富汗史》，伦敦麦克米伦公司1940年版。）

德和奥德王公的军队约8万人。也有人估计，阿富汗及其同盟者的军队，有骑兵4.1万人、步兵2.8万人、骆驼炮队2万人，共8.9万人。他们兵力虽不如马拉塔，但在作战能力、军队素质上，超过了马拉塔人。他们的粮饷源源不断地从罗希尔坎德运来，并且军队在战前进行了休整。阿富汗军队的指挥官一开始就采取了避开锐锋、以逸待劳的积极主动策略，接着又切断马拉塔军队的粮道和后路，把马拉塔军队团团围困在帕尼帕特。

萨达希夫·拉奥在指挥上连续失算。他几次指挥军队强渡泛滥的朱木拿河，都没有成功。1760年10月中旬，在拖拖拉拉地终于决定撤离德里之后，又错误地命令军队向德里北部的帕尼帕特进发，挖战壕、筑高墙，准备决战。他本应把军队向南撤退，退到通往自己国家的要道地区，以便进可以攻，退可以守。但他没有这样做，反而认为屯兵帕尼帕特、进行决战的决策是把阿富汗军队"驱入了死胡同"。实际上，他陷入了阿富汗人设置的圈套。当他的军队一进入帕尼帕特，便被困在缺粮、缺水、缺饲料的孤立无援的据点中，处于胶着状态达两个多月之久。阿富汗军队用围困和拖延的战术，来对付马拉塔速战速决的战术，以便在旷日持久的围困中削弱马拉塔的军力，涣散他们的斗志，最后一举歼灭他们。

萨达希夫·拉奥陷于绝望，无计可施，只好厚礼贿赂奥德王公，求他转告艾哈迈德·沙：只要放他的军队回去，什么条件都可答应。艾哈迈德·沙决心连根拔掉马拉塔这个眼中钉，自然不会答应萨达希夫·拉奥的条件而放虎归山。在这种情况之下，萨达希夫·拉奥认为："水已盈杯，再加一滴，便会溢出"，与其被困而死，不如拼死决战。于是，他下令马拉塔军队与阿富汗军队进行决战。1761年1月14日拂晓，马拉塔军队把缠头巾的两端散开，让它迎风飘扬，脸上涂着番花油……这是象征着"不是死亡就是胜利"的标志，开始了同阿富汗军队的生死决战。

战斗一开始，马拉塔军的左翼（易卜拉欣·加尔迪的炮兵及步兵）击溃了阿富汗军的右翼（罗希尔堪德的军队），打死了司令官拉姆德·汗。马拉塔的中军（萨达希夫·拉奥率领，维斯瓦斯·拉奥带近卫骑兵陪同），也打败了阿富汗中军（阿富汗首相沙·瓦利·汗率领）的前沿部队。只有由贺卡和信地亚率领的马拉塔军的右翼，进展较慢。他们被阿富汗左翼（由奥德的舒加·道拉率领）的密集炮火封锁在前沿阵地上。

艾哈迈德·沙在决战开始之后，采取了稳住中军、增援左翼的策略。在阿富汗人新造的 2000 门大炮（扎姆扎马炮）的强大火力掩护下，发起了进攻。激烈的战斗进行了 6 个小时。马拉塔联邦宰相的儿子——斯维瓦斯·拉奥被打死，马拉塔军中大乱。萨达希夫·拉奥企图率军逃走，可是为时已晚。一个名叫卡斯·拉加·潘迪的目击者写道："激战中，马队厮杀，剑、斧交加。维斯瓦斯·拉奥身负重伤而死在大象身上。萨达希夫·拉奥率军继续战斗。当突如其来的反击开始时，顷刻间，马拉塔军队像着魔似的转着倒退下去，飞快地从那平原上堆满尸体的战场上四处逃散。"

马拉塔军队几乎是全军覆没。萨达希夫·拉奥的尸首留在古战场上。易卜拉欣·加尔迪也因重伤而死。信地亚成为俘虏后被杀。只有霍尔卡和另一王公逃走。阿富汗军队进行了疯狂的大屠杀，几万名马拉塔人死于屠刀之下。妇女和儿童沦为俘虏。几千只骆驼和十几万头驮畜，都落入阿富汗军队之手。当然，阿富汗军队也遭到巨大损失。但马拉塔军队则是彻底地被歼灭。

一个印度教徒的商人，把战败的消息最先告知浦那的宰相。他在信中使用商人惯用的语言形象比喻说："两颗珍珠烧毁了，27 个金穆护尔（16 世纪印度通用的波斯金币名，1 金穆护尔等于 15 卢比）丧失了，至于银子和铜的损失是无法计算的。"两颗珍珠是指萨达希夫·拉奥和维斯瓦斯·拉奥，金穆护尔是指高级军官，银子和铜则是指下级军官和士兵。这封别具风格的信犹如一封报丧书。这个商人所开出的损失清单说明马拉塔的军事精锐毁于一旦。这个消息对巴拉吉·巴吉·拉奥的刺激是如此之大，以致他获悉之后便郁郁成疾，一病不起，在当年 6 月去世。[①] 马拉塔封建主"砍倒"莫卧儿帝国的"树干"和在印度河上插起马拉塔旗帜的野心，也随之而泯灭了。

三

第三次帕尼帕特之战在印度近代史上起了什么作用呢？各家对此持有

[①] 马可黎：《克莱武勋爵》，伦敦麦克米伦公司 1920 年版，第 27 页。

不同的观点。一种看法认为："必须把它当作印度史上最有决定意义的事件之一"，并把它比作1513年9月9日苏格兰与英军的弗洛登之战。① 比这种观点提得更进一步的人认为："帕尼帕特战役标志着印度历史的转折点。"② 但是，也有人指出："帕尼帕特战争的重要性曾被估计过高了"，实际上，它的作用只局限于马拉塔国家，而对于英国殖民主义者，只是"可能给予……急需的喘息时间"③。

帕尼帕特之战是解决马拉塔封建主集团与阿富汗封建主集团之间矛盾的最高形式。阿富汗封建主集团的头目艾哈迈德·沙曾经七次入侵印度，1748—1757年征服了旁遮普、信德、克什米尔和德里，而马拉塔封建主集团也要夺取德里，取得印度斯坦的霸权。这两支政治军事力量必然要在德里相冲突，就在帕尼帕特之战前几年即1758年就开始了，而在1760年，阿富汗军队在德里附近打败了由达塔吉·信地亚率领的马拉塔军队。这是帕尼帕特战争的前奏。从马拉塔方面来说，这次战争具有反对外族入侵的性质。然而，这种性质被争霸和宗教色彩所掩盖，由于马拉塔军队的固有弱点和指挥者的失算而断送，结果以不幸的结局解决了这两大封建主集团之间的矛盾。考察这次战争的作用，必须从这些复杂的性质出发，全面分析它的特点，而不能同其他战争的个别相似之点（如苏格兰与英国的弗洛登之战中苏格兰国王及全体贵族死亡，全军覆没）进行简单的比附。

特别值得注意的是，印度历史的发展，正在经历一个关键时刻。1757年普拉西之战以后，印度社会开始发生深刻的变化，即印度由封建社会逐渐地沦为殖民地和保留封建残余的社会。普拉西战争是印度近代史开始的标志。要说印度历史的转折点，应该是普拉西之战，而不是帕尼帕特之战。英国殖民主义者战胜了孟加拉和法国的联军，在富饶的孟加拉建立了第一个面积广大的殖民地，这就奠定了他们一步一步把印度变为殖民地的人力和物力的基础。正是从此以后，英国以孟加拉为基地，通过一系列的侵略战争，到19世纪40年代末，把印度变为自己的殖民地。没有普拉西之战，帕尼帕特之

---

① 恩·克·辛哈、阿·克·班纳吉：《印度通史》，加尔各答1952年版。关于此次战争评述见该书第二十一章第三节"马拉塔帝国"。
② 见苏联出版的《亚非各国近代史》第132页及其他有关印度史著作。
③ 潘尼迦：《印度简史》，印度亚洲出版社1956年版，第193页。

战的后果只是印度政局更加四分五裂而已。在普拉西之战以后，帕尼帕特之战的后果则是印度丧失民族独立、沦为英国殖民地的问题。

　　肯定普拉西之战的重大作用，并不是排斥帕尼帕特之战的重大作用。恰恰相反，只有在分析普拉西之战以后印度政治形势的变化的前提下，才能更确切地估计帕尼帕特之战的作用，才能把帕尼帕特之战放在印度特定历史环境之中。1757年，发生了普拉西之战。1761年，发生了帕尼帕特之战，这一东一西的战争只间隔了四年时间。普拉西之战的结果，是英国东印度公司由一个商业力量变成了一个军事的和拥有领土的力量。英国殖民主义者作为一种严重威胁印度独立的力量而出现了。正是在这个时候，马拉塔的军事精锐在帕尼帕特之战中同阿富汗军队较量中毁灭了。帕尼帕特之战以后，马拉塔失去对朱木拿河和恒河流域的控制权，拉杰普塔纳也脱离了马拉塔，马拉塔在德干高原的地位也发生了动摇。马拉塔的力量虽然不能说是一蹶不振，但是要恢复元气终究得一段时间，而且要恢复到帕尼帕特之战以前的军力，由于英国殖民主义者侵占孟加拉所引起的形势的变化而没有可能了。不久，信地亚和贺卡取代了宰相在北印度的霸权，朋斯拉和盖克华也事实上变成了独立君主。马拉塔联邦解体了。这就使印度失去了一支可以抵抗英国殖民侵略的强大力量。

　　帕尼帕特之战是一次两败俱伤的战争。阿富汗封建主集团是战争的胜利者，但是付出了很大牺牲的阿富汗封建主集团，除了占有俘虏和劫掠了一些财物之外，并没有可能在莫卧儿帝国的废墟上建立起伊斯兰帝国。旁遮普的强大的农民起义和阿富汗封建集团的内部纷争，迫使野心勃勃的艾哈迈德·沙不敢在德里久留。他只好让莫卧儿的后裔沙·阿拉姆留在德里的皇位上，并且指定罗希尔坎德王公担任首相之后，便匆匆回国了。阿富汗封建主集团在帕尼帕特战争中，以削弱自己的力量为代价，替英国殖民主义者扫除了侵占印度道路上的一大障碍——马拉塔军队。马拉塔封建主集团为了争夺霸权，在错误的时候、错误的地方，在同自己次要的敌人的决战中牺牲了自己的精锐部队，为英国殖民主义者步步进逼印度让开了大路。这些客观作用，无论是艾哈迈德·沙，还是巴拉吉·巴吉·拉奥都没有想到的。倒是英国殖民大盗、普拉西之战的指挥官克莱武（1725—1774）意识到了这一点。他庆幸马拉塔军队在帕尼帕特战争中的毁灭，同时又为马拉塔人英勇善战的精神留在人们的危险记忆之中而忧心忡忡。① 真是"鹬蚌相争，渔翁得利"。马拉塔封建主集团与阿富汗封建主集团相互争夺霸权，一个全军覆没，一个元气大伤，从中得到最大好处的是约翰牛。就在1761年，即马拉塔和阿富汗力量在北印度的帕尼帕特战场上几乎相互抵消的时候，英国人又把法国人的势力逐出南印度。法国殖民主义者在印度的最后痕迹也被铲除了。英国殖民主义者从这个时候起，已经是印度最主要的敌人了。

马克思在分析印度当时混乱纷争的政治局势时，作过这样一个精辟论断："大莫卧儿的无限权力被他的总督们打倒，总督们的权力被马拉提人打倒，马拉提人的权力被阿富汗人打倒，而在大家这样混战的时候，不列颠人闯了进来，把所有的人都征服了。"② 这是对印度近代史开端及其前夕的历史悲剧场面的生动而深刻的描绘。帕尼帕特之战就是这出历史悲剧中的一幕。这出历史悲剧从莫卧儿帝国衰落开始，中间经过几次混战，到帕尼帕特之战达到了高潮。这出历史悲剧之所以成为悲剧，是因为1757年普拉西之战及其以后的英国殖民主义者侵略势力的膨胀。这已经不是像以前的殖民主义者在叩印度的大门，而是英国殖民主义者这个最危险的侵略者已经在孟加拉地区站稳了脚跟。许多马拉塔历史的研究者只把帕尼帕特之战看作马拉塔民族的灾难，用不少笔墨描绘整个一代军事领袖的被杀戮和家家户户为失去亲人而悲哀。实际上，帕尼帕特之战不仅是马拉塔民族的灾难，而且是印度全民族的灾难。强大的马拉塔军事力量被摧毁，使得英国殖民主义者有可能以孟加拉为基地，放手向中印度进行侵略扩张，一步步蚕食鲸吞全印度。此后，印度沦为英国殖民地的危机加深了。帕尼帕特之战在印度近代史上的作用就在于此。

(1958年10月初稿，1979年2月修改)

---

① 台顿为马可黎的《克莱武勋爵》一书写的序言中，同样重视马拉塔人的力量。他认为，尽管马拉塔人的力量在帕尼帕特之战中遭到最沉重的打击，但20年以后还是有所恢复，依然成为英国人的劲敌。但是，应当说，没有恢复到帕尼帕特之战以前的强大程度。见前引《克莱武勋爵》第12页及"序言"。

② 马克思：《不列颠在印度统治的未来结果》，《马克思恩格斯选集》第2卷，人民出版社1972年版，第69页。

论甘地的非暴力抵抗运动

——为纪念《历史教学》创刊三十五周年而作*

甘地的非暴力抵抗运动在印度现代民族解放运动史上有重要地位，在世界现代民族解放运动史上也颇具特色和有较大影响。正如他的非暴力学说的独特性一样，其学说的实践，也同样具有独特性。

在甘地的政治生涯中，理论和实践虽不免有矛盾之处，但这二者的结合和连贯性却是十分明显的。甘地把自己的理论和实践概括为"坚持真理"。他把自己的《自传》称为"我体验真理的故事"，而且声明撰写此书的目的在于"描写我的非暴力抵抗运动"。他从事政治斗争的形式是各种各样的，但其基础则是非暴力理论。其他各种形式无非是其分支，这种分支因时间不同而变化，而变化却不离非暴力的基本原则。① 当然，非暴力抵抗运动不仅是甘地政治思想的体现，它还包括了甘地的哲学思想、经济思想和社会思想的理论与实践。

甘地的非暴力抵抗运动的主要内容是"总罢业"，即和平抵制政府机关、法院、学校、爵位、封号、英货和抗税，实行罢课、罢工、罢市和辞去政府职务。这些内容并非甘地的创造。早在1905—1908年印度独立运动中，提拉克等先驱者已经领导了这类斗争。但是，把它统一在非暴力的政治哲学思想的原则之下并使之成为系统的内容，形成一个新的、群众性的

---

* 《历史教学》杂志是笔者在学步印度史道路上的良师和益友。30多年来，在吴廷璆主编及其他编辑同志的帮助下，我在《历史教学》上发表了7篇论文，其中大部分为印度史的论文。值此创刊35周年纪念之际，谨以这篇印度史方面的新作献给《历史教学》，略表谢忱。

① B. 普拉萨德：《奴役和自奴，印度近代史（1707—1947年）》第2卷，新德里1977年版，第352、354、392页。

反抗英国殖民统治的运动，则是甘地对现代印度政治斗争的独特贡献。

甘地在南非时，已经在理论上和实践上发展了非暴力抵抗运动。为了在印度开展大规模的实践，1915年他回国后在各地进行了实地考察，并于同年5月在艾哈迈达巴德这个古代手工纺织工业中心成立了坚持真理的非暴力学院。在1918年组织了艾哈迈达巴德纺织工人的罢工，要求增加工资，迫使资方让步。接着，他又在凯达县组织农民抗税，迫使英印政府同意免征歉收农民的田赋。1919年，为了抗议英印政府颁布剥夺人民民主权利的《罗拉特法》，甘地在孟买成立了坚持真理的非暴力同盟，进行了较大规模的实践。他本能地觉察到人民反帝高潮的到来，号召人民于4月6日举行总罢工，进行以祈祷、斋戒和抵制为内容的非暴力抵抗运动。① 甘地在进行实践之前，并无多大把握。他估计只有孟买、马德拉斯、比哈尔和信德这几个省会支持。但运动一经展开，群众性的反帝斗争便迅速波及全国，出现了甘地称为的"惊人而壮观的一幕"。旁遮普的阿姆利则发生了军警屠杀群众的惨案，孟买和艾哈迈达巴德等地群众抗议这一暴行，发生暴动，捣毁警察局。甘地认为群众违反了非暴力的基本原则，宣布停止非暴力运动，声称自己犯了"一个喜马拉雅山般的错误"。

1919年的实践，是甘地在印度进行政治斗争的总演习。在这次演习中，已经暴露了非暴力运动的固有矛盾，一方面，这个运动把工人、农民、市民、手工业者吸引到反对英国殖民统治的政治斗争中来，形成了规模宏大的反帝民族解放运动。另一方面，这个运动又把非暴力奉为不可变更的信条，不许逾越这个信条所规定的界限。甘地明确表示："我坚决认为，那些要领导人民进行非暴力抵抗运动的人应当能够把人民保持在所希望于他们的非暴力界限以内。"群众反帝运动的发展，必然要遇到当局的暴力镇压。暴力镇压本是英国殖民统治政府认为理所当然的事，人民起而反抗当然是应当支持的事。但是，甘地却认为那有违非暴力原则，随即中止了运动，于是出现了悲剧性的结局。因此，这次非暴力运动的实践，是以后非暴力抵抗的原型。在基本原则方面，以后的非暴力抵抗运动只不过

---

① D. G. 坦杜卡尔：《甘地传》，孟买1951年版，第1卷第240页，第2卷第55—56、15—19页，第6卷第188页。

是这种固有矛盾在不同时期、不同条件下的重演。

甘地在印度最重大的非暴力抵抗运动的实践共有四次：这就是1920年9月至1922年2月的"非暴力不合作运动"；1930年5月至1931年3月和1932年1月至1934年4月的"文明（公民）抵抗运动"；1940年10月至1941年12月的"个人文明抵抗运动"；1942年8月至1944年5月的"退出印度"运动。

为什么把1920年9月至1922年2月的"非暴力不合作运动"看作第一次非暴力运动的实践呢？因为这是甘地思想的第一次全面的实践。首先，它是甘地的政治思想的重大实践。他明确地指出，非暴力不合作运动的目标是争取印度自治，系统地制订了"递进的非暴力不合作计划"，而且这个计划为国大党那格浦尔大会所确认。他在《青年印度》上写道："不合作运动是同政府的战争"，他决不同继续张牙舞爪的英国妥协，而且决心在一年内取得印度自治。这样明确的目标和完整的计划，以前不曾有过。南非时期的实践目标仅仅是以消极抵抗的形式反对种族歧视，为印度侨民争取合法权利。1919年的非暴力抵抗也局限于抗议《罗拉特法》。并未涉及印度自治这样的政治斗争目标和计划。其次，甘地改组了国大党机构，成立了工作委员会和一支15万人组成的非暴力运动志愿队，并在农村和基层建立了支部，把广大工农群众吸引到民族斗争中来。国大党成为一个在甘地领导之下进行反对殖民统治、争取印度独立的政党，这更是以前几次非暴力运动所不能比拟的。

在经济理论方面，甘地把手工纺织运动的思想变为全国范围内的实际行动。国大党从主席到普通党员都进行手工纺织，纺车声成为国大党"最爱听的声响"。非暴力运动的参加者也竞相仿效，手工纺织和抵制英货结合在一起而风靡一时。甘地旅行全国，宣传他的经济主张。他宣传的中心是：印度本为产棉国，又有从事手工纺织的传统，现在每年却用几亿卢比购买英国进口棉布，这是印度贫困的根源；手工纺织运动不仅可以弥补几亿卢比的经济损失，而且是"劳工神圣"的象征，是印度统一的象征。在他的支持下，设立了一些织布厂，收集人们纺的纱线，织成土布。1920—1922年非暴力不合作运动高潮时期，印度纺织产品增长27%以上，外国纺织品则下降了28%以上。1921年7月，国大党全国委员会在孟买通过决议，提倡手工纺织和穿用印度土布，把经济自主和政治自主结合起来，开拓了甘地一生从事经济斗争的新起点。他不顾反对，① 决心把这个运动进行下去。在英国殖民统治者眼里，甘地是一个独裁者。英印政府的中央省和比哈尔省长特威纳姆说："从1920年以后，甘地是印度政治中的希特勒。"

哈里发运动被纳入非暴力不合作运动，于是形成了印度和中东三国（土耳其、伊朗、阿富汗）广大伊斯兰教徒和印度教徒团结反帝斗争；反对歧视"不可接触者"斗争，成为一个重要政治内容。所有这些，都是甘地把他的社会改革理论，首次在全国范围内与政治自主相结合的实践。甘地并没有放松他的哲学思想，特别是他的真理观对运动的指导。他宣称，非暴力不合作运动不只是一个政治运动，而且是一个"旨在净化印度的腐败、欺诈、恐怖和白人霸权压迫的政治生活的宗教运动"②。他告诉英印统治者说，这个运动既要推翻殖民政府，又要净化印度，而且主要是净化印度，英国人的被驱逐只是一个附带的成果。净化印度的中心环节是贯彻他的"爱的原则"，体现在政治思想上就是非暴力的信条。他根据"爱"的原则，认为"非暴力"是人道的、文明的，而暴力是野蛮的、不文明的。为了加强这个信条的伦理和宗教的色彩，1920年他在艾哈迈达巴德创办了古吉拉特国民学院。1921年他自己则以苦行者的形象出现，剃光头发，上身裸露，腰间缠以土布，从此终生保持这一独特装束。他虽被丘吉尔讥笑为"半裸体的游方僧"，但在印度一般人民中却赢得了崇高威信。坚持非暴力信条的典型事例，就是对待乔里乔拉农民暴力反抗的态度和《巴多利决议》。他斥责农民的"惨无人道行为"，宣布终止非暴力不合作运动。

从以上几点可以看出，虽然第一次非暴力不抵抗运动以失败告终，但在甘地的实践活动中是一件大事，有人认为，他的这次实践，"打下了一个时代的思想的印记"。这次实践对检验甘地的理论来说，的确是一个标

---

① D. G. 坦杜卡尔：《甘地传》，孟买1951年版，第1卷第240页，第2卷第55—56、15—19页，第6卷第188页。

② B. 普拉萨德：《奴役和自奴，印度近代史（1707—1947年）》第2卷，新德里1977年版，第352、354、392页。

志。这是一个把"非暴力"绝对化、教条化的集中表现。

1930年5月至1934年4月期间,甘地把他的非暴力运动称作"文明（公民）抵抗运动"。这是在资本主义世界经济危机时期发生的,也是印度人民对约翰·西门调查团和米鲁特审判案的反抗。这次非暴力抵抗的显著特点是在政治上有了明确的斗争目标,把争取印度自治发展为争取印度完全独立。由于城乡小资产阶级大批加入国大党,工人、农民和"不可接触者"也参加了国大党,使得国大党群众基础更为广阔。国大党群众已不满足于笼统的自主要求,更不要说在英国治理下的自治了。要求完全独立的呼声越来越高。国大党左派力量的加强,促进了甘地政治思想的发展,使他决心用群众性的非暴力抵抗运动来争取印度的完全独立。

甘地政治思想的转变是从1929年12月的国大党拉合尔年会开始的。他在1928年加尔各答大会上已经提出,如果英国政府1929年不同意印度自主,印度就要宣布独立。1929年英国政府对印度自主的要求仍然敷衍拖延。因此在1929年12月的加尔各答大会上,通过了甘地同意的、包括印度完全独立和发动文明（公民）抵抗运动的决议。大会授权甘地领导这个运动,并宣布1930年1月26日为"独立日"。全印度这天都要开展庆祝活动。甘地认为这一天还不是发动文明抵抗运动的日子,只是宣布"我们取得完全独立的决心"。在这一天宣读的《独立誓词》是表达甘地政治思想的一个重要文件。它从社会经济、政治、文化等方面尖锐地抨击了英国殖民政权的剥削和压迫,庄严地申明了印度人民自由、劳动、生活和发展的权利,提出了印度同英国必须断绝关系而取得完全独立的要求。甘地当时表现得十分乐观。他认为完全独立很快会实现:"自由像一个婴儿。所有婴儿都诞生在一刹那,现在这一刹那已经来到。"[1]

在非暴力原则方面,甘地把它具体化为"文明抵抗",以与暴力的"不文明"对立,并且写在《独立誓词》之中:"我们认为,争取独立自由的最有效方法不是暴力。我们准备收回同英国的合作诚意,采取文明的

---

[1] B. 普拉萨德:《奴役和自奴,印度近代史（1707—1947年）》第2卷,新德里1977年版,第352、354、392页。

抵抗，包括不纳税在内。"① 关于文明抵抗运动的步骤与方法问题，国大党工作委员会于2月15日在孟买的坚持真理学院召开。正是在这次会议上，决定3月11日开始实行文明抵抗运动。3月2日，他通过一位在印度的英国青年，把一封信转给英印总督。这封被称为"最后通牒"的信件实际上是《独立誓词》的进一步发展，是研究甘地政治思想的一个重要历史文件。信中指出印度的暴力派虽无组织、没有效能，但已经产生，并且试图反抗。他指出，暴力派和非暴力派的目的是一样的，都要结束英国对印度的殖民统治。但是，他坚决认为暴力派不能拯救人民，而只有非暴力派能够对抗英国的有组织的暴力。他坚信，非暴力有极大的活力，"用这种活力以反对不列颠统治有组织的暴力与新生的暴力派的无组织的暴力，这是我们的目标"。"这个非暴力，将由文明抵抗运动表现出来。"

甘地的文明抵抗运动的行动纲领是发表在《青年印度》上的《十一条计划》。② 这是一个把政治要求融于经济要求之中的文件。它提出了降低英镑卢比兑换率、实行关税保护和限制外国纺织品进口，主要反映了民族资产阶级的要求。降低田赋50%，既反映了地主的意愿，也是农民的要求。取消侦查局和释放政治犯表达了社会各爱国阶层的意愿。取消食盐专卖和盐税，关系到城乡人民，特别是农民的利益。甘地虽然没有提到印度完全独立，但却抓住了印度各阶级和阶层在资本主义世界经济危机时期面临的切身利益问题。他想通过这些经济要求，把广大阶层吸引到文明抵抗运动中来。《十一条计划》是甘地经济自主思想的一个重要组成部分，是世界经济危机时期非暴力的文明表现形式。

文明抵抗运动是非暴力不合作运动的继续。不服从殖民当局的法律（首先是食盐专卖法），放弃所担任的职务（如不参加全国和各省立法会议工作、不担任政府机关和城乡行政机关职务）、不上英国人的学校、抵制英货、拒绝纳税，等等。都同非暴力不合作运动大同小异。在抵抗的方法上，甘地采取了从不服从食盐专卖法和抗盐税开始，表明了同非暴力不合

---

① 《独立誓词》见B. 帕达比·西达拉马雅《印度国大党史》第1卷，1946年孟买版，第363—406、463—465页。
② D. G. 坦杜卡尔：《甘地传》，孟买1951年版，第1卷第240页，第2卷第55—56、15—19页，第6卷第188页。

作运动的连续性。非暴力不合作运动没进行到既定的抗税阶段就结束了。文明抵抗运动则以甘地带头，率领七十几名信徒，徒步240英里，进行所谓"食盐长征"，以反抗盐税。这个以独立为目标的、别出心裁的行动，促进了广大印度人民的反帝积极性。然而，文明抵抗运动又一次发展为暴力斗争，在吉大港、白沙瓦、绍拉普尔和加尔各答等地都发生了武装起义。于是，1931年甘地同印度总督欧文签订的《德里协定》，像《巴多利决议》一样，结束了群众性的文明抵抗运动。

1930—1931年文明抵抗运动虽然重演了非暴力不合作运动的历史，但它在规模和组织方面都比以前反帝运动的水平高。国大党和甘地在群众中的威信也比以前更高。在甘地领导下的国大党，有了更完整的基层组织。在世界经济危机的条件下，英国帝国主义和印度人民之间的矛盾尖锐化了。1931年3月，卡拉奇的青年打着黑旗反对甘地签订的《德里协定》。3月25日，甘地在对群众的讲演中说："甘地也许会死掉，可是甘地主义决不会灭亡！"这种信心表示了甘地对非暴力原则的坚持，也反映了尖锐的民族矛盾并未缓和。同年在国大党的年会上，甘地仍把目标放在争取独立上。特别是关于公民的基本权利和义务的决议中，提出了废除种姓和宗教限制、反对地主对农民的超经济剥削、保持工人权利等要求。[①] 这些决议在一定程度上挽回了《德里协定》失去的群众影响。

1932年1月至1934年4月的文明抵抗运动的主要特点，是把反对歧视"不可接触者"和解决教派争端的社会问题，作为中心内容。甘地在第二次圆桌会议上就表示，他将牺牲一切来反对"不可接触"种姓的分别选举制和教派立场。为了反对英国殖民统治者的"分而治之"政策，争取在未来的印度宪法结构问题上团结各个种姓和宗教团体，为了反对英国殖民统治者的镇压政策，甘地发动了这次文明抵抗运动。英国殖民统治者在运动一开始就逮捕了甘地。但甘地在狱中继续指导运动，所采用的斗争方式是绝食。他用绝食的办法，抗议英国殖民统治者的选举法，迫使英国人承认国大党同"不可接触者"代表就选举法达成的协议。他为了"净化自

[①] 《独立誓词》见B. 帕达比·西达拉马雅《印度国大党史》第1卷，孟买1946年版，第363—406、463—465页。

己、净化同志"，希望他更努力于反对歧视"不可接触者"的工作。根据他的建议，马德拉斯省的国大党人组织了允许"不可接触者"进入印度教寺庙的运动。1932年12月18日至1933年1月8日，分别被定为"反对不可接触种姓日"和"不可接触种姓进庙日"。这是对19世纪罗易启蒙思想在政治实践上的发展。

如果说甘地在反对歧视"不可接触种姓"方面取得了成就，那么，在印度教徒和伊斯兰教徒的团结问题上，则遭到失败。1932年11月，旁遮普和孟加拉的两派教徒代表举行了联席会议，达成了分配两省立法机关席位问题的协议。但穆斯林联盟和印度教大会的领导者拒绝承认这个协议。总之，这次文明抵抗运动的反帝性质通过反对殖民统治者的"分而治之"政策的斗争表现出来。它虽然没有直接提出争取独立的目标，但"不可接触种姓"和教派团结问题，是和民族解放运动的基本目标紧密地联系在一起的。特别是甘地倡议的反对歧视"不可接触种姓"的运动，对吸引城乡下层人参加政治斗争，起了不可忽视的作用。甘地把非暴力运动的实践转到这两个问题上，也是对他的社会思想的试验和探索。

第二次世界大战初期，甘地的非暴力运动是以"个人文明抵抗运动"的形式来实践的。战争一开始，甘地是支持英国对法西斯德国作战的。直到1940年上半年，他并不想进行新的非暴力抵抗运动。1940年1月，他对印度总督林利斯戈的许诺自治领相当满意。6月，国大党"前进集团"领袖苏·鲍斯曾呼吁甘地发动新的非暴力抵抗运动。甘地认为过早的斗争对印度有害。在此前不久，他声明"绝不从英国的灭亡中寻求印度独立，那不是非暴力的道路"①。但是，他信仰非暴力，因此以不能支持战争为理由而辞去了国大党的领导职务。8月8日，英国殖民统治者不允许印度在战后完全独立的声明，激怒了印度人民，国大党的基层自动开始了非暴力抗英斗争。9月15日，国大党撤回了支持英国进行战争的提议，请甘地掌握国大党进行新的非暴力运动。这就是个人文明抵抗的背景。

坦杜卡尔在他的《甘地传》第六卷中，详细叙述了这次非暴力抵抗运动的详细情况。甘地决定不搞群众性的文明抵抗运动，而把运动限制在国

---

① 苏·鲍斯：《印度的斗争，1935—1942年》，加尔各答1952年版，第39页。

大党党员个人范围之内。甘地拟定了一批参加运动的名单。国大党各省委会也拟定了类似的名单。甘地也制订了运动发展的规划。按照他的习惯,在运动开始以前,先向总督打招呼,要求取消言论自由限制,允许发表反战的和平主义讲演或文章。然后开始了他的个人文明抵抗运动。第一阶段是甘地指定的,有全国性影响的人物进行个人单独反抗活动。甘地先授权维诺巴·巴维发表反战演说。巴维被捕后,又指定贾·尼赫鲁;尼赫鲁被捕后,又指定阿萨德。第二阶段是"代表性的非暴力运动",由各级负责人进行。第三、四阶段普及城乡国大党员。结果都先后以违反"国防法"而被捕,人数达三万之多。1941年12月,甘地辞去国大党领导职务,个人文明抵抗运动结束。

这次实践是一次失败的实践。国大党由于服从了甘地的领导,进行了个人文明抵抗运动,使各级领导几乎全部入狱,因此陷于瘫痪状态。这次运动虽然遍及城乡,但并没有像前几次那样受到人民的热情支持。运动进行到10月,国大党领导已大部分入狱,未被捕的领袖要求停止这种无益有害的运动,而甘地却执意进行到底。个人文明抵抗运动结束以后,甘地同国大党一些领导人发生分歧,便全力投入团结教派、取消"不可接触等级"、禁酒、兴办农村工业等"建设纲领"的事业上去。

最后一次大的实践活动是1942年8月至1944年5月"退出印度"运动。关于这次运动的情况,福兰西斯·G.卡秦斯写了一本专著,① 根据这本书的叙述,甘地对克里普斯使团的《宣言草案》持否定态度,因为该草案没有满足国大党关于建立国民政府和由印度人掌管国防的要求。在太平洋战争爆发以后,在日军侵占印度尼西亚、新加坡、缅甸的危急形势下,英国政府仍然用这种东西来搪塞,使甘地大失所望。他斥责这个宣言是"行将破产的银行的一张远期支票"。

美国记者路易·费舍尔在访问甘地时,甘地详细说明他"退出印度"运动的最早观点。甘地认为,印度在战争中能够保卫自己,也能够援助中国和俄国,但前提条件就是:英国人必须放弃对印度人的统治。随后,甘地在《不可接触者代表报》上,提出了"退出印度"的口号。甘地在

---

① 福兰西斯·G.卡秦斯:《印度的革命:甘地和退出印度运动》,马萨诸塞州1973年版。

1942年4月底为国大党工作委员会写了拒绝克里普斯建议的决议草案中说，英国的军队不代表人民，而且支离破碎，根本不能保卫印度。只要英国撤出印度，如果日本或别的国家侵略印度，印度能够自卫。他还说，印度对日本不怀敌意。在其他文章中，甘地也谈到类似观点。英国政府曾抓住这些话攻击甘地，把甘地描写成日本的代理人。事实上甘地在同记者的谈话中，反对日本侵略印度。他认为如果日本占领了印度，就会使印度失去一切。他之所以大声疾呼英国退出印度，是因为没有印度人自己的政府，人民就不会支持世界反法西斯同盟。这正好说明了甘地的"退出印度"运动的目的所在。

甘地从运动一开始，便表明了他的坚定决心。1942年7月上旬，国大党委员会经过九天讨论之后，在瓦尔达通过了著名的《退出印度》的决议。决议说，英国对印度的统治必须立即结束，如果英国殖民统治者无视这一点，国大党将在甘地领导之下，开展一次新的非暴力抵抗运动。甘地认为这个决议把印度独立要求提得如此明确和迫切，是对英国殖民统治者的"公开的造反"。有人就问甘地，如果再有1922年乔里乔拉事件发生怎么办？他立即回答道："我像1922年一样，还是同一个甘地，非暴力仍然是这次运动的原则。"[①] 8月8日，国大党全国委员会通过了工作委员会的决议。甘地在决议通过后，发表了长达90分钟的激动人心的讲话，表示即使剩下他一个人，也要决心战斗到胜利。8月9日早晨，英国殖民政府逮捕了甘地。甘地请求警察允许他做半小时祈祷，祷词最后一句话是："不自由，毋宁死！"

英国殖民政府逮捕国大党的其他领袖。国大党被宣布为非法而转入地下。这个镇压措施激怒了印度人民。仅1942年底，全国就有250个火车站被破坏，500个邮局受到袭击，150名警察被攻击。自发的群众运动突破了甘地设计的框框，用暴力对付英国殖民政府。但他们丧失了领导，遭到了残酷的镇压。据官方统计，从8月到11月，死亡群众达900人以上，被捕者超过6万人。1943年2月，甘地在狱中绝食三周，以抗议英国殖民政府的高压政策。1944年2月，甘地夫人卡斯图巴死于狱中。这两件事都引起

---

① 路易·费舍尔：《同甘地相处一周》，伦敦1943年版，第90—91页。

了全国性的罢市和游行。1944年5月6日，甘地和国大党其他领袖全部获释。24日，甘地宣布"退出印度"运动结束。

综观以上实践活动，可以看出甘地的实践并不是纯粹失败的记录。从结果上可以说都没有成功。但从内容上和进程上看，从它的直接或间接影响来看，在许多方面获得了成功。它沉重地打击了英国在印度的殖民统治势力，动摇了英国在印度的殖民统治基础，唤起了广大人民的民族觉醒，使人民群众在更广阔的范围和规模上参加了反帝斗争。从总的方面说，非暴力抵抗运动是持续了1/4世纪的、印度人民民族解放运动的重要形式。

甘地的实践也不完全是妥协的记录，甘地是一个真诚的爱国主义者。他以献身和牺牲的精神，抨击英国殖民制度，同情印度人民的苦难，动员民族主义的力量，为实现印度的自主和独立而斗争。从各次主要社会实践可以看出，他比所有国大党的领袖都更接近下层人民，因而在实践中往往能够表现出他们的力量。他不屈不挠地从各方面，以各种形式实践自己的理论，坚持长期的反帝斗争。虽然基于他非暴力的信条出现过多次妥协，而且常常是在关键时候的妥协，但从总体上看，他把这种反帝斗争坚持到最后一刻。

甘地的实践同样不是保守的记录。甘地的理论和实践说明，他是比较注重实际的。这一点连他的不同政见者苏·鲍斯在《印度的斗争》中也是承认的。苏·鲍斯认为，甘地在太平洋战争爆发后，改变了对英国的支持而及时提出"退出印度"口号和结束英国对印度统治的要求，就是注重实际的结果。甘地是受过西方教育的人，但他并不拘泥于西方的理论，而重视印度的传统，他提出的非暴力抵抗的反帝斗争方法，是一个创造。尽管他在实践中由于把非暴力作为绝对不变的信条原则而失败，但作为一种斗争方法，仍不失为有效的武器。他的政治观点比较保守，但在实践中却能不断前进。他的经济思想比较落后，但在20世纪二三十年代的具体条件下，在实践的效果上，包含着进步的和反帝的内容。

甘地的主要实践活动是在印度历史的两个转折点（1919年和1947年）之间进行的。在这个时期，印度的整个经济生活（特别是农村经济生活）和整个社会政治生活中充满着殖民地和半封建的固有特点，同时，资本主义得到了空前迅速的发展。1919年是印度现代民族解放运动的起点。1947

年是印度民族解放运动的转折点。印度最基本的事实,是英帝国主义的长期殖民统治,而最迫切的问题是摆脱殖民奴役、争取政治独立。甘地在这个时期的五次重大实践活动,不仅是甘地实践自己理论的主要事件,也是印度政治、经济生活中的重大事件。甘地的理论和实践活动在这个时期占据重要的历史地位。

作为印度反帝的民族主义及其实践,甘地的思想体系在同时代的亚洲历史上,也是独树一帜的。当时有孙中山的三民主义,有土耳其的凯末尔主义。甘地主义不仅是典型的东方式的,更确切地说,是典型印度式的民族主义。托尔斯泰于1862年在《进步和教育的定义》一文中曾称颂过"静止不动的东方"。1905年开始的亚洲觉醒,结束了东方静止不动的状态。这一年正如列宁所说的,是"托尔斯泰主义的历史终点,是那个可能和应当产生托尔斯泰学说的整个时代的终点"[①]。但是历史发展的不平衡性在印度出现了。正是在包含着"不用暴力抗恶"、禁欲主义和强调精神力量的托尔斯泰主义的历史终点上,却产生了影响一个时代的、类似并发挥了托尔斯泰主义的甘地主义。它居然把宗教和政治融合在一起,用非暴力抵抗的方式,吸引了印度广大社会阶层参加民族独立运动,把托尔斯泰主义时代的终点变为新时代的起点。如果把甘地主义和凯末尔主义的世俗化、暴力斗争相比较,倒是一件有意义的工作。无论如何,甘地的理论和实践在印度、在亚洲和世界民族解放运动史上占据重要的一页。[②]

[①] D. G. 坦杜卡尔:《甘地传》,孟买1951年版,第1卷第240页,第2卷第55—56、15—19页,第6卷第188页。

[②] 对甘地思想的研究,《历史研究》1985年第6期上刊载了拙文《甘地思想的整体性和独特性》。1992年4月西北大学出版社出版的《东方民族主义思潮》中,笔者从亚非地区的视野中分析了甘地主义的政治文化特征和甘地的政治、经济和社会观。此书人民出版社2013年5月又出版了第二版。

《尼赫鲁与甘地的历史交往》序[*]

展现在读者面前的这部著作,反映了一个中国青年学者研究视角中的南亚两位伟人——甘地与尼赫鲁之间密切的历史交往。

甘地和尼赫鲁都是国外学者经常提到的"奇里斯玛"型的有超凡魅力的领导人物。按照马克斯·韦伯的说法,"奇里斯玛"型领导人的特点是:有真正鲜明的个性领导风格、超凡的创造力和与其追随者心理交流的能力;能够通过一些不同寻常的宗教、历史、自然或者带有象征性的事件,对所制订的计划和进行的活动做出合理的印证;具有可以改变政治事件发展进程的潜力;能以实质性的有说服力的新制度原则,使社会焕发活力,出现新面貌,达到新水平,或者发生其他变化,使社会恢复公正状况;在有觉悟的民众想象中,奇里斯玛应为他们提供精神食粮,提高他们的自尊。

这五条对"奇里斯玛"型领袖的界定,无疑是符合甘地和尼赫鲁在印度南亚以至世界范围所处的地位与产生的影响。但是,甘地与尼赫鲁这两位"奇里斯玛"型领导人物的突出特点,在于他们作为现代南亚上下两代领导人之间的密切的历史交往,而正是这种极富有特征的政治合作关系的历史交往,保证了南亚民族民主运动的健康发展,奠定了当代印度社会的基础,从而使他们在历史上起到了世界性的作用。

甘地和尼赫鲁从1919年到1947年有近30年的历史交往。在这些年里,南亚社会处于由殖民地走向建立民族独立国家的大转变时期,民族民主运动的领导人也处于前后交接时期。甘地发现了尼赫鲁的才能而与

---

[*] 本序载尚劝余《尼赫鲁与甘地的历史交往》一书,四川人民出版社1999年版。

之心交，尼赫鲁也在敬仰甘地的环境中成长。1919年，苦闷不安的青年尼赫鲁在对甘地的第一印象中，就孕育着以后两人交往的矛盾统一性历史特征。尼赫鲁在《印度的发现》中说：

> 那时甘地出现了。他像一股强有力的新鲜气流，使我们振作起来，深长地松了一口气；他像一道亮光，穿透了黑暗，并拨去了我们眼睛上的翳障；他又像一阵旋风，吹翻了许多东西，最重要的是激发了人民运用思想……他所讲的很多东西我们只接受一部分，有时竟根本没有接受。但所有这一切都是次要的。他的教义的精髓是无畏、真理和与这些相关联的行动，他总是关怀着人民大众的福利。

本书最大的优点，在于它以甘地和尼赫鲁之间政治关系的这种矛盾统一性特征为主线，通过历史与逻辑相结合的分析，在系统性、客观性、全面性、明确性和揭示实质等方面，都在前人研究的基础上有所前进、有所创新。在国内，此项研究属空白点上的新作，与国外同类著作相比较，也有许多深化之处。这些深化性研究，有助于深入了解现代印度和南亚民族民主运动发展轨迹和当代印度发展的道路，从而在专门课题上深化了印度当代史的研究。

研究任何重大问题，必须从历史的高度去观察。研究交往，更离不开人类文明史。我在这里着重从历史交往的角度，谈谈研究甘地与尼赫鲁之间政治交往的意义、方法和内容。在人类历史上，确有不少伟人之间友好交往的美好友谊故事。列宁曾经举出过马克思和恩格斯之间、终生合作亲密友谊的突出历史性事例。但在伟人之间的政治交往中，我们更多地见到的往往是由于权力因素或经济利益而出现残酷争斗导致悲惨破裂的结局。尤其是我们前面提到的"奇里斯玛"型的领导人物，他们之间的政治关系因历史交往的负面作用导致分裂，这就不是一般人的交往问题，而构成影响社会发展的重要因素了。甘地和尼赫鲁这两位伟人之间的政治关系，虽一直处于矛盾性状态，却能够在民族民主运动进程中并肩携手、合作共事，直到甘地逝世，历时近30年之久。这种长期政治合作的历史交往，其价值在文明，具有历史性意义，因而成为一个值得研究的历史现象。

本书作者对这一历史现象首先作了历史分析。他把甘地与尼赫鲁之间的政治交往的历史，划分为三个发展阶段。第一阶段是1919—1926年，包括在1919年的反《罗拉特法》的非暴力抵抗运动、1920—1922年第一次全印非暴力不合作运动和1923—1926年不变派与主变派之争这些主要历史事件中他们之间的政治交往。第二阶段是1927—1938年，包括在1927—1929年青年独立派的崛起、1930—1934年文明不服从运动和1935—1938年国大党省自治这些主要事件中他们之间的政治交往。第三阶段是1939—1947年，包括1939—1941年第二次世界大战爆发和国大党的分化、1942—1944年退出印度运动和1945—1947年印巴分治这些主要事件中甘地与尼赫鲁之间的政治交往。

这种历史的、动态的分析，把两位伟人的政治交往置于具体国内外变化着的环境和发展进程之中。这对于研究有影响社会进退的政治家的历史交往是一种很合适的方法，在历史交往方面的许多问题，可以得到恰当的正确解释，并且使人们容易在纷繁的变化与复杂矛盾交织中，把握住中心线索。但是，到此为止，并不能得出相应的、有历史启示性的结论。历史的分析必须具备逻辑性分析的综合，并且在此基础上，作专门的理论概括，对深入研究两位伟人的政治交往是完全必要的。

实际上，作者也正是在本书终篇中着重研讨了甘地与尼赫鲁的分歧与对话的内容、原因、实质和意义。这样，既避免了仅在几次重大历史事件上就事论事的片面性，又避免了仅从思想观点上以点带面探讨的片面性，使问题的研究更接近于全面和客观。包括伟人之间交往在内的人类历史交往的实践活动问题，是一个新的课题。研究新课题需要新的方法。这种以历史唯物主义为指导，以历史的纵向考察与理论的横向剖析相结合，以逻辑的比较与归纳相参照的综合方法，已被证明其学术理论上的实效性。历史交往的政治文化视角，在这里显得特别重要。

伟人之间的交往，和其他历史交往一样，是双向的、相互的。这在甘地与尼赫鲁之间的政治交往活动中清晰可见。他们之间相互的分歧不仅始终存在，而且他们之间的对话也始终存在。分歧可以说是尖锐的，而且涉及民族民主运动的目标、方法和对未来社会的设想。他们分别代表了民族民主运动中传统主义与现代主义两种不同潮流，在政治理论上看来是不可调和的。但在政治实践上，这两种潮流的主要领导人的交往并未演化为不相容的相互交恶，也未使交往破裂而分道扬镳。他们之间是"交而通"，而不是"交而恶"的历史过程。沟通分歧的主要渠道是对话。从交往的程序看，是分歧—对话—妥协—合作。对话是一个关键环节，是消除或淡化分歧、彼此让步、求同存异而走向真诚合作的主要交往步骤和渠道。对话的形式有：直接对话（交谈、争辩、讨论）、互相通信（解释各自观点）、在报纸上开诚布公讨论分歧。在甘地和尼赫鲁之间的政治交往中，不但分歧与对话始终交织，而且总是不隐瞒各自的观点和对对方言论与行动上的不满，并能以真诚的对话面对分歧，经过对话相互理解、双方妥协，达到真诚的合作。

具体地说，他们都以民族独立事业的政治大局为重，在实际行动中互相克制和让步，维护国大党统一，在思想理论上彼此修正和主动靠近，以求步伐一致。互相理解和互相信任是真诚对话的必要前提。例如，关于非暴力主义问题，甘地和尼赫鲁经过多次对话，发生了很多变化。当1922年乔里乔拉事件后甘地突然终止非暴力不合作运动时，尼赫鲁表示极大不满。甘地向尼赫鲁写了一封长信，承认这个决定在政治上是不合理、不明智的，而在宗教上却是正确的。尼赫鲁对这个解释表示理解，并为甘地的决定找了许多客观理由。双方通过对话沟通了。1942年关于是否用非暴力方式保卫印度问题，甘地和尼赫鲁进行了多次激烈争论，甘地改变了观点，不反对武装保卫和抵抗法西斯，而且以后多次声明，支持尼赫鲁用武力捍卫民族利益的立场。尼赫鲁则敬佩甘地在非暴力原则与印度自由二者的选择中的"现实政治家"战胜"不妥协先知者"的"惊人转变"。双方通过彼此尊重、合作对话渠道再次沟通，求同存异，达到了真诚的合作。

甘地和尼赫鲁一为传统主义、一为现代主义，但他们的思想深处都有对人的关注，而"人文精神"在甘地思想中尤为精髓所在。从他们之间在长期真诚的对话和真诚的合作历程中，我们感受到从历史交往的视角观照人的本质的必要性。他们之间的互相理解、互相信任是在长期合作共事中产生的深厚感情。这种感情便成为他们真诚开展对话，从而解决或淡化分歧和使对话成为有效交往的渠道。从他们运用对话方式进行合作的经验中，揭示了社会交往所凝聚和沉淀的人的本质的丰富内涵。人们的交往一方面是作为个人之间的交往，另一方面又是作为一定社会身份和角色的交往，这种两重性决定了人的本质是人的个性和社会特性的统一。甘地和尼赫鲁在政治家的人际交往中，把传统性与现代性既作为各自的个性，又在各自的社会特性中汇流和交织，并形成合力，在印度社会进步和发展中发挥作用。我们从这两个伟人的长期历史交往中，看到了传统与现代融合的缩影———一个在印度现代化进程中不断解决传统与现代这一对矛盾的缩影。

印度学者和诗人泰戈尔在《没有墙的文明》中写过这样一段寓意深刻的话："印度人……把世界和人在一起包括在一个伟大的真理里。印度人强调在人和宇宙之间和谐，他们认为如果宇宙对我们来说是绝对无关的东西，那么我们将不能与周围环境有任何交往……这就是为什么《奥义书》将获得人生目的的人们描写成'宁静的人''与神合一的人'的原因。"交往所追求的是人的全面发展，因为这是世界新文明的中心。交往也追求人与人之间和人与大自然的协调和谐，尤其关注工业化、科技与人文因素的结合。交往的这些追求和21世纪人类对和平与发展的共同追求是完全一致的。进一步研究人类的历史交往遗产，包括甘地和尼赫鲁之间交往的遗产，对于在各国现代化建设中加强交往活动的途径、方法和措施，对于培养人们的交往意识、交往能力，都具有启迪意义。

1949年，克里帕拉尼在孟买出版的《甘地、泰戈尔和尼赫鲁》一书中，称甘地和尼赫鲁长达30多年的结合是"人类合作的史诗"。该书还指出，他们两人的名字在印度自由斗争史上是不可分割的，"只要人们写书和阅读历史，他们就会一起受到人们的纪念"。

现在，有一个中国青年学者把甘地和尼赫鲁的合作史诗写成书出版了。他，就是尚劝余博士。这本书虽然是在他的博士学位论文基础上修改而成，但写这本书的科研积累却有6年以上的时间。他的硕士学位论文就是《尼赫鲁其人及其思想》。他围绕着这个课题写过系列论文，仅在攻读博士学位期间，发表有关甘地和尼赫鲁的学术论文就达9篇之多。我作为他的博士导师，在他的博士学位论文答辩会上，曾建议加以修改后早日出版。在本书出版之际，劝余嘱我为之作序，我欣然应允了。师生情谊是人类最美好的感情之一。我为我的学生每一成果发表的高兴心情，实不亚于自己成果的发表。欣喜之余，我在序中把我近几年关于"历史交往"问题的思考也写进去了。因为我感到甘地与尼赫鲁的关系，是一个围绕民族复兴对话的历史交往的典型史例，所以把序言写得长了一些，目的在于进一步加深研究。

彭树智

1996年11月25日于西北大学悠得斋

1983—2009 年斯里兰卡内战

在人类文明交往过程中，民族性、宗教性是经常遇见的问题。这类问题很复杂，各种因素都在起作用，要具体问题具体分析，不可一概而论。研究中东问题时，有些人看到有些伊斯兰教徒比较容易滑入极端的现象，于是就从宗教本身存在某些特质去找原因，这就可能出现以偏概全的看法。佛教被称为"不杀生"的普救众生的宗教，但也卷入流血杀戮，甚至长期内战之中。如小国斯里兰卡，同为一个祖先的僧伽罗人和泰米尔人，信仰佛教与印度教也同出于印度。双方的教义、礼法也有相近、相似之处，却在1983—2009年打了26年内战，死亡有8万—10万人之众。

为何如此？这需要以史为师的路径来寻求答案，或者以过去的时代，至少从前殖民地时代中找历史原因。斯里兰卡的大变故始于1505年葡萄牙人占领时期。此后450多年的时代里，斯里兰卡经历了荷兰、英国的殖民统治，社会经济结构发生大变局，而在文化、生活习惯、宗教信仰方面，少数殖民统治者却很难从根本上加以改变。欧洲人带来的新思想在当地水土不服。欧洲人撤走，该国宣布独立，社会结构性矛盾就突出地显现出来。

现代国家的法理基础是民族，所以叫"民族国家"。此类国家最先诞生在欧洲，此前各地一直是按王朝、家庭、部落，甚至是村庄聚落，来划分势力范围的。在现代国家中，国民不再服从于皇帝或君主，而是团结在"民族"大旗之下，其黏合剂为文化、语言、宗教、民族，尤其是历史上形成的民族共同体。出生于中国昆明的美国历史学家本尼迪克特·安德森在1983年出版了《想象的共同体》一书中，提出了这样的观点：民族不是一个天然存在的社群，而是一群人想象出来的产物。这是他系统研究世界诸国，尤其是在东南亚地区新兴国家形成过程之后所提出的观点。此书被认为是他关于国家和民族主义问题的代表性著作。

与安德森"想象的共同体"不同，英国伦敦大学人类学家塔里克·扎基尔在2013年出版了《神圣的现代性》一书，把现代性与"自然"联系起来。他是斯里兰卡的移民，对东西方文明有所了解。他认为：

第一，斯里兰卡文明中的"自然"不是山川花鸟，而是"舞台"，或者是这个国家的历史、文化、宗教所展示的平台。在1988年官方第一版《斯里兰卡地图册》中，首页既不是该国地形图，也不是行政地图，而是该国古代用巴利文写成的史书《大史》《大王统史》记载中所描绘的古代僧伽罗部族的边界以及各大佛寺的范围，用以强调该族人在这个岛上的主人公地位。这就是该国把大自然作为展示民族性与宗教性结合的定位。大自然对任何国家都是宝贵的财富，一个国家的自然环境在很大程度上决定了这个国家的命运。斯里兰卡这样定位自然环境，在很大程度上决定了它的性质。

第二，西方人眼中的现代化，主要是高科技，而斯里兰卡人却是一种"神圣的现代性"，即具有深厚的佛教色彩、民族传统的现代性。这是斯里兰卡政府找到的"身份标识"和立国之本。实际上，佛教和民族都是被西方殖民者新异化了的概念，与该国传统文化相去甚远。这也是后殖民时期旷日持久的种族冲突的根源所在。仇视或歧视国内少数民族，是近现代文明交往中的恶性集中表现。

佛教这个概念与印度教紧密相关。佛祖释迦牟尼一般认为其生年为公元前565年（周灵王七年），卒年公元前485年（周敬王三十五年），约与孔子同时。孔子生年为公元前551年（周灵王二十一年），卒于公元前479年（周敬王四十一年）。佛祖致力于释放人的善良心灵，主张众生平等，反对贵族特权，反对咒语和巫术，出走宫廷，寻求解脱苦难法门。英国史学家渥德尔（A. K. Warder）在《印度佛教史》中，有一个比"轴心时代"更为深刻的思想。他认为公元前800年前后，印度进入铁器时代，兵器的杀伤力大增，战争残酷性加大，社会发生了剧烈的动荡，于是出现了佛教和佛祖。这是时代性的社会经济根源。他还有一个见解：原始佛教相当入世、极具理性，其经典不像《圣经》或《古兰经》那样描述神的力量。它更像一部心理学指南，服务于人们怎样获得心灵与身体的幸福安康。这在佛教中这些因素传入中国之后，受士大夫、文人欢迎，特别是与养生、心学的自我身心和谐的深刻交往，密切融合为一体，成为中华文明的组成部分，从而影响了一代又一代。

在斯里兰卡，佛教后来发生分化、分支、分派、分宗，其原因是在传播过程中，由于各地的自然风土、民情不同，信徒们对教义有不同理解。宗教性与民族性、时代性、社会性息息相关，各地信徒们在遵守戒律信条方面，与佛祖时代已渐行渐远。尤其是社会生活、政治条件不同，使如水一样适应强的宗教，使如容器的社会，决定着它的微妙变化。佛教因不适合印度社会的需要，发生了剧烈变迁，这也影响到斯里兰卡。在斯里兰卡，由于佛教"祖地"印度的巨变，斯里兰卡这个邻邦的佛教小国，在很多方面被"印度教化"了。这就是斯里兰卡的佛教虽属正统佛教，却与大乘佛教不同，而与印度教相似的原因所在。

在人类文明交往史上，殖民地国家是外国殖民统治用军事侵略手段所完成政治统一性和经济上压榨的双重不平等交往的社会性畸形产物。这种压迫和剥削是特别野蛮和残酷的政治与经济交往。斯里兰卡人类学家米歇尔·罗伯茨（Michelle Roberts）在2014年出版的《斯里兰卡的民族主义》一书中认为，英国殖民统治者侵占斯里兰卡以后，分裂社会、隔离族群，动摇了整个国家的基石，为以后的民族冲突埋下了伏笔。这与马克思对英国在印度统治中"破坏了旧社会，而又未建设新社会"，所以具有"特别悲惨的性质"[①] 的分析的情况相近似。

这里，使人想起2011年美籍日裔政治学家弗朗西斯·福山出版的《政治秩序的起源》（*The Origins of Political Order*）一书。他在书中写道，西方殖民者天真地相信世界发展转变是线性的，永远从低到高，每一阶段都是对前一阶段的否定，互相之间没有交集。既然欧洲能成为霸主，那么，来自欧洲的一切都应该是好的，是进步的，代表着人类发展的方向。因此欧洲殖民统治者一直试图按照自己的方式改造殖民地国家，让他们忘

[①] 马克思：《不列颠在印度统治的未来结果》，《马克思恩格斯全集》第9卷，人民出版社1961年版，第145页。

掉自己的历史文化传统，跟上西方发展的潮流。事实上这套思路，在亚洲许多国家都失败了。今日如斯里兰卡的长期内战与这种观念有千丝万缕的联系。

英国殖民统治者在政治制度、宗教政策等方面全盘欧化而建立起来的"现代化"锡兰，后来取得了政治上的独立。佛教最大的敌人——基督教随着英国殖民统治结束而日落西山。复兴后的佛教，变得极富侵略性，它把矛头转向新的敌人——信仰印度教的泰米尔族人。纳达拉贾在《斯里兰卡的民族主义》一书中分析说，这个新兴国家人民的民族意识增强的原因，是英国殖民统治者引进的管理模式、户籍制度、宗教政策和儿童教育等方面强化僧伽罗族与泰米尔族之间差异所导致的。

在政治独立之前，就存在着主张独立的锡兰民族主义和要求给佛教以"国教"地位的僧伽罗民族主义。独立后最初是该国的政教分离的世俗政府。但1956年自由党领袖班达拉奈克利用民主选举制度执政。他上任后第一件事就是打破英语的垄断地位，确定了僧伽罗语为唯一官方语言。大批受英语教育的文科青年因此失业，这批有高等教育文化程度的失业大军，成了20世纪60—80年代极其严重的社会问题。

1958年，僧伽罗人和泰米尔人两族之间冲突加剧，班达拉奈克因得罪双方，1959年丧命于一名不满的佛教僧人的左轮手枪之下。

班达拉奈克发誓用毕生精力宣扬佛教，在斯里兰卡的复兴和恢复僧伽罗民族的光荣传统，他没有死于印度教徒之手，而被一个佛教徒枪杀。这件惨案使人想起了印度圣雄甘地，他没有死于英国人之手而被一名印度教徒刺杀。思路转向中东，也使人进一步想起以色列的总理拉宾，他没有死于巴勒斯坦人之手，而被一名犹太人杀死。为什么发生此类现象，其背后原因为研究文明交往史的学者留下了广泛的研讨空间。印度学者阿马蒂亚·森（Amartya Sen）在《身份认同与暴力：命运的幻象》（*Identity and Violence: The Illusion of Destiny*, 2007）一书中提出了自己的看法：神圣使命的幻觉就是暴力思想的温床，它给了人们一种不容置疑的绝对权力去实施暴力。人类历史上的很多战争和冲突，并不是源于对财富或者权力的追求，而是源于这种想象中的使命感。这里，他所说的"幻象"与安德森讲的"想象"，都是一家之言。值得思考的是，他用了"幻象"这个词，正好与"自觉"相对。把"使命感"变成"幻象",那是病态心理,从中也可见人类能动、主动的"自觉性",对文明交往"自觉"的重要意义。

对此类事件,还有另一种看法。那就是美国神学家莱茵霍尔德·尼布尔在其《道德的人与不道德的社会》(Moral Man and Immoral Society, 1932)一书中认为:作为个体的人类,在行动的时候,所遵循的理性原则以及对他人需求的切身感受,这让人们超越了自身固有的自私和偏见,成为一个"有道德的人"。但是,当我们身处一个集体之中时,这种理性就消失了,人的自私的本性就会暴露出来,会做出一些作为个体绝对做不出的事。各种形式的集体主义变成了人们新的行为准则。他用这个理论来解释国与国的交往关系时,其结论是:无论组成群体的个体是多么优秀,群体关系一定是不道德的。当群体变为国家时,这个结论是:国与国之间不存在道德问题,只有政治原则。所谓"国际社会",就是各方面为了国家利益而展示实力的舞台。这个绝对化分析确实有点"神奇",就像开特别快车一样所做出的结论。据说,美国前总统奥巴马特别喜欢尼布尔的哲学。

不过,尼布尔这种政治哲学也并非一无是处。例如,他认为用单纯的民主方式去解决一个国家内部的冲突,并不一定有好的结果反而能导致多数人对少数人的暴政。现任斯里兰卡总统戈塔巴雅·拉贾帕克萨似乎也同意此理论,因此他决定以强有力的"以戈止戈"的战争方式结束内战。他任命他的哥哥为国防部长,让这位军人用铁的手腕行动而不受其他政治家所约束。他顶住泰米尔伊拉姆猛虎组织头目普拉巴卡兰以平民作为人质的要挟,一举毙其头目并平息内乱。这使草菅人命的普拉巴兰卡迫使政府让步的企图破产,他不是"民族英雄"而是恐怖头目,"猛虎组织"被公认为恐怖组织。

现在大多数斯里兰卡人,无论是僧伽罗民族,还是泰米尔族,无论是佛教徒还是印度教徒,都为发展而忘掉这段内战史,团结一致向前看。然而历史教训值得注意。小国可见民族性、宗教性、时代性三者的错综复杂交往大事。在人类文明交往历史中,不能忽视小国。记得我的中东史研究是由印度"西进",开始研究阿富汗,读苏联学者的《阿富汗史》,称阿富汗为"蕞尔小国"。后来发现它并不小,面积65.2万平方千米,英国才

24.50万平方千米。现在我的历史研究，又由印度"南进"到斯里兰卡，它只有6.56万平方千米，真是小国，然而却是"印度洋上的珍珠"。这个被称为拥有茶叶、橡胶、椰子"三宝"之国，岛国风光秀丽，所产宝石，举世闻名，堪称灿烂的南亚"明珠"般国家。东晋法显的《佛国记》有斯里兰卡（锡兰）记载，其中记载交通、地理、物志方面。清代丁谦也有《佛国记地理考证》，仍称之为"佛国"。中斯文明交往源远流长，应当传承不殆，长交常新，大国小国，一律平等交往，共谱人类文明交往历史自觉的新篇章。

吴象《中国农村改革实录》与印度结缘

2016年1月，吴象这位被誉为"改革家、大写的人"的英译本《当代中国农村改革实录》，在印度新德里国际书展中国主宾国活动中，举办了首发式。印度中国经济文化促进会秘书长穆罕默德·萨奇夫（Mohammed Saqib）发表下述评论。

这三部书（同时参加的还有李书磊的《村落中的"国家"文化变迁中的乡村学校》、方江山的《非制度政治参与——以转型期中国农民为对象分析》）都分析呈现了中国农村的不同侧面，尤为难得的是，其书写并不艰深枯燥，而是深入浅出地展现了一个真实切近的中国农村社会，并提供了重要的学术观点与实践智慧。其中的很多经验对处于相似发展阶段的印度来说，尤其有参考价值。这三部著作的英译出版物，将有助于印度读者对中国社会的理解，更有助于印度自身的农村变革，期待有更多同类作品在印度出版。

印度农村、农业问题，如萨奇夫所说，正在变革之中。土地改革在进行之中，有许多问题，工业、人口、就业等都处于巨变之中。贫困率起伏变化，目前依然有2.7亿人民生活在极端贫困之中，约55%的农业劳动力没有土地。吴象的《中国农村改革实录》可供参考。

《中国农村改革实录》初版于2001年。2013年，此书被选为国家社会科学基金中华学术外译项目，由斯普林格英文版以《当代中国农村改革实录》为书名。此书2020年又由日本劲草书房以《伟大的历程——中国农村改革起步实录》出版了日文版（修订版）。

吴象在协助万里进行农村改革中，做出了重要贡献，他的"实录性"著作对农业大国的印度，理应具有参考意义，也有中印文明交往价值。甘地思想的本源在农业与手工业结合的印度公社，马克思称此为印度的"旧世界"。英国殖民统治破坏了这个"旧世界"，但印度没有获得"新世界"，却落入殖民地的"特别悲惨命运"。农村和农民问题，农业文明问题，一直是印度社会的中心问题。甘地思想的本源在此，他关注农民、农村、农业社会经济文化问题。吴象早在1980年就发表了《阳关道与独木桥——试谈包产到户的由来、利弊、性质和前景》一文，之后在1982—1986年关于农村改革的5个中央一号文件，都凝结着他的智慧。他的女儿阿丽说得好："我的爸爸以他一个世纪的丰富人生，规规矩矩地写了一个'人'字。这个'人'字双脚站立，脊梁直挺，形成物理学上最稳定的三角结构，风雨不摇，磐石不动。"人类文明交往的真谛，在人文精神，其真谛是人之为人的认识和改造世界的主动性、积极性和创造性。"人"是文明的本体、本质所在。吴阿丽把"人"字解释得如此形象，值得我们深思，从中更加体会到人文精神所蕴含的本质。

2022年4月，世界银行等机构发布了《中国减贫四十年》研究报告，分析了在此期间贫困人口减少了近8亿人的事实。为什么中国农村能消除绝对贫困？这份研究报告的成果，可以说是吴象《中国农村改革实录》之后的新成果，可供印度借鉴。正如其他研究报告都提到的，在过去几十年中，印度也让数以百万计的人摆脱了贫困，但"富起来"仍待努力。世界银行报告显示，2021年印度人均GDP为2277美元，而中国为12556美元。世界银行认为中国减贫的模式、渐进式和有效管理，值得关注。印度在摸索自己的道路，我以为吴象在农村改革中体现的人文精神，最值得借鉴思考。

生于1922年1月16日的吴象，逝于辛丑四月初七（公历2021年5月18日），享年百岁。事有巧合，相隔四天，农业科学家袁隆平也去世了；辛丑四月初八，却正逢"佛诞"，和印度佛教节日又相遇了。吴象原名大智，字若愚，后改为"大智若愚"的吴象。他十分喜欢大象形象，书架上摆满各种大象形象的纪念品，还喜欢和野生象群合影。他虽对佛学涉猎不多，但其名吴象与佛教"无相"禅意相连，其书自应也与印度文化结缘。

学步书稿

印度革命活动家提拉克

一 家世和学生时代

在印度西部的马哈拉施特拉地区、葡萄牙的殖民地果阿和英国殖民地孟买之间，有一座风景优美的滨海小城叫勒德纳吉里。1856年7月23日，巴尔·甘加达尔·提拉克就诞生在这里。

提拉克出生在一个高级种姓婆罗门的家庭，就社会政治地位而言，他的家庭是西印度的名门望族，属于马拉塔国家①的封建贵族阶级。他的祖先，有的是印度教知名的婆罗门学者，对印度教经典有较深入的研究；有的是骁勇善战的马拉塔骑手，为马拉塔国家立过军功；许多人在马拉塔国家中担任要职。

19世纪初，英国殖民主义者灭亡了马拉塔国家，提拉克家族的社会地位随之急剧下降，他的家庭也日趋衰落。英国殖民主义者实行殖民政权所有制的土地政策，提拉克的家庭仅靠地租已经不能维持全家的生活了。他的祖父只好到英国殖民政权的地界勘测处当了一名职员以贴补家用。到了提拉克父亲甘加达尔·潘特这一代，家庭经济条件更加恶化。为生活所迫，潘特不得不中断学业，先后在教育局任职并在马拉塔人的中学里教书。目睹英国殖民主义者造成的国破家衰的惨景，提拉克幼小心灵的深

---

① 马拉塔国家，1674年由西瓦吉在马哈拉施特拉地区建立的马拉塔人的国家。后来，它的领土扩大到迈索尔高原，它的骑兵驰骋印度南北，一度攻陷德里，震撼莫卧儿帝国。1761年同阿富汗军队在帕尼帕特地方决战失败后，国力大衰，内部分裂。1818年被英国殖民者灭亡。

处，埋下了仇恨和反抗的种子。

提拉克出生的第二年，即1857年，爆发了震撼印度的民族大起义。他的整个童年时代，就是在由于这次民族大起义的失败而感到屈辱、苦闷和愤怒的一代人中间度过的。提拉克的长辈们给他讲述印度人民在这次大起义中英勇反抗英国殖民统治者的故事。勇敢的马拉塔人反抗印度莫卧儿帝国的压迫、抵抗英国殖民主义者的侵略，也是他的长辈们经常谈论的话题。提拉克从小就受到了这些光荣的历史传统的教育。提拉克的家庭还是一个虔诚的印度教徒家庭，深厚的宗教气氛也给他的民族主义思想打上了深刻的文化烙印。

1861年，提拉克开始在勒德纳吉里城上小学。不久，他们全家迁到了马拉塔人的政治文化中心——浦那。他在这座有古老历史传统和现代经济文化的名城中，读完了中学和大学。他一生的教育和思想基础就是在这段时间奠定下来的。1872年，当提拉克16岁时，他的父亲去世了，但他并没有因为这个打击而中断学业，在1873年考入了浦那的德干学院。[①] 在这里，他奋发学习、刻苦钻研，较好地掌握了数学、哲学、法学，以及梵文等方面的知识。1874年，他结了婚。1876年，提拉克获得了哲学学士学位；1879年，又获得法学学士学位。

提拉克的学生时代，正是英国殖民主义者推行欧化教育的高潮时期，各类欧洲式的学校不断兴办起来。在提拉克大学毕业的时候，占马哈拉施特拉地区大部分的孟买省，已有50多个各种类型的学校，共有3万多名学生。许多民族主义思想家和活动家也出现了。马哈拉施特拉的加涅·什·瓦苏德夫·卓施、马哈德夫·哥文·罗纳德和孟买的达达拜·瑙罗吉、菲罗兹沙·梅塔、瓦查、帖兰、巴德鲁定·塔亚勃治等人，就是他们中间的佼佼者。

在这些人中，对提拉克影响最大的是马哈德夫·哥文·罗纳德。罗纳德于1867年、1868年和1870年在浦那先后成立了"浦那协会""浦那辩论会"和"浦那全民大会"。1872—1873年，罗纳德又在浦那发起了印度

[①] 1857年，英印殖民政权在西印度同时设立了两所高等学校：一所是孟买大学；另一所是德干学院。

最早的"自产"（司瓦德西）运动。他本人示范性地纺纱，穿着手织布做的衣服。1877年，罗纳德以浦那全民大会代表的资格，穿着土布服装参加了在德里举办的帝国工业展览会。罗纳德保护和发展民族工业的理论和活动，给提拉克留下了深刻的印象，对提拉克经济思想的形成起了决定性的影响。

达达拜·瑙罗吉对提拉克的影响也是明显的。1866年，瑙罗吉在伦敦创办了东印度协会。1876年，他在这个协会上宣读了一系列报告，用大量事实揭露了印度贫穷落后的根源是英国殖民主义的残酷剥削，并因此提出了著名的"经济榨取"论。后来，瑙罗吉在这些报告的基础上扩展成一部专著——《印度的贫困与非英国式的统治》。这本书打动了提拉克，启发他去思考印度争取独立的道路问题。

给学生时代的提拉克留下了最深刻印象的是领导马拉塔农民起义的领袖瓦苏德夫·巴尔万特·帕德克。帕德克出身于没落封建贵族家庭，后来在殖民政府当职员。他在从事政治活动的初期，想用教育来唤醒人民。1874年，帕德克在浦那兴办学校，在浦那和孟买的青年学生中宣传武装起义和恢复马拉塔国家的思想，开始时博得许多人的同情，却没有人出来支持。1877年，印度西部大部分地区遭到严重饥荒，农村阶级矛盾十分尖锐。帕德克就到农村去，在农民中进行宣传和组织工作，发动并领导了整个马哈拉施特拉地区的起义。这次农民起义把反对殖民主义的斗争同农民的反封建斗争结合在一起，使英国殖民当局大为惊慌。起义虽然失败了，但帕德克的爱国主义和献身精神却教育了许多青年人。帕德克为了推翻殖民统治而学习射击、骑马、用刀砍杀、挥枪舞剑，并号召青年们行动起来，像他一样学会使用战斗的武器。身体素质较差的提拉克也响应了帕德克的号召，在大学学习期间，每天早起晚睡，加紧锻炼身体。当农民起义开始时，他又学会了射击。但是提拉克没有参加起义，他认为，在没有预先得到人民支持的情况下，起义是没有成功的希望的。他的一个近亲参加了起义，通过这位近亲，他了解到这次起义的详细情况。

在这次农民起义失败一年多以后，提拉克在谈到帕德克时，称之为"著名的热情的爱国者"，但认为帕德克"凭着少数农民就想建立共和政体"，"推翻不列颠王国"，是不可能实现的。于是，提拉克决定舍弃帕德克后期领导农民起义的道路，而沿着帕德克前期办教育、搞宣传启迪民智的道路继续前进。

提拉克在学生时代，很重视研究欧洲和自己祖国的解放运动的历史。他对革命的英雄人物、民族独立运动的领导者十分钦佩和敬仰。意大利的马志尼①、加里波第②，特别是马拉塔的民族英雄西瓦吉③，都被提拉克奉为学习的榜样。提拉克虽然从外国历史和文化中汲取力量，但他却把更多精力放在研究自己祖国的悠久的文化遗产上。他认真地研究了印度的古文字——梵文，能够熟练地阅读吠陀经典和古代印度文艺作品的原著。他在学习法律时，花了很多工夫去研究印度教中的戒条法规，很想成为一个法学专家。

在大学毕业前夕，同学们都在谈论自己将怎样走向社会。提拉克和他的好朋友阿加尔卡也在一起兴奋地交谈着。他们共同宣誓，大学毕业以后，要献身祖国的解放事业，绝不为英国殖民政策服务。他们这种爱国热情是极为可贵的。因为在当时，凡有机会在大学求学的青年，大多数都把能在殖民政府中弄到一官半职，看作是求之不得的事情。大学毕业后，提拉克果断地走上了反抗英国殖民统治的斗争道路，成为印度民族独立运动的奠基人。

二 办教育、办报纸

1880年，提拉克同他的好朋友阿加尔卡、阿普太（V. S. Apte）、凯卡尔等人决定用教育来作为复兴国家的手段。他们商定办一所学校，培养真正的爱国主义者。不久，他们在浦那开办了"新英文学校"，以争取祖国独立的民族主义精神教育青年。这所学校开始为印度民族解放运动培养骨

---

① 马志尼（1805—1872），意大利资产阶级革命家，参加过1848年意大利革命，为1849年罗马共和国领导人之一。革命失败后，继续为意大利统一而斗争。

② 加里波第（1807—1882），意大利民族解放运动领袖。1834年起义失败后，逃亡南美，参加巴西和乌拉圭独立战争。1848年领导保卫罗马共和国的战斗。1860年组织"红衫军"，解放西西里和那不勒斯。1862年和1867年两度进军罗马，均未成功。1871年被缺席选为巴黎公社委员。

③ 西瓦吉（1627—1680），印度马拉塔族的民族英雄。从1667年起，领导马拉塔民族进行反对比加浦帝国和莫卧儿帝国的独立战争，于1674年建立了马拉塔国家。

干。1884年，提拉克又创办德干教育协会，这件事得到了许多知名人士的支持（如孟买的律师帖兰、教授班达卡尔、英国自由主义者沃兹沃思等）。1885年，在德干教育协会的基础上，成立了"费格森学院"，在更广泛的范围内招收学生。根据德干教育协会的章程，协会会员必须为"新英文学校"和"费格森学院"工作，帮助这两所学校培训青年。提拉克、阿加卡尔、凯卡尔和其他一些支持者，都在这两所学校担任了教学工作。同时，提拉克也十分重视体育，他组织了体育协会，用军事训练来锻炼身体陶冶青年的爱国主义精神，使他们能够担起争取民族独立的重担。

提拉克兴办的这些教育组织，成为马哈拉施特拉最早的教育基地之一。在提拉克看来，对于印度这样贫穷落后的国家，国民教育工作是唯一能够使它在物质、道德、宗教等方面复兴民族的工具。

1881年1月2日，提拉克和他的朋友们一起创办了《月光报》。它用英文出版，目标读者是知识分子。提拉克担任主编。1882年他被捕入狱后，由他的朋友凯卡尔任主编，直到1891年。1月4日，《猛狮周报》也创刊了，它是用马拉塔文出版的，目标读者是马拉塔的广大群众。该周报的主编是阿加卡尔，后来提拉克也担任过该报主编。提拉克是这两份报纸的政治指导者。他用爱国的民族主义精神，开辟了宣传启蒙活动的新天地。在谈到《猛狮周报》的任务时，提拉克说："现在是时候了，必须教育人民怎样来批评官僚政治，同时至少要保证人身安全，如果不免于罚款的话。"

办报纸、办学校使提拉克比较广泛地接触了社会，开阔了眼界，从而进一步认识到英国殖民统治者的罪恶。他认为印度民族是"被戕害的民族"，印度是"在外国人的压迫和暴政之下受苦"的国家。他悲愤地写道：我们"商业凋敝，工业衰落，光荣成了过去，财富损失殆尽"。他从缜密的观察中得出了一个重要的结论：印度落到了这步田地，最根本的先决条件是恢复印度的政治独立。争取印度的政治独立，是提拉克的民族主义的核心。提拉克引用了一句马拉塔的谚语来表达他的主要思想："为什么马儿不走了？为什么蒟酱①果实腐烂了？为什么面包发霉了？对这个问题只

---

① 蒟酱：(jū jiàng)，为蔓生木本植物，果实像桑葚，可以作为水果食用。

有一个答案：因为缺乏运动。水果需要通风翻转而面包需要通风移动，如果把马儿牵出槽来溜达，就会上路出征了。我们有不满的根源，因为我们没有任何政权，没有任何民族自治的主权。"这些包含着朴素辩证法因素的哲理性通俗语言，在他主编的文章中是屡见不鲜的。例如，他还斩钉截铁地说："只有一个药方能治好印度人民的病，这个药方就是政权。政权应当掌握在我们自己手中。"

当时，英国殖民政权的检查制度是十分严格的。但提拉克和他的朋友们却能巧妙地利用这两份民族主义报纸，宣传争取政治独立的重要性。这两份报纸以不同的方式揭露了英国殖民统治给印度人民带来的种种苦难，尖锐地抨击了英国殖民统治者的残酷剥削和政治压迫。提拉克主张改善人民群众的物质生活。他1881年在《猛狮周报》上发表的文章指出："国家的富裕也罢，贫困也罢，被奴役也罢，自由也罢，反正它的大部分居民得用体力劳动来谋生。因此，从经济的观点看，任何一个国家，如果它的大部分劳动居民的生活条件没有改善，就决不能讲这个国家的情况已经好转了。"提拉克的这些主张得到了广大劳动人民的支持。不过，提拉克也重视维护印度民族资产阶级的利益，他主张抵制英货以保护印度工业资本家的利益。

1881年，孟买管区南部的戈尔哈布尔土邦的农民、婆罗门和失去权力的小封建主以及失意的人，在帕德克的直接影响下举行了反对英国殖民主义者和国王的秘密集会。他们要求恢复1857—1859年大起义时期被英国人赶走的王公契马·萨希布的王位。这是一次印度教徒和穆斯林团结一致的、以恢复前国王权力为形式的反殖民主义斗争。这场斗争很快就被殖民政府镇压下去了，它的组织者大多数被判处流放。1882年，提拉克在《月光报》和《猛狮周报》上发表文章，严厉抨击英国殖民当局的判决，并揭露了戈尔哈布尔土邦大臣们的卑劣行径。提拉克因此被判处4个月的监禁，这是他经历的第一次政治精神洗礼。经过这次洗礼，提拉克不只是个办教育、办报纸的民族教育救国启蒙家了，也不只是以原有的哲学家、法学家、梵文学者和天文学者的身份而负有盛名了，他已经作为一个争取民族独立、反对英国殖民主义的民主派领袖而出现在西印度的政治舞台了。

三　关于社会改革问题的论战

1885年12月，印度国大党在孟买成立了。在成立大会上，通过了关于印度资产阶级参加立法会议、压缩殖民行政机关开支、改革官吏选拔制度等决议。国大党代表印度上层资产阶级和地主阶级利益，它在成立后的20年中，一方面，不敢触动英国殖民制度；另一方面，在经济问题上同英国殖民统治者的矛盾日益尖锐起来。它反对英国资本家对印度的掠夺和剥削，要求保护关税和取消英国资本家对工商业的垄断，要求实行定额税制。国大党不仅脱离人民群众，而且反对任何群众性的运动。它的活动只限于提出决议，提交请愿书。但是，它在各省都有分会，它的活动反映了民族运动在全国范围的新发展，反映了印度资产阶级在经济上和政治上已经形成一个阶级。

提拉克积极地参加了国大党的筹建工作。在国大党成立前夕，他在《月光报》的社论中，曾经以千百万迫切需要组织起来的人民的名义，向这个运动的发起者表示祝贺。这表明他从一开始就主张国大党成为印度广泛性的群众性的政治组织，成为领导全国民族解放运动的机构。1889年，他同温和派领袖戈卡尔一起参加了国大党的会议，在发言中支持温和派的政治经济纲领。在会上，提拉克被选为国大党法律条款委员会委员。但是，当时无论在"浦那全民大会"内，还是在国大党内，都在一些问题上存在着分歧；就是在提拉克自己组织的德干教育协会、《猛狮周报》、《月光报》中，分歧也越来越明显起来。

1891—1895年，提拉克在"浦那全民大会"中做了大量工作，得到这个马拉塔民族主义力量最强的团体中大多数人的拥护。在"浦那全民大会"的会议上，提拉克和他的支持者被选入领导委员会，而原来的领导者和组织者、温和派的罗纳德和戈卡尔则被排挤出去，这是提拉克的胜利。罗纳德和戈卡尔为了对抗提拉克，在1896年另建立了"德干协会"，并在各州建立分会。这样，西部印度的民族主义者在政治上和组织上都分裂为两个派别。

提拉克在"浦那全民大会"中积极活动的同时，还一如既往地积极参加国大党的工作。有一段时间里，提拉克担任了国大党的秘书。他认为，在国大党成立后，主要任务是保持这个领导民族解放运动的组织的统一和使它成为联合其他民族主义团体与群众的共同机构。可是，在政治独立和社会改革问题上的严重分歧，不可避免地导致他同国大党的温和派领袖发生冲突。1895—1897年，他被选为孟买省立法会议成员。在这个"清谈馆"式的职位上，提拉克在有限范围之内，勇敢地批判了英国在印度的官僚政治，他对国大党温和派的怯懦态度越来越恼怒。1895年，国大党年会在浦那举行。提拉克在年会上宣传争取印度政治独立的重要性，反对温和派空谈社会改革问题。他嘲笑温和派多年来的政治活动是不断重演"呼吁、请愿、抗议"的"三部曲"。他的发言在年会上得到许多代表的支持。而温和派提出的在潘达尔举行会议、讨论社会改革问题的提案则被大会否决了。这次年会显示出提拉克及其支持者在国大党中影响的增长。

从19世纪90年代末期开始，国大党内就出现了两个对立的派别。一派是站在自由主义立场的民族主义者，他们一面批评殖民政权，要求实行某些改良，一面又对殖民政权保持忠诚。这一派被称为"温和派"，在国大党中占据统治地位，但他们是脱离人民群众的。另一派是主张印度政治独立、比较接近人民群众的民族主义者，被称为极端派。这一派以提拉克为首，在印度近代史上被称为"拉尔—巴尔—帕尔"（Lal-Bal-Pal）派①。

四 用历史传统、宗教形式唤起群众

极端派活动的一个重要特点，是主张把广大群众唤醒并吸引到反殖民主义斗争中来。于是，提拉克向极端派群众提出，要在商人、手工业者、工人和农民中间进行宣传和组织工作。他在提出这项任务时，要极端派注意两点：第一，运动的领导权应当保持在受过教育的知识阶层手中；第二，在向群众呼吁的时候，要利用马拉塔族的历史传统，要利用印度教的

---

① 巴尔，即巴尔·甘加达尔·提拉克；帕尔，即孟加拉的民族主义领袖贝平·钱德拉·帕尔（Bipin Chandra Pal）；拉尔，即旁遮普的民族主义领袖拉尔·兰吉帕特·罗易（Lala Lajpat Rai）。这个称呼标志着以提拉克为首的全国极端派的领导核心的形成。

宗教形式。

由提拉克发起的纪念马拉塔的民族英雄西瓦吉的活动,就是他唤起群众的重大措施之一。西瓦吉曾领导马拉塔人推翻了大莫卧儿帝国的统治,建立了一个强大的马拉塔国家。沦为英国殖民地处境的马哈拉施特拉地区的人民,深深怀念西瓦吉。1895年,是西瓦吉逝世一百周年,提拉克很重视用这个光荣的历史传统来教育人民,激励人民的爱国热情。1895年4月,他在《猛狮周报》上发表文章,号召为修缮西瓦吉陵墓捐款,并发起了一年一度的纪念活动。他指出:"印度人民特别崇敬西瓦吉,这是因为我们现在也正在努力争取印度复兴和独立。"他强调说:"神并没有把铭刻在不朽的铜牌①上的印度斯坦的证书给予外国人。西瓦吉就曾经努力把他们从侵占的土地上赶走。"他号召说:"以西瓦吉作为榜样吧!突破英国法律那些可怜的限制吧!学习我们伟大民族英雄的榜样吧!"

提拉克巧妙地把这个纪念活动和争取印度政治独立问题紧密地联系在一起。他在这个活动中,第一次借用了吠陀经典中的"司瓦拉吉"(政治自主)这个词,把它作为一个赋有政治内容的纲领口号提了出来。当他号召捐款修建西瓦吉陵墓时,有一个大学生最先响应,虽然捐款不多,但提拉克认为精神可嘉。1895年6月4日,他在报纸上写道:"这表明'司瓦拉吉'唤起了这位大学生的民族自豪感。"他提出司瓦拉吉这个口号,又以西瓦吉为象征,这显然是意味着争取政治独立。他在《猛狮周报》上特地刊登了一首诗,借用西瓦吉之口说:

我建立了司瓦拉吉,拯救了宗教,解放了祖国,

天哪!天哪!我现在看到的一切,却是我们国家的沦亡和被掠夺!

啊!多么惨重的蹂躏和折磨!

人民忍饥受饿,勒紧裤带,拼命干活,度着难熬的岁月!

我怎么能看这令人心酸的情景?我怎么说?我怎么说?

---

① 铜牌,指公元前451年古罗马颁布的法典,称为"十二铜表法",因刻于十二块铜牌上而得名。

这哪里是"沉睡了"115年而苏醒过来了的民族英雄西瓦吉的发言？这分明是提拉克在向人民倾诉祖国的不幸，用这位有广泛影响的民族英雄来激励人民的爱国主义精神。这种喜闻乐见的历史诗意政治思维形式，深深地打动了受压迫人民的感性心弦，使他们从感情深处回忆起西瓦吉建立的强大的马拉塔国家，回忆西瓦吉时代反对外来侵略的光荣斗争传统。

提拉克在自己的报纸上进行了几个月的宣传活动，并且开展了广泛的纪念活动。1895年5月30日，在浦那的群众大会上，人们选出了由50人组成的纪念委员会，专门负责纪念活动的组织工作。在以后的纪念活动中，提拉克又增加了抵制英货和不纳税的内容。就这样，运动的规模和声势越来越大，农民、工人、手工业者、中小资产阶级、中小地主都被吸引过来。在司瓦拉吉的旗帜下，增强了人民群众的民族自尊心，加强了印度教徒和伊斯兰教徒的团结。这个政治口号连同纪念西瓦吉的活动这种形式，迅速传到孟加拉、中印度、马德拉斯及其他地区。许多地区的运动一直延续到1905—1908年的印度觉醒时期。在国外的印度侨民也开展了这种纪念活动。例如，1907年4月20日，印度侨民钵罗罕和保什，在日本东京的虎门女学馆举行了西瓦吉纪念会，有一百多人参加。中国的资产阶级革命家章炳麟（章太炎）应邀参加了纪念会，并在孙中山创办的《民报》上刊登了骑在马上、全副武装的西瓦吉的画像和专题报道文章。[①]

后来，提拉克在回忆他发起纪念西瓦吉活动的目的时说，西瓦吉"生于整个民族需要从暴虐统治下获得解放的时候，他用他的自我牺牲精神和勇气向世界表明，印度并不是被神遗弃的国家……西瓦吉在他的时代采取了勇敢的立场反对当时的暴虐统治"，他的精神"应当作为一个好传统来武装我们正在成长的一代"。提拉克对在纪念活动中提出的司瓦拉吉的口号十分重视，极力想把它变成国大党的行动纲领。他在《猛狮周报》和《月光报》上批评国大党舍本求末，他明确要求国大党把一切零零碎碎的要求归纳成一个总的要求："司瓦拉吉"。提拉克不但用纪念西瓦吉来解释

[①] 见《民报》1907年第13号，扉页照片及"时评"栏内章炳麟写的《记印度西婆耆王纪念会事》一文。

司瓦拉吉的政治含义，而且进一步用西方资产阶级的天赋人权学说来解释司瓦拉吉的政治要求。他宣布："司瓦拉吉是我们的天赋权利，我们一定要得到它。"从政治独立到司瓦拉吉口号的提出，标志着提拉克的民族主义思想在政治内容方面已臻成熟。

提拉克的政治纲领和经济纲领是密切相关的，他在自己的社会活动中力求把经济发展与政治独立结合在一起。他认为，首先要用教育来解决人民的愚昧无知问题，接着就要用发展民族工业、国内贸易和反对"国家地主"（指英国殖民统治）来解决贫穷落后的问题。在教育方面，提拉克认为自然科学和技术教育，比语言学、哲学和其他难于理解的纯思维科学，更能提供人民争取幸福生活的技能。他反对把代议制吹得天花乱坠，认为代议制在殖民统治下只能起缓和矛盾的作用，并不能根治贫困。他强调要摆脱殖民主义对印度的政治统治和经济奴役，把政治、经济权归还给印度人民。他在《月光报》上发表文章指出，印度人不能只做英国人的原料生产者，而应该生产自己的商品，"有朝一日，我们总要发展自己的工业"。他号召有钱的人"要有点爱国主义"，"要付诸行动"，拿出钱来办工厂。他悼念西印度资本家贾·塔塔的时候，称赞塔塔投资工业和科学技术研究工作；同时抨击印度买办商人只知赚钱而不顾民族工业的可耻行为。在这一时期，提拉克提出发展民族工业的经济纲领，又提出了抵制英货、提倡国货的保卫民族生产的措施，从而形成了他的民族主义的经济思想。"司瓦德希"（自产），就是经济独立的口号。

在反对英国殖民统治的活动中，提拉克除了从印度文化的遗产中汲取人民性的东西（如艺术、叙事诗、民俗学）以外，还大量汲取了印度教中旧的传统。例如，他组织了"母牛保护会"。按照印度教的教义，母牛是神圣不可侵犯的。像一切宗教的教义一样，它的产生本来是和当时的社会需要分不开的。但是，在经过了漫长的社会发展以后，再宣扬它，用它作为反对殖民统治的形式，就会带来不少弊病。一方面，这必然因禁止宰杀而造成耕牛的退化，这在农业经济文明上是反动的；另一方面又同吃牛肉的伊斯兰教徒发生了矛盾。提拉克充满了印度教色彩的宣传，促使了印度教和伊斯兰教之间关系的恶化。到了19世纪90年代中期，提拉克开始认识到这一点，他决定组织一年一度的纪念印度教象头神犍尼萨（Ganesha）① 以启迪民智，因为印度的伊斯兰教居民也崇拜智慧神犍尼萨，这种纪念活动既有利于人民之间的团结，也可唤起人民的觉醒。后来，他们还在庆祝活动中有意识地加上了伊斯兰教节日中的传统形式，如斋月等。提拉克把象头神犍尼萨尊为印度的民族神。由于注重了民族团结，因此，纪念甘奈希的活动开展得很成功。它吸引了马哈拉施特拉地区广大的城市居民和农民，形成了一个整体性的爱国活动。

提拉克利用纪念节日来动员、教育群众，这些在宗教、传统习惯的掩护下，使英印警察不好干涉的这些活动，收到了显著的效果。这是一个比"新英文学校""费格森学院"规模大得多、更接近于劳动群众的大众化学校。它从恢复印度文化遗产方面来提高人民的自尊心，又用反对殖民统治的政治内容来培养人民的爱国主义精神。当然，也不能不看到它的消极作用。它易于把印度的古代理想化，把资本主义所取得的科学文化成就一概斥为征服者的东西，结果恰恰否定了温和派的进步方面；而把政治宗教化，从根本上说，起了维护人们封建意识的作用，不利于人民政治觉悟的健康成长；它也埋藏着印度教徒与穆斯林冲突的种子。如果说，在当时，宗教宣传对民族独立运动有一定的刺激作用，那只是一剂短效的兴奋剂，其副作用是深远的。同时，在孟加拉的极端派发起纪念毁灭女神迦梨，又称时母的纪念活动，在旁遮普的极端派宣扬雅利安人协会的正统教派观点。这种每个地区都信奉印度教众神中的某一个神作为民族运动的做法，不可避免地分裂了极端派在全国范围内的统一。提拉克的这个缺陷，是印度小资产阶级民主派领袖们的共同缺陷。但是，对于他主观上的爱国真诚和极力推动民族独立运动向前发展，我们是不应该有任何怀疑的。在当时殖民主义严厉镇压、一切直接政治运动与组织都无法活动的情况下，在民族运动还处于早期的发展阶段中，提拉克等人广泛地利用了这种形式，正是他比温和派高明的地方。他接受了西方资产阶级教育，但却是对印度历史文化有深刻研究的土生土长的印度人。他了解印度人民的传统和习惯，

---

① 象头神，印度教信奉的智慧神。它把人和象的智慧结合在一起，其形象是人身象头；性格和善仁慈而在战争中又勇敢坚定。

从中找到了教育、团结民族运动的有用因素和反英宣传的有效策略。没有批判的继承，固然有不可避免的局限性和消极作用，但它在当时所起的进步的积极作用，占据主导的地位。

五　印度的"无冕之王"

1896—1897年，印度发生了19世纪最大的一次饥荒。接着，又是一次可怕的黑死病到处蔓延。印度的1/4人口（6800万）和1/2的地区（320万平方英里）都深受瘟疫之害。马哈拉施特拉地区损失尤为严重，死亡人数至少也有几百万，背井离乡的逃难者不计其数。殖民政府出动了大批警察，在大街小巷乱抓"嫌疑病人"，不经医生检查，就把抓来的人强行关进条件极其恶劣、与监狱相差无几的黑死病区。在这里，人们不仅大量死亡，即使是幸存者也失去任何自由而备受精神折磨。在制止瘟疫流行的借口下，许多村庄都被烧毁了。提拉克在浦那看到了更加令人气愤的事：由英国军警组成的搜索队，竟然挨门挨户非法搜捕"嫌疑病人"，就如同抓政治犯一样恐怖。

起初，瘟疫流行时，提拉克曾表示要与殖民当局合作，开设救济中心。但是，这些搜索队的横行霸道，激起了提拉克的无比愤怒。他毅然改变初衷，拿起笔来写文章，一方面激励受难人民的斗争勇气，另一方面鞭挞殖民当局的卑劣行径。1897年5月4日，提拉克在《猛狮周报》上发表文章，抗议军警和官员们的种种暴行，他揭露说：搜索队的出动，是殖民政权借口防止传染病而镇压人民的暴行。6月15日，他在《猛狮周报》上同时发表两篇文章，以谈论历史和评议的形式鼓励人民同殖民政权进行斗争。其中一篇写道：西瓦吉复活了，他发现他建立的马拉塔国家完全变了样。外国统治者在欺压人民，掠夺财富；饥荒和传染病席卷全国；白种人可以为所欲为，印度的老人、妇女处处受难。西瓦吉愤怒了，他为人民的无声忍受感到悲哀和羞耻。提拉克还叙述了西瓦吉当年对阴谋危害他的罪犯阿夫加汗，采取了将计就计、主动进攻的斗争方法。以此暗示人民，正当防御是完全必要的。在提拉克的号召下，这年夏天在浦那开展了纪念西瓦吉的庆祝活动，后来发展成为反对英国殖民统治者的盛大游行示威。

面对天灾人祸，提拉克到处大声疾呼："不要乞讨，而要战斗！"他把英国殖民统治者比作"盗贼"，说英国殖民统治者在印度飞扬跋扈，就像"盗贼钻进了我们的屋内，如果我们没有力量把他们赶走，难道不应该把他们锁在屋内活活烧死吗"？提拉克的拥护者们也四处活动，或发表热情洋溢的演说，或即席赋诗，鼓励人民"以民族战争摆脱枷锁"。在他们的宣传鼓动下，许多受苦受难的人便行动起来。在马哈拉施特拉和孟加拉地区，一些以暴力斗争推翻英国殖民统治者为宗旨的秘密革命组织产生了。

提拉克社会活动的一个显著特点，是他重视在劳动人民中宣传民族独立的思想，而且能在一定程度上关心劳动人民的疾苦。他把着眼点放在农民身上，称农民是"印度的中坚"和"脊梁骨"。在这次大饥荒中，殖民当局催收捐税如狼似虎。温和派的领袖们袖手旁观，不置一词。而提拉克却挺身而出，做了两件引人注意的工作。第一，他和他的同事们分赴灾区，号召农民抗捐抗税。他在《猛狮周报》上向农民呼吁，要他们下定决心，宁死不纳税。农民群众热烈响应了这个号召，手执枯萎的禾苗涌上孟买街头，举行了抗捐抗税的游行示威。第二，他竭力进行抗灾活动，同时号召知识分子到农民的茅屋中去，"了解他们，组织他们，帮助他们改善生活条件"。提拉克还说："认为我们念了几本书就和人民不同，这是愚蠢的。我们是他们中间的一部分，必须生活在他们中间。"他的这种与人民在一起的思想，在极端派中产生了很大影响，许多人到农村去做工作。

提拉克和他领导的极端派，也把反对英国殖民统治和争取祖国独立的口号带到马哈拉施特拉、孟加拉及其他地区的工厂中去。他们同情工人的困难处境。提拉克在《月光报》上发表文章，支持加尔各答"印度人协会"，谴责英国种植园主的暴行，并向种植园里受奴役的工人表示慰问。在1895年饥荒与传染病流行期间，提拉克号召他的拥护者到孟买工厂和工人住宅区去，向工人宣传司瓦拉吉思想。在他们的影响下，生活恶化的工人群众，举行了罢工，并取得了提高工资10%的成果。

提拉克的活动引起了英国殖民当局的恐慌和仇视，他们急于逮捕提拉克来挽救危险局势。1897年6月22日晚，两名曾在传染病流行期间胡作非为的英国官吏兰德和阿伊尔斯特，正在浦那大街上乘车横冲直撞的时候，突然被击毙。打死他们的是浦那的大学生、属于婆罗门种姓的丹姆达·钱佩尔（Damodar Chapear）和他的兄弟。钱佩尔兄弟被逮捕并被判处死刑。这件事株连到提拉克，成为殖民当局逮捕提拉克的借口。殖民当局诬陷提拉克犯有"煽动罪"。事实上，提拉克是一个负责任的政治家，他在钱佩尔事件发生后，立即对这种个人恐怖行为表示遗憾，而且声明他同这次事件无关。同时，他指出，兰德和阿伊尔斯特是英国防疫委员会委员，他们的惨无人道和官僚主义的恶劣行径，是导致这次事件的原因。提拉克的言论和行动根本不能构成犯罪的根据，但是，殖民当局还是借机逮捕了他。殖民当局强加给提拉克的罪名是：他在《猛狮周报》上的文章表现出"不满"和"煽动"性质。而首席法官在审判中便以此为据，说他对帝国"缺乏忠顺"。结果，以"仇视帝国政府"的罪名，判处他18个月徒刑。

在法庭上，提拉克表现了一个反殖民主义战士固有的英雄气概。他只是简单地要求法庭宣布他"犯罪"的事实，然后声明：控告他的一切材料都纯系歪曲和捏造。对于所有的刁难询问，他都断然拒绝回答，他只是着重指出，人民和历史是最公正、最严厉的审判者，他们将宣布谁是罪人。他说："现在我的生活面临着这样一个时刻：我们的人民不是国家的主人，那我就作为我们同胞的代表者而受苦受难吧。"他严肃地讲完了自己要说的话以后，便勇敢地走进监狱。

铁窗的痛苦生活没能摧毁提拉克坚强的意志，他也没有白白度过监狱中的日日夜夜。直接从事于争取祖国独立的政治活动已经不可能了，他便转而集中精力，利用这一段时间从事印度文化遗产的研究工作。他有渊博的历史知识，又有深厚的梵文基础，精通英语，熟谙天文学和数学，这是他进行科学研究的好条件。在不到一年的时间里，提拉克在狱中完成了两部传世之作——《猎户星座——吠陀著作时代的研究》和《吠陀经中的北极之乡》。这两部著作的学术价值得到了印度和英国著名学者的承认。他们在读了这两部著作以后，都以敬佩的心情称赞提拉克。他们说，在狱中从事著述的革命志士，在世界各地、在印度都大有人在，但是像提拉克这样能取得如此杰出成就的人，却是不多见的。此外，提拉克关于印度古典名著《薄伽梵歌》的考评，也是自成一家之言。

英国司法机关的拙劣歪曲和残酷迫害，使得提拉克扬名天下。在印度、英国和美国，都出现了声援提拉克的高潮。各界人士都纷纷谴责英国殖民当局的不公正判决。国大党通过决议，向身陷囹圄的战士和学者致敬。国大党主席、温和派领袖苏兰德拉·那特·班纳吉发表热情的演说，强烈谴责殖民当局的倒行逆施。他说："我们的心完全同情提拉克。我们的感情和身在监狱中的提拉克融汇在一起。"在国大党的号召下，印度国内开展了一个争取提前释放提拉克的运动。许多欧洲和美国的学者也支持这个运动。例如，英国著名的梵文学者麦克斯·缪勒教授以及威廉·亨特爵士、里查德·加斯爵士就和印度著名的经济学者、政治活动家达达拜·瑙罗吉、罗迈希·钱德拉·杜特一起，联名签署了一份要求提前释放提拉克的请愿书。

在国内外的强大压力下，英国殖民当局不得不提前八个月释放了提拉克。当提前释放提拉克的消息传出后，孟买一万多名工人举行了游行，热情欢呼这位争取祖国独立的战士获得自由。提拉克受到人民的衷心爱戴，他不仅成了马哈拉施特拉地区的"无冕之王"，而且成为全印度的"无冕之王"了。他在出狱以后，继续探索着印度民族运动的道路。1902年，提拉克在国大党年会上，重申司瓦拉吉（自治）纲领，使第一次见到他的印度著名民族领袖奥·高士为之折服。同年，提拉克在《猛狮周报》上发表了一组研究布尔人反英战争①的文章，总标题是《游击战争》。这说明他重视对武装斗争的研究。这时，提拉克虽然认为武装斗争是印度人民合法的权利，但在合法争取"司瓦拉吉"与武装斗争取得"司瓦拉吉"的问题上仍举棋不定。从总的倾向来看，他仍然认为人民"无组织、无武器、不团结"，因而还是进行合法斗争较为合适。

六 在印度觉醒时期

20世纪初，印度的民族解放运动发展到了一个新阶段。1905年的俄国

---

① 1899—1902年的英布战争是英国对布尔人的国家（南非的德兰士瓦共和国和奥兰治自由邦）发动的战争。结果，布尔人战败，英国吞并了布尔人的国家。1910年将它并入英国自治领南非联邦。

革命、亚洲其他国家的革命运动，对印度的觉醒起了促进作用。国大党主席瑙罗吉在1906年国大党年会上说："当东亚的中国与西亚的波斯正在觉醒，当日本早已觉醒而俄国正在为解放而斗争，当这些国家都在反对专制制度的时候，难道列于世界文明最早创造者之林的英属印度帝国的自由公民能够在专制统治之下苟安吗？"提拉克在他办的报刊上，热烈欢呼沙俄在日俄战争中的失败，并且多次把俄国专制制度和英国在印度的殖民统治制度加以比较，号召印度革命者学习俄国革命者反抗沙皇的斗争经验，包括总罢工这种斗争方式。印度的民族解放运动和国际上的革命高潮联系在一起了。

正在这个时候，英国殖民统治者采取了更严厉的镇压措施。印度总督寇松剥夺了印度人民起码的民主权利，把民族组织、民族报刊置于刑事侦查部的狂热侦查之下，并且加强了对学校的监督。1905年，寇松又宣布了把孟加拉省划为两个行政区的决定，成为印度人民抗英斗争的导火线。寇松的目的是分裂已经形成的孟加拉民族、煽动该地区印度教徒与伊斯兰教徒之间的宗教仇恨。用寇松的话说，就是要用分治孟加拉的办法把"极端派和鼓动家的政治计划打成两半"。但是出乎寇松意料，这个反动措施激起了孟加拉和全印度人民的强烈反抗，形成了全国性的群众性的司瓦拉吉和司瓦德西运动。

反对分割孟加拉的运动开始以后，提拉克以他丰富的政治经验和敏锐的观察力，判断出革命时代已经到来。他积极支持孟加拉人民的司瓦德西运动，在孟买开设了司瓦德西合作商店。同时，他尽量使这个经济方面的反帝运动具有更深厚的政治上的反帝内容，因而在《猛狮周报》上不断宣传民族独立的思想，把司瓦德西和司瓦拉吉结合起来。他宣布："司瓦德西和司瓦拉吉的时刻到来了。再别零零碎碎地要求改革了。现在的统治制度对这个国家是毁灭性的，必须变更和根除。"

在印度资产阶级改良主义运动发展到印度民族革命运动的关键时刻，提拉克把他的民族主义思想系统化，并根据反对侵害孟加拉的群众运动的实践，概括地提出了指导民族革命运动的四大纲领：司瓦拉吉、司瓦德西、抵制英货、民族教育。在这四条纲领中，他认为司瓦拉吉是根本目的，其他三个是实现司瓦拉吉的斗争手段。他把司瓦拉吉提到第一和中心的位置。经过长期的探索和观察，提拉克尖锐地提出了政权的问题：印度人民"必须掌握政权。没有政权，印度工业就不能发展；没有政权，我们就不能给青年以真正必需的教育。不解决政权这一先决问题，我们就不能保证社会改革的实现和人民的物质福利"。提拉克反复强调，他要在印度建立美国和法国式的"民主的司瓦拉吉"，而不是俄国和德国那样由本国皇帝压制人民的君主立宪制的"司瓦拉吉"。他的目标是实行民主权利的资产阶级民主共和国。这在印度当时的情况下，是最进步的政治思想。

司瓦德西和抵制英货是提拉克的经济纲领。他认为司瓦德西包括发展民族工业、引进先进技术设备，同时又要根据印度的情况，发展小工业、恢复手工业、发展民族商业和改变农业经济的性质，以适应民族工商业的发展。他指出司瓦德西是促进司瓦拉吉的工具，其目的是"消灭欧洲人把我们当奴隶来看待的那种制度"。为了促进司瓦德西运动，他坚持抓住抵制英货这个武器来进行有组织的强大的斗争。他认为这样的武器是绝对必要的，他向他的同胞列举了中国的例子："我们难道看不见中国人抵制了美国货而打开了美国政府的眼界吗？历史多次证明，一个附属国的人民，不论如何无依无靠，却是能够用团结、勇敢和决心战胜他们高傲的统治者，而无需乎诉诸武力。"提拉克在这里，提出了非暴力斗争思想，是甘地非暴力活动的先声。

然而，提拉克强调抵制英货这个政治武器，并不意味着完全放弃武装斗争的准备。为了取得司瓦拉吉，他在革命的道路问题上陷入矛盾状态。1905年，是极端派为完成国大党的纲领而奋斗的一年。1905年，在贝拿勒斯的国大党年会上，提拉克提出一项决议草案，喊出了"印度必须获得司瓦拉吉"的响亮口号。这是在国大党讲台上第一次发出的"司瓦拉吉"的呼声。他还主张展开司瓦德西和抵制英货的群众运动。由于极端派代表只占少数，他的主张未被大会采纳。在年会期间，极端派代表召开了第一次会议，由提拉克主持，他们统一了策略，决定在1906年的年会上争取把四大纲领列为国大党的斗争纲领。极端派还采取进一步措施，提名提拉克为1906年国大党年会主席的候选人。温和派异常紧张，坚持要国大党元老达达拜·瑙罗吉任主席。1906年，由于全国民族革命运动的高涨，由于极端派代表的坚决斗争，司瓦拉吉、司瓦德西、抵制英货和民族教育，终于作为国大党的纲领在年会上通过了。达达拜·瑙罗吉在年会上宣布,印度全体人民的要求"可以用一个词来概括:这就是司瓦拉吉"。提拉克宣传了十年之久的自主要求,终于从国大党主席、温和派元老的口中讲出来了。

提拉克主张把国大党变成一个在小资产阶级领导下的、革命的反帝的统一战线组织。为了改造国大党,提拉克认为必须把国大党的活动由会议厅扩大到农村工厂,把写在纸上的决议变成群众的行动。在提拉克派第一次会议上,提拉克又一次提出了非暴力抵抗的思想,得到与会者一致赞同。以后在加尔各答举行的群众大会上,他要求人们用不合作的方式(不替英国人打仗、征税、维持治安、不纳税等)同英国殖民统治者斗争。他的战友贝·帕尔则要求印度人放弃一切公职、称号。他的另一个战友奥·高士(Aurobindo Ghose)则在孟加拉的《向祖国致敬》报上积极宣传。这些思想后来成为甘地的思想渊源之一。但提拉克没有把不合作与暴力斗争对立起来,没有用非暴力限制群众,没给非暴力涂上宗教伦理的神圣色彩,也不主张扑灭武装斗争之火。他认为,在争取独立的斗争中,武装斗争应当有它的地位。他指导并参加秘密武装组织的会议,成为这些组织的保护者。他还设法筹建军工厂、培养军事干部,为未来的武装起义做准备。不过,他认为当时不存在进行武装斗争的条件。在他看来,武装斗争是比较遥远的事,需要以发生某种重大事件作为契机,并且要有长期的思想和组织准备。

提拉克的革命纲领提出以后,他的支持者在孟买、孟加拉、旁遮普等地,广泛地发动和组织工农运动,于1906—1907年形成了全国性的反帝斗争高潮。提拉克本人更是积极活动,他为加尔各答、艾哈迈达巴德、阿拉哈巴德、贝拿勒斯、拉合尔、马德拉斯等城市的报刊撰写文章。他周游全国,出席各种群众集会,宣传和解释极端派的主张。在这些文章和讲话中,他着重阐述司瓦拉吉的重要性,也注意把司瓦德西运动和提高人民生活水平结合在一起。

提拉克不愿意国大党分裂,但分裂已经不可避免。温和派害怕蓬勃兴起的群众运动,1907年3月,他们派代表团会见印度总督明托,要求殖民当局出面镇压"孟加拉的疾风暴雨"般的反帝斗争。他们在资产阶级、地主组织的支持下,策划把极端派从国大党中排挤出去。他们在那格浦尔举行的1907年年会筹备会议上，操纵表决，否决了极端派要提拉克任国大党主席候选人的提案，把他们的代表罗什·毕哈利·高士（Rash Bihari Ghose）选为主席。他们不敢在革命氛围浓厚的工业城市那格浦尔举行年会，而把会址迁到了孟买管区较为平静的苏拉特城。

年会一开始，温和派和极端派之间就发生了尖锐的冲突。会议主席高士在致辞中要求同英国殖民当局实行合作，抛弃了1906年年会上通过的主要纲领，甚至把打击极端派作为国大党的中心任务。他咒骂极端派是"染上了病毒的蛊惑家"，要求殖民当局用"铁拳"来"消灭新党"。在讨论主席发言时，温和派不让提拉克发言，更加激起了极端派代表的愤怒。当温和派头目班纳吉攻击提拉克时，从会场中响起了一片抗议声和嘘声，一只便靴飞向主席台，掠过了班纳吉的头而打到了另一个温和派头目菲罗兹沙·梅塔的身上。接着，极端派把手杖、臭鸡蛋都掷向主席台。两派互相叫骂，挥舞手杖，推倒座椅，厮打成一团。殖民当局出动警察，把极端派代表赶出了会场。

第二天两派各自召开了会议。提拉克在会上谴责了温和派背离1906年年会的决议，用"殖民地自治"代替了真正的"自治"。在他的倡议下，建立了"民族主义党"，继续坚持司瓦拉吉、司瓦德西、抵制英货和民族教育四大纲领。提拉克对这次分裂十分惋惜，他竭力寻求同温和派重新合作的途径。但是，由于分歧很深，一时难以弥合。

七　在孟买法庭上

印度反帝运动的高涨，使英国殖民统治者大为惊慌。他们认为提拉克是"印度不安之父"，因而加紧策划对他的政治迫害。1908年6月，殖民当局颁布了"取缔教唆犯罪报刊"的法令，把打击目标对准了印度极端派的报刊，首先是提拉克主编的《猛狮周报》。

《猛狮周报》一直站在反帝运动的最前列，在印度影响很大，仅孟买一地就拥有15000个订户。在提拉克领导下，该报对1908年印度各地出现的暗杀英国官吏的个人恐怖活动，进行了许多评论。提拉克在该报上也写了一系列文章，如《不幸的国家》（5月12日）、《神秘的讽刺》（5月16

日)、《使用炸弹的真实意义》(5月26日)、《使用炸弹的秘密思想》(6月12日)、《不长久的手段》(6月6日),等等。第一篇和最后一篇竟成为殖民当局逮捕和审判提拉克的口实。

提拉克在这些文章中痛斥英国殖民统治给印度带来的贫穷、饥饿和落后,着重揭露了英国自由党的欺骗和镇压政策。他认为,英国官僚主义的政策使一些青年人感到极端愤怒和失望,因而便产生了秘密暗杀社团。孟加拉青年采取个人恐怖手段,就是因为殖民当局顽固推行分割孟加拉政策的结果。他指出,印度的恐怖主义者是热忱的爱国者,是反对英国殖民暴政、争取司瓦拉吉的英勇战士,这和欧洲无政府主义者有原则的区别。同样是使用炸弹,"孟加拉人的炸弹的根源是高度的爱国主义情感,而欧洲的炸弹则是对唯利是图的百万富翁仇恨的产物"。"暗杀事件是由于迫害和拒绝给印度人自治的结果。炸弹就是回答。"但是,提拉克并不赞成采取个人恐怖手段,他认为个人恐怖手段是不能推翻殖民统治的,"自治不可能通过炸弹袭击的方式取得"。同时,提拉克还就个人恐怖问题同孟买和加尔各答的亲英报纸进行了辩论,驳斥了这些报纸关于向英国官吏投掷炸弹是犯罪行为的谬论。

1908年6月24日傍晚,英国殖民当局在孟买逮捕了提拉克。当时,提拉克已经预感到他会被逮捕,因此从浦那来到孟买,同他的好友帕兰杰普交换意见,准备应变措施。警察在他们商谈时赶到了。6月25日,开始预审。总检察长鲍温控告提拉克"煽动或企图煽动对英王陛下和印度合法政府的仇视、轻视和不信任";"煽动陛下臣民各阶级之间的敌视感情",因触犯了《印度刑法》第124、153条,构成犯罪。提拉克的辩护律师吉克什特提出保释被告。他指出,提拉克是"人所共知的、享有巨大声望的、为自己祖国争取福利的斗士。逮捕提拉克,将引起严重的政治后果"。然而,辩护律师的要求被拒绝了。接着,辩护律师提出,根据政府的正式规定,在陪审员中必须是懂得马拉地文的印度陪审员占多数,因为被控告的证据是提拉克用马拉地文写的文章。但是,这个要求又被拒绝了。在这种情况下,提拉克要求给他12天准备时间,以进行自我辩护,孟买高等法院不得不答应这个要求。

1908年7月13日,孟买高等法院开始进行公开审判。由七名英国人和两名印度人组成了陪审席。英国人安德逊担任审判长。两个印度陪审员是工程师帕罗詹·达达拜·乔那和孟买大工业资本家索拉真·沙普真。作为原告的英国官员拉利梯在法庭上控告提拉克犯有煽动敌视政府罪。他说，提拉克在《猛狮周报》上"恶毒诽谤"政府，影响极坏；自治的含义就是：人民如不满政府可以有权推翻它。他还说，提拉克对秘密暗杀社团的支持态度，"完全是反常的"，甚至轻率地指令别人制造炸弹，这就是支持他们推翻政府。此外，对"白人政权""白人官僚"的批评，也是在煽动欧洲人和当地人之间的仇恨。

7月14日，提拉克在公审会上发表声明说，他是《猛狮周报》的社长兼主编，他对自己报纸上发表的每一篇文章都负完全责任。提拉克指出，英国人在把马拉地文写的几篇文章译成英文时，有一些地方译错了，他对此不负责任。从7月15日开始，在为期六天的公审会上，提拉克几次发表自我辩护讲演，共占实际时间二十多个小时。每次开庭，旁听席上都座无虚席。法院大楼前面，也挤满了来自孟买和其他城市的群众。他们高唱《祖国万岁》等爱国歌曲，高呼"提拉克万岁"等口号，并且同警察发生了冲突。

提拉克从容镇静、有理有据地为自己的观点辩护，回答了原告提出的实质问题和其他有关的具体问题。首先，原告拉利梯提出，在浦那的提拉克住宅中，发现了他抄写的关于炸弹问题著作目录的明信片，据此控告提拉克有"不良意图"。提拉克解释说，自从通过了关于严格保存和制造爆炸物者的法令后，他就想在自己的报纸上批评这个法令。但是浦那和孟买都没有关于炸弹问题的著作，因此他抄录了有关信息准备到外地图书馆查找，这根本不能成为他指令别人制造炸弹的依据。其次，提拉克指出，翻译人没有忠实原文，把他用马拉地文写的文章中的"英国官僚政治""殖民地官僚政治"译成"白人官僚""白人政权"，对此，著者不负任何责任，亦不能成为煽动当地人同欧洲人仇恨的根据。最后，提拉克重申，个人恐怖主义者是无罪的，罪在英国官僚的镇压政策，这是咎由自取。对于对英国官僚政治的批评则完全是应该的，是起码的权利而绝不应该构成犯罪。

提拉克当众回顾了《猛狮周报》的历史，认为从它创刊以来，宣传自治、自产、抵制英货和民族教育，是尽了一个爱国报刊应尽的责任。提拉克声明：他"不请求宽恕，而是对自己行动的后果负完全责任。写这些文章是我作为一个爱国者和编辑的责任"。他号召人民行动起来，进行反对英国官僚政治的斗争："大家回忆一下1792年英国围绕《煽动叛乱法》的斗争吧！那时法国的革命震动了全欧洲！"他在结束自己辩护讲演时说："我的讲演是在印度争取自由斗争史上一个重要时刻进行的。我对自己的讲话负有巨大责任。基本的问题是：印度的臣民应不应该享有在印度的英国人、英印人的那些权利？我将永远为争取自己同胞的利益而斗争。"

原告拉利梯接着发言，他说，提拉克的自我辩护发言"从头到尾都是侮辱政府，并且在自我辩护的幌子下宣传叛乱思想"。他要求法院判以重刑。7月22日，陪审员表决。七名英国陪审员判提拉克有罪，两名印度陪审员反对。法官达瓦尔怀着对提拉克仇恨与恐惧的心情，最后宣布：提拉克是"有无可辩驳的才干、巨大的声望和在印度有重大影响的人物"，但这才干却用来宣传"造反思想""鼓励暗杀""煽动暴乱"，因而判处六年苦役和1000卢比罚金。提拉克最后声明："不管法官怎样判决，我认为我是无罪的。我坚信，由于我失去了自由，我提出的主张更可能取得成功。"

殖民当局的判决，激起了印度人民的强烈抗议。孟买十万工人举行了六天的总罢工。印度一些大城市人民都举行了群众集会和游行示威。在人民运动的强大压力下，殖民当局不得不撤销原判，把苦役改为监禁。监禁地点也由安达曼群岛转为缅甸的曼德勒。

八 晚年

1908年8月开始，提拉克被囚禁于远离祖国的缅甸曼德勒监狱里，备受铁窗折磨，度过了六年漫长的痛苦生活。1914年7月，即第一次世界大战爆发前一个月，他刑满出狱。

英国殖民当局在释放提拉克时，采取了严密的措施，秘密起解，由军队长途押送，在深夜抵达浦那，直到提拉克的家门口，才正式释放了他。殖民当局这样精心策划的目的，在于阻止人民对提拉克的欢迎，避免引起新的反帝运动。但是，在提拉克重返故里的两周内，前来祝贺、慰问、访问的人络绎不绝，计达15000多人。警察局在提拉克住宅的对面，设立专门岗哨，以监视来访人，并威胁说，只要提拉克不宣布改变观点，就仍然被视为英国当局的敌人，凡是与他交往的人，统统被认为是"对政府的不友好分子"。

出狱后提拉克在第一次公开发表的谈话中，表示他将要用六年前他所用过的同样方式为印度服务；同时表示"我将有必要对于我的路线作一点点修正"。第一次世界大战爆发后，提拉克于1914年8月27日，用《致〈马拉塔人民〉编辑部的信》的形式，发表了一个正式声明，表示他重新投入政治斗争。但是，在声明中他错误地把英国殖民主义者侵略和统治印度的客观作用（政治上的统一、资产阶级民族的形成）说成是主观好意，把殖民当局的一些改革说成是"消除人民痛苦的一种不断努力"；他错误地认为英国在第一次世界大战中是防御战争，号召人民"忠于英国女王"、支持英国的战争；他鼓吹通过同英国的政治合作来达到自治的目的，把斗争局限于合法斗争的范围之内。提拉克谴责了秘密团体的活动，并且声明他将致力于"政治制度的改革，而决非推翻政府"。这些观点和他在印度觉醒时期相比是倒退，它反映了提拉克对第一次世界大战性质的错误估计和对英国帝国主义的幻想，反映了他对处于革命低潮时期革命形势的失望情绪。他的这种"修正"反映了上层小资产阶级的要求，代表了上层小资产阶级和民族资产阶级的利益。

由于上层小资产阶级和民族资产阶级同英帝国主义之间矛盾的日益加剧，提拉克并没有停止反帝斗争。他在警察监视、活动受到种种限制（如他去德里和旁遮普必须经过警方检查等）的情况下，仍然积极从事重建极端派组织、弥合国大党的分裂、促进国大党和伊斯兰联盟之间的联合及开展地方自治运动等活动。

提拉克把他关于司瓦拉吉即自治的目标，具体化到"地方自治运动"，通过"立宪手段"达到印度在英帝国范围内的自治。他的这个行动在一定程度上是受了贝桑特夫人的影响。贝桑特夫人是一个长期在印度从事神学和教育工作的英国人，她于1913年参加印度国大党。她主张极端派同温和派重新和好，倡议成立极端派新的政治团体——自治同盟。提拉克积极支持这个提议，他们于1916年同时在孟买和马德拉斯成立了两个"印度自治同盟",前者由提拉克领导,后者由贝桑特夫人领导。这两个自治同盟吸收了印度社会政治生活中新一代的知识分子,充实了极端派的队伍。

在贝桑特夫人的合作下,提拉克把全部精力放在极端派同温和派的联合工作上。为了国大党的团结,提拉克给正在马德拉斯举行的国大党年会发去电报,解释说,他主张抵制英货,但从未提倡过抵制政府,并说:"一些杰出的民族主义者都曾在和正在各市政府和立法会议里服务,我已经从公私两方面支持他们的行动。"在提拉克的感召下,温和派的领袖戈卡尔准备同意联合,而以菲罗兹沙·梅塔为首的温和派极右分子却坚决反对,联合被推迟了。1915年,两派正在谈判时,戈卡尔和梅塔先后去世,反对联合的力量削弱了。提拉克在安葬戈卡尔的演说中把死者称为"马哈拉施特拉的宝石,印度的金刚石,劳动者的巨擘",要人们"重视他,效法他",把他作为"学习榜样"。提拉克这样做也是为了使国大党团结起来。1917年,国大党的领导机关——全国委员会举行的常会上,正式表示赞成自治同盟的活动。提拉克关于要求立即实行改革的倡议,在会上也通过了。1919年,国大党在勒克瑙举行了年会。当提拉克及其拥护者乘"自治号"专车抵达勒克瑙时,受到温和派的热情欢迎,年会表示赞同提拉克提出的自治运动的新方针,极端派和温和派终于联合起来了。

1916年,伊斯兰联盟也在勒克瑙召开年会。提拉克和该联盟的领袖真纳①在两党联合问题上达成了协议。提拉克总结了他在印度觉醒时期的教训,那时由于过分强调利用印度教的宗教形式,而引起了伊斯兰教徒的反感。出狱以后,他便主张印度教徒和伊斯兰教徒的团结。真纳作为伊斯兰联盟中的民族资产阶级利益的代表者,也认识到在自治运动的基础上,才得以保持自己在伊斯兰教中的影响。这样双方有了协商的基础,1916年召开的两党联合的年会上通过了一个共同纲领——《国大党与伊斯兰联盟协定》。双方共同的斗争目标是"在英帝国内与其他自治领中实行平等的自治",并要求扩大印度人在中央立法会议与各省立法会议中的权限。提拉克对真纳也做了一些让步。如在立法会议中,提拉克同意伊斯兰教徒单独

---

① 真纳(1876—1948),1896年加入国大党,1913年参加伊斯兰联盟,连任联盟主席,1934年为联盟终身主席。1940年提出巴基斯坦计划,1947年为巴基斯坦第一任总督。

选举代表的原则。根据这个原则，使伊斯兰教上层人物有可能在伊斯兰教区保证自己的影响；同时又保证了伊斯兰教上层人物在立法会议中的地位。这个让步，使真纳的要求得到了满足，从而使伊斯兰联盟和国大党接近起来。但是，提拉克避免了甘地把伊斯兰教的基拉法特运动和政治相混杂的偏向，而使这个协定具有强烈的政治性质。他宣称：要"从强横的官僚手中把自治权夺回来"，这就把印度教与伊斯兰群众的团结建立在政治的基础之上了。

在极端派和温和派合作以及国大党与伊斯兰联盟联合的条件下，自治运动有了显著的进展。到1918年，仅孟买一地，自治联盟盟员就达到4.4万多人。在马德拉斯开展的自治请愿书签名运动也形成了较大的规模，不到一个月的时间，就有100万人在请愿书上签名。自治运动的发展，促使英国殖民当局采取了新的行动。1918年6月，以印度事务大臣孟塔古和印度总督切尔姆斯福德勋爵的名义公布了印度政治改革报告，给各省以部分自治权，而中央政府仍对英国议会负责。

报告公布后，甘地十分满意。有丰富经验的提拉克，对这个报告则摇头不信。他立即在《猛狮周报》上发表了《天届破晓，太阳何在？》的文章来表示自己的看法。他说，人们满怀希望和焦急的心情盼政治改革的报告，但盼来的却是彻底的失望。接着，提拉克又写了一篇著名文章《先生们，德里还是十分遥远的啊！》。他说，印度人民要求的是中央政府的自治，要求的是把钱袋的系带交给他们的代表，而报告却说印度人民还没有资格选举自己的行政官吏，这种说法，就等于要一个人先学会游泳，然后才能让他下水一样荒唐。他认为报告距自治的目的很远，所以引用了北印度人民用来警告过分乐观的人的一句成语："德里（泛指要达到的目的地）还十分遥远啊！"

在提拉克的提议下，国大党于1918年的特别会议上通过决议，指出报告是"令人失望的"，决定派提拉克去英国要求修改报告。1918年9月9日，提拉克到达伦敦。他为美国总统威尔逊[①]的"十四点计划"所迷惑，

[①] 威尔逊（1856—1924），美国总统（1913—1921），1918年1月提出"十四点计划"，目的在于重新划分势力范围和争夺世界霸权，并代表美国出席巴黎和会。

决定利用这个时机宣传他的主张。这时，英国正在进行议会选举，提拉克立即散发了上百万份有关印度自决的传单。他还幻想英国工党会帮助印度自治，为工党捐赠选举基金2000英镑。他写信给威尔逊和克列孟梭①，要求巴黎和会讨论印度问题。在英国，他曾两度会见孟塔古，并在两院特别委员会上发表讲演，要求给印度自治的权利。还在伦敦、牛津等城市发表了几十次演说，发表了许多文章，让英国公众了解国大党的主张。提拉克在英国十三个月的活动，虽然没有达到预期目的，但却给英国公众留下了一个印度爱国民族主义者的崇高形象。

在1918年国大党的年会上，提拉克继续反对接受英国的改革方案，为此，他和甘地发生了争论。甘地不同意把方案说成是"令人失望的"，他的论据是，如果对这个方案失望，那就不能满足同英国人合作的要求。提拉克回答说，这种"满足"并不好，它会妨碍印度人民从英国殖民统治者手中争取更多的民族权利，也会影响到印度未来的独立运动。1920年4月20日，他在《猛狮周报》上发表《国民大会民主党宣言》，强调"只有民主原则才能解决印度的问题"。他在宣言中，主张改变建立在等级和习惯基础上的公民无权地位，提出一个普及教育、扩大选举权、实行印度人的责任政府体制，宣传印度人应拥有自决权、制定宪法和法律的权利，等等。他说，印度可以留在英联邦之内，但应与其他联邦成员，包括大不列颠在内，处于平等地位。提拉克提出的政治口号是："教育、宣传和组织"，这也是他最后的政治遗嘱。

1920年8月1日，提拉克因肺炎在孟买溘然长逝，终年64岁。甘地听到这个不幸的消息时，不禁伤痛地说："我们失去了最坚强的堡垒！"正巧在这一天，甘地开始了第一次非暴力的不合作运动。他还无限惋惜地说："如果提拉克还在人间，他一定会给我许多帮助。"提拉克逝世的消息传出后，孟买的广大市民、工人和学生，举行盛大的示威游行，用这种群众性的政治行动向他们素来尊敬的领袖作最后的告别。甘地和贾瓦哈拉尔·尼赫鲁也参加了这次悼念提拉克的游行。同年9月，国大党在加尔各

---

① 克列孟梭（1841—1929），历任法国内政部长（1906）、总理（1906—1909、1917—1920），1919—1920年任巴黎和会主席，起草《凡尔赛和约》。

答召开了特别会议。提拉克的战友、旁遮普的民族主义者兰吉帕特·罗易任大会主席。在大会的第一个决议中，表达了对提拉克的深切悼念："他那纯洁的生命，他那为祖国服务和献身精神，他那为人民幸福而奋斗的浩大气魄，他那为实现民族独立而表现出的坚韧不拔的毅力，都将永远铭刻在我国人民的记忆之中，必将成为我国子孙万代奋勇前进的力量和智慧的源泉。"

提拉克是印度人民尊敬的民族英雄。印度人民尊称提拉克为"洛克马尼亚"（敬爱的人，或译为"民爱"），正如后来人们尊称甘地为"圣雄"一样，"民爱"同样是人民对提拉克的最高评价。提拉克的一生，是为印度民族解放事业而奋斗的一生。他在青年时代，就投身于印度民族独立运动。他一生三次身陷囹圄，其中最长的一次铁窗生活达六年之久。他的坎坷经历是同他所处的历史时代息息相关的。印度沦为英国殖民地以后，经历了1857—1859年民族大起义的风暴时期，又经历了19世纪七八十年代的改良主义运动时期。印度的先进人物在痛苦中摸索解放的道路。在这个关键时刻，提拉克登上了印度政治斗争的舞台。提拉克不可磨灭的历史功绩，在于他把印度改良主义运动转变为民族革命运动，从而使印度民族解放运动进入了一个新的历史阶段。他不愧为杰出的印度民主主义革命家，不愧为伟大的印度民众领袖。在生命最后一息，他还念念不忘印度的革命事业，不断探讨印度的革命道路问题。他的革命思想和著作，是印度的珍贵精神财富；他为印度资产阶级革命奠基的功绩，将永远载入史册。

阿富汗三次抗英战争

阿富汗是一个河流蜿蜒和高山纵横的内陆国家。山地和高原占全国面积的 4/5。占 1/5 的平原地区，既有浩瀚的沙漠，又有灌溉便利的耕地和良好的牧场。阿富汗盛产棉花、大麦、小麦、大米和玉米，又以葡萄、无花果、西瓜和甜瓜等特产驰名亚洲，它的羔皮远销欧洲。从阿富汗东北角作扇形放射、向西部和西南部延伸的群山中，蕴藏着天然气、煤、铁、青金石、大理石等自然资源。

阿富汗是个多民族国家。境内有普什图族、塔吉克族、乌孜别克族、土库曼族、哈扎拉族等二十多个不同民族，普什图人占全国总人口的一半以上。伊斯兰教为国教。普什图居民操着各种不同的语言，普什图语和波斯语是官方语言。阿富汗人民是英雄的人民，具有英勇抗击外国侵略者的光荣传统，在历史上写下了不朽的篇章。

阿富汗位于亚洲的西南部，是个不大的国家，面积约有 65 万平方千米，但它处于地中海和里海到印度洋之间的枢纽地区，是西亚通往印度的门户，因而成为历来兵家必争的军事战略要地。马其顿皇帝亚历山大和波斯王纳迪尔·沙的军事远征，都把阿富汗作为向印度进军的走廊。法国的拿破仑一世，在设想的进攻印度的计划中，将阿富汗作为他军事行动路线中的一个关键地区。从 19 世纪初期开始，英国殖民主义者便极力把他们的势力范围从北非到印度连成一片，因而把侵略矛头直指阿富汗；而沙皇俄国则念念不忘南下阿富汗，以便获得一个出海口。于是英、俄殖民主义者的扩张主义触角，就在阿富汗不断碰撞起来，阿富汗成为英、俄争夺中亚霸权的重要地区之一。

一 阿富汗第一次抗英战争（1839—1842）

（一）游击战争的开始

阿富汗统一的国家的形成，始于1747年建立的杜兰尼王国。1747年，阿富汗阿布达里部落酋长阿赫马德趁波斯帝国衰弱的机会，建立了阿富汗王国，自称为艾哈迈德·沙·杜兰尼①。他在位期间（1747—1773），阿富汗成为仅次于奥斯曼帝国的伊斯兰大帝国。他除统一了阿富汗本土之外，还在西部夺取了波斯的霍拉桑，在东部占领了莫卧儿帝国属国旁遮普、信德、克什米尔和锡尔欣德，在北部把兴都库什山以北和阿姆河左岸地区，都变成了自己的地盘。他还九次入侵北印度，两度占领莫卧儿帝国的首都德里，并在这里打败过印度的马拉塔人的军队。

杜兰尼王国建立后，封建的土地所有制迅速发展起来，阶级矛盾也日趋激化。这就导致了阿富汗各封建地主集团之间极其残酷的内战。艾哈迈德·沙的儿子帖木儿·沙执政时期（1773—1793），各封建地主集团的纷争就开始了。1800年，杜兰尼王朝的反对派终于推翻了帖木儿·沙的继承者——查曼·沙（1793—1800）的统治。他们挖去了查曼·沙的双目，而把查曼·沙的第二个弟弟马茂德·沙扶上王位。此后，马茂德·沙又同他的弟弟舒加·沙展开了激烈的争夺王位战。1803年，舒加·沙打败了马茂德·沙，可是在王位上并没有坐稳。1810年，复辟回来的马茂德·沙打败了舒加·沙，并在1815年把他赶出阿富汗。舒加·沙流亡到了印度。英国殖民主义者却看中了他，毫不吝啬地给舒加·沙发了优厚的年金，把他养了起来。

阿富汗的内讧还在继续。1818年，马茂德·沙处死了两次帮助他取得王位的大臣法特赫·汗。法特赫·汗的儿子们群起叛乱，又推翻了马茂德·沙的政权。从此，阿富汗被法特赫·汗的儿子们瓜分了。他们像独立的君主一样，分别盘踞着喀布尔、坎大哈、白沙瓦和克什米尔（见图1）。

---

① 阿赫马德·沙出身于萨多查依部落，称王以后，自取封号为"杜兰尼"。嗣后，他所在的部落也改称为杜兰尼族。杜兰尼是音译，义为"珍珠中的珍珠"。

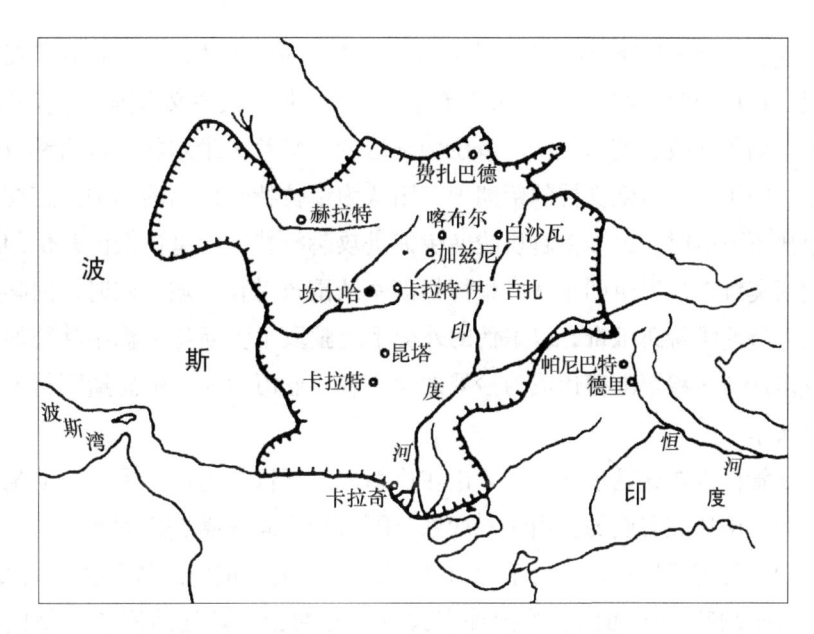

图1 艾哈迈德·沙·杜兰尼统治时期的阿富汗

而赫拉特却被马茂德·沙所控制。这样，阿富汗便同时并存着五个独立的君主国。

其中最能干的国王是多斯特·穆罕默德。他聪明敏锐，意志坚强，英勇善战。他在兄弟之间争夺权力的战斗中获胜。1834年，他成为全国的统治者，接受了阿富汗的"埃米尔"（君主）的称号。在这前后，他以喀布尔为基地，积极统一了这个四分五裂的国家。就在这个时候，英、俄殖民主义者闯了进来。

英国不断派遣军事情报人员，到阿富汗从事间谍活动。1829—1830年，英国军事情报部成员亚瑟·康诺利（Arthur Connolly）穿越赫拉特和坎大哈，搜集阿富汗的军事地理和地形资料。1831年，英国军事情报部门又派出间谍亚历山大·伯恩斯从印度到喀布尔和布哈拉，了解阿富汗的政治局势，试探多斯特·穆罕默德的态度，企图把阿富汗拉入英国的军事联盟中去。1835年，亚历山大·伯恩斯被英印政府任命为驻阿富汗的使节。英国殖民主义者还在赫拉特活动，并且成功地使赫拉特的统治者卡姆兰·米尔扎站到自己一边。与此同时，沙俄殖民主义者也加紧了在阿富汗的侵略步伐。1826—1828年，沙皇俄国出兵打败伊朗的军队，并且吞并了亚美尼亚，直接威胁阿富汗。从1837年开始，英、俄殖民主义者围绕赫拉特展开了一场争夺战。英国支持的赫拉特统治者卡姆兰·米尔扎，认为赫拉特是独立的王国。沙俄支持的伊朗国王则认为赫拉特是伊朗的属国。正在双方争执不下的时候，沙俄趁机唆使伊朗进攻赫拉特。沙皇让俄国驻伊朗的大使西莫维奇插手伊朗军队，指挥伊朗军队围攻赫拉特城。同时，向喀布尔派去特使维特凯维奇，以虚伪的外交手腕骗取了多斯特·穆罕默德的信任。多斯特·穆罕默德遂成为沙俄的同盟者。亚历山大·伯恩斯不得不离开喀布尔。

尽管沙俄在这轮争夺中，无论在伊朗还是阿富汗都占了上风，但是英国人的心中还是有底的。当时，沙俄与阿富汗之间还隔着广大地区，要通过伊朗向阿富汗进攻，是心有余而力不足的。至于俄国进攻印度的计划，只不过是恫吓英国而已。英国外交大臣帕麦斯顿巧妙地运用了"俄国威胁"这张牌，挽救了英国在这一轮争夺中的不利局面。他认为对付俄国"这个大骗子"是必须以实力作后盾的，而当时英国的实力雄厚，英俄如有一战，足以使俄国"倒退半个世纪"。他说："骄傲、蛮横的尼古拉一世懂得这一点，因此当他发现英国已痛下决心，而且做好了准备以抵抗他时，他总是控制其骄傲和节制其蛮横。"他根据这个估计，在1836年命令印度总督奥克兰不要向俄国妥协，不让俄国在阿富汗找到立足点。当1837—1838年伊朗围攻赫拉特时，英国又向伊朗发出最后通牒，并且从孟买出兵占领波斯湾的两个岛。在英国的强大压力下，俄国支持的伊朗军队不得不从赫拉特撤出。

在这场争夺中，英国殖民主义者并未就此止步。他们的目的是推倒亲俄的多斯特·穆罕默德的统治，建立一个由英国控制的傀儡政权。为了实现这个目的，他们起用了二十多年前就已物色好的一个人——流亡到印度的阿富汗前国王舒加·沙。英国人把他找来后，又集中了三万多名英印雇佣兵，开始大举进攻阿富汗。

英国侵略军在"使节和公使"麦克诺滕（Macnaghten）、助手亚历山大·伯恩斯及总司令约翰·基恩（John Keane）率领下，应舒加·沙"邀请"，在1839年4月占领阿富汗南方重镇坎大哈，7月占领中部要城加兹尼，8月初，兵临首都喀布尔城下。多斯特·穆罕默德本想依靠他的俄国盟友出兵援助，但是俄国使节维特凯维奇说，天寒地冻、路途遥远，俄国爱莫能助。多斯特·穆罕默德发现俄国殖民主义者出卖了他，便拿起《古兰经》，要求他的卫队向他效忠。谁知卫队却丢下营地，纷纷逃跑，而营地也被他的家臣抢占了。他无可奈何挈妇将雏，弃城逃走，虽然被紧紧地追赶着，但终于逃到了北部边城巴尔赫。他原先打算躲到波斯去，但最后打定主意，在布哈拉避难，等待东山再起。

英国殖民主义者推翻了多斯特·穆罕默德的亲俄政权以后，便为舒加·沙组织了入城仪式。英国的军官们护卫着他，麦克诺滕走在他的身边。喀布尔市民们在沉默和愤怒的气氛中，观看着这幕可耻的卖国丑剧。麦克诺滕是阿富汗的太上皇。他把阿富汗置于英国占领军的刺刀控制之下。在喀布尔和坎大哈各驻有5000多名英国军队。在加兹尼和贾拉拉巴德也驻有大量的英国步兵、骑兵和炮兵。舒加·沙的一切费用，都从印度国库中支出。没有英国的军队和金钱，舒加·沙的傀儡政权一天也维持不下去。英国人排挤了沙俄的势力，在阿富汗第一次建立了殖民统治。

阿富汗人民是英勇、刚毅、爱好自由的人民。在殖民主义者侵略过程中，特别是在英国殖民主义者对阿富汗实行军事占领以后，抗击英国侵略者的独立战争，便在各地普遍展开。人民仇恨英国殖民主义者，也仇恨舒加·沙的傀儡政权。因此，在英国傀儡舒加·沙复辟后，马鲁夫地区的吉尔查伊部族首先举起抗英的旗帜，同侵略者进行了长期的游击战争。英国占领军费了很大力气，才把这支抗英武装力量镇压下去。然而，在1840年4月，吉尔查伊部落新的抗英游击战争又开始了。游击队切断了英国占领军从坎大哈到喀布尔之间的运输线。2000多名游击健儿利用熟悉地形的优势，活跃在阿富汗南部广大地区，打得从坎大哈派来的英国骑兵队一筹莫展。英军司令部不得不再派一支部队前去增援，但仍然在相当长的一段时间里不能取得主动权。后来，尽管取得了暂时的胜利，却未能从根本上扭转战局。英国占领军急需运输线的畅通，以保证其殖民统治。麦克诺滕不得不同吉尔查伊部族领袖进行谈判，以每年3000英镑的补助金，收买了抗英游击队的一些领导者，才获得暂时的喘息。

关于英国殖民主义者收买政策的作用，英国历史学家凯伊曾有一段精彩的描述："钱袋策略一旦停止，刺刀策略就开始了。""但是，无论是刺刀，还是钱袋，都不能使动乱的部族安静下来。"1841年春，吉尔查伊部族又一次发动了抗英游击战争，游击队经常出没在交通要道上，寻找机会袭击英军。他们在吉尔查伊附近埋伏，当英将魏默尔的军队接近埋伏圈时，他们便突然发起进攻，打得英军狼狈溃散。待大批侵略军增援时，游击队进行了英勇的反击后，便主动撤离到山区去了。在阿富汗边界上的独立部族中，这种抗英游击队也迅速建立起来，到处打击敌人。俾路支游击队打败了英国克列尔中尉指挥的占领军，收复了卡拉特城，并处决了英国政治专员洛夫台。另外一支游击队还占领了交通枢纽维特。尽管英军司令部派来大批部队进行围剿，也没能消灭遍及各地的抗英游击队。

逃到布哈拉去避难的多斯特·穆罕默德也在积极组织武装力量，从事抗英活动。这给英国殖民主义者和舒加·沙政权造成了新的威胁。亚历山大·伯恩斯在给伦敦的报告中，以惴惴不安的心情写道："阿富汗是火药库，而多斯特·穆罕默德则是导火线。"英国殖民主义者及其走狗担心的事情终于发生了。1840年9月初，多斯特·穆罕默德离开布哈拉，在库尔姆地区的乌兹别克人中，组织了一支6000人的军队向巴米扬推进。附近的起义军和他的部队会合起来，在巴吉贾和赛干打败了英军，驻防在这些地方的舒加·沙的军队，也纷纷倒向多斯特·穆罕默德。后来，他的部队转战于科希斯坦地区，直接威胁喀布尔。11月，多斯特·穆罕默德的抗英军队在帕尔万谷地打败了英将谢尔率领的一个旅。英军被打得首尾难顾，狼狈逃往恰里卡尔。帕尔万谷地战役的胜利使伯恩斯大为震惊，他劝麦克诺滕调兵到喀布尔，以防意外。但是多斯特·穆罕默德对战胜英国侵略者并没有信心。他想以这几次胜利作为政治资本，来换取英国殖民主义者对他的优待，而不想把抗英战争继续下去。在英国当局的假意应允和诱惑下，他终于向英军投降了，在11月12日被麦克诺滕送往印度，软禁在加尔各答，靠英国的补助金生活。但是，他的儿子阿克巴·汗继续领导了这个地区的抗英斗争。

1841年上半年，阿富汗抗英战争的规模更大，在东部和东南部尤为广泛、激烈。卡拉特附近的西吉尔查伊部落的抗英游击队，重创瓦依迈尔少校指挥的侵略军。杜兰尼部族的抗英军队在阿喀杜尔·汗领导下，于1841

年6月同英军进行了战斗。这是一次主动的出击，抗击英军经过激烈的战斗之后，又撤回山区，并积极准备进攻坎大哈。阿富汗人民的抗英战争使坎大哈的英国占领军惊慌失措，士气低落。1841年8月20日，坎大哈的英印军队中的一个军官在信中写道："英印军队为了征服这个不幸的国家，从菲鲁兹普尔出发，到现在快三年了。舒加·沙已经登上了他父亲的王位，这以后军队就应该撤回印度。从那时起又两年了，可我们还待在阿富汗。""全国的反抗事件，与日俱增。海别尔人、吉尔查伊人和杜兰尼人都拿起武器，向我们的军事据点进攻，我们的士兵就在自己眼皮下被他们杀死。我们真该撤军了。"

1841年10月，麦克诺滕被任命为孟买总督，他正准备去上任时，东部吉尔查伊部族全面的抗英战争爆发了。抗英军占领了东部重镇贾拉拉巴德，切断了英军从白沙瓦到喀布尔的交通线。麦克诺滕慌忙命令英军将领赛尔迅速打通这条交通线。赛尔奉命率领一个旅出发。勇敢的阿富汗游击队紧紧盯着这支侵略军的行踪，不断寻机给敌人以突然的袭击，赛尔的军队被打得狼狈不堪，丢失了许多枪弹和军需品，才好不容易通过广大的游击区，于11月13日占领了贾拉拉巴德。赛尔派一部分英军去扼守甘达马克，但立刻被抗英游击队击溃。这支英军丢下了所有的辎重，慌忙逃到贾拉拉巴德去了。

在库希斯坦，抗英游击队也取得了胜利。1841年10月到11月间，抗英游击队攻占了恰里卡尔哨所，英国政治专员波廷杰（Eldred Pottinger）身受重伤，侥幸逃走。此外，抗英游击队还进攻并占领了加兹尼附近的谢卡巴德哨所。总之，英国侵略军到处被动挨打，伤亡惨重，已陷入阿富汗人民抗英战争的汪洋大海之中。他们被迫龟缩在几个大城市和军事据点里面，不敢轻易出动。

（二）喀布尔人民的起义

英军占领喀布尔以后，便俨然以主人自居，在首都横行霸道，为所欲为。英国使节麦克诺滕、助手伯恩斯和英军总司令埃尔菲斯顿都认为从此可以安然奴役喀布尔人民了。他们妄图用刺刀、枪炮迫使人民屈服，以维持其殖民统治，永远霸占阿富汗。1839年底，麦克诺滕把他的妻女从印度接到喀布尔，随着家眷前来的还有大批仆人，并带有高级水晶吊灯、高级葡萄酒和豪华的家具、陈设品及华丽的服装。伯恩斯在喀布尔还讨了小老婆。军官们的贵妇和士兵们的欧洲妻子也接踵而至。喀布尔城变成了侵略者花天酒地的乐园。

但是，侵略者高兴得太早了。

从1841年兴起的越来越高涨的抗英斗争，迅速朝着建立一个统一的抗英组织的方向发展。1841年9月，20多个部落领袖在喀布尔附近集会，制订了具体的起义计划，发出了积极准备总起义的第一个命令。这是统一抗英行动的一个重要标志。

会议由阿卜杜拉·汗·阿恰克查伊主持。他在会上慷慨陈词，控诉了侵略者的暴虐专横，痛斥了舒加·沙可耻的卖国行径，诉说了人民的贫穷苦难，列举了伊斯兰教被侮辱的情况。他着重叙述了不堪压迫的人民掀起的普遍抗英斗争的意义，指出了统一各方面抗英力量共同对敌的必要性和重要性。他提出了一个行动计划：起义者以部落领袖的名义，去会见麦克诺滕，在会见时趁机杀死他；然后，烧毁军火库，包围英军驻地，举行总起义。阿米杜拉·汗·罗加里认为这个计划不妥，估计狡猾的麦克诺滕不会上当，因而提出了另一个计划：首先向市内的伯恩斯官邸进攻，一举夺取喀布尔，然后出城消灭麦克诺滕及英国占领军司令部。会议参加者同意罗加里的计划，并决定加紧做好战斗前的准备工作。

1841年11月1日，伯恩斯看到了几份号召起义的传单，还收到了一封警告信，信中写道："英国佬，你们滚出阿富汗的日子已经到了。"骄横狂妄的伯恩斯根本看不起阿富汗人民。他拿着传单毫不在乎地对自己的部下说："放心吧，不会出什么事，喀布尔是很平安的。"他根本没有料想到，就在收到警告信的第二天清晨，喀布尔人民涌上街头，紧握着各种各样的原始武器，冲向了事先约好的地点——伯恩斯的住所。伯恩斯从睡梦中惊起，开始，他企图用金钱来收买怒气冲冲的群众。可是，殖民者惯用的"钱袋政策"失灵了，群众根本不买他的账。接着，他就命令他的部属进行顽抗。当他眼看起义群众快要攻进住所时，便换上了阿富汗仆人的衣服，准备化装逃跑。可是，这一切打算都落空了。伯恩斯当场被击毙，大部分军官卫兵被杀死，只有莫罕·拉尔和特雷弗二人侥幸逃走。起义者占领了伯恩斯的金库。喀布尔的起义胜利了。

傀儡国王舒加·沙闻讯，急忙派出一个团的雇佣兵前来解围。谁知这支援军刚一出动，就被周围的游击队包围了。只是在英军的掩护下，他们才得以突出重围。可是，军队被消灭了大半，团长康拜尔也被打死了。由谢尔准将率领的英军，慌忙退入军营，不敢应战。11月2日晚，起义者占领了喀布尔全城。麦克诺滕听到伯恩斯被击毙的消息后，不禁兔死狐悲；而眼看喀布尔起义的胜利，又使他惊慌失措。他过去的威风没有了，不得已，只好给起义领导者穆罕默德·扎曼写了一封信，邀请他到英国军营去谈判。可是，穆罕默德·扎曼没有回信。谈判未成。

从11月3日开始，起义者向英国占领军的城外据点发起进攻。他们首先攻占了军火库，接着又攻占了英国的行政中心。这时，在阿富汗，形成了以喀布尔为中心，以"圣战"为形式的大规模抗英战争。喀布尔周围的抗英游击队，纷纷同喀布尔的起义军联合起来。科希斯坦、拉加尔、瓦尔加克等地的抗英游击队，也都采取了统一行动，反对英国占领军。英国占领军总司令埃尔芬斯通惊呼："阿富汗全国居民都拿起武器来反对我们了。"到了11月9日，起义者占领了喀布尔城和巴拉·喜萨尔要塞之间的一切英军据点。连英国的军事大本营也被起义者团团包围了。

喀布尔抗英起义的胜利是阿富汗抗英战争的转折点。从此以后，抗英战争进入了一个新阶段。

（三）"光荣之星"阿克巴·汗

在喀布尔抗英起义酝酿和节节胜利的同时，阿富汗北部有一支抗英武装力量正向首都方向开来。它是由一个有威望、有才干、有远见的人所指挥的，这个人就是被阿富汗史学家誉为"阿富汗的幸福与光荣之星"的穆罕默德·阿克巴·汗（1816—1845）。

阿克巴·汗是多斯特·穆罕默德的儿子，但他却和他的父亲不同。从英国一开始侵略阿富汗，他就主张抗战。当英军进攻加兹尼时，他率兵奔赴东线，扼守哈伊巴尔关隘。由于喀布尔告急，他又回兵首都援救。以后在布哈拉组织游击队，参加帕尔万谷地战役。多斯特·穆罕默德投降时，他对父亲这种背叛行动极为愤怒，并退入山区，组织新的抗英军队。1841

年10月,他领导抗英游击队再次抵达巴米扬,挫败英军少将波廷格的种种阴谋,冲破了许多障碍,于11月10日到达喀布尔。

阿克巴·汗到喀布尔时,受到了起义者的热烈欢迎。在起义领袖们举行的欢迎会上,起义领袖穆罕默德·扎曼介绍了阿克巴·汗,指出他是积极主张抗击英国侵略者的爱国者,是一个坚强、果敢而又机智的领导者,并主动让贤,推荐阿克巴·汗担任领导起义的职务。会议一致同意穆罕默德·扎曼的提议,选举阿克巴·汗为抗英武装力量的领袖。阿克巴·汗在会上表示,他决心坚持抗英战争,直到把英国占领军驱逐出国土。

阿克巴·汗领导起义的消息,使起义者大为振奋,同时,使受包围的英国占领军更加慌乱。当时,在英国占领军指挥机构中,发生了意见分歧。以占领军总司令埃尔芬斯通为一派,主张立即从阿富汗撤军,等到把军队撤到贾拉拉巴德以后,待印度援兵到达时,再重新进攻喀布尔。但是,掌权的英国使节麦克诺滕一派,却提出了以谈判拖延撤军,分化起义军的领导,巩固舒加·沙傀儡政权,等待援兵到来的计划。双方经过激烈争吵以后,麦克诺滕一派取得了胜利。

根据麦克诺滕的计划,首先采用各种手段来挑拨离间,瓦解起义领导者之间的团结。麦克诺滕通过伯恩斯的秘书莫罕·拉尔来执行这个计划。他在给莫罕·拉尔的信中说:"倘若你能够使起义领袖们争吵起来,那我们就能坚持下去,这要比在冬季雪原上撤军好千百倍。为了实现这个计划,我将不惜任何代价。你不要为此目的而放弃任何微小的可能性。"莫罕·拉尔接受任务后,先是通过阿富汗的内奸,企图用金钱收买的手段把吉尔查伊部落从起义队伍中分裂出去,但遭到起义领袖的拒绝。接着,他又企图用暗杀起义领袖的恫吓手段,迫使阿克巴·汗屈服。他利用阿富汗的内奸卑鄙地杀害了喀布尔最早的起义领袖阿卜杜拉·汗·阿恰克查伊和庇尔·多斯特·汗。但这一切,并没有动摇阿克巴·汗的抗英立场。

麦克诺滕看到这一切都不能吓倒阿克巴·汗,就亲自出马,要求同阿克巴·汗直接会谈一次。他假装向起义者低头让步,提出了四条谈判草案。阿克巴·汗同意谈判,针锋相对地提出了英军必须在"协议签订后三天内撤军"等七条。麦克诺滕被迫在协议上签了字,但他采取拖延战术,不履行三日内撤军的承诺。当他得知有一支援兵快要到达喀布尔时,就下决心破坏协议。在他看来，年仅25岁的阿克巴·汗，必然没有经验，而只有权力欲和虚荣心，因此诱以官禄，许愿他做阿富汗的首相，甚至做阿富汗的国王；又答应给阿克巴·汗120万卢比的现金，以后还给年金20万卢比，并送给他一支手枪和一辆精美的四轮马车，他以为这种收买手段可以使阿克巴·汗投降。

阿克巴·汗保持着清醒的头脑，决定将计就计。他满口答应，收下了现金、手枪、马车并签署协议。然后，他把这些证据拿来让其他领导者看，并以此制订了诱捕麦克诺滕的计划：佯许接受投降条件，请麦克诺滕参加全体起义领导人会议，然后在会上智擒麦克诺滕。自大而愚蠢的麦克诺滕踌躇满志，自以为得计，欣然赴会。临行前有人对他说：此行危险。麦克诺滕不以为然地回答："如果我的计划成功，我们就会从所有的危险中解脱出来。"为防备万一，他还是在离谈判会场较远的地方秘密布下两个团的英军整装待命，然后，带了三个军官、十二名护兵来到预定的会场。

1841年12月23日，按照阿富汗人举行部落酋长会议的习惯，会议露天举行，参加者都坐在会议主席阿克巴·汗的羊毛地毯上。马车和驭手站在他们的后面。双方正式入座的人，正好是六比六。会议一开始，阿克巴·汗只讲了几句话，当众揭穿麦克诺滕的阴谋。在"时间到"的暗号发出后，与会的起义领导者按事先的分工，同时动手，准备活捉英国侵略者。但是，由于这些人负隅顽抗，结果除了一个军官和几个护兵骑马逃走外，其余全部被杀死。而麦克诺滕正好死在几天前他自己送给阿克巴·汗的那支手枪之下！奉命待发的两团英军还没有来得及行动，战斗就结束了。阿克巴·汗随即提出：英军必须立即撤出阿富汗、交出大部分大炮和弹药等五条要求。代替麦克诺滕职务的波廷格查见收买计划破产，只得在五条要求上签了字，并于1842年1月6日开始撤军。

阿克巴·汗对于侵略者从不宽容，但对俘虏并不虐待和杀害，甚至当他后来在贾拉拉巴德受伤时，也不同意杀死人质和俘虏。对于军营中的英国妇女和儿童，他都采取了保护措施，表现出宽容、严明的大将风度。这次抗英战争结束以后，在他任首相期间，阿克巴·汗辅佐他父亲多斯特·穆罕默德发展经济、整顿军备，随时准备抗击外敌入侵。不幸的是，1845

年他被一个英国间谍（印度医生）毒死，年仅29岁。阿富汗人民都深深地缅怀他，他们用许多美丽的诗句来赞颂阿克巴·汗的功绩，至今，这些诗歌还在阿富汗流传。

（四）侵略者的惨败

1842年1月6日，在阿富汗喀布尔赖着不走达两年之久的英国占领军，不得不向130英里外的贾拉拉巴德撤退。这是一支拥有16500人的庞大队伍，其中战斗人员4500人（包括690名欧洲兵，2840名印度雇佣兵和970名骑兵），随营人员和家属12000人。他们侵入和占领阿富汗时，何等飞扬跋扈，不可一世，曾几何时，便灰溜溜地撤走，唯一的条件就是只求保全性命。

老奸巨猾的埃尔芬斯通不甘心失败，还是抱着自己以前的老主张，他准备把队伍撤到贾拉拉巴德以后，等待援兵，以便伺机再向阿富汗反扑过来。从撤退的第一天，他就有意破坏协定，带走了所有的大炮和弹药，结果被保持高度警惕性的抗英军民所追回。阴谋破产了，沮丧、懊恼的情绪使他的旧病复发，后来死在抗英军队的俘房营中。

从喀布尔到贾拉拉巴德，山峦交错，奇峰纵横，怪石峥嵘，道路迤逦盘旋。1842年的冬天又特别寒冷，皑皑的白雪封住了山间小径，凛冽的朔风呼啸作响。这种严酷的气候和险恶的地形，使得急于逃命的英国占领军的意志更加消沉，慌若惊弓之鸟；但对阿富汗的抗英游击队来说，这却是发挥他们熟悉地形、习惯气候、主动出击特长的良好条件。正如恩格斯指出的："寒冷、冰雪及粮食不足的情况，就象拿破仑从莫斯科撤退一样。但是使英国人提心吊胆的不是离他们相当远的哥萨克，而是装备有远射程火枪和占据着每一个高地的顽强的阿富汗狙击手。"[①] 这些狙击手的准确射击，打得侵略者血染荒岗，死者枕藉，活者丧胆。库尔德·喀布尔关隘（即小喀布尔山口）、扎尔达拉克山口，成了埋葬侵略者的坟墓。甘达马克和伏切巴德要塞，则成为最后消灭侵略者的场地。在庞大的英国占领军中，只有六人逃到离贾拉拉巴德16英里的法特哈巴德，其中五人因重伤死

---

① 《马克思恩格斯全集》第14卷，人民出版社1964年版，第84页。

去。最后只剩下受重伤的布莱顿军医一个人，跌跌撞撞地逃到了贾拉拉巴德报告英军全军覆没的消息。

马克思用他那生动的笔触，描绘了占领军撤退的最后一幕："1842年1月13日，贾拉尔阿巴德（在夏贾汗浦尔附近）城墙上的哨兵们眺望到一个穿英国军服的人，褴褛不堪，骑在一匹瘦马上，马和骑者都受重伤；这人就是布莱顿医生，是三星期以前从喀布尔退出的15000人中唯一幸存者。他因饥饿而濒于死亡。"[1]

在喀布尔起义胜利以后，其他地区的英国占领军处处挨打。阿克巴·汗的抗英军包围了贾拉拉巴德。坎大哈也被抗英军包围。抗英军还收复了加兹尼，消灭了帕麦团长率领的英国占领军。在喀布尔，英国的傀儡政权也垮台了，抗英军杀死了舒加·沙。阿克巴·汗实际上掌握了管理国家和指挥军队的大权。

英国殖民主义者在阿富汗的失败，动摇了他们在印度的殖民统治。为了挽回这种损失，英国殖民主义者在1842年秋天重新调兵遣将，从东部和南部向喀布尔发动了钳形攻势。以凶狠残暴闻名的英将波洛克，指挥侵略军从贾拉拉巴德出发，沿途烧杀抢掠，无恶不作。阿富汗人民抗英游击队进行了英勇的抵抗。阿克巴·汗在力量悬殊的情况下，同侵略军在德辛山谷进行激战之后，主动退入山区。1842年9月15日，英军又侵占了喀布尔。英将诺特率领队伍由坎大哈出发后，在果爱因地区被抗英军包围突袭，受到重大损失。诺特进入加兹尼以后，进行疯狂的报复。他把被俘的抗英战士绑在大炮口上，然后开炮轰击，用这种酷刑来作为英国国旗升旗仪式的礼炮。但是，诺特侵略军在去喀布尔的路上，又一次受到了抗英军队的突然袭击，伤亡惨重。

英国侵略军重新占领喀布尔以后，把舒加·沙的儿子法什·贾思扶上王位，在巴拉·喜萨尔宫升起英国国旗。英国军队入城后，大肆抢劫三天，几千名阿富汗爱国者被枪杀。中世纪时期塔吉克人的艺术珍品——劝业场也被炸成瓦砾场。然而，英国侵略者却担惊受怕，惶恐不安。英国士兵平常不敢独自在街上行走，一到夜晚，他们便钻进兵营不

---

[1] 马克思：《印度史编年稿》，第165—166页。

敢出来。在阿富汗南部，乌尔岗德山区的游击队非常活跃，北部科希斯坦还集结着随时准备出击的阿克巴·汗的抗英军。从喀布尔到贾拉拉巴德的广大山区，吉尔查伊部落的游击队的抵抗活动越来越频繁。伯恩斯、麦克诺滕、埃尔芬斯通的下场，使新的占领者记忆犹新。在解救了英国人质以后，英国占领军便慌忙于10月12日撤回印度去了。

英国占领军撤退得非常仓促，主力部队跑得最快，以至于沿途的游击队用最快的速度也没能追赶上，但后卫部队却遭到了游击队的沉重打击。傀儡法什·贾恩及其家属，也随着英军逃跑了。英印总督埃伦伯勒假惺惺地宣布："在抗拒的人民头上强立一个国王……和英国政府的政策是不一致的。"他不得不同意阿富汗抗英军的要求，把软禁的多斯特·穆罕默德释放。"英国人在阿富汗扶植傀儡国王的尝试就这样结束了。"①

1839年4月到1842年11月，历时三年零八个月的阿富汗抗英战争以阿富汗人民的胜利而告终结。英国损失兵力三万余人，战费支出达1.5亿英镑，换来的是不得不从阿富汗撤军，承认阿富汗的独立。在阿富汗人民抗英斗争的有力打击下，英国殖民主义者在此后的36年之内没有再敢向阿富汗发动武装侵略。

这遍布山谷的累累白骨，在战后30多年一直无人理睬。在英国殖民主义者第二次侵略阿富汗时，一个英国少校才把这些残骸收殓起来，在今天扎穆达拉克的第44号山上，修建了掩埋侵略者残骸的石冢。它是侵略者惨败的见证，也是阿富汗人民光荣的反侵略斗争的历史丰碑。这些荒凉的坟墓，对一切敢于侵略阿富汗的人都将起着清醒剂的作用。

二 阿富汗第二次抗英战争（1879—1880）

（一）英俄在阿富汗角逐的加剧

1839—1842年抗英战争结束以后，阿富汗边境上相对平静了36年。阿富汗的统治者本来可以在这一段时间内，恢复生产，巩固国防，加强防御力量。但是，在1863年多斯特·穆罕默德死后，他的后继者却进行了长

---

① 《马克思恩格斯全集》第14卷，第85页。

期的争夺权力的斗争。

多斯特·穆罕默德在生前指定他的第三个儿子希尔·阿里·汗为王储，这引起了大儿子阿弗扎尔·汗、二儿子阿吉姆·汗及长孙阿卜杜尔·拉赫曼·汗的强烈反对。1863年，希尔·阿里·汗即王位之后，便开始了内战。1864年，双方进行决战，希尔·阿里·汗取得了胜利，老大被监禁，老二投降，阿卜杜尔·拉赫曼逃走了。

希尔·阿里·汗刚刚消除了他的异母兄长们在北方的威胁不久，他的同母兄弟们又在南方威胁着他的王位。希尔·阿里·汗的大弟弟穆罕默德·阿明和第二个弟弟穆罕默德·萨里夫成为他最危险的竞争者。双方交战的结果，是他的这两个同母兄弟失败了。在同室操戈的战争中，他们之间打得很残酷。有一次希尔·阿里·汗的儿子穆罕默德·阿里在与他叔父穆罕默德·阿明单独对战。当阿明的尸体被士兵们抬来给希尔·阿里·汗看时，胜利的喜悦使阿里·汗说话的嗓门也格外高了。他大声叫道："扔掉这条死狗，叫我的儿子来向我祝贺这次胜利。"他的侍从们不敢把他的儿子也被打死的消息告诉他，只是悄悄地把尸体抬来了。他又大声叫道："那一条狗又是谁？"当发现抬来的原来是他的儿子时，他万分悲痛，立即撕碎了身穿的长袍，并往自己的头上撒土。原来，叔侄之间用剑对刺时，双方均受剑伤。接着，叔父用手枪打死侄子，而他本人则被侄子的卫兵杀死，两个人倒毙在彼此仅仅相距几步远的地方。

希尔·阿里·汗受了精神刺激后，有好几个月都疯疯癫癫的。出逃的阿卜杜尔·拉赫曼抓住时机，率军进攻，于1866年2月占领了喀布尔。后来，希尔·阿里·汗精神恢复正常，得到了英国的金钱和武器援助，又利用对手之间存在的矛盾，终于在1869年1月打败了竞争者。可是，政局并未从此稳定下来。因王位的继承问题，希尔·阿里·汗的儿子亚库布·汗对立他的小弟弟阿卜杜拉·贾恩为王储一事，极为不满。于是，父子之间又发生了尖锐的冲突。1870年9月，亚库布·汗离开喀布尔，进入伊朗所属的锡斯坦待机行事。第二年5月，亚库布·汗率军攻占西部重镇赫拉特。希尔·阿里·汗不能用军事力量压服他的儿子，便假装将王位让予亚库布·汗。他给儿子传去了一个口信："我已经有了退位的想法，而且已经摆脱了世俗事务。根据我自己的意志，特将统治权委托给你。"在安抚以后，1873年将亚库布·汗诱到喀布尔囚禁起来了。

1863—1873年的内讧，把阿富汗弄得民穷财尽，国势日衰。

在第一次侵略阿富汗战争失败以后，英国殖民主义者便极力扩大和巩固他们在印度的统治。1846年吞并克什米尔，1849年吞并旁遮普，1859年扩张到阿富汗南部的接壤地区，1876年占领了阿富汗东南边境重镇奎达。这样，从阿富汗东部到南部的整个地区，都同英印帝国直接接壤。英国殖民主义者对阿富汗形成了一个新月形的包围圈。阿富汗比以前任何时候都更为严重地面临着英国侵略的威胁。

在阿富汗北部，沙皇俄国也加快了它在中亚的侵略扩张步伐。沙皇俄国在1864年占领塔什干，1866年占领布哈拉，1868年占领中亚宗教中心撒马尔罕，1873年把希瓦汗国变成半殖民地，1876年占领了浩罕汗国。从19世纪初到阿富汗第二次抗英战争前夕，沙皇俄国的军队已经到达阿姆河的上游，一直扩张到阿富汗的边界上。沙皇俄国把中亚看作同英国争霸的前哨阵地，而阿富汗则成为前哨阵地的首要地区。它从北面造成了对阿富汗的空前威胁。

英俄的角逐在阿富汗统治集团的态度变化上也可以反映出来。1869年3月，英国同希尔·阿里·汗签订了《翁巴拉条约》，用步枪、大炮和300万英镑的援助换取了他的信任。但是，希尔·阿里·汗发现英国并不是坚决支持自己，而是要控制阿富汗，特别是在英军占领奎达以后，他认为这是"英国人在我的私邸后门部署了岗哨，以便在我睡梦时破门而入"。从此他看到，"英国人的友谊是写在冰上的辞句"，并把他的体会告诉给土耳其国王："陛下现在能够根据切身经验确信他们的友谊是多么不应信赖，您正看到英国人经常在朋友们遭到不幸时而遗弃他们听任命运的摆布……我认为我有义务恳请陛下废除与英国的一切联盟，而与俄国达成协议。"

希尔·阿里·汗的这个变化就其对英国殖民主义者的认识来说，是正确的；而对沙皇俄国的认识来说却是错误的。他在这种思想指导下，同俄国结成联盟，从而付出了高昂的代价。1878年他款待了强行进入阿富汗的俄国使团。他没有看到沙皇俄国这个十分诡秘的行动是为了应付当时的俄土战争而同英国抗衡的手段，更没有看出沙皇俄国只是把阿富汗当作争夺欧洲和近东霸权的棋局中的一个小卒来使用。他把沙皇俄国看成是可以信赖的盟友，接受了沙俄使团团长斯托莱伊托夫提出的包括出兵帮助阿富汗在内的十条草案。他把希望寄托在沙皇俄国的援助上，以为俄国能够帮助他抵抗英国的侵略。于是，他拒绝了英国派来的以尼维尔·张伯伦为首的英国使团。1878年10月8日，沙俄使团团长斯托莱伊托夫给希尔·阿里·汗宰相的信中说："皇帝把你当成亲兄弟，而你在乌浒河彼岸，也应该表现出同样的友谊和兄弟手足之情……皇帝希望你不让英国人进入你的国境，而像去年那样用欺诈、哄骗去对付他们，直到目前寒冷季节过去为止；那时全能的上帝的旨意将会向你显示出来——那就是说，俄国政府将会前来帮助你。"

在希尔·阿里·汗周围形成了一个亲俄集团，促使他投入沙皇俄国的怀抱。他相信沙皇俄国的保证，认为它不会像英国那样出卖盟友。1878年11月，当英国侵略军分三路大举入侵阿富汗，民族存亡危在旦夕时，他不但不调动兵力支援前线，反而发布命令，不准阿富汗军队进行抵抗。他有意识地让英国侵略军深入国境，以迫使沙皇俄国采取紧急措施，来实践它帮助阿富汗的诺言。当英国侵略军迅速地迫近喀布尔时，他还不去组织力量进行抵抗，却听从沙俄使团代理团长拉兹果洛夫的命令，带领军队逃出首都，向毗邻俄国的北部边境退却。在此期间，他向沙皇俄国一次又一次地紧急求援，但得到的答复是：不能出兵，因为天冷，军队不可能越过兴都库什山。当他满怀希望逃到与俄国接壤的巴尔赫时，还派出代表同沙皇政府谈判，要求俄国履行诺言；他本人甚至还准备到彼得堡去见沙皇。但所有这一切呼吁和请求，都被冷酷地拒绝了。

这是因为欧洲是俄国争夺世界霸权的主要目标，中亚问题要服从于欧洲同英国争霸的战略方针。通过《柏林条约》，沙俄已同英国达成妥协，在这个时候沙俄可以不需要阿富汗这个"小卒"了。尼古拉一世曾经对英国大使说过："只要我们达成协议，别人怎么想，怎么做，都无关重要。"希尔·阿里·汗真正尝到了俄国"友谊果实"的苦味，到达时才知道他被俄国人出卖了。俄国人以所谓的"全能的上帝的意旨"欺骗了他，他愤恨成疾，1879年死于绝望之中。

(二）喀布尔军民的起义

19世纪70年代末，英俄争夺阿富汗的激烈斗争，反映了世界资本主义由自由资本主义向垄断资本主义过渡时期的特点。为了争夺势力范围，瓜分殖民地和找寻资本输出场所，英国资产阶级不容许俄国向中亚大肆扩张。所以，英国资产阶级的政治代表迪斯雷利上台后，改变了过去几十年在中亚的"闭关政策"，转而实行了"进攻政策"①。他任命李顿为印度总督，发动了对阿富汗的侵略战争。其借口是，希尔·阿里·汗接待了俄国的代表团，而对英国的代表团采取了不友好的行动。

1878年，英国侵略军共3.5万多人，从北（开伯尔山口）、中（库腊纳口）和南（克维塔地区）三路向阿富汗大举进攻。由于希尔·阿里·汗实行了依赖俄国援军的不抵抗政策，未调整分散于全国的5万多阿富汗军队。这样，在一些关键地区，防守力量极为薄弱。例如，在开伯尔山口的最重要的阿里·梅斯支德要塞只有五个营的守军，而进攻他们的英军则超过他们的五倍。在另一个重要山口——巴兰山口，则无一兵一卒把守。有些阿富汗守军，拒绝执行希尔·阿里·汗的不准抵抗的命令，同英国侵略军进行了英勇搏斗。可是，这些孤立无援的阿富汗军队，虽给敌人以杀伤，但不可能战胜优势的敌人。

希尔·阿里·汗逃离喀布尔以后，他的儿子亚库布·汗被立为阿富汗国王。这时，摆在亚库布·汗面前的只有两条路：一条是领导人民进行抗英战争；另一条是向侵略者投降。亚库布·汗选择了第二条道路。1879年5月26日，亚库布·汗同英国代表路易·卡瓦格纳里签订了《甘达马克条约》。这个条约规定，阿富汗不得同其他国家直接交往；把阿富汗的库腊姆、比辛和西北等地区交给英国管理；英国保留对开伯尔山口和米契尼山口的控制权；英国支付国王及其继承人的补助金并用金钱、武器和军队援助阿富汗。根据这个丧权辱国的条约，将在喀布尔驻

---

① 19世纪五六十年代，英国在中亚实行的"闭关政策"，主要是巩固印度的殖民统治，在中亚不采取武装侵略手段。在19世纪70年代，实行了"进攻政策"，主要是进行武装侵略，以对抗俄国在中亚的扩张。

一个英国使团，以监督条约的执行。7月24日，路易·卡瓦格纳里爵士被任命为英国使节，并在卫队的前呼后拥之下，进入喀布尔。他的官邸就设在巴拉·喜萨尔宫。

路易·卡瓦格纳里像三十多年前的麦克诺滕一样，是以太上皇的身份进驻喀布尔的。他不但控制着国王的一切外交活动，而且越来越广泛地干涉阿富汗的内部事务。他经常在恰巴格广场召集会议，邀请喀布尔和其他地区的知名人士参加，讨论各种政治问题，并且直接发布命令、下达指示，还给这些人发放补助金和奖金。他干涉阿富汗的军事，由他来决定现役军人军饷的发放及军衔的授予。他把阿富汗的财权也抓到自己手中，公职人员薪俸的缩减、增加及发放，也要由他最后认可。他带去的三名军官，其霸道蛮横的程度，甚至超过了麦克诺滕。英国使团的到来，给喀布尔带来了灾难。公职人员不能按时领到工资，市场物价急剧上涨，人民生活水平下降。特别是一个外国使团在首都指挥一切，使人民愤怒异常，加上伊斯兰教的爱国僧侣在人民和军队中间的宣传鼓动，首都军民的抗英斗争情绪高涨，大有一触即发之势。亚库布·汗和英国的代理人曾不止一次地向路易·卡瓦格纳里报告这种情况，并且告诉他，人民有可能进攻他的官邸。路易·卡瓦格纳里根本不理会这些，1879年9月2日，他给英印政府的电报的结语中说："一切均好"，并向他的卫队说："别害怕，勇敢些，千万不要被几声狗叫所吓倒。"但是，从9月3日开始，形势急剧变化，喀布尔和英印政府之间的联系突然中断了。

9月3日，是喀布尔卫戍部队发饷的日子，这些士兵已经好几个月没有领到薪饷了。他们的薪饷本来就很低，用这点钱来维持家庭生活已经够紧张了。但是，没有薪饷发给他们。愤怒的士兵去责问他们的指挥官达乌德·沙，得到的回答是："你们的要求我认为是合理的，但这个要求应向卡瓦格纳里爵士去提，因为所有关于薪饷的事，都归他管。"于是，士兵们便奔向巴拉·喜萨尔宫。沿途，许多城市居民和他们会合起来，形成了一支巨大的人流。

在这支队伍向巴拉·喜萨尔宫前进的时候，路易·卡瓦格纳里也加紧策划，布置干涉人民的行动。但士兵和居民很快包围了他的官邸并向他提出了发足军饷的要求。路易·卡瓦格纳里不但断然拒绝了士兵的要求，而且命令他的卫队向徒手的士兵代表开枪，他自己带头打了第一枪。士兵们忍无可忍，在居民的支持下实行反击。喀布尔的起义开始了。英国殖民侵略者抵挡不住人民的猛烈进攻，急忙请求亚库布·汗出面干预。亚库布·汗害怕干预人民起义会引火烧身，因而不敢动用自己手中2000人的部队，只派他的一个儿子到出事地点，劝阻士兵和居民。他的儿子在起义者中间停了一会儿就回来了。他又派去了总司令一个人，也只是看看而已。起义的士兵和人民高呼着爱国口号冲锋，用石块、砖头攻击敌人，把密集的仇恨子弹射向英国殖民侵略者。他们冲上去火烧了英国使节的官邸，全部消灭了官邸内的侵略者。路易·卡瓦格纳里在喀布尔横行了仅仅六个星期零五天，就葬身于人民抗英起义的烈火之中。

英印总督莱顿在给英国首相格莱斯顿的信中，悲叹他"如此耐心仔细地编成的这个政策之网，已被粗暴地撕破了"。英国和印度的反动报刊叫嚷要把喀布尔城彻底摧毁，把它从地图上抹掉，把阿富汗分割成小块。只有一家自由党的报纸作了比较客观的分析："对我们来说，事情比激起野蛮士兵的狂怒、发泄对我们使节不满的冲突要严重得多。很清楚，我们在面临着一次驱逐英国人和恢复独立的人民起义。"

这次起义没有人组织领导，没有计划，是一次自发的全民抗英起义。起义群众在消灭了殖民侵略者以后，不知道下一步该怎么办。他们在夜幕降临时，看着英国使节官邸的熊熊火焰，带着胜利的满足心情，纷纷回家去了。由于缺乏领导，这次自发的起义没有能够在首都建立抗英政权，但是却燃起了全国人民的抗英怒火。

（三）加兹尼和喀布尔的争夺战

喀布尔起义的消息，鼓舞着爱好自由的阿富汗人民。许多部族组织了抗英游击队，有些部族的武装主动来到首都，要求亚库布·汗领导他们向侵略者宣布"圣战"。这时只有坎大哈一个大城市还控制在英军手中。《甘达马克条约》签订以后，英军主力已撤回印度去了。罗伯茨率领的7500名英军正在行军途中。整个形势对阿富汗抗英斗争是十分有利的。但是，亚库布·汗不愿站在人民一边。他在给罗伯茨的信中，多次表示忠于英国盟友。并在9月末带着儿子和亲信秘密地逃到了英国军营中。英军指挥官高兴极了，他认为掌握了这个重要人质就可以拉拢更多的不坚定的人。果然，喀布尔的王公显贵们竞相效尤，纷纷投入英国侵略军的怀抱，助长了侵略者的气焰。然而，英雄的喀布尔人民却奋起抵抗侵略军。他们拿着铁锹、斧头、马刀、长剑，高举战旗，斗志昂扬地出城迎击敌人。在郊区的激战中，许多妇女也积极参加战斗。例如，在恰拉西布村和切赫苏顿村，农村妇女隐蔽在屋顶上，用砖头瓦块打击英军，用盆罐向英军倾倒污水秽物，阻止英军的前进。在人民游击队的英勇抗击下，侵略军每前进一步，都要付出血的代价。因此，英国侵略军不敢大规模地向前推进。喀布尔的军队也积极参加了战斗。战斗持续了七个多小时，抗英军队主动后撤，有意识地向加兹尼退却，去执行一项更重要的任务。接着，英军进入喀布尔城北战略要塞希尔浦尔。

1879年10月6日，罗伯茨率领的英国侵略军占领了喀布尔。他在告居民书中宣称：对喀布尔市民科以巨额赔款；毁掉市内建筑物以保证英军司令部的安全；在全市实行戒严；居民必须交出私藏的武器，凡违反者处以死刑。在最初几天，喀布尔就有近百人被捕，在前英国使节卡瓦格纳里居住的大楼前，绞死了49名阿富汗爱国者。侵略军的讨伐队打死了郊区的许多农民，烧毁了不少村庄。亚库布·汗这时已失去了人质的价值，英国侵略者便以拒绝护送罗伯茨进入喀布尔的罪名，把他废掉，押送到白沙瓦去监禁。他于1923年死在那里。

当侵略强盗正在喀布尔横行霸道的时候，全国各地的抵抗运动蓬勃发展起来。喀布尔爱国者为了回击罗伯茨的残酷迫害，炸毁了两个军火库。喀布尔居民手中保存了大量武器，待机使用。英国占领军司令部承认，城市居民有五万支步枪，而实际只交出了六千支。为了保证征收捐税，英国占领军在首都周围建立了为他们服务的行政机关。但是，人们拒绝缴税，把英国的走狗赶跑或杀死，不给侵略者一粒粮食。占领军住在喀布尔，就像坐在一座即将爆发的火山口上，时刻担惊受怕。在喀布尔战斗中主动撤退的阿富汗抗英武装，最初是向加兹尼方向撤退，在退却途中突然急速折回，向驻扎在舒图卡尔丹的英军进行出其不意的进攻。这支英军由一名上校率领，是负责保卫喀布尔与印度之间的交通运输线的。阿富汗抗英武装这个突如其来的进攻，重创英军，切断了交通运输线，到10月底，从白沙瓦调来的英军大部队同罗伯茨会合后，这条交通运输线才得以恢复。

在阿富汗中部，抗英武装的主要基地是加兹尼。在这里集中的抗英武装主要由手工业者、农民和原阿富汗军队的士兵组成。领导者是前阿富汗炮兵军官穆罕默德·贾恩、毛拉穆什克·依·阿拉姆、吉尔查伊部族的伊斯马士拉·阿拉和塔吉克人米尔·巴恰·汗。他们以加兹尼为基地，联合了周围地区的抗英游击队，形成了对喀布尔的包围。他们在喀布尔周围往返转战，到处机动灵活地打击占领军，使占领军疲于奔命。由于他们神出鬼没，行踪难测，被称为"喀布尔的秋千"。对英国占领军最大的威胁是这支抗英武装已经做好了战斗准备，马上就要进攻喀布尔了。

罗伯茨决定采取主动，派出两支英军，分别由伯凯尔·马克费尔斯和马希率领，前去进攻加兹尼的阿富汗抗英部队。他自己率领剩下的军队作为后援。12月11日，马希的部队两次进攻穆罕默德·詹的抗英武装，但都被打退了。接着抗英武装转入反攻，一举占领了英军的炮兵阵地。马希的部队狼狈逃窜。伯凯尔的部队从后方进攻抗英武装，企图为马希解围，结果未能得逞。后来，伯凯尔的部队包围了抗英武装，妄图切断他们退向加兹尼的去路，结果反被抗英武装所包围，同喀布尔失去了联系。12月14日，抗英武装向喀布尔城西北高地的英军阵地发起猛攻，罗伯茨带领40名骑兵仓皇逃遁，溃不成军。由于叛徒瓦里·穆罕默德·汗及其军队的解救，罗伯茨才免于一死，逃到希尔浦尔要塞。12月15日，穆罕默德·贾恩率领的抗英武装解放了喀布尔，并占领了巴拉·喜萨尔宫。

在这次战斗中，加兹尼的抗英武装在喀布尔居民的配合下，同英国侵略军展开了白刃战，打得敌人大败而逃。英军1000多人被消灭。

罗伯茨率领的5000名英军，龟缩在希尔浦尔要塞，九天没敢露头。在从白沙瓦派来的英国援军接近喀布尔时，他才开始出击。抗英武装包围了要塞，并决定攻占要塞一举歼灭敌人。可是，狡猾的侵略者用金钱收买了抗英武装领袖帕恰·汗和穆罕默德·沙·汗·索哈布，削弱了抗英力量。在总攻的决定时刻，这两个人故意把他们的部队置于英军的火力圈内，使抗英武装遭受重大损失，总攻计划遭到了失败。罗伯茨的部队从混乱沮丧中恢复过来，立即向抗英武装反扑。英国援军也从背后进攻喀布尔。在这种情况下，抗英武装不得不放弃喀布尔，退到城外。1880年3月，另一支英国援军从坎大哈进攻加兹尼，战胜了抗英武装。5月2日，进入喀布尔，同城内的英军会合在一起。

（四）迈万德战役

当加兹尼、喀布尔的激烈争夺战正在进行的时候，在科希斯坦、落哈尔河流域、扎依木特卡以及其他许多地区，到处都有抗英游击队的活动。英国占领军实际上只能保住从白沙瓦到喀布尔公路的一个狭长地带。英军参谋部的军官承认："我们占领着阿富汗的领土，但这只是在我们大炮的有效射程的范围之内。"印度总督莱顿向罗伯茨参谋部的传令官下达命令："你一到喀布尔，立即让罗伯茨采取一切办法，赶快从阿富汗这个捕鼠器中打开一条出路。"根据当时捉襟见肘的形势和莱顿的命令，罗伯茨决定采取"分而治之"的手段，用支持阿卜杜尔·拉赫曼·汗来对抗在赫拉特的阿尤布·汗的抗英武装，从中寻找解脱的途径。

在英国殖民主义者分化瓦解、挑拨离间之下，1880年6月和7月，阿富汗几乎被分裂为三个部分：阿卜杜尔·拉赫曼·汗统治下的喀布尔，阿尤布·汗统治下的赫拉特和英国殖民主义者控制下的坎大哈。阿卜杜尔·拉赫曼·汗为了保住他的王位和领取180卢比的年俸，竟然同意由英国控制阿富汗的外交和让英军控制坎大哈。阿尤布·汗是亚库布·汗的兄弟，可是他却没有像亚库布·汗那样向英国占领军投降，也没有像阿卜杜尔·拉赫曼·汗那样向英国占领军妥协，而是决定出兵坎大哈同英国占领军进行战斗。阿尤布·汗的抗英军队行进到喀布尔附近时，当地的阿富汗部队便同他们联合起来，壮大了力量。7月27日，英将布尔洛斯率领一个旅在迈万德阻击阿尤布·汗的军队，迈万德战斗打响了。

阿尤布·汗在阵地前哨的一道深15—20英尺的干渠中，布置了步兵；在两翼布置了骑兵和炮兵；正规的精锐部队，扼守中心地区。英国侵略军则出动骑兵，在十二门大炮的掩护下，发起进攻。阿富汗抗英军的大炮立即进行还击，先集中轰击英军的左右两翼，接着向中间的英军轰击。炮兵打得非常出色，压住了英军的炮火。

隐蔽在干渠里的阿富汗抗英部队的战士不断向英军射击，使敌军右翼不能前进。阿富汗的骑兵蜂拥出动，打击英军的后方。这时，埋伏在干渠中的抗英战士迅速跳出来，斜插到英军的右前方和左前方，重创英军，打死了正在指挥的英国军官。之后，英军重新组织力量，双方进入僵持状态。

当时正值炎夏酷暑，在抗英军队阵地的周围，找不到水源，仅有一两处小水源，全被英军控制了。断水的穆斯林战士，人人口渴难忍。敌人的炮火，铺天盖地袭来。有一些战士动摇了，正准备后退。忽然，在草原上出现了一位少女。她取下了面纱，作为旗帜向战士们挥舞着，并且自编新词，唱起了阿富汗传统的"对句歌"（两行字数相等的韵句诗体），以鼓舞战士们的斗志。其中有两句是：

> 亲爱的年轻人，倘若你在迈旺德战场不敢英勇牺牲，
> 对着真主起誓，那么你就要担当起懦夫的不好名声。

这嘹亮的歌声，在战场上空回荡；那感人的歌词，像清凉的泉水，浸沁着战士们的心田。他们神志清醒了，顿时勇气倍增。

这位名叫穆拉莱的少女不仅是一位激情的歌手，而且是一位奋不顾身的民族女英雄。歌声刚落，她立即带头冲向敌军，所有穆斯林战士都跟在她后面，直向敌军扑去。负隅顽抗的敌人，被打得狼狈不堪，丢下许多武器、弹药，遗下一些尸体，仓皇逃走。迈万德战役以抗英军的胜利而告终。英军的一个旅被歼灭了。抗英军胜利的消息，像长了翅膀，迅速传向各地。在阿富汗边界地区，许多部族听到英军惨败的消息，立即掀起了更广泛的抗英运动。在阿富汗抗英武装的打击下，英国侵略者的日子很不好过，日夜胆战心惊。但是，由于阿卜杜尔·拉赫曼·汗同英国占领军谈判成功，达成妥协性的协议，使得罗伯茨得以腾出手来，出动大批军队进攻抗英武装，给抗英武装力量带来严重损失。这样，英国占领军才从阿富汗的"捕鼠器"中逃到印度去了。人民的英勇抗战挫败了英国控制阿富汗或分裂阿富汗的阴谋。尽管阿卜杜尔·拉赫曼·汗承认由英国控制阿富汗外交，但在内政上还保持着独立地位。

三 阿富汗第三次抗英战争（1919）

（一）阿富汗的新觉醒

1879—1880年第二次抗英战争胜利以后，阿富汗赢得了一段比较安定的时间。阿卜杜尔·拉赫曼·汗意识到在英俄竞争下的阿富汗所面临的困难处境。他经常考虑着这样的问题："小国阿富汗像处在两头狮子中间的绵羊，像处在两块巨大石磨中间的谷粒，它如何才能安然无恙地存在下去呢？"在他统治的21年中，对如何在英俄南北夹击的情况下保持阿富汗的独立费了不少心思。他对沙皇俄国是比较警惕的，认识到来自北方的危险更大，因为他对希尔·阿里·汗的被出卖是记忆犹新的。他向英国妥协，利用同英国的联盟来对抗沙俄，但不许英国干涉他的内政。他为了对付英俄的威胁，建立了一支有战斗力的军队，把四分五裂的阿富汗统一起来。

但是，从19世纪末和20世纪初的对外关系上看，阿富汗仍然处于英国的半殖民地的地位。在阿卜杜尔·拉赫曼·汗的继承者——哈比布拉统治初期，英俄的角逐便进入新一轮的争夺。1907年，英俄缔结了重新瓜分中亚势力范围的协约。根据《英俄协约》，俄国在伊朗获得了较大利益之后，同意阿富汗"在俄国势力范围之外"①。英俄帝国主义者背着阿富汗签订的这个协约，从反面反映了对阿富汗的民族觉醒的恐惧心态。反抗帝国主义的民族主义思潮遍及爱国的各个阶层，也迫使亲英的哈比布拉也不敢贸然承认这个条约。

英国对阿富汗的控制，首先是为了保证其在军事战略上的最大利益，而把经济掠夺放在第二位。因此，在这个时期，阿富汗没有完全成为它的商品销售市场和原料产地，也没有成为资本输出的场所。阿富汗政治上的统一，国内外贸易的增长，农业生产专业化的扩大，城市人口的增加，使

---

① 1907年8月《英俄协定》包括关于伊朗、阿富汗和中国西藏的三个协约。主要内容是：(1) 把伊朗划为三部分，北部（包括首都德黑兰、所有大城市和经济发达地区）归俄国势力范围，中部为中立区，东南部归英国势力范围；(2) 阿富汗归英国势力范围；(3) 承认英国在西藏的特权。这是英俄为了对付德国而进行的勾结，它和1893年的俄法同盟、1904年的《英法协约》一起，标志着英、法、俄协约国的形成。

阿富汗国内市场开始形成，民族商业资产阶级开始萌芽。这些商人主要是很久以前在阿富汗定居下来的印度人和塔吉克人。他们拥有大量货币资本，从阿富汗输出羊毛、羊皮、棉花、水果，输入棉织品。封建主义的生产关系在阿富汗占统治地位，封建地主阶级占有全国大部分土地，在政治上是统治阶级。但是，地主阶级也不是统一的阶级，其中有一部分地主阶层同国内外贸易有联系，他们反对闭关自守，关心加强中央集权，要求打破国内关税壁垒和消灭封建土地国有制残余。这个地主阶层同游牧、半游牧和伊斯兰教封建地主阶级发生了矛盾。

　　社会经济的这些变化，在阿富汗政治文化领域中很快反映出来，国内的受过欧洲资产阶级教育的知识分子，开始出版了最早的杂志和报纸。哈比布拉也无力抗拒这股潮流，他的臣僚也开始模仿欧洲生活方式；他在喀布尔创办了训练官吏的现代教育学校——哈比布拉专科学校。新思潮的传播者主要来自两个方面：被阿卜杜尔·拉赫曼·汗流放而在哈比布拉时期回国的阿富汗的知名人物；由阿富汗政府招聘来的印度自由职业者。这些人大都同本国民族解放运动有联系。在这个基础上，于1905年产生了一个新的政治派别——青年阿富汗派。它主要的成员是进步的知识分子、商人和官吏，有名的代表人物是哈比布拉专科学校的教师阿卜杜尔·甘尼博士。青年阿富汗派领导了争取改革、争取宪政、反对君主专制的运动。尽管这个运动是脱离人民的改良主义运动，哈比布拉还是镇压了它，并把阿卜杜尔·甘尼及其战友关进了监狱。青年阿富汗党人的活动并未因此停止。它的另一个有名的代表人物马赫穆德·贝格·塔尔齐（1865—1933）进行了长期的有效的活动，使青年阿富汗党的政治观点终于成为1919年独立战争及以后内政改革的指导思想。塔尔齐的父亲古拉姆·穆罕默德·塔尔齐是位著名诗人，因受阿卜杜尔·拉赫曼·汗的迫害而逃亡国外。16岁的贝格·塔尔齐随着父亲流亡到大马士革、埃及、土耳其和法国。1903年哈比布拉即位两年多以后，他回到喀布尔。他精通阿拉伯语、波斯语、普什图语、乌尔都语、土耳其语和法语，积极宣传现代化改革，给哈比布拉以很大影响。他担任了阿富汗的编译局局长。1911年他创办了双周刊《光明新闻》，反映民族主义观点。在这份刊物上，他不但激烈抨击英帝国主义，也坚决谴责顽固的伊斯兰宗教传统势力；同时呼吁人们警惕英国和沙皇俄国的威胁，号召为争取阿富汗的完全独立而斗争。他开始在刊物上称赞哈比布拉，但很快对哈比布拉实行现代化不力的行为进行批评，"国王是阿富汗现代化教育和科学的支持者，但事实上在我们不幸的国家中并不存在现代化的教育和科学。"他还写诗来讽刺哈比布拉的打猎癖：

> 世界在随科学和时代变迁，
> 许多落伍的民族仍受熬煎。
> 鹌鹑鸟儿已经射够了，
> 加紧实干已迫近眼前！

这首诗在阿富汗知识分子中广为传诵，激起了哈比布拉的无比愤怒。在《光明新闻》刊行的八年（1911—1919）中，同封建统治集团发生了尖锐的矛盾，哈比布拉曾威胁塔尔齐，说如再要鼓动改革、批评朝政，就要处死他。但是，塔尔齐没有屈服。1919年当他离开该刊编辑部时，有人问他为何不再办刊物了，他回答道："我的目的已经达到了，阿富汗从英国控制下获得完全独立的日子已经迫近了。"

（二）青年阿富汗党人掌握政权

以塔尔齐为代表的青年阿富汗派的宣传活动取得了积极的成果。在1919年，喀布尔已经形成了一个有实力的改革核心。哈比布拉的第三个儿子阿马努拉成为这个核心的领袖。它在政府、军队的力量方面，压倒了以纳斯鲁拉为代表的宫廷守旧势力。1919年初，国际条件对阿富汗很有利。北邻的沙皇政府和俄国的资产阶级临时政府已被推翻了一年多，苏俄在《布列斯特和约》签订之后正在巩固工农政权。北部的威胁不存在了。在印度，民族解放运动正在兴起，同阿富汗毗邻的印度西北部，反英斗争尤为炽烈。反对英国控制阿富汗外交、争取完全独立的问题，日益迫切地提上日程。

更重要的是阿富汗国内政局的变化。1919年2月20日，阿富汗的爱国者在贾拉拉巴德的卡拉高斯地方的狩猎帐篷中，刺杀了亲英的贪图享乐的国王哈比布拉。消息传到喀布尔，塔尔齐对阿马努拉说："现在不应该坐而谈，而应当起而行！"阿马努拉以前经常代理国王处理政务，又是军队的总司令，还占据着传统的权力中心——阿格宫（贵族王室、军队营地、国库所在地和要塞），很有实力。他还答应增加军饷、改善士兵生活条件，从而得到军队的支持。在青年阿富汗党人的拥护下，他登上了王位。

在贾拉拉巴德，宫廷守旧派却宣布纳斯鲁拉为新国王，但是卫戍部队反对他。他被起义的士兵逮捕并押送至喀布尔，接着就被关入狱中。阿马努拉政府成为全国唯一的政权。阿马努拉任命青年阿富汗党人阿卜杜尔·库杜斯·汗为首相，穆罕默德·纳迪尔·汗为国防大臣，塔尔齐为外交大臣。这个政权实施了一些得人心的政策：经审讯判处人民痛恨的佞臣、前国王的财政大臣穆罕默德·侯赛因死刑；把士兵的月薪由11卢比增加到20卢比；士兵不得任意侵犯居民权利；国家官员按法定数额征税，不得加码；取消封建的无偿劳役制；以奥斯曼帝国行政体系为模式，建立了大臣内阁制。

阿马努拉政权对外则把主要力量放在废除英国外交控制权，争取阿富汗的完全独立上。阿马努拉在加冕公告中宣布："阿富汗王国无论对内对外都应该独立自由，这就是说，世界上其他独立国家政府的各种权利，阿富汗也应全部具有。""从现在起，阿富汗是自由独立的国家，它不承认任何外国的特权。"他把矛头明确地指向英帝国主义，认为英国是"奸险诡诈"的政府，"长期以来玩弄恶魔般的阴谋诡计，残酷地压迫我们"。阿马努拉郑重地宣布阿富汗为独立自由的国家使全国人心大振。

阿马努拉政权从外交谈判和军事解决两方面来取消英国的外交控制权。它在外交上采取了联合苏维埃俄国的政策。1919年4月末，阿马努拉派使者去苏俄，这个使者带了一封国王给列宁的热情信件。5月，苏俄宣布承认阿富汗的独立。对于英国，阿马努拉首先要求进行谈判。他在给英印总督的信中说："我们阿富汗的独立和自由政府认为，任何时候都乐意同大英政府缔结有益于两国政府的协定和条约。"前提条件是，英国政府必须承认阿富汗的"主权完整、完全独立和行动自由"。但是英国政府不仅拒不承认阿富汗在外交上的独立，而且要求阿马努拉政府履行以前的奴役性条约中所规定的一切义务，同时在边境上集结军队，准备发动新的侵略战争。鉴于这种情况，阿马努拉政府积极准备抗战。在阿富汗和印度边境地区居住的普什图族人民，也支持阿马努拉争取完全独立的行动，这给阿马努拉政府以很大鼓舞。为了准备抗击侵略，阿马努拉政府还注意印度的民族解放运动的发展。1919年4月，印度西北边省的白沙瓦发生反英起义。起义的普什图族商人和知识分子支持阿富汗争取完全独立的斗争。在西北边省、俾路支、旁遮普地区，流传着由阿马努拉签名的传单。其中有一份写道："我从伊斯兰教和人道的观点出发，反对《罗拉特法》①。我认为，反对英国人的起义是印度人民的应有权利。"有利的国际环境，进一步坚定了阿马努拉政府抵抗外来侵略和为早日争取阿富汗完全独立的信心。

（三）5月的浴血战斗

1919年5月3日，英国侵略军向阿富汗驻开伯尔山口的边防军发动进攻，边防军奋起还击。第三次阿富汗抗英战争开始。

为了抵抗英国的侵略，阿马努拉政府决定宣布"圣战"，动员全国军队和边境地区的部族为国家的独立和民族自由而奋勇献身。在"圣战"宣言中，阿马努拉呼吁说："我的虔诚和勇敢的国家啊！忠诚的雄狮般的军队啊！高贵的声望、光荣、勇敢和顽强，就是你们固有的素质。爱国主义、虔诚和德行，就是你们的天性。""我要求虔诚而勇敢的王家军队用你们最大的力量努力奋斗。同时我要求忠实的臣民要不惜生命和财产，跟着神的道路献身于'圣战'。"当阿马努拉在喀布尔的伊德加赫清真寺的群众大会上向英国宣战时，军民热烈而有节奏地高呼："不自由，毋宁死！"

阿富汗军队分三路抗击英国侵略者。第一路由总司令萨利赫·穆罕默德率领，开赴达卡，抵抗来自白沙瓦方面的英军。这支军队共有二十九个步兵营和七个半骑兵团。第二路由纳迪尔·汗率领，进军霍斯特，抗击来自科哈特方面的英军。这路军队共有十六个步兵营、三个骑兵团。第三路由阿布杜尔·库杜斯率领，驻在坎大哈，抗击由新恰曼方面来的英军。这支军队共有十三个步兵营、三个骑兵团。三路大军总人数约有三万多人。

---

① 《罗拉特法》是1919年英国殖民政府为镇压印度民族解放运动而制定的法令，由英国法官罗拉特为首的委员会制定而得名。法令规定殖民政府可以随意逮捕人民，不加审判即可判刑，被捕者不得聘请律师及证人辩护。法令公布后，激起印度人民的强烈抗议。

部队的装备不好，大部分是用剑、刺刀武装的，大炮数量不多，炮弹也不足；军事技术落后，缺乏训练，但是士兵们作战勇敢，而且持久力很强。他们面临的敌军不仅人数众多（三十万英印军），而且拥有包括空军在内的最新装备。

英军的主要打击目标是贾拉拉巴德，其目的是切断阿富汗正规军与普什图族自卫军的联系，造成对首都喀布尔的直接威胁。英军出动了配备有火炮、机关枪、装甲车和飞机等现代化武器的两个师的兵力，比阿富汗军队多九倍，浩浩荡荡向开伯尔山口压来。在力量对比如此悬殊的情况下，阿富汗军队毫不畏惧，迅速从达卡出发，于5月6日攻占了巴格和朗迪·科塔尔要塞上面的高地。在达卡和库尔德·哈伊巴尔山口的战斗中，阿富汗军队打得很顽强。在这次战斗中，英军利用空中优势，在巴格要塞、贾拉拉巴德都出动了飞机，进行狂轰滥炸。阿富汗军队被迫从贾拉拉巴德撤退。在5月17日、20日和24日，英军又出动飞机，轰炸喀布尔，当地军民愤怒地用步枪、手枪向飞机射击。但这一路阿富汗军队后撤时，英军只追击了一段路程就停止了，没敢进入阿富汗纵深地带，因为，英军的军事交通线处在普什图部族人民的不断袭击之中，随时都有被切断的危险。

阿富汗第二路军在总司令纳迪尔·汗率领下，于5月29日抵达霍斯特的中心地区——马通。然后，他选用了一条出乎敌军意料的行军路线，出其不意地进攻英军要塞塔尔城。5月26日，当阿富汗军队包围了塔尔城时，引起了英国军事参谋部的一片慌乱。阿富汗的独立部族的抗英斗争，像燎原烈火一样，席卷了北起开伯尔山口、南到俾路支斯坦的印度边境地带。英国从山区居民中招募的士兵，纷纷倒戈，投向阿富汗军队一边。甚至英国侵略军中的印度军官和士兵，也同情阿富汗的独立战争。在这些力量的配合下，阿富汗军队包围塔尔要塞后不久，就打开了通往印度河谷的道路，直接威胁着在科哈特的英军大本营。英军更加慌乱，有一部分开始撤逃。不久，阿富汗的军队向塔尔要塞发动了几次进攻。他们猛烈的炮火压倒了英国的大炮，摧毁了要塞的汽油库、弹药库和粮库，使无线电收发站着火而无法使用。英军为挽救要塞，出动了飞机，轰炸阿富汗炮兵阵地，才使要塞内的英军得到暂时喘息的机会。由于步兵和炮兵配合不好，阿富汗军队没有抓紧有利时机，一举攻下塔尔要塞。但是，当英军援兵赶来时，纳迪尔·汗及时而巧妙地撤退了，为阿富汗保留了一支武装力量。

阿富汗第三路军是采取防守的策略。英军侵入阿富汗境内，进攻斯宾·布尔达克要塞。在装备优良、人数众多的侵略军的进攻下，要塞守军进行了英勇的保卫战。他们同侵略者展开了肉搏战，坚持战斗到最后一个人。尽管英军占领了要塞，却付出了惨重的代价。要塞失守后，周围的普什图部族人民的抗英斗争仍方兴未艾，从1919年一直进行到1922年。

（四）外交谈判和内政改革

阿富汗军队血战5月，声威远播，赢得了人们的称赞。然而，战争也暴露了阿富汗军队的弱点。他们的兵力分散，缺乏坚强统一的指挥。各部族的独立行动，决定了同正规军不能很好配合，部队的战斗准备工作做得很差，是仓促上阵的。军事装备原始、技术落后、士兵纪律松弛。所有这些，都是半殖民地半封建的阿富汗社会所不可避免的结果。在战幕揭开不到一个月，阿马努拉政府也看到战争再进行下去，可能产生不利后果，因而主动提出媾和。他在给印度总督的信中说，阿富汗的军事行动，完全是自卫性质；而英军用飞机轰炸贾拉拉巴德和喀布尔，是一种非正义的侵略行为。但是，阿马努拉说，他对这些行为表示宽宏大量，并已命令阿富汗军队停战。

阿马努拉的建议，对英国侵略者来说是求之不得的事情。因为阿富汗军队的英勇抵抗，边境普什图部族人民如火如荼的抗英起义、印度西北部边省的起义和国内风起云涌的民族独立运动，加上苏俄对阿富汗抗战的声援，都迫使英国不可能把这场战争继续进行下去。英帝国主义者害怕向喀布尔进军，会引起阿富汗人民更为坚决的抵抗，这不但会削弱它的军事力量，重演前两次侵略战争的失败结局，而且会影响它干涉苏俄的侵略计划。同时，第一次世界大战以后，英国国内要求和平的呼声很高，许多社会团体要求军队复员，而且，在印度的英国军队，也十分厌战，要求回国和亲人团聚。所有这些情况，都使得英国乐于接受阿马努拉的媾和。

1919年5月下旬，阿富汗抗英军队宣布停战以后，双方在谈判桌上的斗争进行了很长时间。英国人虽然同意媾和，但是他们企图从谈判桌上得到从战场上得不到的东西。6月3日，双方停止军事行动，随后双方就开始了谈判。塔尔齐作为阿富汗方面的代表团团长和外交政策的决策人，为了摆脱英国在对外政策方面的控制，争取完全独立，进行了灵活而又坚韧不拔的斗争。

第一次谈判在拉瓦尔品第举行。阿富汗代表团的团长是国王的大弟弟阿里·艾哈迈德·沙。塔尔齐交给他的主要任务，是摆脱英国对阿富汗外交政策的控制，不割去阿富汗本土一寸土地，同时，要英国交出瓦济里斯坦和其他独立部族地区，并要求英国偿付一笔新的补助金。在拉瓦尔品第，阿富汗代表团是以胜利者而不是以战败者的身份出现的。双方进行了两个多月的争论，最后于8月8日签订和约。和约规定从签字之日起双方恢复和平；阿富汗同英印边界维持现状；英国政府在六个月以后，准备再次同阿富汗政府谈判，解决有关两国的共同利益等问题。在条约的附录中，英印政府西北边省总督汉密尔顿·格兰特在对条约的解释中写道："该条约和这封信使阿富汗在其内政和外交事务方面正式地自由和独立了。"实际上，要完成阿富汗代表团的任务，还需要作长期艰苦的斗争。

第二次谈判是在穆苏里举行。拉瓦尔品第会谈以后，阿富汗政府一方面加强同苏维埃俄国的联盟，另一方面支持边境独立部族的抗英斗争，这种政策使英国越来越陷于被动。9月，苏俄公使米哈依尔·布拉文到达喀布尔，着手谈判关于对阿富汗独立的道义上和物质上的援助问题。10月，阿富汗的特命大使穆罕默德·瓦里·汗将军到达莫斯科，受到列宁的接见。大使向列宁呈交了阿马努拉的友好信件。列宁在复信中重申："郑重承认阿富汗的完全独立。"① 11月，阿富汗政府提出关于谈判边界独立部族问题②，但被英国拒绝了。1920年1月，纳迪尔·沙召开部族酋长会议，号召并支持独立部族人民的起义。4月17日，穆苏里会议开始。塔尔齐为代表团团长。谈判中因独立部族的起义而时断时续，到6月初又继续开会。谈判期间，英国被迫同意阿富汗代表团到清真寺过伊斯兰教的古尔

---

① 《列宁全集》第49卷，人民出版社2017年版，第574页。
② 这些部族同阿富汗人同属一个民族，只是由于英国的武装占领，才成为英属印度的一部分。他们在抗英战争中提出的政治要求，就是同阿富汗合并。由于英国侵略者拒绝了阿富汗代表团关于谈判边界独立部族问题的要求，因而引起了独立部族人民的起义。这些起义打击的对象是驻扎在边界地区的英国军队。

邦节,沿途受到居民的热烈欢迎,许多人吻着代表团乘坐的车辆,高呼阿富汗独立的口号。7月18日,会议通过了一个备忘录,作为未来条约的准备。英国在备忘录中保证:"绝对尊重阿富汗在内政和外交事务上的完全独立。"

第三次谈判在喀布尔举行。阿富汗代表团团长是塔尔齐,英国代表团团长是特命公使多布斯。1921年1月和4月,塔尔齐提出两个草约,都被英国代表团宣布为"完全不能接受"。2月在莫斯科签订的《苏阿友好条约》成为英国反对阿富汗的主要借口。这本是一个平等条约。条约规定,苏俄把沙皇强占的平狄地区归还阿富汗,双方在对方互设几个领事馆。但是,英国人阻挠《苏阿友好条约》签字的企图没有达到。8月,阿富汗批准了《苏阿友好条约》。为了争得有利的国际环境,阿富汗政府还注意搞好和其他周围国家的关系。例如,1921年3月1日,与土耳其缔结了友好同盟条约。同年6月,与波斯签订了互不侵犯条约。阿富汗政府还派出代表团,访问了德国、意大利、法国和美国等国,在外交上取得了不同程度的进展。代表团也到了英国。英国外交大臣寇松顽固坚持阿富汗"应在英国影响范围之内",连转交的塔尔齐致英国外交部的信也不予理会。对此,塔尔齐向喀布尔的英国代表团提出了严重抗议。在谈判中,曾一度由僵局陷于破裂。英国代表团以要离开喀布尔相威胁。塔尔齐毫不妥协地说,他们不接受阿富汗提出的条件,要走我们就会给他们整理行李,送他们走。双方相持到11月22日,英国代表团见威胁无效,只得在条约上签了字。条约规定,英国承认阿富汗完全独立,建立双方正常外交关系和贸易关系。塔尔齐在谈判桌上的折冲樽俎,终于取得了圆满结果。1919年抗英战争的胜利,通过1921年条约的形式固定下来了。

经过三次抗英战争,阿富汗军民先后同英国侵略者较量了六年多,最后,阿富汗终于赢得了独立。阿富汗政府为了庆祝胜利,特意建立了一座独立纪念碑,碑座上是用铁链拴着一头狮子,象征着战败了的英国侵略者。

阿富汗的阿马努拉政权知道,仅有军事上和外交战线上的胜利,是不能巩固独立的。要巩固独立,还必须改革内政,发展民族经济。根据青年阿富汗派的改革纲领,必须打破阿富汗的闭塞状况,同西方各国建立联系，汲取资本主义国家的先进成果，也尽力争取苏俄的援助。在对内政策上，青年阿富汗党人认为实行改革是阿富汗国家独立、存亡的大问题，因而在独立后，立即着手实行改革。阿马努拉在他统治期间（1919—1929），共提出了64项改革方案，涉及政治、经济、社会、文化教育和日常生活习惯各个方面。1927年12月到1928年6月，他访问了法国、英国、德国、意大利、比利时、瑞士、波兰、苏联、土耳其、埃及等国以后，更加快了改革的步伐。他改革了政府管理体制，颁布了现代的民法和刑法，兴办各类学校，鼓励民族工业的发展。但是，阿马努拉政府没有一批得力的改革骨干，又没有一支可靠的军队，而且许多改革方案脱离了阿富汗社会发展的实际需要，机械搬用土耳其的经验，尤其在宗教政策上的过"左"，挫伤了人民的感情，结果被英国支持下的封建贵族所利用。1928年11月，国内的封建势力发动了军事政变，阿马努拉政府被颠覆了。1929年10月，阿马努拉政府的军队总司令纳迪尔·汗击败了反动封建势力，自立为阿富汗国王，继续阿马努拉的改革，维护了1919年独立战争的成果。

1839—1919年，阿富汗人民先后进行了三次抗英战争。第一次抗英战争保卫了阿富汗的独立。第二次抗英战争粉碎了英国把阿富汗变为殖民地的阴谋，争得了内政上的自主权。第三次抗英战争取得了阿富汗的完全独立。这三次抗英战争都是保卫和维护民族独立的正义战争。尤其是第三次抗英战争发生在第一次世界大战和俄国十月社会主义革命以后，它作为爱国封建主领导的民族解放运动类型的代表而出现在世界历史舞台上，为殖民地、半殖民地的民族独立运动树立了榜样。第三次抗英战争的胜利，有力地打击了帝国主义者，成为无产阶级世界革命的一部分。总之，三次抗英战争是爱好自由和独立的阿富汗人民用鲜血和生命谱写的光辉篇章。当年号称"日不落"的英帝国主义，阿富汗在它的眼里不过是弹丸之地。然而，在阿富汗人民的坚决抗击之下，它不得不一次又一次地收回它的侵略魔爪。20世纪初期，担任英国驻印度总督的寇松，曾把阿富汗当作"争夺世界统治权的棋局上的一个棋子"。其实，一切侵略者所面临的阿富汗，只能是埋葬他们的坟墓。历史经验证明：在这样的英雄人民的面前，任何帝国主义的扩张侵略和军事占领，都必然以彻底的失败而告终。

附：阿富汗战争的悲歌

2015年诺贝尔文学奖得主俄罗斯作家S. A. 阿列克谢耶维奇（1948—　）的《我是女兵，也是女人》，描写第二次世界大战中苏联女兵的故事。当时女兵有100万人，为15—30岁。

与上述悲壮故事不同，她的《锌皮娃娃兵》（直译为《锌皮男孩》），是描写1979—1989年苏军入侵阿富汗战争的一曲悲歌。这是阿列克谢耶维奇的代表作。把锌与男孩联系作为书名颇令人费解，这也许是作家特意设置的阅读障碍。正因为如此，在开篇不久，就用"锌作为棺材"来对应"锌皮男孩"。也正因为如此，女作家为了强调这一主题，在这部"艺术·文献"型小说的最后收篇处，列出七块墓碑反映一群18—22岁的娃娃兵在世界和平年代战死在异国他乡的悲剧。对于因在阿富汗战场上死亡而钉得严严实实的锌棺材里的"锌皮男孩"，翻译家高莽用了《锌皮娃娃兵》这笔妙译，点明作品这一描写年轻生命死亡的主题。

研究中东问题的人，都应当读一下这本小说。苏军入侵阿富汗到底有多少人战死外国沙场？1989年8月17日苏联《真理报》公布的数字是13835人。到了1999年，死亡数字又增至15031人（战死、受伤后死亡、疾病死亡、失踪），其中除两名中将、三名少将外，绝大多数是"和平年代的娃娃兵"。这是苏联统治者实行的一次所谓"大十字"战略；纵向从波罗的海、里海、黑海、地中海、印度，横向为欧洲、白令海峡。在此战略下，如女作家所描述的："在预制结构的房子里，在窗台摆放着和平的天竺葵的农舍里，民间暗地里流传的"是"阵亡通知书"，是"预制板建造的赫鲁晓夫楼里装不下的那口锌皮棺材"。

小说写作体裁的特色是"艺术·文献"型，是《战争中没有女人》和《最后的证人》之后的第三部成熟之作。她以采访记录的第一人称叙述方式来"展现真实"的主旨。该书首次出版于1990年，2013年又出版了新版本。她经过多次加工，修订的目的是表现真实性。作品的主体是一则则的实录，是由士兵、尉官、护士、宣传员口述。由于主人公为"锌皮娃娃兵"，所以讲述者主要是母亲，是扑在锌皮棺材上绝望地哭天呼地的母亲们。

1992年6月，该书出版后，讲述的母亲们将作者和选刊此书的《共青团真理报》的编辑部告上法庭。1993年1月，明斯克中央民事法庭公开审理了此案。原来母亲们说自己是"英雄母亲"，现在却变成"杀人犯母亲"，而状告该书作者侮辱了"母亲的荣誉"。在后来再版的书中，作者把此次诉讼的庭审记录附在书后。这些庭审记录，连同作者为此书写的前言、后记、墓碑铭文等一起，表明了它的完整"艺术·文献"型作品性质。

阿富汗是一块悲怆的土地，古老文明与当代文明、内部文明交往与外部文明交往在其土地上展开画卷。它和整个中东地区一样，历来是外力侵凌和内部混战的动荡地方。这个文明交往的"十字路口"是纵横交织、错综复杂的纷争之地、乱象丛生之所。它也是许多大帝国的坟墓。它见证了亚历山大的大帝国之逃逸，也经历了"日不落"英帝国太阳的落下，还送走了苏联的解体和美利坚帝国衰败。乱从内部生，祸引外力来。"十字路口"的阿富汗！何日终止悲歌悲剧进入欢歌喜剧而走向交往文明自觉时代。这个多难国家，何时复兴啊！人类文明交往的自觉，人类交往的文明化，对人类命运前途多么重要啊！

悲歌由苏联作家写出，悲歌却将接力棒交给了美国。阿富汗是帝国的坟墓，叙利亚是帝国坟墓，伊拉克是坟墓，整个中东都是帝国的坟墓。伊拉克战争奏响了美国衰落的哀乐。下一个悲歌的作家，该是美国人了！悲歌之后，应该是阿富汗这个中东文明"十字路口"国家高奏独立、富强的凯歌了！那一天可能还要迟到，但它是不会缺席的！

学步手稿

略论1857—1859年印度民族大起义的原因

前　言

　　1857—1859年印度民族起义在印度近代史上，占据非常重要的地位；在亚洲各国人民反殖民主义斗争史上，也有巨大的意义。但是，目前对于这次起义全部情况的研究，是十分不够的。在对起义原因的研究上，也同样是很不够的。

　　关于这次起义的原因，存在着各式各样的看法。

　　英国资产阶级御用学者由于有意地把这次起义说成"兵变"，因而在对待起义发生的原因上，作出荒诞的结语。屈勒味林在其所著《英国史》中写道："兵变，正像其名称所包含的那样，是不列颠军中几团士兵的叛乱，而其中大部分是炮兵。平民与其说是参加者，还不如说是旁观者。叛乱发生的原因，则是管理得不妥或处理得不好，例如不小心地发给他们以神牛及恶猪的脂油涂过的子弹等。"

　　把起义原因归结为"涂油子弹"的偶然事件，当然还不只是他一个人。例如在G. M. 杜凯及开洛尔的著作中，都有同样的论调。[①] 不仅在英国资产阶级学者中很多持有这种荒谬论点，而且印度的一些反动学者，对起义原因做了同样的歪曲。例如，一个印度学者写道："无知的人民简单地在涂有猪油和牛油的子弹的传言面前行动起来了。谁也不问问这个传言是否真实？一个人讲而另一个就相信；因为后者自己变得不满起来，而第

---

① ［英］屈勒味林：《英国史》，第881页。

三个就联合了它,因此这些盲目的人就列队游行,一群毫无远见的无知之徒起来了,于是叛乱就爆发了。"①

除了把"涂油子弹"事件说成是起义的主要原因外,在资产阶级学者中还有其他不正确的论点。他们首先忽略了发生起义的经济原因,其次把政治的、军事的和宗教原因加以平列并述,最后是不恰当地强调了起义原因的某一方面。

镇压起义的刽子手之一的罗伯茨将军,在他的回忆录中写道:

> 为什么发生了兵变?……这对我是一个难题……已故的乔治·坎贝尔爵士在他的回忆录中认为:"兵变是一次西帕依的叛乱,而不是一次印度人的叛乱。"我不完全同意他的看法,因为,这次虽不是一次乡野人民的发动,在我看来,这次叛乱未尝不是发生一种感觉到不满和不安的意识,这个意识主要是由我们印度斯坦西帕依带到各地去,同时也未尝不是某些有势力的人民(显然是指封建上层——引者)完全不满于我们的政府制度。②

罗伯茨从下述各主要方面来考察起义发生的原因:(1)人民对宗教的恐惧;(2)土地问题,他是指英国殖民者对封建地主的侵犯,不包括农民方面;(3)吞并奥德;(4)德里忠诚的家族;(5)那那·萨希布;(6)土著军队;(7)子弹事件;(8)欧洲军队的有限数目;(9)外国人服务的目的;(10)不列颠军官年龄的限制。这些原因的确触及一些片面的问题。但是作为镇压起义的刽子手,罗伯茨不能也不愿意讨论起义发生的本质原因。他对英国殖民政策在印度一手造成的经济衰落,广大人民群众的破产,以及由此而产生的反抗情绪,在叙述中根本没有提到。贯穿在他全部的论证中,似乎只是英国殖民者触怒了封建王公和印度的宗教感情,才引起了这次起义。此外,他肯定这次起义是封建主和西帕依的"叛乱"。因而在叙述中特别不适当地强调了军事方面的因素。

---

① V. D. Savarkar, *The Indian War of Independence 1857*, Mumbai, 1947, p. 5.
② P. E. Roberts, *Forty-one Years in India*, London, 1914, p. 231.

和他相近似的是巴桑。巴桑认为兵变有两个原因：第一，东印度公司的商业政治家的军事政策，要对其引起西帕依中的不满情绪负责，这是不能否认的；第二，另外一个原因是达尔豪西的吞并政策。① 很清楚，在巴桑的眼中，这次起义仍然是西帕依和封建主的起义。

这些例子就可以说明英国资产阶级学者不敢接触起义的基本原因，聪明的英国殖民者及其御用学者懂得：如果揭露了起义最基本的原因，将会给他们带来多么可怕的结果。他们的目的是十分明显的，为了掩盖英国殖民者在印度所造成的贫困、饥荒和人民群众颠沛流离的处境，他们宁肯不顾事实，硬把这个全民酝酿的反英斗争说成只是封建主的不满或西帕依不平的结果。

甚至在一些进步的学者中，对起义的原因也做了同样片面的叙述。例如 R. C. 马宗达等著的《高级印度史》② 中，把兵变原因归结为"政治的、经济的和社会的、宗教的，以及军事的"原因，但在这些原因的叙述上，没有什么主要和次要之分，在一系列原因中，也并未超过罗伯茨所叙述的范围。关于人民的处境同样很少谈到。而在 N. K. 辛哈等著的《印度史》③ 中，同样忽略了问题的主要方面。但他们正确地指出："1857 年的起义不是地方性的发动，也不是发放子弹的原因。"

在谈到关于起义的著作中，我们应该特别关注 V. D. 萨瓦卡尔的《1857 年印度的独立战争》④ 一书。这是印度人自己所写的一本关于起义的著作。这部著作一个最重要的特点是正确地阐明了有关起义的许多重要问题，对英国资产阶级学者进行了严厉的批判。他叙述了英国资产阶级学者们所著"兵变史"中从来不敢接触的问题。这部著作第一章的标题就是"火山"（Volcano）。"火山"这个标题巧妙地表达了起义前酝酿和爆发的原因。萨瓦卡尔用印度人民所固有的对独立的热望和对殖民者

---

① B. D. Basu, *Indian under the British Crown*, pp. 1 – 4.
② R. C. Majumdar, etc., *An Advanced History of India*, London, 1836, pp. 772 – 775.
③ N. K. Sinha, etc., *History of India*, 加尔各答 1955 年版，第 594—596 页。
④ V. D. Savarkar 前引书，这本书一出版就被禁止，作者也因此被捕入狱，此事曾引起高尔基的同情（见《高尔基政论集》，第 239 页）。尼赫鲁也曾说到这本书，见《印度的发现》中文版本，第 424—425 页。

憎恶的心情，叙述起义前夜印度各阶层的状况。他正确地估计了在当时情况下秘密组织在起义酝酿过程中的作用。在本章的叙述中，反映了人民群众对英国殖民主义制度的仇恨，反映了各阶层的普遍愤慨。这样，这个即将爆发的火山，将倾泻出百年来备受压抑的愤怒的岩浆。可是本章的叙述中，作者没有更进一步地阐明在英国殖民奴役下印度的经济破产，没有指出经济上的原因就使一些政治、社会、宗教、军事等因素缺乏一个厚实的基础。

在马克思列宁主义的历史学家们的著作中，已接触关于起义原因的本质问题。例如苏联学者们的集体著作《殖民地保护国新历史》①《东方各国近代史》②中，都对起义原因做了很正确和扼要的叙述。在斯捷比利格的《英国侵略中东史》③中，也有很正确的表述。但是，由于这些都不是关于起义的专门著作，因而没有可能更全面而深刻地阐述起义的原因。在印度学者萨德亭拉·辛格的《印度的暴动》④一文中，对起义原因也做了多方面的叙述，而且都很正确，但关于人民情况叙述较少，因为是一篇文章，因而在一般问题上都将过于简略。

本文试图从起义前夕印度的社会经济状况以及民族矛盾等方面，来探讨这次起义发生的原因。本文主要分三部分：（1）起义以前印度的社会经济；（2）起义前各阶级的分析；（3）印籍士兵中的矛盾及其他。

一 起义前印度的社会经济

探讨这次起义发生的原因，首先应该从当时的社会经济中去找。在英国统治最初的一百年中，印度的社会经济发生了深刻的变化。英国殖民主义者对印度旧经济基础的破坏，使印度失去了旧的世界而没有获得新世

---

① [苏] 古柏尔主编：《殖民地保护国新历史》上卷，第181—217页。
② [苏] 雷斯涅尔等主编：《东方各国近代史》，第520—522页。
③ [苏] 斯捷比利格：《英国侵略中东史》，林源译，五十年代出版社1954年版，第107—114页。
④ [印] 萨德亭拉·辛格：《印度的暴动》，郭威白译，中山大学历史系编《印度民族起义论文集》，第19—22页。

界。起义前夕印度社会经济的特点是：一方面印度已完全沦为殖民地，这也是最主要的方面；另一方面资本主义关系也有微弱发展的趋向，这是很次要的。但是，归根到底，因为印度封建关系的解体是在殖民地条件下发生的，这不仅是社会生产进一步发展的主要障碍，而且也决定了这个发展过程具有特别痛苦和悲惨的性质。

印度沦为英国的农业殖民地

我们知道，从1757年到起义前一百年间，英国剥削印度的方式经历了两个不同的阶段：早期资本主义的原始积累阶段和工业资本主义的剥削阶段。

在第一阶段里，英国东印度公司为了获得印度的商品和物产的垄断贸易来获取利润，就在印度采取了强取豪夺的无耻方法。这种公开抢劫的结果，对印度造成了不可弥补的损失，而对英国却大大有利。正像马克思所说："'垄断公司'（路德语）是资本积聚的强有力的手段。殖民地为迅速产生的工场手工业保证了销售市场以及由市场垄断所引起的成倍积累。在欧洲以外直接靠掠夺、奴役和杀人越货而夺得的财宝，源源流入宗主国，在这里转化为资本。"① 根据已经缩小的数字，英国在印度统治最初的一百年中，便榨取了120亿卢比的财富。这些赃物对于英国工业革命起了巨大的作用。

德芒戎教授指出："英国自从榨取热带各地以来，黄金像洪水一样流入英国，尤其由印度来的最多。例如伦敦商人的骤然致富，马可黎所谓东印度公司史无前例的繁荣，都是印度之所赐。当时英国正在工业革命之初期，正需要大量资金，印度王公、印度人民的财富，东印度公司所得的赢利，以及工艺品输入的代价，都被英国用来购买机器。因此英国的煤矿、冶铁工厂、制铁工厂、棉毛工厂的建设，一跃而成为世界优等的工业国家，这都是印度富源所出的结果。"②

英国与印度以前的侵略者不同，他们是在一种不同条件下来到印度

---

① 《马克思恩格斯全集》第44卷，第864页。
② A. Demangeon, *British Empire*，转引自［印］波士《革命之印度》，第35页。

的。在这个转变的时刻,英国新生的资产阶级全神贯注地看着印度,他们几乎以惊讶的眼光注视着印度。马可黎兴高采烈地写道:"在大西洋的一个海岛上的少数冒险家居然征服了一个广大的国家,从他们出生之处把地球分为两半……我们居然统治一块儿领土……其面积和人口超过法国、西班牙、意大利和德国的总合……而这都是一些世无其匹的奇迹。"①

但是在工业革命完成之后,大量的工业产品就要求更广泛的市场,这就使英国的殖民剥削方法上不得不有所变更。过去英国在印度的殖民剥削是通过东印度公司来进行的。而东印度公司利用垄断贸易的方法进行其活动。它的活动促进了英国资本主义的发展,但却摧毁了它本身存在的基础。东印度公司对贸易的垄断使许多个体商人和企业主不能直接参与印度的市场,因此矛盾加剧了。此外,东印度公司在印度无情的剥削,使这个国家的经济衰落,甚至有不能再继续剥削的危险。这样,就产生了18世纪最后25年反对东印度公司的斗争。随着英国工业的发展和工业资产阶级势力的增长,这个斗争在1813年取得了决定性胜利。这一年在印度开始允许自由贸易,而在1833年,东印度公司则完全停止了贸易活动。这样,到了19世纪上半叶,印度作为英国商品销售市场和农业原料供应地的作用越来越大了。

印度沦为英国的殖民地,这就意味着印度农村公社遭到彻底的破坏。因为农村公社是印度封建经济的枢纽,破坏了这种旧的结构,才能建立起英国殖民者所需要的那种关系。在这一破坏过程中,起决定作用的条件是印度丧失了独立而沦为英国的殖民地。我们知道,以土地共有为基础的农村公社形态,在亚洲许多国家都存在过,并且曾经在长期内阻碍了英国商品的输入,只是因为英国以印度的统治者身份出现,并在工业优势和政治权力双管齐下的条件下,才较为迅速地破坏了农村公社这一牢固的形态。马克思曾经一再指出这个问题。

---

① Surendra J. Patee, "British Economic Thought and Treatment of India as a Colony", *Indian Journal of Economics*, Apr. 1947, p. 370.

在印度，英国人曾经作为统治者和地租所得者，同时使用他们的直接的政治权力和经济权力，以图摧毁这种小规模的经济公社……在中国，那就更缓慢了，因为在这里没有直接政治权力的帮助。①

但在东印度，那种农业与手工业的结合是以一种特殊的土地所有制为基础的。而英国人凭着自己作为当地最高地主的地位，能够破坏这种土地所有制，从而强使一部分印度自给自足的村社变成纯粹的农场，生产鸦片、棉花、靛青、大麻之类的原料来和英国货交换。在中国，英国人还没有能够行使这种权力，将来也未必能做到这一点。②

英国殖民者作为印度的"统治者和土地所有者"，才可能运用其政治和经济权力来破坏印度的农村公社，具体表现在土地政策和所谓"自由贸易"两方面。下面对这种情况加以简要的考察。

英国殖民者在印度主要实行了三种土地措施：固定的柴明达尔制、莱特瓦尔制和不固定的柴明达尔制。这些措施实行的结果使农村公社解体。此外，在西北省区保留了原来的公社。

1793年康沃利斯（又译康华理）颁布实施的固定的柴明达尔制主要的目的是：为了进一步侵占印度，就需要更好地掌握税收来供应战争。康沃利斯在1789年8月2日给东印度公司董事部的报告中声称："为了在这个国家内保持秩序，支持一个正规的等级层次，是再需要不过的事情了，这对于促进东印度公司的稳固利益，是极端重要的。"英国殖民者在赋予柴明达尔以很大权力时，也保留了封建主的土地。1793年公布的固定柴明达尔制在本质上是对农民一种大规模的掠夺，按照马克思的提法："康华理和庇特对孟加拉农民进行了人为的剥夺。"正如印度税收报告中所说，使国家破产。③

---

① 《马克思恩格斯全集》第46卷，第372页。
② 《马克思恩格斯选集》第1卷，人民出版社1995年版，第759页。
③ 《马克思恩格斯全集》第12卷，第98页。

固定柴明达尔制的实行，使旧的土地关系发生了根本的变化。① 例如在实行这种制度之一的孟加拉地方，在1853年，"莱特私人的土地和财产，完全落入柴明达尔手中去了"。这种土地制度有力地打击了这些区域的农村公社。这样，实行这种土地制度的孟加拉及其他区域（比哈尔、奥里萨等）的封建经济更进一步瓦解了。苏联学者卡玛洛夫指出："但是剥夺孟加拉农民土地的所有权，并未引起这个国家经济独立的发展，尽管这个趋向是有了"，中世纪孟加拉的城市和部分农村手工业彻底遭到破坏，这个地方变为英国工业资本的销售市场和原料产地的过程开始了。

在南部印度实行的莱特瓦尔制（农民租佃制）实际上是一种农奴制度。② 这种制度的实行，无疑使农村公社迅速崩溃，苏联历史博士柯·阿·安东诺娃关于这点写道："属于公社的牧场和荒地为国家所剥夺。其法律根据是殖民地土地国有制。农民失掉了大批土地。""莱特瓦尔制的实行促进了财产的分化，这种分化不只是单纯地在保留全部公社组织的情形下导致封建化的农村上层分子的出现，而且还缓慢地、但是一贯地在整个农村阶级分化的基础上导致公社的逐渐瓦解。"

1822年，英国又在瓜廖尔和奥德等中印度地区实行了不固定的柴明达尔制。中小封建主在这里被认为是土地所有者。在这里也和孟加拉一样，农村公社在迅速解体中。因为土地也逐渐地转入商人、高利贷者和投机家的手中，这就使后来的土地关系受到破坏。

我们在上面已经看到了固定的和不固定的柴明达尔制以及莱特瓦尔制的破坏作用，农村公社显然在这些区域解体了。但即使在旁遮普地区，尽管英国殖民者名义上保留了这里的公社，但在执行过程中，殖民者却竭力制造许多区别，如个别土地所有者可以自己直接向公司纳税，而不必通过

---

① 康沃利斯"大笔一挥，便把孟加拉、比哈尔和奥里萨广大人民群众从土地所有者的地位降而为没有土地的佃农；给他们送来了一些无恶不作的残酷而又贪婪的柴明达尔，树立了可怖的英国人的罪恶形象，这种罪恶使全国到处荒凉肃杀，而这种罪恶如果不加制止，就会在不久将来把国家本身沦于破产。"

② 根据莱特瓦尔制，"政府并不是和任何特定的农民，即财产所有者，而是和当时某个特定的土地所有者取得协议……所以，这种土地不应该叫'农民租制'，而应该叫'土地租佃制'。根据这种制度，与其说农民掌握了土地，不如说土地掌握了农民。"（［印］捷·巴德尔：《印度和巴基斯坦的农业工人》，第69页。）

公社，政府可以把公社中失职人员的土地，拍卖给外来的人等做法，实际上破坏了公社内部的固有关系。因而这就打击了公社并使之最后解体。当然，这一地区的进程要比其他地区缓慢一些。

被马克思讽刺的"土地革命"就这样无情地在印度完成了。[①] 这一过程清楚地说明英国殖民者所运用的直接政治权力和经济权力的作用。马克思在谈到这些土地政策时，斥责这是"失败的和真正荒唐的（在实践上是无耻的）经济实验的历史"[②]。并称这些土地制度只不过是三幅"讽刺画"而已。因为殖民者只是关心自己的利益，他们不会在印度移植西方的（英、法）土地所有制，不会保留东方的公社所有制（旁遮普）。英国殖民者之所以搬弄这花样翻新的名堂，只是为了把印度变成自己的殖民地，只是为了自己的利益，这些土地制度丝毫也不包括原来具体的内容。

这种土地制度的变化，对印度社会经济产生了深刻的影响。印度经济本身的独立发展过程被外来的暴力所打断了。个人可以占用土地，土地可以抵押和出卖，以及地租必须用货币缴纳等方面的变化，特别是"采用了与印度经济不合的英国资产阶级法律概念的整套工具，由一身兼任立法、行政和司法职权的外国官僚来实施"，"英国征服者的国家机器实际上实施了土地的最终占有"，"从前自治的农村公社被剥夺了经济和行政的功能。大部分共有土地被让给个别的地主了。这样一来，殖民地制度特征的过程，事实上在印度无情地完成了"[③]。

英国所实施的土地政策是破坏印度农村公社的一个方面。由于破坏了农村公社在政治上和经济上的职能，殖民者就可能通过其走狗柴明达尔或直接在印度土地上为所欲为，尽量使印度为自己的工业输送原料。另一方面，英国殖民者也通过所谓"自由贸易"政策[④]加速了农村公社的崩溃，

---

① 《马克思恩格斯全集》第9卷，第251页。
② 《马克思恩格斯全集》第46卷，第372页。
③ R. Palme Dutt, *India Today and Tomorrow*, 德里1953年版，第80页。
④ 苏·捷·巴德尔指出："英国这时把'自由竞争'提到最高的自由政策上，要整个世界去遵照。就哲学上说，这是很动听的；当它付出了营利的股金的时候，它的好处就更加突出了。" J. Bartle Brabner 一篇《19世纪英国的自由竞争原则和国家的干涉》，巴德尔认为此文"引证了19世纪大不列颠政府所扮演的角色的许多材料来说明所谓的'自由竞争的原则'，实际上是荒唐滑稽的"。

并把印度变为自己工业品的销售市场。

英国殖民者的"自由贸易"政策主要是针对印度的棉纺业。印度生产的棉织品，很早就驰名于世界。印度城市手工业者和农民家庭手工业产品在全亚洲、东非洲，甚至巴西都大有销路，巴黎、伦敦和彼得堡的宫廷妇女都酷爱印度克什米尔的"纱丽黑"和细薄的"穆斯林"布。当时孟加拉是主要生产和转运的中心，除了上述有名的纺织品外，还从孟加拉输出丝织品、生丝、糖、盐、黄麻和硝石。① 印度的棉织品和丝织品一直保持着优势地位。1813年在英国议会中关于取消东印度公司垄断权的质询记录从侧面说明了这一情况：

> 有人作证说，直到那时为止，印度的棉纺织品和丝织品还能以比英国制造品贵5%—6%的价格在英国市场上赚钱。结果，对于他们课以70%及80%的税，或者以绝对禁止来保护英国制造品就成为必要了。如果没有这些税率和禁令，佩斯利（Paisley）和曼彻斯特的那些纱厂在最初就得停工，而且不能再开动，即使蒸汽机也不行。他们是靠了牺牲印度的制造业而产生的。②

因此，当时问题还谈不上争夺印度的市场，即便在英国市场上，英国制造品还不能与印度的制造品竞争。可是，由于早期掠夺印度给英国原始积累起了巨大作用，从而加速了工业革命，进而把改变英印贸易关系问题提上了日程。英国的工业资产阶级要竭力把印度变成自己的工业品销售市场和农业原料供应地。为了夺得印度的市场，首先必须摧毁印度的制造业，而要达到其目的单靠工业的优势显然是不够的。因此，英国工业资产阶级就迫使政府利用政治的权力和经济的权力，这样在国家直接帮助下的片面的"自由贸易政策"就出现了。

这种片面的"自由贸易政策"的步骤是，首先把印度的棉织品挤出英国和欧洲的市场，然后再向印度输入棉纱，最后则以自己的棉织品来充塞

---

① J. C. Sinha, *Economic Annals of Bangal*, Maemillam, 1921.

② H. H. Wilson, *History of British India*, Vol. I, p. 385.

印度的市场，粉碎印度的手织机，摧毁印度的手纺车，从而确立自己的商品在印度市场上的统治地位。这样自由贸易之所以是片面的，就是对于英国的商品是自由的，而对印度的商品是没有自由的。为了把印度的商品逐出欧洲市场，公布了航海条例，运送印度商品的船只必须在英国口岸靠岸，以防止其与欧洲其他国家直接贸易。在英国则用保护关税来抵制印度商品的输入，但英国的商品输入印度时却要免税或是名义上缴纳轻微的进口税。

早在1789年，英国这种政策就已经开始了。在这一年英国对于由印度输入的棉织品的税率是，除了粗棉织布和白洋布抽1.6%的税外，其他所有的棉织品都抽5%的税。此后就不断增加。到了1799年对于某些棉织品抽到10%的税，1813年甚至增加到18%的高额税。而在1819年对于另外许多印度输入的商品抽到27.15%。这种情况并没有使英国的资产阶级满足，以后就干脆禁止印度许多商品输入，例如刺绣的围巾、手巾、染色的穆斯林布、天鹅绒、绢布、绣纱、白细布以及有花头的白色细布等商品都在禁止之列。实际上印度的商品已被挤出欧洲和英国市场了。

到了1840年，这个情况就非常明显起来。在1840年英国议会的质询报告中所提供的材料，使我们可以比较当时这种不平等的情况（见表1）。

表1　　　　　　　　　　1840年英印两国进口商品的税率

商品	英国输入印度的商品税率	印度输入英国的商品税率
棉织品	3.5%	10%
丝织品	3.5%	20%
毛织品	2.0%	30%

从1813年开始，由于废除了东印度公司垄断贸易，因而才开始以后的新局面。英国商品在种种有利的条件下向印度大量输出，例如1818—1836年从英国输入印度的棉纱增加了5200倍；而在1824年英国输入印度的棉纱还不到100万码。到了1837年就超过了6400万码。除了棉织品大量输

入印度以外，英国的丝织品、铁器、毛织品、陶器、玻璃和纸张也充斥了印度的市场。印度的制造品完全被排挤出去了，在印度国内充斥着英国商品的情况下，在英国关税的限制下，印度商品不仅不可能在欧洲市场上和英国商品竞争，而且也丧失了印度的市场。双方收入的对比和输出价值的对比都清楚地说明了这种情况（见表2、表3）。①

表2　　　　　　　英印两国出口对方的棉织品数量

年份	英国输入印度的棉织品（码）	印度输入英国的棉织品
1814	818208	1266600 匹（1250000 匹）
1824	100 万 -	
1835	57777277	306080 匹（306000 匹）
1837	64000000 +	
1844		63000 尺

表3　　　　　英印两国出口棉织品价值的对照②　　　　（单位：镑）

年份	英国输入印度棉织品的价值	印度输入英国棉织品的价值
1815	26000	1300000
1832	400000	100000

我们再从英国对印度输出棉织品的总值来看，1780 年英国对印度的贸易额只占其出口总额的 1/32。而到了 1850 年，单是棉纺织业一项就有 1/4 是输往印度的。

这种结果是相当悲惨的，千百万印度手工业者在失去旧的营生后，找不到新的工作场所，因为在印度，随着旧的手工业的毁灭，并没有同时建立起新的工业。马克思在 1853 年写道："这些细小刻板的社会机体大部分已被破坏，并且正在归于消失，这与其说是由于不列颠收税官和不列颠兵

---

① 两个表格是根据马克思《不列颠在印度的统治》，《马克思恩格斯全集》第 9 卷；[英] 杜德：《今日印度》上册，第 118 页，表中括弧内数字系《今日印度》中所载。

② [英] 杜德：《今日印度》上册，第 118 页。

士的粗暴干涉，还不如说是由于英国蒸汽机和英国自由贸易的作用。"① 可见，这种片面的自由贸易政策实施的结果，使农村公社遭到最后的解体。破产的手工业者无处投奔，只好又流入农村，结果不仅引起了像达卡、穆尔希达巴德那样规模的、传统手工业城市的毁灭，而且流入农村的手工业者命运更为悲惨，因为农村中早已拥挤不堪。

英国殖民者破坏了印度的农村公社以后，就更加进一步把印度变为产品的销售市场和原料产地。在19世纪上半期中，英国在印度一系列的政策就说明了这一点。英国殖民者侵占比拉尔和那格浦尔就是因为这些地区盛产棉花。1850年，美洲棉花歉收，由于英国的棉织工业在很大程度上是依赖美棉的，因此这一年英国的工业资本家就把希望转向印度了。除了加紧占领原料产地外，在此期间也推行专门作物如黄麻、花生和棉花等的种植。1833年，英国殖民者允许英国人在印度取得土地来经营种植园以后，印度也出现了许多种植园。

原料输往英国，也表现了印度农业殖民的特征（见表4）。

表4　　　　　　　　　　印度输往英国的原材料

输出原料的类别	时间	输出总量
原棉	1813	9000000 磅
	1833	30000000 磅
	1844	88000000 磅
羊毛	1833	37000 磅
	1844	2700000 磅
亚麻籽	1833	2100 蒲式耳
	1844	237000 蒲式耳

谷类原料的输出，也日渐增加。例如1849年输出总值达858000英镑。到1858年增至380万英镑。生丝、蓝靛和白糖也大量输出。因此无论从侵占领土方面（这个过程在1849年已基本完成，下面将要谈到），还是从经

---

① 《马克思恩格斯全集》第12卷，第142页。

济方面，在民族起义的前夕，印度都已经完全沦为英国的殖民地了。

资本主义关系的产生

印度资本主义关系的产生，是英国殖民统治的客观结果。英国殖民统治产生了许多恶果，但在客观上也起了某些积极的作用。由于破坏了印度旧社会的经济基础，从而为社会进一步发展创造了条件。一系列新的象征出现了。在城市中，由于由英国廉价商品的竞争，出现了一大批流离失所的手工业者，这些破产的手工业者作为"自由劳动力"出现，乃是发展资本主义的必要条件。这不仅对英国殖民者加紧剥削有利，而且也对印度民族资本的发展起着不小的作用。早在18世纪，印度已出现了资本主义的萌芽，例如当时已出现了卡尔哈纳（Karkhana）式的资本主义手工工场。①1854年，加尔各答附近一个黄麻工厂开始建成并投入生产。1820年，孟买也开办了第一个纺织工厂。1820年，孟加拉区建成了第一个矿山。②

关于交通网的修建，也是民族起义前夕的重要事件之一。1848年达尔豪西来到印度以后，就开始计划大规模修建铁路。达尔豪西全部的活动都是为了英国工业资产阶级的利益。为了军事战略的目的和深入印度内地榨取原料、输入英国工业品，达尔豪西才以极大兴趣注视到交通运输线的修建。③ 1849年东印度公司和大印度半岛铁路公司共同签订修筑铁路的合同。从1853年开始，印度已经出现了早期的铁路，从孟买到塔纳（Thane）长约20英里的铁路筑成了；1854年，从加尔各答到拉尼根杰（Raniganj）的铁路线也筑成了；1856年，从马德拉斯到阿拉科纳姆（Arakkonam）的铁路线也着手修建。起义前印度共修成288英里长的铁路。马克思当时已很注意这一事实，他指出"铁路系统在印度将真正成为现代工业的先驱"④。

关于农村中资本主义关系的产生，我们也可以说是英国土地政策在客观上的结果。因为不管柴明达尔制和莱特瓦尔制多么可恶，不管英国殖民

---

① 卡尔哈纳是手工工场的所有者。这类形式的工场是在企业主的管理下，把同一类性质的手工业者联合起来组成的手工业企业。（参见［印］穆克吉《印度工人阶级》，第23、241页。）
② ［苏］A. M. 第雅柯夫：《英帝国主义在印度的民族问题》，莫斯科1948年版，第6页。
③ ［英］奥斯威尔：《印度政治家事略》，第23页。
④ 《马克思恩格斯全集》第9卷，第333页。

者的目的如何，这些土地制度还总是土地私有制的形式，和印度旧日农村公社所有制相对而言，总是一种新的东西，其出现的确是一种社会革命。这种新的土地所有制比较关心如何合理使用土地。而且新的土地所有者还进行其他一些活动，例如在孟加拉，一些新地主在经营英国的蓝靛种植场外，还开办了不大的生产蓝靛的染色企业和加工的榨油业。高利贷的活动在新的条件下，起了集中货币的作用。印度经济学家 T. R. 沙马曾指出，摩拉瓦高利贷集团的活动，"在不列颠政权建立后，他们肩负着转运几乎全印度，特别是像加尔各答这样工业和商业中心的利润"。一些高利贷者变成了新的地主。

在起义前夕，印度也出现了早期民族主义思想的先驱者。有名的罗姆·摩罕罗易（1774—1833）在反对印度教最黑暗的习俗和仪式的行动中，表现了他反封建的思想，他也非常同情农民的处境，认为必须降低地税。[①]他同时是一个民族主义者，正像《东方民族主义史》一书作者所说的，"他的思想是亚洲和欧洲的结合，这种结合不是牺牲了自己的特点而一味摹仿，而是更多地吸取了欧洲的宝库的优长来推进自己的发展"[②]。为了表示对法国大革命的向往，他在欧洲时期，曾不顾百般困难要乘坐法国的船只。

由以上各方面的情况我们可以看出：由于工厂、铁路、煤矿的设立，教育的施行，虽然只有不大一部分人才有机会享受这些条件，但却意味着印度开始了资本主义发展的道路。

英国资本主义侵入印度，在客观上促进了印度资本主义关系的发展，但是，在印度已沦为英国殖民地的条件下，这种发展毕竟是畸形的和有限的。因为进一步发展的因素并不存在。英国资产阶级的目的并不是发展印度的资本主义，相反是阻挠其发展，他们的目的是使印度保持殖民地的地位，从而为自己的工业服务。因此，英国资本主义的侵入，又成了印度资本主义进一步发展的最严重的障碍。

[①] R. C. Majumdar, etc., *An Advance History of India*, p. 815.

[②] Hans Kohn, *A History of Nationalism in East.* 转引自 J. P. C. Fuller, India in Revolt, London, 1931, p. 63。

起义前印度社会经济中的矛盾

像我们在上面所谈的那样，19世纪50年代还是印度资本主义关系刚刚产生的时期，这些微弱的可怜的资本主义因素，几乎在起义的原因中没有什么地位。事实证明，这种因素在起义过程中也没有发生作用。这种因素只是作为起义前已经出现的情况而存在，并且正是因为它只是刚刚发生，而不能满足大批失业的手工业者和破产的农民的需要，才产生了当时印度社会中的紧张状况。

在其以前的时期中，印度的社会经济情况是很复杂的，这种复杂的情况决定了当时政治和阶级的矛盾，那么，起义前在印度社会经济中主要的矛盾是什么呢？

由我们上述几方面的情况可作出以下结论，在19世纪50年代这个时期，在当时英国殖民者破坏了印度旧的经济基础，资本主义因素刚刚产生的条件下，就出现了失去旧的经济基础而又找不到新的、相应的经济来接替，这种经济上的矛盾性质是印度沦为殖民地的特点，英国殖民者的人为破坏在这里起着决定性的作用。这种经济上特别明显和尖锐的矛盾，也是19世纪上半叶的特点，到了19世纪下半叶，矛盾就发展为新的形式。

英国殖民者的侵略和统治，是印度历史上最可怕的一次灾难，似乎在以前印度的历史中没有一件事情能与之相比。第一，印度是一个经常遭受侵略的国家，但是英国和历来的侵略者却有着根本的区别。以前的侵略者总是原封不动地保留了印度的经济基础，并最终与原来的经济基础合流；而英国则不然，它摧毁了印度原有的经济基础，并且始终加强自己外来势力的地位，以无限的权力来获取印度的贡赋。第二，英国资本主义在印度的胜利，也和资本主义在欧洲的胜利不同，在印度建立起来的是殖民地类型的经济，尤其是在19世纪中叶这一段时期，在印度除了经历破坏以外，很少带有新的相应的因素产生。

马克思在起义的前四年（1853年）就曾指出：

> 但是，不列颠人给印度斯坦带来的灾难，与印度斯坦过去的一切

灾难比较起来，毫无疑问在本质上属于另一种，在程度上不知要深重多少倍。我在这里所指的还不是不列颠东印度公司在亚洲式的专制基础上建立起来的欧洲式的专制，这两种专制结合起来要比萨尔赛达庙里的狰狞的神像更为可怕。

内战、外侮、政变、被征服、闹饥荒——所有这一切接连不断的灾难，不管它们对印度斯坦的影响显得多么复杂、猛烈和带有毁灭性，只不过触动它的表面，而英国则破坏了印度社会的整个结构，而且至今还没有任何重新改建印度社会的意思。印度失掉了他的旧世界而没有获得一个新世界，这就使它的居民现在所遭受的灾难具有了一种特殊的悲惨的色彩，并且使不列颠统治下的印度斯坦同自己的全部古代传统，同自己的全部历史，断绝了联系。[1]

这是大起义前印度社会经济中最基本的事实，也是印度空前悲惨历史性民族灾难的根源。这个基本事实在各阶级中得到了普遍的反映，因为它使印度同全部过去的历史断绝联系。这种社会经济上的矛盾性质也决定了当时社会政治斗争的性质。1857—1859年印度民族起义正是在这个基础上展开的。

二 起义前各阶级状况的分析

起义前印度已经完全沦为英国的殖民地。

从表面上看，英国的国际地位和殖民实力似乎从来没有像1856年那样稳固。《巴黎和约》的签订，削弱了俄国的力量，使英国在中东的势力加强了。英法联军在1856年侵略中国的战争中也取得了胜利。英国也巩固了自己在印度的地位。这时许多英国殖民者产生了一些喜形于色的幻想。达尔豪西在离开印度时的讲演中说："我临别的希望是，未来的数年中，曾在我治理下的地区，能逐渐形成和平繁荣与进步的愉快记录。"里尔在《不列颠在印度的统治》一书中也曾表达了妄想安然剥削印度的迷梦，但

---

[1] 《马克思恩格斯全集》第9卷，第144—145页。

他在叙述中也为大起义行将到来的浪潮而震惊。

事实上严重的危机在这种"繁荣"和"平安"的外衣下逐渐成熟起来。接替达尔豪西任印度总督的坎宁已经感到不妙,他在英国的辞别宴会上说:

> 我愿意在太平年间做官。但是我不能忘记印度的天空,他表面上是晴朗的,有不到手掌大的一小块儿云在空中浮现,但他正在逐渐增大,可能最后威胁和用暴风雨来突然淹没我们。①

19世纪上半叶,是全印度初次共同饱尝英国殖民统治苦味的时间。一百年来英国殖民者的侵略和奴役,这时已经不是某个地区或某几个地区,而是全印度共同遭受的命运了。马克思指出,"征服了信地和旁遮普以后,英印帝国不但达到了它的自然界限,而且消灭了独立的印度王国的最后痕迹"。"他不再借印度某一部分的援助来攻击另一部分,而是自己高高在上,把整个印度踩在脚底下。"② 殖民者建立了一个统一的印度,其面积要比英伦诸岛大15倍。英国殖民者几代祖宗剥削全印度的美梦实现了。但是,英国殖民者在建立了统一的印度以后,也就形成了印度各地区共同起而反对殖民统治的基础。

过去在反对英国殖民侵略的战争中,印度人的抵抗总是分散的。例如迈索尔人、马拉塔人和旁遮普的锡克人,都曾经英勇地抗击过殖民侵略者。但是,他们都在独自战斗,没有在共同反英的斗争中联合起来。无论是17世纪、18世纪,还是19世纪上半叶,反对英国殖民侵略的斗争,从来都没有达到全印度的性质。只是从全印度沦为英国殖民地开始,这个共同反对英国殖民统治的条件才形成了。由于英国殖民的掠夺、剥削和奴役,在破坏了旧的经济而很少有与之相适应新因素的出现,因而人民的苦难加深,各阶级普遍不满,政治危机形成了。

---

① Herbert H. Gowen, *Asia, A Short History*, p. 245.
② 马克思:《印度的起义》,《马克思恩格斯全集》第12卷,第174页。

手工业者

英国片面的"自由贸易"政策，严重地打击了印度的手工业者。英国最先控制的印度沿海一带比较发达的商业中心，如加尔各答、马德拉斯和孟买等，形成了英国商品集散的中心。在这些地方，大批手工业者失业，随着英国殖民者控制印度以后，手工业者的失业现象就更严重了。纺织工业者遭受的打击是最沉重的。英国运走了印度的棉花，在英国兰开夏以及其他纺织工业城市进行加工，经过一个很短的时期，又以布匹的形式运回印度。印度手工业者遭受如此悲惨的命运，印度总督本廷克在1834—1835年的报告书中说："这种灾难在商业史上几乎是绝无仅有的。织布工人的尸骨把印度的平原漂白了。"① 1856年官方的报告中说：恒河流域"30年前是土著织布的坚固堡垒，有5000座工作机在工作着，现在那里每100个人民中，有62人只穿兰开夏的布料了"②。

纺织工业是印度家庭工业的主要组成部分，而纺织手工业则是当时手工业者中人数最多的阶层，③打击了这一阶层，实际上是摧毁了印度自己的制造业。旧日的陶工、制鞋匠、冶工、铁匠也同样遭受到悲剧的命运。一个英国商人记载了当时的情况："手工业者被他们的市场所抛弃而辗转在野外的死亡线上……古吉拉特蓝靛的出产降低到1/20，人们把它看成市场的废物。棉纱的价格却增加了几倍……马德拉斯区许多手工业者都因为饥饿而死亡。"④

印度手工业者悲惨的命运还不仅在于他们的生产受到破坏，而且更为悲惨的是他们失业后没找到相应的工作。他们世代相传的优秀手艺，现在完全无用了。由于英国殖民者不可能用机器工业来代替手工业，因而破产的手工业者不得不大批流入农村而依赖土地。但是，这样并不能使他们悲惨的处境有所转变，因为在农村中耕作的原始方法和英国的土地制度的实

---

① 《马克思恩格斯全集》第42卷，第447页。
② 转引自陈原《变革中的东方》，新中国书店1949年版，第49页。
③ 参见1901年《印度饥荒委员会的报告书》，第78页；转引自［印］苏·捷·巴德尔《印度和巴基斯坦的农业工人》。
④ ［印］波士：《革命之印度》，第40页。

施，使这种压迫更为沉重。

印度手工业者的悲惨处境的确呈现出"痛苦的黯淡情景"，但是英国的工业资产阶级却不顾这些情况，他们只关心自己的利益。英国制造商科普（Cope）在1840年议会质询的讲话，说明了资产阶级利欲熏心的本质："不错，我觉得东印度的劳工们可怜，可是在同时，我对我自己的家庭比对东印度劳工们的家庭更有感情……而要我牺牲我家庭的舒适，这是错误的。"①

印度的手工业者对英国殖民制度是极为仇恨的。在官方的文件中证明了一小部分被迫进入工厂的手工业者，也遭到可怕的奴役，甚至他们宁肯砍掉自己的手指来逃避工作。②破产的手工业者们在19世纪20—40年代，踊跃地参加了"清净派"所领导的反抗斗争。这些斗争对他们而言是记忆犹新的。他们日益悲惨的处境和往昔的斗争，使他们踊跃地参加了起义并成为起义的基本动力之一。

农民

印度农民身受着三重压迫：英国殖民者、英国殖民者的走狗柴明达尔和高利贷商人。虽然当时农民是印度的主要生产者，但是他们的处境却极为困苦。由于英国殖民剥削的加强，由于一系列公地措施的实行，就使得农民和土地的脱离过程日益推进。

英国殖民者实行一系列土地政策的目的达到了。在东印度公司的总收入中，田赋占2/3。在固定的柴明达尔制区域内，东印度公司利用了柴明达尔剥削农民。柴明达尔除了征收地租外，还拥有治安、司法及一切的封建特权，他们还向农民课以各种名目的苛捐杂税和强迫他们服劳役。甚至农民理发、打伞，都要纳税。在莱特瓦尔制区域内，殖民统治机构是农民的直接压迫者。农民向公司缴纳的货币地租是极为沉重的，旱地地租占总收成的1/2，水浇地则为2/3。殖民者很快就把农民弄得剥肤及髓了。1830年马德拉斯有1/4的土地荒芜了。马克思指出："无论是在孟加拉的柴明

---

① ［英］杜德：《今日印度》上册，第12页。
② ［英］杜德：《今日印度》上册，第12页。

达尔制度下，或者是在马德拉斯和孟买的莱特瓦尔制度下，占印度人口11/12 的莱特都沦于可怕的贫困境地。"① 在实行不固定的柴明达尔制度的旁遮普，农民备受英国殖民者及其走狗的压迫和奴役，也不见得比孟加拉和马德拉斯轻。卡尔弗特（H. Calvert）在其《旁遮普的财富与福利》一书中就指出："甚至在旁遮普省，该省英国的课税减低了以前锡克人的需要，现金付款和征收的严厉似乎大大抵消了农民的实惠。"②

英国殖民者竭力保护柴明达尔的利益，这是为时已久的事了。在1799年和1812年两次调整农民欠租案件，规定了对于地主完全有利的章程，于是地主更加为所欲为，农民的痛苦更无处申诉了。按当时的条规，农民欠租者，允许柴明达尔向官吏控诉，官吏便逮捕他们，照条规追还，并没收其家产，以抵田赋。

高利贷商人也变本加厉地压迫农民。在过去高利贷者利用捐税的债务和农民的偶然不幸事件（自然灾害、丧葬）来进行其活动的，而现在，在农民依附于市场的情况下，使高利贷者有了更广泛的活动场所。殖民者在法律上也保护高利贷者的利益，如果农民还不上债，他们可以用农民的一切东西来抵押。孟买省税务局在1858年的报告中，曾引用了一个叫作泰特勒（Tytler）的话："法律给予放债人和借债人的支持，总是站在放债人一边，借债人得不到任何保护。他们应该得到一切帮助；放债人是不需要帮助的，因为他们有能力照顾自己。我相信印度9/10 的骚乱应归咎于这个原因。"

印度农民遭受着这些阶级层层的榨取，使他们的负担几乎是不能忍受的。这些沉重的负担首先表现在赋税方面。1826 年，赫伯特主教承认："我认为，不论土著的或欧洲的农夫，在目前的税率之下都不会兴旺。土产物总额的一半被政府索取了。在印度北部，我发现国王的官员们有一个一般的感觉，而我自己有时也趋于附和他们，就是在印度公司治下的各省，农民就全体而论，比土邦治下的臣民景况都不如，更穷困和垂头丧气，在马德拉斯这里，一般说来，土壤是贫瘠的，那种差别据

---

① 《马克思恩格斯全集》第12卷，第242—243页。
② ［英］杜德：《今日印度》上册，第220页。

说更为显著。事实是，任何一个土邦都没有榨取像我们这么多的地租。"

在赋税不断增加和高利贷者猖獗活动的基础上，英国殖民者漠视印度灌渠的管理，也加速了农民的贫困化，以致在起义前夕，遭遇多次的饥荒。在19世纪30—50年代的许多相关著作中都谈到了这一点。例如1838年，观察家汤普逊（G. Thompson）在《印度与殖民地》一书中写道："印度教或伊斯兰教政府为民族服务和国家福利而修筑的道路、水池和运河都已陷于荒废；而现在灌溉方法的缺乏造成了饥荒。"例如1854年亚瑟·考登（Sir Arthur Cowden）在《印度公共工程》一书中，以及1858年出版的《印度帝国》一书中提到了在灌溉工程上因忽视而形成的恶果。[①]正像马克思所指出的那样，英国殖民者由于不管灌溉工程，"农业便衰落了"。

19世纪上半叶，在印度许多地区都发生规模巨大的饥荒。农民群体当然是这场灾难中受害最严重的一个阶级，英国殖民者及其走狗的残酷剥削，使他们无法预防可怕的饥荒，根据一些赈济饥荒委员会报告书的材料，我们可以看到19世纪上半叶的饥荒规模是很大的。

在起义前不久，多次发生农民斗争。1854年桑塔尔部族的起义就是这类农民斗争最明显的事例之一。一个官报记者奥玛里（O'Malley）描写当时的情况说：高利贷者"一旦落在起义者手中，起义者首先用斧头把他的脚砍掉，说是去掉了一卢比的4个安那；然后砍掉他的两条大腿，凑成8个安那；跟着又把他的身体从腰部劈成两半儿，凑成12个安那；最后把它的头劈下来，凑足了16个安那[②]；于是大家欢呼还清了"[③]。很快，三万人的起义在殖民者的残酷镇压下失败了。

在当时农民反对英国殖民者及其走狗柴明达尔和高利贷者斗争面前，殖民者已感到巨大的威胁。为了防止更大规模的起义发生，他们出台了一些政策迷惑农民。早在1852年，英国殖民者在南印度宣布耕地不再是对国家的义务，并减轻税捐。当时在莱特瓦尔制区域内的农民中，造成了一种

---

① [英]杜德：《今日印度》中列举了孟加拉的例子和德干地区的情况，见上册第200、201页。

② 印度货币单位，1卢比等于16个安那。

③ [印]苏·捷·巴德尔：《印度和巴基斯坦的农业工人》，第86页。

虚假的印象，他们以为这是英国殖民者要进行某些改革的开始。这就阻碍了农民发动起义的积极性。这就是南印度保持比较平静的原因。

但是，在北部和中部印度农民的斗争却是异常激烈，他们并未平息下来。例如在不丹，地主用各种方法压迫农民，赋税繁重，农民愤怒的情绪虽迫使总收税官在1857年向巴雷利的英国殖民者请求派遣军队，来进行镇压。但是，总收税官爱德华斯的愿望并未实现，不久，民族起义就爆发了。

农民反对压迫者的斗争是很多的。在印度各阶级中，农民承担着殖民压迫最沉重的负担，因此，他们就成为推翻这一重担的主要动力。

封建主

从普拉西战役到民族大起义一百年间，英国以孟加拉为主要基地向其他地区不断进行侵略。在此期间，英国殖民者进行了二十多次侵略战争，先后吞并了迈索尔、马哈拉施特拉、卡纳提克、奥德、班德尔坎德、罗希尔坎德、旁遮普等地区，使其成为东印度公司的领土。而另一些过去的土邦，如克什米尔、海得拉巴、德干以及迈索尔，都沦为东印度公司的保护国。在达尔豪西统治时期，完成了占领印度的最后过程。1849年吞并了萨塔拉。1853年又吞并了那格浦尔和章西。1853年用债务的方式夺取了海得拉巴的贝拉尔（占海得拉巴最肥沃土地的1/3）。

达尔豪西处处触犯封建主的利益。他不承认卡纳提克、马哈拉施特拉等地区印度统治者的立法权，并拒绝给他们津贴。他把吞并奥德说成是赐予奥德王公的"利益"和清除奥德的政治腐败和无政府状态。他决定在德里的莫卧儿皇帝巴哈杜尔·沙死后，其后代要退出红堡和皇宫，迁往德里以外的地方。

马克思关于英国殖民者对待印度封建王公的政策时指出："自从不列颠侵入者一经踏上印度土地，决心抓住印度以后，除去用武力或阴谋打乱印度土邦王公的权力而外，就没有别的路子可走。"马克思称英国殖民者是走着古罗马人的老路，并引用了一个英国作家的话："这是一种扣住盟邦的制度，就像我们扣牛一样，一直扣到肥堪大嚼的时候为止。"显然，在达尔豪西统治的时代，牛已经养肥了，他毫不客气地最后吞并了许多旧日的同盟者。

达尔豪西的吞并政策使封建主大为不安,正是"兔死狐悲,各邦莫不寒心"①。尽管引起了普遍的不满,但敢于起而反对殖民者的封建主却不多。最初,他们的态度则多是怨恨,而不是仇恨。例如那那·萨希布的抱怨心情即是一例。他说:"公司竟然如此对待显贵的佩什瓦家族,这是极不公平的。当我们的王位由巴吉劳(Shrimant Bojira)交给公司时,是以公司必须在较长时期供给80万卢比为代价的。如果没有这些养老金,王位如何能最后落到你们手里?"他这时才埋怨英国殖民者不遵守条约而取消了养老金。

在对待英国殖民者的态度上,封建主阶级内部有许多区别。大致可分为三种不同的派别。一部分封建主处在一种畏缩恐惧的状况之下,他们既无力量也无信心起来和英国殖民者进行斗争,其中有许多人都对殖民者存有幻想,因此保持观望中立的态度。一种封建主坚决和英国殖民者站在一起,他们把殖民者的利益看作自己的利益,他们宁肯向殖民主义者卑躬屈膝,而不肯和起义者联合。但是,在封建主阶级中间,也有一些人走上了反对殖民者的道路,联合并领导了起义。尽管他们是为了恢复旧日的地位,但至少在客观上是和印度民族利益是一致的。

坚决起而反对殖民者的这一部分封建主,首先因为他们本身备受凌辱,而且丧失了所有权力。不仅大封建主如此,而且一些中小封建主也因受到打击而对殖民者不满起来。这些中小封建主丧失了财产之后,连在英国殖民政府取得一官半职都不可能。罗伯茨曾回忆当时的情况说:"他们不能像以前那样独立地支配其财产。另一方面,虽然他们大部分能因我们的统治而得到物质利益,但得不到政府任何仁慈的意向,他们不能得到较高的官职,他们也不能提高自己的声望。"

殖民者侵犯中小封建主的利益在奥德和孟买区表现得最明显。英国殖民者在1856年违背了自己的诺言而吞并了奥德,殖民者驻奥德的官员宣称,要重新审查塔鲁克达尔(收税区长)的土地所有权,对于拿不出书面证明的人,一律没收其地产。当时曾组织伊那姆委员会(专门审查豁免田

---

① 李志纯:《印度史纲要》,第225页。

赋的土地所有权的特权委员会），在奥德和孟买一带活动，结果，这些封建主受到严重打击。① 这就使他们更加仇恨殖民者而站在起义者一方。毛拉维·阿默德·沙就是一个例子。

这些走上反对英国殖民者的封建主的活动是相当积极的。他们的活动地区也是相当大的。例如那那·萨希布鲁派遣他的亲信阿则木拉（Azimullah）到伦敦去告状，以及阿则木拉曾到土耳其和俄国，参观了俄土战争、波斯里蒂和德里皇帝的外交代表也进行了接触。②

关于德里皇帝与波斯皇帝接触的消息在印度也传得很快。1857年初有一张秘密传单上写着："波斯的军队将要从蛮夷手中解放印度。因此青年人和老年人，大人和小孩，有文化的和不识字的，文官或军人，所有印度斯坦的兄弟们，应该投入战场，从卡菲尔（英国人）那里解放自己。"③ 因为当时英波战争正在进行，印度的局势也很严重，因此英国殖民者对此非常恐惧。那那·萨希布也曾写信给许多封建王公和其他封建上层分子，宣传建立印度联邦的思想。这些封建主在军队和居民中，也进行了广泛的活动，而且也通常是和秘密组织结合在一起的。④ 他们的积极活动，在较有组织和手持武器的印籍士兵中得到了热烈的反应。⑤ 这就为他们以后掌握

---

① 伊那姆委员会在管区中清理了两万多宗地产，在奥德有60%中小封建主的土地被没收。奥德驻扎官及乌特勒姆（Sir Jamas Outram）的手段更厉害。萨若·卡尔写道："伊那姆委员会的工作是十分恐怖的，而且范围很广，实际上将近3000个大的扎吉尔（Jahjir）遭到伊那姆委员会的审查，在三年、五年、十年内被侵占了。总之印度各种所有权都在不稳固中。土王的王位，萨达尔（Sardar）的瓦坦（Vatan），柴明达尔的土地，塔鲁克达尔的塔鲁克，市民的房屋，寺院的土地，农民的土地……所有这些，都在恐怖的火焰中化为灰烬了。甚至生命都是不安全的。没有一个人敢担保，今天被允许的一点食物，在明天还会留给他。"

② 法国驻加尔各答的领事德瓦里别在报告中说："关于英人在克里米亚受到挫败的消息，立刻加强了印度社会上人们的不满情绪，燃起了被废除的各王朝的激动、憎恨和希望。德里宫廷中的档案可以证明穆罕默德·巴哈杜尔王在塞瓦斯托波尔的被围期间，曾派遣秘密使节到波斯王那里去，请他帮助共同反英。"[苏]斯捷比利格：《英国侵略中东史》，第111—112页。

③ John William Kaye, George Bruce Malleson, *History of the Indian Mutiny of 1857-8*, Vol. Ⅱ, p. 30.

④ 起义前夕，那那·萨希布以朝山拜圣的名义，走遍了印度斯坦的大城市和军营驻地。勒克瑙那布的代表在孟加拉军队中，穿着托钵僧或伊斯兰教僧侣的服装进行反英宣传。

⑤ 例如，在巴拉克普尔的印籍士兵的许多信件落入英国军官手中，凯伊引用了几封，其中说："整个联邦已经和奥德·加那瓦布结合起来"。另一些军官在信中说："在叛乱中没有一个人会站在英国人一方。"

领导权创造了条件。

中立观望的封建主也注意到印度的局势，但是他们不相信反英斗争会取得胜利，但也希望殖民统治者遭到打击，因此他们保持观望。然而这些封建主在起义的过程中，注定要和殖民者合流。值得我们注意的是，大部分封建主在一开始就与殖民者勾结起来，这些封建主起了极为反动的作用，正像印度总督坎宁对他们的评价："各土邦起了防水堤的作用，否则这次风暴中一个巨浪就要把我们席卷而去了。"属于这类封建主的还有英国殖民者的走狗柴明达尔。这些印度叛徒们并没有辜负殖民者对他们的期望。

在考察封建主阶级三个不同部分的问题时，我们还应该注意到印度当时国内矛盾变化的情况。正像我们前面所叙述的，当时印度的矛盾已经在旁遮普和奥德被占领后，成为全印度和英国殖民者的矛盾了。这是一个基本的事实。在这个主要矛盾支持下，国内的阶级矛盾就暂时降到次要地位，各个阶级也就有可能暂时联合到一起反对共同的敌人。当时印度阶级力量对比的情况，积极参加反英斗争的封建主就成了这次民族起义的领导者。因为当时的手工业者和农民是极为分散的，在一系列自发的斗争中都很少能推选出自己的领袖。

因此，当时各个阶级的状况决定了起义中两大问题。第一，手工业者和农民是起义的动力；第二，封建主是起义的领导。起义中还有一个关键是印籍士兵为什么担任了冲锋陷阵的主力。下面我们将对此加以考察。

三　英印军队中的矛盾及其他

印籍士兵中的矛盾及其他

在关于英印军队建立的目的问题上，曾经有一种极为错误的论调，即英国殖民者建立这支军队不是为了打败其竞争者，从而侵占印度，而是为了"自卫"。实际上，英国殖民者早期建立这支军队的目的是和当时在世界范围内展开的英法斗争联系在一起的。18世纪中叶，由于大英帝国的解体和马拉塔人力量的削弱，为正在发展着的英国资本主义扩张创造了条件。英国殖民者看到印度这种分崩离析的状况，想独霸印度。但是法国是他们实现这个计划的劲敌。法国在印度的总督很早就在本地治理基地建立了一支印度人组成的军队，杜普雷就想利用这支军队来建立东方殖民帝国。英国人继承了法国的衣钵，但它却巧妙地打败了自己的竞争者。这是英法进行强盗式的殖民战争，是侵占印度，根本谈不上什么"自卫"的问题。

印籍士兵的基本特征及其组成部分

印籍士兵的基本特征是英国殖民者进行侵略战争的工具。最先，英国殖民者利用他们打败了自己的竞争者，接着又利用他们占领了印度，进而把他们变成了英国殖民者用来侵略亚洲的工具。

英国资产阶级利用东印度公司对印度进行侵略，而东印度公司则利用印籍士兵的刺刀征服了印度。正如马克思指出的："两亿土著人民被英国军队所统率的二十万土著军队所遏制；而这些土著军队又被四万人的英国军队所控制。"

英国殖民者最初所组成的欧洲军队人数不多，而且是由游民流氓所组成的。因此，我们在英国每一次侵略印度的战争中，都可以很清楚地看到印籍士兵充当侵略工具的作用。例如1757年的普拉西战役（这次战役对英国殖民者统治印度起了重要的作用）中，臭名远扬的大盗克莱武带领的军队共2400名，其中由欧洲流氓组成的不到900人，而印籍士兵却占了1500余名之多。拉曼写道："大不列颠是用印度人来征服印度的。在哈斯汀斯勋爵（Lord Hastings）反对马拉塔人的10万大军中，只有13000人是不列颠人或欧洲人。"

因此，关于印籍士兵这种工具作用是异常明显的。英国殖民者"需要的是"印度的"恭顺的'年轻娃娃'，他们从这些'年轻娃娃'中征募所谓'有色军队'，从而征服印度和镇压起义"。殖民主义者用亚洲人打亚洲人的手段在这时已经开始运用了。

印度总督达尔豪西曾经断言，想要保持印度的统治地位，"必须完全依靠英印军队的力量"。也就是说，殖民者在占领印度之后，把印籍士兵变成巩固殖民秩序和镇压人民的警察。然而，事实的发展并不是按殖民者的意志所进行的，印籍士兵在新的形势下，却充当了反英斗争中的突击队，不列颠统治者在组成土著军队的同时，也就成为印度人民第一个反抗的中心。为什么印籍士兵会由殖民者的侵略和统治工具而变为起义中的突击力量呢？我们必须从英印军队的本身情况和当时印度国内的情况来进行考察。

我们知道，英印军队是由孟买、孟加拉和马德拉斯三大军团组成。在起义前夕，总数量28万人。其中英国人只有45000人。在这三个军团中，孟加拉军团的力量和装备是最强大的，有15万人左右，其中英国人不到2万。[①] 孟加拉军团驻扎在从孟加拉湾到阿富汗边境的广大地区。在孟加拉军团中，主要是从奥德招募来的破产农民和手工业者，而且其中多为高级种姓。孟加拉地方共有军队8万人左右（包括拉杰普特人约28000人，婆罗门23000人，伊斯兰教徒5000人，较低级种姓的印度教徒数千人，其余是欧洲人）。孟加拉军团中"4万名来自奥德，且属于同一种姓和同一民族，军队过着团结一致的生活，如果长官侮辱某一军官时，他们就认为是对自己的侮辱"。而在孟买和马德拉斯的军团中，印籍士兵多属于低级种姓。

从阶级成分看，所有印籍军队都是来自倾家荡产的农民和手工业者，他们都是英国殖民统治下可怜的牺牲者。罗伯茨也谈到这种情况："一大部分西帕依征自农业区，特别是从奥德征募的。"因此，西帕依前身是人民中的一部分，这些破产农民和手工业者在走投无路的时候，他们只好加入了英印军队，作为西帕依以维持自己和家庭的生活。"一些年轻的新兵感到，假如他们服役一个相当长的时间，就可以积存一些蓄积而退休，这就是一些土人最高的理想。"

为生活所迫的劳动人民，不得不在这条可怕的道路上谋求一线生机。英国殖民者为了吸引更多无依无靠的印度人民充当侵略工具，不惜把从剥削印度而来的金钱用于扩大军队。他们给西帕依有比较优厚的薪饷［据19世纪40年代在英印军队中供职的法籍军官阿尔德·瓦琳说，西帕依在驻防

[①] Smith在《牛津印度史》中认为孟加拉军团是最危险的，人数为151361人，欧洲人22698人（见该书，第712页）。

时期为17法郎（约7卢比，在行军时21法郎）〕，也领有英国的口粮和服装。按当时的情况看，如果节约一些，就可以维持六口之家的生活。英国殖民者一心一意地用小恩小惠拉拢西帕依，他们在法庭上享有特权，对他们家庭的课税也比较轻。在这种情况下，难怪大批的农民和手工业者参加了英印雇佣军队，法籍军官瓦琳写道：

> 这些招募新兵之易，是令人惊奇、毫无困难的。如果需要100万人，那么，有六个月就可以募足了，并不需要什么强制招募的方法；只要到市上一喊叫就够了。在每一个十字街头，每一个商队旅店中，每一个容藏穷人的茅舍里，都可以找到数量颇大的志愿者，这些都是丧失了自己所有一切财物，甚至连劳动工具都丧失了的穷人。庄稼人、织工、失业的手工业者，都沿街蹲坐着，等候挣点儿钱能够维持本人和家属一日生活的机会。这就是那些志愿从军者，他们都跪倒请求录用。①

英国殖民政策使印度的经济遭到破产，使农民和手工业者过着饥穷交迫的生活，这些可怜的劳动人民丧失了一切，又无处投奔。英国殖民者接着又利用了印度人民这种处境，他们不想在印度建立起相应的新经济，而是把一部分人民吸纳进自己的军队中变为进行侵略的工具，从而达到用印度人打印度人，用亚洲人打亚洲人的阴险目的。这是很阴险的一招，其手段和"分而治之"的统治政策一样恶毒。到了18世纪50年代，殖民者这个目的已经达到了，然而武装起来的印籍士兵中却发生了殖民者意料不到的变化。

英印军队中的矛盾

印籍士兵不是孤立存在的，英印军队实际上是当时印度社会一个小的缩影。尽管印籍士兵为了英国殖民者的利益而被迫南征北战，尽管殖民者也给印籍士兵许多小恩小惠，但是，这些虚幻的外衣并不能掩饰住已存在

---

① 〔苏〕斯捷比利格：《英国侵略中东史》，第110页。

的种族歧视和民族压迫。当时印度社会的主要矛盾在英印军队中也得到了反映。

印籍士兵虽然是英国殖民者侵占印度的主要力量,但是殖民者除了用一点诱饵哄骗印籍士兵的欢心外,却很少信任他们。英印军队中种族歧视的现象比较严重。在印籍士兵所组成的军队中,一切高级军官都由英国人担任,只有在战场上出生入死,多年在军队中服役的印度人,才可以弄到一个小小的职位。印度人在军队中最高的职位是苏贝达尔(Subedar,军衔,武官大尉)。在印籍军队的连队中,都一定有一个英国军官来监视印籍军官。年轻的英国少尉也在苏贝达尔面前表现得神气十足,甚至这些白发苍苍、伤痕累累的苏贝达尔,还要给他立正行礼。这还是英国军官和印籍军官之间的不平等关系,至于普通的印籍士兵(西帕依)的处境那就更不好了。

英国的军官在印度几乎都变成了大大小小的贵族和富豪,这些人肆无忌惮和堕落腐化的状况是不堪描述的。在行军时,甚至英国士兵的行囊也有苦力替他们背着,至于一个英国军官有十几个仆役并不是稀罕的事。当时一个目击者描绘了英国军官们横行霸道的状况:"在辎重中,不仅带有苏打水、英国产的黑麦酒、啤酒,不仅有大群的印度乳牛跟着他们,而且还带有许多鹦鹉、猴、狗以及各式各样可以在手上玩弄的动物,这是用作老爷们休息时的娱乐品。仆役们在副官或军官的马车前跑着,大喊吆喝着:'大老爷来了!给大司令官让路!虽然这个司令官还不过是个候补少尉衔呢!'"①

印籍士兵的宗教信仰也同样遭到粗暴的破坏。英国殖民者虽然在军队中用强力宣传基督教,侮辱西帕依的宗教感情。在作战的时间外,"英国传教士也不忘从精神上麻痹印籍士兵的意志,他们抓紧时间忙于在印籍士兵中宣传基督教。如果印籍士兵敢于反抗,就不供给他们当日的口粮,如果信奉了基督教,就可以受到优厚的待遇,可以增加薪饷,可以升为苏巴达尔"。孟加拉步兵司令给政府的报告中说,他在 28 年来持续不断地执行军官基督化的政策。他认为这种政策是军事职责的一部分,并要"把不信

---

① [苏]古柏尔等:《殖民地保护国新历史》上卷,第216—217页。

上帝的灵魂从恶魔那里拯救出来"。"当印度悠久的文化和宗教遭到损害时，在组成军队大多数高级种姓的西帕依中间，引起了特别的愤怒。"

英国殖民者也处处侮辱印籍士兵，随着印度国内形势的发展，印籍士兵的反抗事件就不断出现。例如，1806年在南印度的卡纳提克的伐列尔，就发生了印籍士兵反对实行新规章的事件。1806年的新规章是：西帕依必须剃光胡子和取掉他们前额的种姓的标志。西帕依举行起义来反对这个规章，西帕依的起义很快就被镇压了，但马德拉斯的司令官也因此被召回。1824年，驻守在加尔各答的印籍军队中，也发生了反对开赴缅甸作战的事件。

这些情况和事实说明，在英印军队中的矛盾开始尖锐化了。但决定性的转折则在全面占领印度以后。

英国殖民者侵占全印度以后的变化

> 东印度公司在侵占印度时不再借印度某一部分的援助来攻击另一部分，而是自己高高在上，把整个印度踩在脚底下。它已经是征服者，不必再继续征服。在它支配下的军队已经不需要再扩张他的领土，而是要维持它。他们从军人被转变为警察。

这是在全印度形势变化下印籍军队中的反应。当然，当时印籍军队实际上担负着两种重担。他们一方面要继续充当英国殖民者侵略其他国家的工具，同时，在印度，英国殖民者主要想把他们变为警察来应付反抗自己的人民起义。但是，这个美妙的幻想是注定要破灭的。因为在新的条件下，印籍军队也发生了很大的变化。这些变化促使他们起而举行起义，并成为民族起义的发动者和突击力量。那么，究竟在殖民者全面占领印度后有些什么变化呢？

首先，种族歧视更加严重了。殖民者感到他们占领全印度的目的已经达到了，因此，就干脆取消了过去带有欺骗性的"优待"。在侵占印度的过程中，给英国帮了很大忙的西帕依，此时被斥责为"世界上最无用的和最浪费的东西"了。因此，粮饷被缩减了。一般规定为三年期限的服役年限被延长了,这都是违反雇佣约定的。由于缩减粮饷,1849年在旁遮普地区30个营的西帕依发生骚动。但他们都采取了不服从命令的消极形式,没有发展到武装暴动。为了分化孟加拉军团固有的团结,坎宁调来了忠实于自己的锡克军队,把他们和孟加拉的西帕依编在一起,一方面有监视的性质,另一方面也在他们之间制造不和。

关于种族歧视的情况,可以以19世纪40年代一件事情为例。在达尔豪西统治印度时期,为了拉拢印籍军官,他曾邀请了一些印籍军官出席舞会。不料这个举动在英国军官中引起了不满。后来达尔豪西在一封信中谈及此事时说:"我完全赞同不应使土著军官与印籍军官平等的意见,但是,我也否认这种邀请印籍军官到总督家中跳舞就意味着他们的平等。不应当因避免使他们和印籍军官平等,就把他们降低到连西帕依都不如。现在实际上,对他们和西帕依的待遇一样。""我把他们笼络到政府这方面来。但是。不能从这里就可以说,我要把他们抬举的和欧洲籍军官相等。"

其次,殖民者也更加粗暴地破坏和侮辱西帕依的习惯。他们鉴于西帕依的骚动事件日增,因此坎宁在1856年到任以后,要求孟加拉军官宣誓永远对英国殖民政府忠诚。同时他也破坏了后来的雇佣约定,宣布孟加拉军团也要和其他军团一样,要到国外去作战。孟加拉军团的西帕依,由于宗教禁忌不愿远越海洋,他们把海水称为不祥之兆的"黑水"。坎宁的这一措施,不仅破坏了他们的习惯,而且为殖民者的利益而到国外去卖命,这是他们所不愿意的。亨利·劳伦斯曾经问一个印籍军官说:"你愿意去亚丁吗?每月薪水是100卢比。"这个印籍军官回答说:"长官的命令,不敢不服从。但,人最宝贵的是生命,远涉重洋以求富,倒不如株守乡邦为妙。"

罗伯茨承认英国全面占领印度以后印籍士兵的变化:"使土著军队不满的一个重要原因,是压迫,一年比一年沉重,尤其是我们占领的印度北部地区变得更为厉害。这种压迫使西帕依在印度国内服役冷淡起来,而且在宗教和习惯上,他们和外国人不一致……越过海洋到缅甸又是印度教的禁忌。1851年9月1日宣布,所有西帕依都有到国外作战的义务,因此引起了很大的不满,他们揣测政府要用强迫或欺骗来强迫他们信奉基督教。"在亨利·劳伦斯给坎宁的一封信中(1857年5月9日)也谈到印籍军官对英国军官侮辱他们的习惯感到不满。①

吞并奥德的事件，也在印籍士兵中发生了强烈的反应。在孟加拉军团中，印籍士兵多来自奥德，他们对殖民者这种背弃诺言（英国殖民者曾宣布不侵犯奥德王朝）的行径深感不满。更重要的事实是，在奥德被吞并后，以前依靠王室糊口的几千名手工业者、仆役、士兵现在的命运更为悲惨。6000名奥德土王的军队走投无路了。由于奥德每户人家都要被迫受到这个新灾难的威胁，这就大大加强了英印军队中的西帕依的仇英心理，因为他们中间大部分西帕依的家庭都要受到新的威胁。

此外，由于殖民者为了侵占印度的需要，不得不雇佣更多的西帕依充当自己的侵略工具，因此印籍士兵的数量一天天地增多了；由于印籍士兵数量不断地增加，这就使他们也开始发现自己的力量。为了征服印度，英国不得不把这些人武装起来。西帕依掌握了新的武器和作战技术，特别在炮兵部队中，他们射击的准确程度甚至超过了英国的军事教官。像在加尔各答造币厂多年看管蒸汽机的印籍技师们一样，像在哈德瓦煤区看管蒸汽机的印度人一样，这些"比意大利人更精细更灵巧"②的印度人在英印军队中也熟练地掌握了新的技术。

西帕依不只是单纯的人数增长，而且当时印度的社会条件下，他们是比较有组织和比较团结的集体。他们也掌握着当时英国人的现代化武器控制了印度许多军事要地，例如德里、阿格拉等城市就由他们所控制。西帕依已经觉察到自己的力量，相信可以打倒英国人。他们对外国的长官是十分忠诚的。无论如何，他们还是爱自己旧日的王朝，爱他们的土著统治，爱自己的信仰和习惯，这就是（起义）一个最大的原因。③

西帕依的力量不断增大，相反，英国的兵力却遭到严重的削弱。英国殖民者在此期间，向亚洲许多国家（如伊朗、中国、阿富汗等）发动了侵略战争，并且在克里米亚与俄国的战争中，遭受很大损失。印度的兵力空虚了。从巴拉克普尔（Barrackpore）到阿格拉长达750英里的交通线上，

---

① P. E. Roberts, *Forty-one Years in India*, pp. 243 – 244.
② 见《马克思恩格斯选集》第1卷，第333—334页。
③ Sir Richard Tempe Bart, *The Nineteenth Century Series*, *Progress of India, Japan and China in the Century*, 1902, p. 74.

只有一个英国人组成的连队驻在巴特那附近的第纳浦尔。在旁遮普集结了不少的英国连队，但是，那里是不能轻易离开的。

由于西帕依力量的增大和英国军队的削弱，更加使西帕依相信自己的力量。英国殖民者无敌的盲目崇信在印度人民间逐渐消失了。在旁遮普的战争中，在阿富汗的战争中，以及在克里米亚的战争中，印度人民亲眼看到英国侵略者的力量不过如此。这种对英国殖民者的估计，在西帕依中间尤其清楚，因为他们是和英国军队共同作战的。这是一个很重要的转变。印度人民为英国殖民者在战场上的倒霉而高兴。爱德瓦尔德斯在《回忆录》中说："不仅军队，就连一般居民，看到印度皇家军队的人数特别减少，就都相信，远方小岛（指大不列颠）的兵源，由于克里米亚的艰苦战争被消耗殆尽了。"[①]

因此，在19世纪四五十年代，西帕依的骚动事件经常发生。例如1844年在34军团，1849年在22军团，1850年在66军团，1852年在38军团都发生过反对英国军官的骚动。1856年到1857年初，在印籍军队中发现了大量传单，在孟加拉、奥德、德里和阿格拉地区经常发生"违反军纪"的事件。公开的反抗变为常事，但被英国人以优势的兵力镇压下去。

全印人民反英斗争的影响

英国殖民者在印度所广泛采取的"分而治之"的手段，也竭力使西帕依和人民分离；他们以小恩小惠的"优待"，使西帕依成为自己恭顺盲从的工具。但是随着国内外局势的变化，随着时间的推移，在西帕依中间也发生了新的变化。

我们前面已经讲过，英印军队中的矛盾不是孤立的，它是和当时印度国内的殖民地处境与当时印度的主要矛盾联系在一起的。西帕依来自破产的农民和手工业者，他们为了谋生而加入英印军队。当民族危机严重的时候，过去的处境和现在的遭遇，不能不使他们发生变化。因为他们现在经历着印度人民共同的灾难，印度广大阶层的愤懑情绪也自然要在他们中间引起反应。由于英印军队中矛盾日益尖锐，印籍士兵的连队也不是孤

[①] ［苏］斯捷比利格：《英国侵略中东史》，第112页。

立的。

　　秘密的反英组织是沟通军队和人民的主要桥梁。秘密组织的活动也在印籍军队之间和各地区人民之间进行了极为积极的活动。在许多著作中都记载了印籍军队中"传递红莲花"的事件，这是印籍士兵进行酝酿和发动起义的信号，它是和广大人民群众中"传递恰巴提（Chapati，即薄饼）"的事件是遥相呼应的。这种信号，表现了早期人民运动所特有的号召形式。在1857年初，许多连队中经常举行秘密会议，商讨发动起义的问题。

　　可见，秘密组织在印籍士兵中的活动是极为积极的，而且由于印籍军队中的有利条件，因而在他们中间的酝酿过程进行得更迅速。在这里我们应谈到同时期印度的人民运动。

　　例如1793—1812年马拉巴北部沿岸的反英起义；1806年韦洛尔（Vellore）地区西帕依发动的起义，得到了王公和人民的支持；1806—1809年特拉瓦库尔地区发生起义；1816年巴雷利地方发生起义；1831—1832年考烈地方发生反英起义；1831年在孟加拉的巴拉沙特发生伊斯兰教徒运动；1831年在靠加尔各答三州的伊斯兰教清净派发生反封建反英起义；1846—1847年巴道伊斯兰教清净派又一次展开了反封建和反英的起义；1855—1856年孟加拉山区桑塔尔部族的起义；等等。

　　这当然是一个极不完全的大事年表。值得特别提出的是清净派和桑塔尔部族的起义，可以说是1857—1859年民族起义的前奏曲。清净派发起了两次起义，在手工业者及其他劳动群众中留下了深久的记忆；而桑塔尔部族的起义则在民族起义前不久才被镇压下去。在起义前的酝酿过程中，清净派就曾在西帕依中进行了反英宣传。由此也可以看出北部和中部成为民族起义的中心一事并不是偶然的。

　　值得注意的是秘密反英宣传的组织者同时在军队和人民中间进行活动。例如毛拉维·阿赫马德·沙就是一个例子。他是一个被英国殖民者剥夺了地产的塔鲁克达尔（收税区长）。1857年4月，英勇的毛拉维回到了奥德，他曾来往奔波在北印度和中印度各省，他到过阿格拉、德里、密拉特、巴特那和加尔各答等地。他不仅和这些地方的封建主进行了接触，建立了一些秘密组织，而且在人民中和军队中也广泛进行反英宣传。他回到奥德后，在人民和军队中的活动更为积极，撰写和散发了许多反英传单。不久他被捕并被判处死刑，但起义爆发了，殖民者来不及处决他。他参加了奥德的法扎巴德的起义，并成为起义的领导者之一。

可以看出无论在其他阶层中，还是在西帕依中，反对英国殖民统治者的斗争已酝酿成熟起来。虽说农民在可怕的压迫之下被煽动了，然而要怂恿他们暴动却不容易。因为散居各地，想要使他们得到一个共同的了解极其困难，世代相传的服从习惯，在许多地方缺乏武器使用的练习。这些都使农民行动起来极为困难。德国农民战争以前的特点，也完全适用于1857—1859年民族起义以前印度农民的情况。当时的农民可以成为未来起义的主要动力，但却不能担负起首先推动起义并成为起义核心力量的任务。这个任务落在印度的西帕依身上。

综上所述，可以对印籍士兵的问题作出以下结论：第一，英国殖民者虽然利用西帕依的刺刀征服了印度。但是，"不列颠统治者在组成土著军队的同时，也就组成了前所未有的第一次反抗的中心"。现在，这个反抗中心已经形成并且立即就要以突击队的身份在民族起义中出现。第二，时间、条件的变化，决定了在印度首先起义的，并不是受英国折磨、侮辱、被英国人掠夺得穷无立锥之地的佃农，而是丰衣足食和受英国人娇养惯了的西帕依。作为当时印度较有组织和握有武器的西帕依，他们本身也受到民族压迫的威胁，在全印度与英国殖民统治的矛盾已成为主要矛盾的条件下，在全印反英酝酿和秘密组织在他们中间进行积极活动的条件下，在英国殖民力量大大削弱和印籍士兵力量大为加强的条件下，西帕依就有条件，而且也完全可能掉转枪头来对付英国殖民者。这就是"一百年来一直在战争中和我们同喜共忧的土著军队也起而反对我们"的原因。

宗教因素在西帕依发动起义中的作用

我们知道，1857—1859年印度民族起义是"旧式的起义"，它带有两个明显的落后的特点：恢复旧日王朝和宗教色彩浓厚。这是当时印度"丧失了旧世界"而得不到"新世界"的社会经济条件所决定的，因此，这是时代的特点。

起义的酝酿、发动过程中，在很大程度上是在宗教外衣下进行的。根据这一点，资产阶级学者往往把起义原因只归结为所谓"涂油子弹事件"。

这当然是不对的。实际上，如果认为"涂油子弹事件"是起义的原因，那就是说，起义依然是简单的军事发动，而把"涂油子弹事件"背后所隐藏的深刻的社会根源抛弃了。这是资产阶级学者企图把起义说成似乎是"兵变"的结果。"涂油子弹事件"只是一个偶然的事件，但是这个偶然事件正好发生在必然要爆发起义的社会基础上；如果没有这次事件，也会有其他的事件来引起起义，有了这个事件，就加速了起义的爆发。

子弹上涂有牛油和猪油，看来似乎不是什么了不得的事，但是，对于印度教徒和伊斯兰教徒却是一个很大的刺激。因为侮辱印度人民的宗教感情、破坏他们的生活习惯，是英国殖民政策的一个组成部分。杜曼说："不列颠一国最先在印度建立了欧洲人的权力，接踵而来的便是一个明显的帝国计划和一个野蛮的基督教主义。"在西帕依中间强迫宣传基督教的情况前面已经谈过了。而且这是英国殖民者一贯的政策，例如在马可黎1836年10月给他母亲的信中以及其他人的话中，都坚决一再表示：传播基督教是他们的一个主要工作，要运用"在我们手中的统治权，继续不断地努力，必须把印度……变成一个基督教在东方的堡垒！"殖民政权对基督教传教士给予特殊的补助，例如大主教就由国库来支付薪金。像达尔豪西、坎宁这样的殖民统治者，都非常热衷于所谓传教事件。坎宁就用10万卢比来豢养传教士，使其为英国的殖民统治服务。传教士也为政府每一项政策作辩护。"印度人民并不反对信仰的宗教，但他们对于用武力干涉并且推翻他们的生活方式的任何事物都有强烈的反抗。"[①] 这就是印度人民对于英国传教士产生仇恨的原因。

印度教徒和伊斯兰教徒的处境是相同的。在新的情况下，他们忘记了旧日的嫌隙。西帕依的信仰也同样经常遭到破坏。他们的习惯也得不到尊重。由于殖民者一贯地企图改变他们的宗教信仰，他们对于"涂油子弹事件"的愤怒是很自然的。正好西帕依的反英酝酿已到了最后的成熟阶段。因而他们就不再忍受这种侮辱。久斯亭·木斯卡尔苏说得好："惨恶和纷乱是大叛乱运动的刺激物。涂油子弹事件只不过是在已经架起的干柴堆上投下偶然的火种。倘若这个火星没有引燃它，也会以另外的方式燃烧起

---

① ［印］尼赫鲁：《印度的发现》，第300页。

来。英国议会调查团在起义后的调查中，硬说起义唯一的原因是涂油子弹事件是站不住脚的。"甚至臭名远扬的迪斯雷利（Disrali）也认为涂油子弹事件不是起义真正的原因。此外，一些"兵变史"的作者也认为涂油子弹事件不是起义的主要原因。

因此，事实已经这样明显，除了那些顽固而拙笨的殖民制度辩护师以外，没有一个人肯相信"涂油子弹事件"是西帕依发动的主要原因，尤其是不相信"涂油子弹事件"就是民族起义的主要原因这类论调了。英国人用其武力强迫印度人屈从于自己的统治，而且破坏了他们的许多习惯，这就是日后西帕依起义的原因。

1857—1859年印度的民族起义虽然在本质上是一次政治抗议的事件，但宗教色彩是比较浓厚的。例如在起义酝酿时期，秘密的反英组织都是在宗教的外衣下进行活动的。而且在居民中"恰巴提"（面饼）和在兵士中红莲花的传递，都说明了这种情况。这种情况当然与印度当时的社会和英国殖民政策的压迫有关。而且就当时情况而论是比较合适的和易于号召人民参加政治斗争的一种天然形式。这差不多是亚洲各国在同时代一个普遍现象。因此，恩格斯指出："这个特点是所有东方运动的共同特点。"但是，在看到宗教因素所起的作用时。我们更应该看出它的政治性质。因为这绝不是什么单纯的宗教战争。正如列宁所说的："政治抗议披着宗教外衣而出现，乃是各民族在一定发展阶段上所固有的现象。"

那么，关于1857—1859年印度民族起义原因的结论是什么呢？

四　结论

第一，起义前一个最基本的事实是印度已经完全沦为英国的殖民地。完全沦为殖民地的处境，决定了印度社会经济、政治等方面一系列新的特点，这些特点可归结为：在经济上，英国殖民者俨然以印度"主人"的身份运用其政治和经济的权力，使印度开始变为英国的原料供应地和商品销售市场。旧的封建经济结构被破坏了，但是相应的新的经济远未产生。印度的经济空前衰落。在政治上，英国殖民者完全侵占了印度。这时全印度和英国殖民者的矛盾上升为主要矛盾。英国殖民者开始建立一个统一的印度。但与此同时，也就形成了印度各地区反对英国殖民统治的共同基础。这种经济的衰落和民族的矛盾在印度各阶级中得到了广泛的反映。严重的政治危机出现了。

第二，由于英国殖民者侵占印度的目的是把它变为殖民地。因而在破坏了印度旧的经济基础之后，并没有在印度建立新社会的意图，这就使破产贫穷的手工业者和颠沛流离的农民，遭受了最可怕和最悲惨的灾难。城市和农村都出现了大量的过剩人口。"在国家备受殖民奴役的条件下。对于这些多余的人除了饿死以外，没有任何出路。带走了千百万人生命的定期的饥荒就是英国带给印度人民的'善行'之一。"要人民安于英国殖民者的剥削和掠夺是不可能的。1857—1859年民族起义就是对这种暴行一个很好的回答。农民和手工业者的悲惨处境，决定了他们是起义中的基本动力。

一百年来英国殖民者一手所造成的饥荒、灾荒和人民群众颠沛流离的处境，以及英国殖民者在印度的横行霸道，乃是这次起义最根本的原因。全印度酝酿起义的过程表明，这次运动的目的显然是要推翻使印度经济破产和丧失独立的英国殖民制度，是旨在打碎英国殖民奴役的枷锁。

第三，起义前全印度和英国殖民统治这一主要矛盾，决定了印度广大的阶层都可能参加到斗争中来。当时阶级力量的对比情况，也决定了人民群众还不可能掌握起义中的领导权。加之印度面临着殖民压迫，又是刚丧失独立不久，对新统治者的仇恨和对旧印度王朝的回忆是很自然的。这就为封建主掌握领导权创造了有利的条件。封建主因受到凌辱和为恢复旧日地位领导了起义，但在反对英国殖民者这一点上，却和印度的民族利益是一致的。在殖民统治阴云普遍的笼罩下，广大阶层都程度不同地受到损害。这也决定了印度起义的全民性质。

第四，印籍军队转向起义，是全印度和英国殖民者矛盾发展的结果。历史的辩证法告诉我们：对立面事物的矛盾，在一定条件下可能互相转移，甚至可能向完全相反的方向发展。一直是侵略工具的印籍士兵，这次参加起义并成为起义的核心力量，正好说明了这个问题。

第五，从起义前社会经济、阶级状况以及反英的酝酿过程来看，已经决定了日后起义中的某些主要特点。例如起义的基本动力是农民和手工业者。领导起义的是封建主，以及印籍士兵起义中冲锋陷阵的突击力量等。

从关于起义原因的分析中,我们也可以看出这次起义是旧式起义,反对英国殖民制度的斗争是在宗教外衣和恢复旧印度王朝的口号下进行的。这是时代的特点。只是在1857—1859年印度民族起义以后,印度新兴的阶级(资产阶级和无产阶级)才逐渐开始走向历史舞台,只是在那时才结束这种旧式的起义而走上民族解放运动发展的新阶级。

附 录

来自波罗的海滨里加城的书信（片段）

敬爱的彭老师和王老师①：

二老好！

我 2014 年 6 月赴任拉脱维亚大学孔子学院中方院长，原计划今年 11 月拉脱维亚大学孔子学院十周年庆祝活动结束之后卸任回国，办理退休手续，去北京看望二老。但由于疫情严重，拉脱维亚政府全面收紧入境签证政策，新任院长拿不到签证无法前来接班，中国驻拉脱维亚大使馆给华南师范大学发函，建议我继续工作到新任院长赴任后再卸任回国。期待明年疫情能够好转，可以顺利卸任回国。

接下来，给二老汇报一下我在孔院的工作情况。在孔院工作期间，主要忙于孔院日常行政工作和其他各种活动，同时也做一些汉语教学方面的学术工作，主编《拉脱维亚汉语教学研究与探索》《拉脱维亚汉语教学研究》《拉脱维亚汉语教学探索》《拉脱维亚视阈下的拉脱维亚与中国研究》《汉语之花盛开在波罗的海之滨——我与拉脱维亚的故事》；负责孔院拉方院长贝德高教授《精选拉汉—汉拉词典》、《汉语拉脱维亚语大词典电子版APP》、《我的中国故事》（拉文版、俄文版、英文版）、《唐诗》（中拉文版）的联络校对、立项申请和出版事务，也主持翻译贝德高教授《我的中国日记》；在《乌克兰汉学研究期刊》（*Ukrainian Journal of Sinology Studies*）等发表拉脱维亚汉语教学和汉学研究论文。此外，也忙里偷闲坚持甘地研究和印度研究，顺利完成国家社科基金重点项目《甘地历史文献汉译与研究》（2014—2017 年立项，2018 年结项），撰写出版《甘地热点问题

---

① 我的老伴王淑兰，建筑工程师，2022 年 90 岁。——彭树智注

研究》（人民出版社2019年版）、《印度史话》（中国书籍出版社2019年版）、《印度独立运动》（北京师范大学出版社2018年版），主持合作翻译印度前外交官《我的中国日记：1956—1988》（Gyan Manjusha Publishers 2018年版）、《非暴力抵抗的诞生——南非非暴力抵抗运动史》（中国书籍出版社2019年版）、《甘地书信集》（生活·读书·新知三联书店2020年版）、《伟大的灵魂：圣雄甘地与印度的斗争》（浙江大学出版社2020年版）、《甘地：灵魂力量斗士》（纽伦堡金海岸出版社2020年版），在印度 *India-China Chronicle*、*Gandhi Marg* 和《南亚研究》期刊发了几篇有关甘地的论文。遗憾的是五卷本《甘地文集》译稿2015年交给云南人民出版社，也签订了出版合同，但一直到现在还没有出版。最近在收集拉脱维亚中文教育的资料，退休后着手写《拉脱维亚中文教育史：1921—2021》。

汇报完我在拉脱维亚的情况，现在转入正题。桂英[①]2017年底就退休了，来到拉脱维亚随任。虽然近几年我们未能回国和二老见面或通话，但一直挂念着二老，也从于卫青处和"彭门弟子微信群"里了解二老的近况。彭老师一直笔耕不辍，令我们钦敬不已。今年是彭老师九十大寿，我和桂英在拉脱维亚给恩师送上祝福，祝彭老师和王老师寿比南山、福如东海。下面是前一段时间北京师范大学"派出海外教师口述历史"课题组找我视频访谈中的一段话，表达了我对二老的感激之情：

> 我的恩师彭树智先生是我的学术领路人。我有幸三度投师彭树智先生，从事南亚史的学习与研究。我的学士学位论文《土地私有制的输入与印度农村公社的瓦解》、硕士学位论文《尼赫鲁其人及其思想》、博士学位论文《尼赫鲁与甘地的历史交往》均得到彭先生的悉心指导，均凝聚着彭先生的巨大心血。彭先生深厚的学术功底、严谨的治学态度、良师慈父般的爱心，是我终生效法的榜样和楷模，是激励我学术生涯和人生旅程的明灯。南亚史是彭先生涉足最早的研究领域，南亚史研究是彭先生的第一个科研生长点。彭先生在南亚史研究方面成就卓著，多有建树。特别是在甘地研究方面，彭先生发表了一系列相关研究成果，对我国的甘地研究做出了独特

[①] 桂英，尚劝余夫人，岭南师范学院职工。

贡献，留下了深远影响。在彭先生的感召下，我也投身到甘地研究的行列之中。西北大学官网 2018 年 5 月发布一篇新闻稿《我校校友尚劝余教授出席纪念甘地诞辰 150 周年筹备会》，里面写道："在 2018 年临近圣雄甘地 150 周年诞辰之际，应印度政府总理纳伦德拉·莫迪邀请，西北大学历史系 80 级校友、华南师范大学外国语言文化学院教授、拉脱维亚大学孔子学院中方院长尚劝余于 2018 年 5 月 2 日赴新德里出席纪念甘地诞辰 150 周年全国委员会第一次会议。尚劝余教授师从我国著名历史学家、西北大学文博学院第一任院长和中东研究所名誉所长彭树智教授，从事南亚史研究（侧重印度史）。此次尚劝余教授受邀担任纪念甘地诞辰 150 周年全国委员会委员、出席全国委员会第一次会议，这不仅是对他本人将近 30 年甘地研究成就的肯定，也是对西北大学两代人学术追求的肯定，是中印关系友好的象征和体现。"彭先生不仅将我引入了学术研究殿堂，而且在生活和做人等各个方面对我谆谆教诲、关爱有加。我至今保留着彭先生的十几封来信和对我论文的指导意见，那清隽秀雅的小楷笔墨、情真意切的关怀和叮嘱，令我动容，没齿难忘。有一年春节假期，我从湛江回陕西看望父母，到了西安，当天没有回长武县的班车，便敲开了彭先生的家门，住在彭先生家里。彭先生和师母王老师笑脸相迎、热情款待，王老师专门给我做了家乡饭菜，油泼辣子面条和酱牛肉，彭老师给我倒上红葡萄酒，师徒边吃边喝边聊，聊学术聊人生聊过去聊未来，此情此景我终生难忘。彭老师经常说，师生之情是世界上最纯真的感情。人生能有恩师领路和指教足矣。

最后，祝二老安康幸福，多多保重。期待疫情好转卸任回国面叙。

学生：尚劝余
2021 年 11 月 8 日于里加

附记：

劝余来鸿，情深意长，读后感到往事宛如烟云般泛浮脑际。疫情阻隔，书信迟到，不禁令人回忆起唐代元稹《酬乐天叹穷愁见寄》诗句："老去心情随日减，远来书信隔年间。"人生苦短，书路漫漫，愿劝余笔耕不辍，为人类文明交往增砖添瓦、做出更大更多贡献。我九十岁时有诗作为复函，聊表心情："京隐日近长安远，松榆悠悠忆史坛。吴老八十驾鹤去，老齐近九离世憾。我本林海一老树，乐见文明火炬传。"薪火相传，是人类文明交往的规律，愿文明自觉引领着传承和传播的发展。

诗中吴老为吴于廑先生，老齐为齐世荣学兄。2022年1月3日，彭树智记于北京松榆斋。